# 装甲司令

## 艾哈德·劳斯大将东线回忆录

PANZER OPERATIONS:
THE EASTERN FRONT MEMOIR OF GENERAL RAUS, 1941-1945

—— 修订版 ——

原著：【奥】艾哈德·劳斯（Erhard Raus）
英译：【美】史蒂文·H. 牛顿（Steven H. Newton）　翻译：邓敏　审校：赵国星

中国长安出版社

PANZER OPERATIONS: The Eastern Front Memoir of General Raus, 1941-1945
by Erhard Raus and Steven H. Newton
Copyright © 2003 by Steven H. Newton
Simplified Chinese translation copyright © (year)
by ChongQing Foresight Information Co., Ltd.
Published by arrangement with Da Capo Press, a Member of Perseus Books LLC
through Bardon-Chinese Media Agency
博達著作權代理有限公司
ALL RIGHTS RESERVED

本书简体中文版由 Perseus Books 独家授权出版
版权所有，侵权必究
版贸核渝字（2015）第 008 号

**图书在版编目（CIP）数据**

装甲司令：艾哈德·劳斯大将东线回忆录 /（奥）劳斯（Raus,E.）原著；（美）牛顿（Newton,S.H.）英译；邓敏译. —— 北京：中国长安出版社，2015.7
ISBN 978-7-5107-0862-6

Ⅰ.①装… Ⅱ.①劳… ②牛… ③邓… Ⅲ.①劳斯，E.（1889~1956）－回忆录 Ⅳ.①K835.165.2

中国版本图书馆CIP数据核字(2015)第181401号

# 装甲司令：艾哈德·劳斯大将东线回忆录（修订版）

【奥】艾哈德·劳斯 著　【美】史蒂文·H. 牛顿 英译　邓敏 译　赵国星 审校

出版：中国长安出版社
社址：北京市东城区北池子大街14号（100006）
网址：http://www.ccapress.com
邮箱：capress@163.com
发行：中国长安出版社
电话：（010）85099947　85099948
印刷：重庆共创印务有限公司
开本：787mm×1092mm　16开
印张：23
字数：329千字
版本：2019年3月第2版　2019年3月第1次印刷
书号：ISBN 978-7-5107-0862-6
定价：129.80元

版权所有，翻版必究
发现印装质量问题，请与承印厂联系退换

# 鸣谢

在安德鲁·海尔曼（Andrew Heilmann）和乔纳森·斯科特（Jonathon Scott）的大力帮助下本书才得以出版，两人在国家图书馆工作期间为笔者提供并复印了许多有关劳斯的关键材料。在此还要特别感谢第29（轻型）步兵师第1步兵旅主任参谋大卫·雷恩（David Wrenn）中校，他教会了我如何详细研读战斗记述，以及如何为读者清晰地阐述复杂的战术态势。我得到了特拉华州立大学的约胡鲁·威廉姆斯（Yohuru Williams）博士长时间的帮助（而且他不时还会请我吃顿饭），还有我的系主任萨缪尔·霍夫（Samuel Hoff）博士，他的帮助极大地节约了我的差旅和写作时间。这些人都是我最可贵的朋友、同事和评论家。我的妻子费丝，我的孩子玛丽、亚丽克西斯和迈克尔，以及我们刚刚诞生的孙子肖恩·迈克尔·亚当斯（Shane Michael Adams）都一如既往地在我写作期间忍受着我古怪的作息时间。

史蒂文·H.牛顿

# 英译版序

1941年6月22日，艾哈德·劳斯（Erhard Raus）上校卷入苏德战争，这是一场他的士兵和上级都无从预知结局的战争。劳斯出生于奥地利，此前他的战争经验如下：参加第一次世界大战，在1918年作为奥匈帝国军队的第1自行车轻步兵营的一员，参加了5个月的战争；在两次世界大战的间歇期，劳斯主要担任参谋军官及分管训练工作；1938年德奥合并之后，劳斯成为德国军队的一员，此后的两年时间中他继续担任参谋工作（最著名的就是在法国战役期间担任第17军参谋长），其中唯一的例外是，临时担任某教导团团长，为期2个月；根据德军总参谋部军官要在参谋机关和一线部队轮流任职的惯例，1940年6月劳斯担任第243步兵团团长，1个月之后调任第4摩托化步兵团团长；1941年5月劳斯被晋升为第6装甲师第6摩托化步兵旅旅长，当时他尚未在团长的职务上指挥过哪怕是一次小战斗。当时根本没有理由预言这个戴眼镜的42岁奥地利军官最后能够被拔擢到集团军司令官的职务上。

在第6装甲师师长弗朗茨·兰德格拉夫（Franz Landgraf）的心里，劳斯给他留下的印象很可能是"缺乏经验"。除了缺乏战场经验之外，劳斯此前的经历基本和装甲部队没有交集，作为第6装甲师下属部队的指挥官这是个特别令人担忧的情况。兰德格拉夫后来才会发现，这位谦逊的奥地利人是位一丝不苟的参谋人员、不知疲倦的训练者，以及一位出色的军官，他的指挥风格并不是虚张声势，而是保证自己的所有下属能够尽可能完全理解自己的任务。这是最有闪光点的个性——但是这种个性未必能够指导劳斯应付快节奏的激烈机械化战争。

然而在任职之后不久，劳斯就表现出了泰然自若的风范，在战场上就像在参谋机关里那么从容，当第6装甲师逼近俄罗斯北部的列宁格勒郊区的时候，第6旅上下官兵一旦遇到困难，都会说"劳斯能带我们闯过去"。这位奥地利军官对地形的判断相当敏锐，似乎天生就理解诸兵种合成化战争，而且有着巧妙运用非常规战术的天赋，因此可以说是师长兰德格拉夫最合适的继承者。随着冬季的来临，到1942年1月，由于漫长的补给线以及兵力兵器的惨重损失，第6装甲师几乎失去了战斗力，瓦尔特·莫德尔大将（新任第九集团军司令官）表现出卓越的判断力，他将自己的整个后方地域和后勤线都交由劳斯指挥。在滴水成冰的严寒中，劳斯集结施工单位、德国空军地面人员和其他散兵游勇拼凑了一支杂牌部队，用以保卫从瑟乔夫卡到前线的关键铁路线。如果劳斯守不住莫德尔后方交通线的话，那么第九集团军的第23军很可能被苏军歼灭，当时该军被苏军包围在瑟乔夫卡西北方向。到2月中旬，劳斯终于有了足够的兵力，开始着手实施被他称为"蜗牛攻势"的策略，逼迫苏军从关键村镇中撤退，在铁路沿线开辟出一片数英里宽的安全地带。

劳斯在苏军冬季反击中的表现，为他赢得了"多谋善断"的评价，巩固了他和莫德尔之间良好的工作关系。两年以后，劳斯在西里西亚作为军长再次隶属莫德尔指挥。第6装甲师被调到法国整补，获得了几个月的闲暇时光，但是1942年12月该师重返苏联，作为第四装甲集团军的先锋参加了为斯大林格勒的第六集团军解围的艰苦战斗。尽管这次匆忙组织的解围行动最终失败了，但是1943年初劳斯还是被晋升为军长，在军长的职务上，劳斯先后参加了多次重大战役：在埃里希·冯·曼施坦因元帅的指挥下参加反击战；在库尔斯克战役期间作为肯普夫集团军级战役集群的最右翼参战；参加南方集团军群保卫哈尔科夫的战斗；面对苏军压倒性的优势，指挥德军渡过第聂伯河撤退的作战行动。

劳斯因为战功被希特勒提拔为第四装甲集团军司令官，1943年12月他在曼施坦因的指挥下参加了基辅地区的反击作战。1945年3月劳斯最终在集团军司令官的职务上被解职，他先后任职于第四、第一和第三装甲集团军，在波兰、波罗的海国家、东普鲁士转战，最后在波美拉尼亚指挥作战。尽管挂着装甲集团军的招牌，但是这几个兵团下辖的大多数是缺乏训练的国民掷弹兵，而不是装甲师，不过劳斯在某些情况下——比如在基辅、利沃夫和波罗的海地区，仍有机会证明自己能够像担任师长期间一样，从容的指挥大规模装甲兵作战。曾任德军总参谋长的海因茨·古德里安评价劳斯是："我们最出色的装甲兵将领之一",并且经常让劳斯担任救火队员。

由于劳斯担任集团军司令官的时候，德军已经不可扭转地进入了战略防御状态，他被迫成了一位防御战专家。劳斯最与众不同的特点，是这位奥地利人从担任装甲师师长开始，就不太倾向于使用比较流行的"机动"防御或"弹性"防御概念，而是更青睐被他自己称为"局部防御战术"的概念。像赫尔曼·巴尔克（Hermann Balck）或哈索·冯·曼陀菲尔（Hasso von Manteuffel）这样的将领在应对苏军的突破时，往往会暂时放弃部分地区，然后动用机动部队进行反击，以歼灭苏军的先头坦克部队，从而收复放弃的地区。但劳斯和他们不一样，劳斯面对苏军的进攻往往是坚守现有阵地死战不退。希特勒和莫德尔都很赞赏劳斯的这种作战观念，因为德军军官中很少有人能这样寸步不让的死守阵地。

不幸的是，在战争结束以后这位奥地利人却逐渐被人们所淡忘。正如大卫·格兰斯和其他历史学家曾经多次注意到的，西方在20世纪40年代到80年代对苏德战争的研究过分依赖像海因茨·古德里安、埃里希·冯·曼施坦因和弗里德里希-威廉·冯·梅林津（Friedrich-Wilhelm von Mellenthin）这样的德国军官回忆录。而所有这些人和劳斯不过是点头之交。古德里安确实在劳斯被希特勒解职的时候为他辩护过，但是古德里安的回忆录里也没有详细记载劳斯在东普鲁士比较成功的防御战，而古德里安恰恰曾经激烈反对劳斯的战术观念。曼施坦因对劳斯比较尊敬，但也仅此而已，因为第四装甲集团军司令官赫尔曼·霍特被希特勒免职的时候，劳斯是受益者。在梅林津著名的《装甲战》一书中，对劳斯进行了严厉的批评（虽然很多是不点名的批评），原因是劳斯拒绝在基辅进行反击，或者在利沃夫防御战中实施类似的反击战，而作者本人比较推崇的赫尔曼·巴尔克更青睐的反击战术。当梅林津后来着手编著有关德军著名将领的书时，完全忽略了劳斯。

美国陆军历史研究项目却对劳斯非常重视，在苏德战争研究项目中将其所写的回忆录列为诸多著名的专题研究项目之一。在对军事应变、军事风格、小部队战术和其他专题的研究中，劳斯也被列为最主要的作者。这些研究项目持续时间很长，影响力也很大，在陆军部最初出版的一系列小册子、后来少量发行的系列著作以及近年来彼得·楚拉斯（Peter Tsouras）编纂的一套完整修订版中都有这些内容。这些研究成果能够以原始风格保存下来,不但完整地保留了德军视角下的苏德战争,而且也让现代读者能够接触到冷战时期的绝密档案,但存在争议的是其中有多少内容是出自劳斯本人的手笔。其中有一些第一手材料甚至连完整记叙了劳斯在苏德战争中经历的作者都没有。

如今劳斯回忆录的原稿已经佚失而且很可能已经不复存在,但是通过搜集已公开出版的著作中的片段,结合尚未出版的研究材料,加上劳斯在德语版的《瑞士军事概况》(Allgemaine Schweizerische Militarzeitschrifte)杂志上发表的多篇文章,就能够还原比较完整的内容。细心的读者可能会注意到回忆录与一些此前出版物中的内容在语法和翻译方面的差别。那些首次而且是义务翻译这些材料的年轻军官,完全没有意识到专业翻译的标准,对德国国防军的技术术语也非常不熟悉,并且经常忽视德语在语法和语序上的差异。把他们的译文与原始的德文材料对比经常能够有意外的发现,包括译者可能无意中曲解整句或者整段原文的意思。另外,后世的一些作者在出版新的著作时会对这些译文进行浓缩和修饰,与原作者所想表达的内容差别更大,经常是截取整个段落,或者干脆把较长的篇幅切割开,分别插入几本小册子里。

当然,译者在书中还是尽量以德文原件为依据,并且尽可能还原劳斯原有的风格和感觉。另外,我也在条件允许的情况下尽可能考据某些特殊部队的名称以及指挥官的姓名、战场地名。并且为了便于阅读将劳斯在战争末期的一些经历进行重新排序,劳斯回忆录中这一部分的原稿时至今日都无法还原,译文中也无从寻觅,而在这一部分中可能记载着劳斯所指挥的规模更大的军事行动的经历。劳斯在1941年11—12月担任第6装甲师师长,率部参加德军向莫斯科进攻的最后阶段的这一段经历虽然也没有原稿,但是借助第6装甲师的作战日志填补了这一空白。1942年时第6装甲师撤离苏联到法国进行为期6个月的整补,其回忆录中关于这段时间的内容虽然也找不到了,但是对整本书的完整性并无多少影响。

从一本历史著作的眼光和价值来看,劳斯回忆录足以和古德里安、曼施坦因、梅林津等人的著作相比肩。艾哈德·劳斯用轻松愉快的笔触与敏锐的战术眼光相结合——相比古德里安的回忆录,劳斯的回忆录更具可读性,而且没那么多自吹自擂。劳斯的著作是典型的冷战时期的产物,书中的德军经历苦战但又不失高贵风范，抵挡着残忍的苏联野蛮人（然而，劳斯也承认德军会杀害苏军政工军官，并且暗示这种行为是依照上级命令进行的，这一命令至少传达到了师级单位）。书中间或许也有一些谬误，其中对一些事件、任务和部队的记载也有前后矛盾的地方，但是瑕不掩瑜，劳斯回忆录仍然是一部颇具历史价值的著作。

本书最主要的特点——同时也是最大的优点——是其中对苏德战争战术层面的描写可谓是独一无二的。书中有不少细节的人物描写或详细分析，而这些内容在曼施坦因、莫德尔相关的书籍，或"全景式"描写战争进程的著作中对其他战区的概要综述里是看不到的。许多基层军官在许多不知名的俄国村庄中，经历过无数小规模而又激烈的战斗，他们自己都不知道这些村庄叫什么名字——只知道他们经历的战斗。因此书中对小部队战斗的描写（甚至是在劳斯担任集团军司令官之后）、对德军中诸兵种战术的深刻洞察，是任何英语或德语著作无法比拟的。因此，这本回忆录可以说是不可多得的宝贵历史财富，而且无论从什么角度去评判，也不失为一本出色的读物。

史蒂文·H.牛顿

# 目录
## CONTENTS

      鸣谢

      英译版序

**001**    第一章 入侵苏联
      失败的德国战争计划和准备
      苏联战区概况
      1941年的红军
      侵苏前夕的德国陆军
      第6装甲师的战役准备

**017**    第二章 拉塞尼艾
      战幕拉开
      佩斯利尼斯伏击战
      首次遭遇苏军重型坦克攻击
      一辆坦克的阻击！

**037**    第三章 向俄罗斯推进
      穿越波罗的海国家追击
      突破斯大林防线

**049**    第四章 兵临列宁格勒
      与大自然的战斗
      保卫卢加河桥头堡的计划
      桥头堡之战
      致命的延误
      突破！
      突破列宁格勒防线

**085**    第五章 莫斯科
      维亚济马
      通往莫斯科的泥泞之路
      从莫斯科撤退

| | |
|---|---|
| 097 | **第六章 冬季战争**<br>第九集团军背后的危机<br>塔塔林卡：首轮进攻<br>瓦西列夫卡：一个滑雪旅的惨败<br>维亚索夫卡：一次训练场式的诸兵种进攻<br>蜗牛式进攻<br>临时宣传<br>霍尔缅卡：最后的进攻 |
| 137 | **第七章：在斯大林格勒城外**<br>重返苏联<br>在列车上突袭<br>波赫勒宾的坎尼之战<br>黄金桥<br>利用侧击保护侧翼<br>旋转的战斗<br>作为坦克圈套的桥头堡<br>两个装甲团扑空<br>两个步兵营胜过两个装甲团<br>突向梅什科瓦河<br>准备最后的突击 |
| 181 | **第八章 哈尔科夫与库尔斯克**<br>防御与恢复态势<br>1943年4月10日态势<br>1943年6月30日前后态势<br>肯普夫集团军级支队的任务<br>库尔斯克：突破，7月5日<br>库尔斯克：突破第二和第三道防线，7月6日—7日<br>库尔斯克：冲向普罗霍洛夫卡，7月11日—16日<br>库尔斯克：撤往别尔戈罗德桥头堡，7月18日—22日 |
| 211 | **第九章 别尔哥罗德和哈尔科夫**<br>苏军在别尔哥罗德达成突破：7月23日—8月9日<br>顿涅茨河沿岸战斗：7月31日—8月9日<br>撤向哈尔科夫：8月9日—12日<br>哈尔科夫之战：8月13日—25日 |
| 243 | **第十章 乌克兰战役**<br>退向第聂伯河<br>克列缅丘格<br>基辅突出部<br>化解圣诞攻势<br>加利西亚之战 |

**271** 　**第十一章 利沃夫之战**
　　苏军战术的变化
　　区域防御战术
　　利沃夫之战
　　布罗迪灾难
　　从利沃夫撤退
　　喀尔巴阡之战

**293** 　**第十二章 东普鲁士**
　　波罗的海沿岸的绝望形势
　　从立陶宛撤退
　　梅梅尔
　　在苏军突击之下苦撑的东普鲁士
　　东普鲁士区域防守

**319** 　**第十三章 波美拉尼亚**
　　首次和希姆莱会面
　　东波美拉尼亚战局
　　波美拉尼亚预备师
　　战斗过程
　　再会希姆莱
　　在希特勒地堡
　　勇敢的例证
　　职业生涯的结论

**343** 　**第十四章 一个老兵最后的想法**
　　作战命令
　　冬季战争的战术经验
　　维持战斗力
　　为什么德国输掉了苏德战争？

**361** 　**附录：艾哈德·劳斯大事年表**

# 第一章
# 入侵苏联

## 失败的德国战争计划和准备

  侵苏战争能否取得胜利的先决条件是进行系统性的准备工作，而不是轻易开启战端后将胜利的希望寄托于冒险精神上。不幸的是，由于德国领导层目光短浅加之决策的根本性错误，毫不夸张地说，德国入侵苏联足以作为有史以来规模最大的但却是仓促发动的战争之一而载入史册。在入侵苏联之前，德国国防军最高统帅部（OKW）和陆军总司令部（OKH）根本没有长远计划。武装部队的高级将领和军事专家必须获得可能爆发战争地区的气候、地形，以及与社会、经济、政治和军事条件相关的第一手材料，或者至少从中立国或友好国家那里得到类似的情报。国防军最高统帅部和陆军总司令部很显然有足够的条件，了解俄罗斯欧洲部分和极北地区的相关情报，而且必然是最为详细的情报。如果这些将领确实获得了相关情报，那么他们可能在做出战略决策和军事决策之前没有做出适当的判断。如果他们从一开始就没有了解这些基本信息，那毫无疑问是有失察之过。

  由于德军的计划制定者墨守中欧的军事传统，而且对外国特别是气候与德国完全不同的国家认知不够，于是其对预期可能发生的情况缺乏了解，从一开始就对困难估计不足。特别是从战术以及后勤层面上看，在俄国欧洲部分和北极地区展开军事行动前，本来应该做更为充分的准备。

任何观察家在回顾德国侵苏战争的时候都会得出这样的结论，德军在战术和后勤方面，增加了许多为弥补事先计划的缺陷而不得不采取的临时措施，赫尔穆特·冯·毛奇（Helmuth von Moltke）元帅曾经提出战术层面的"应急体系"概念，但德军面临的情况却远不止战术层面这么简单。德军从越过苏联边境那一刻起，就发现要应对大量意想不到的情况。随着逐渐深入苏联腹地，他们不得不想出越来越多的应急手段。最开始遇到泥泞与沼泽地形，后来遇到大雪与冰冻气候，意外情况越来越多。面对这些恶劣的自然气候，德军士兵既没有接受过相关训练，也没有对应的装备，因为国防军最高统帅部想当然的认为能够在第聂伯河以西全歼苏联红军，这样德军就不必在寒冷、积雪、泥泞的条件下作战了。

## 苏联战区概况

进入苏联领土的德军士兵发现他们进入的是一个完全不同的世界，他们要面对的不仅是苏军，还有大自然。大自然是红军的朋友，与自然环境的搏斗则是国防军必须要经历的严酷考验。德国战争机器的每个方面都感受到了气候带来的影响，陆海空军皆是如此。气候条件不仅是俄罗斯大地的强大力量，也是取得军事胜利的关键因素。德军不得不开始熟悉俄罗斯的土地和气候——这是他们遇到的新敌人——以应付自然环境，或者至少是削弱自然环境带来的影响。德军因而改变了原来常用的战术规程，为了适应在当地的地形和气候条件下展开军事行动，不得不采取许多临时的应急措施。

巴巴罗萨行动展开的时候是夏季，而这正是俄罗斯欧洲部分最适合展开作战行动的季节。昼间温暖，夜间凉爽，只有南部地区气温较高。沼泽和泥泞地带萎缩，而在泥泞季节不能通行的低地沼泽地带，此时也可以通行农用车辆，轮式和履带车辆在某种条件下也可以通行。在夏季所有道路都能够通行，开阔地上虽然有大量龟裂，也能够通行车辆。在夏季不但道路干燥便于通行，而且河流和溪水的流量也会降低。河流能够徒涉，小一点的溪流则不会对行动造成障碍，只有沼泽会严重阻碍行动。因此夏季适合各个兵种的机动。

但即使是在夏季，军队也要克服各种气候和地形的挑战。不期而至的暴雨可以马上将尚可通行的土路以及开阔地变成一片泥塘。雨过天晴后，道路会迅速被晒干并重新通行，但是如果没有严格的纪律，那么在道路还软烂的时候就会有急躁的司机驾车把路面耕犁得一团糟。另一方面，旱季肆虐的灰尘会给机动车辆造成严重破坏。装甲部队在行军的时候会扬起风沙，他们深受其害，许多装甲车辆都没有防尘罩，因而装备很快就被堵塞了。同时车队行进过程中扬起的风沙会招致空袭，造成车辆和马匹的严重损失。

泥泞和沙地地形不断对部队的机动和作战造成重大影响。同样，俄罗斯北部和中部的大片森林使得部队的所有行动只能沿着狭窄的未铺设路面的道路展开。很难估计通过此种地形行军所需的时间。为了比较我军地图和真实地形情况之间的差异，必须进行详细的地面侦察和空中侦察。因此还要供应更多的燃料，增调额外的工兵部队、架桥装备和清障车辆。

战争第一年里，我军装甲部队和摩托化部队突入尘土漫天的俄罗斯平原之时，根本没人注意到草原上那些不起眼的农用马匹。坦克手和卡车司机驾驶着现代化的钢铁巨兽拥挤在公路上的时候，从未注意过那些拉着沉重的大马车越野的牲口。我军官兵用怜悯的目光看着这些马车，而实际上它们和那些钢铁打造的、数吨重的巨兽相比能力如何呢？这种比较显然是易见的。最开始许多人对此的反应是不屑一顾地摆摆手说："落后一百年"。考虑到德军步兵师中也有笨拙而怕冷的挽曳用马和高大的乘骑用马，歧视它们这些矮小的近亲有些荒谬。而几个月后，德军对这种"Panje"马的看法就完全不同了。

苏军在行军和选择进攻前的集结地点时比较偏爱森林地带，他们可以在森林中悄无声息的神出鬼没。而侦察队会利用通向村庄外围的林间小路作为隐蔽行动的通道。同时树林自然而然也成为发起攻击和向德军阵地渗透时的苏军前沿集结地。树林的边缘是苏军发起大规模攻势最佳的出发阵地，他们会一波波从树林中冲出来。树林中甚至是最小的空地也会被当作火炮射击阵地。在必要的时候苏军也会伐倒树木迅速清出一片空地。他们能够在树林中迅速而巧妙的构筑重武器火力点和观察所，用来为进攻的步兵提供支援。相比在树林中行动自如的苏军，我军甚至连中型火炮和坦克都开不进森林。

另外苏军非常善于利用城镇和村庄进行防御，能够迅速将村落变为坚固的支撑点。在木质房屋里，他们把伪装良好的射击孔布置在几乎与地板齐平的位置，内部可以用泥土或沙袋加固，而屋顶可以改造成观察所；地面则可以构筑地堡，并且通过狭窄的战壕与附近的房屋或外部防御工事相连。就算是所有的地方都塞满了红军部队，他们仍能躲过德军侦察部队，甚至连饮水和粮食都只能在天黑之后再离开工事进行补给。苏军还会利用伪装良好的反坦克炮和埋设在地面的炮塔封锁道路；特别善于利用被击毁的坦克残骸作为观察哨或者重武器射击阵地。战线附近村庄里的居民会带着他们的家当，躲进远处的森林或者安全的隐蔽所里。平民不会作为正规军参加战斗，但是会承担辅助工作，土方施工和传递情报。

　　我军在通过未知地形的时候必须特别小心谨慎，而即使是长时间的搜索，也经常发现不了隐蔽得很好的苏军。我军侦察兵就经常发现不了眼皮子底下的苏军阵地或者是单个的步兵，结果被后方射来的火力袭击。在森林地带的行动要加倍小心，苏军在那里经常会以印第安人的方式零散行动，而且其狙击手很喜欢在林地活动。

　　俄罗斯欧洲部分的水源情况在不同地域的差异很大，越往南水源的质量和数量往往越差。在夏季供水一般都非常糟糕。在波罗的海地区几乎每个居民点都有数量充足的水井可以供应饮水；在列宁格勒到卢加河地区我军发现许多水井深达80英尺。这些水井的水非常清冽而且水质相当好。俄罗斯中部和南部的大多数村庄基本上都有一到两口水井，但是在夏季水量小而且水温高；俄罗斯南部的许多水井和蓄水池在夏天的旱季几乎是干涸的，其中的水必须要煮沸才能饮用。部队经常要通过小溪和河流才能补充饮水。

## 1941年的红军

　　军事历史本来应该为人们提供有关苏军战斗力的很有价值的信息。回望历史，检讨成败，总是不会太晚。俄罗斯军人在漫长的历史中保持了许多传统，并且在当下的军事行动中展现出了同样的威力。1807年，拿破仑军队席卷欧洲的常胜之师第一次在俄罗斯士兵面前吃了败仗——俄军的表现几乎可以被称为史诗。低估俄罗斯士兵和红军的战斗力是德军指挥部门犯的一个严重错误，尽管士兵本身还是红军的编制，都完全不适合现代化战争，并且也没有适当的军事训练。

一战时期的沙俄军队即使是与德军入侵初期的红军对比，差别也是相当大的。在一战期间，俄军的表现或多或少更像一盘散沙，墨守成规而且缺乏个性化，然而共产主义推动下的民族觉醒已经在1941年展现了出来。相比1914年到1917年的战争，苏军士兵的文盲率大大减少，军队整体正在迅速展现其个性化的特质，尽管苏军中优秀的士官还是太少，大量的军人还没有克服他们的惰性。带来这种变化的力量正是共产主义，或者更准确地说是一个坚不可摧的集权国家唤醒了大众的灵魂。俄罗斯人本质上说对政治是不关心的，至少对于大多数农民来说是这样，而农民是苏联军队的主要兵源。一个俄罗斯士兵可能并不是积极的共产党员，也不是狂热的政治信徒，但是他能够清醒地意识到——这也是值得注意的最重大的变化——自己不是为了虚无缥缈的意识形态而战，而是为了自己的祖国而战。

苏联在较短的时期内完成了国家的工业化，这使红军得以征集到一批完全掌握专业技能的工人参军。这些受过技术科目训练的士兵被精心分配到各个级别，教导那些出身城市和农村地区的指挥员，告诉他们一些最基本的入门知识。一战期间，电话对于一般的俄军来说仍然是"不可思议的魔术"，而到了二战时期，结构复杂的无线电在苏军内部被视为非常普通的工具。

除了精神上的觉醒之外，政治委员还为红军带来了另外一个至关重要的概念：无条件地服从。政委的系统化训练，让人们能够舍弃自己的生命。俄罗斯士兵的天性是不服管束，而政治委员手中掌握着对下级进行惩处的权力，这是让军人无条件服从命令的基础。政委可能是红军中最有争议的一类人，甚至是苏联方面对政委的用处、职务和职责都争议颇多。政委是红军的推动力，用狡猾而冷血的方式管理军队。

所谓苏军士兵仅仅是因为恐惧政委而投入战斗的说法根本不实。苏军士兵所表现出来的战斗力根本不是仅靠恐惧就能激发出来的。实际上，一般苏军士兵对政委的态度，不只是惧怕他手中的权力，同时政委往往还要以身作则为士兵做出表率。政治委员对士兵切身利益的关注与否很大程度上决定着他和士兵关系的好坏。因此可以说，苏军士兵即使在绝望的境地下仍能顽强奋战，很大程度上是因为政委的表率作用。而且德军也并没有严格执行"政治委员令"，将所有被俘的政委都马上移交党卫队保安局做"特殊处理"，实际上被处决的往往是带领士兵做决死抵抗的政委。如此坚决抵抗的动力，根本不是盲目的狂热，更应该是军人的英勇品质，以及为了苏联取得胜利而奋战下去的责任感。

红军的高层指挥人员在战争初期就展示出了其能力：灵活性、充满主动精神并且颇为活跃。但是他们却无法鼓舞大多数俄罗斯士兵。和平岁月里苏军的大多数指挥人员在很短的时间内就被提拔到了较高的岗位上，尽管其中还有一些年纪较大的指挥员。红军指挥人员的成分来自社会的各个阶层，从普通工人到研究蒙古语言和文化的大学教授。在指挥人员的选拔中，革命的功绩是个重要因素，但是个人性格、对军事方面的理解和智力也是一个重要的标准。纯粹负责党务的将军则仅仅是靠威望才能取得现有的职务。

由于各种各样的政治清洗，苏军的高级指挥层出现了较大的空缺。但不能说高级指挥人员的水平必然会出现退化。因为军事教育学的重大进步，即使是在战争初期，苏军的高层指挥员也是称职的。在战略理论范畴的诸多进步，使得人们不时会对这些苏军将领的能力产生怀疑，而他们要想得到公正的评价，就得先通过考验。在1939—1940年的苏芬战争中，认为苏军失败的观点广被接受，但是战争中苏军的表现很难说没有战略欺诈的成分在。苏芬战争的时机是恰当的，而拥有巨大优势的进攻方也迅速地达到了自己的目的。

尽管德军在入侵苏联之初取得了战术和战役层面的胜利，但是这并不能证明前述观点是错误的。在战线的中部和波罗的海地区，我军兵临第聂伯河和卢加河之前，苏军仿佛还在迷惑战争是否已经真的开始了。我军通过缴获铁木辛哥元帅的战略想定，发现战争最初几周的战局进展与苏军的战前预测基本一致。特别是中央集团军群在布格河沿线的进攻，最初仅仅遇到了边防军的抵抗，几天之后才遭遇苏正规军的微弱抵抗。最终我们在第聂伯河—别列津纳河之间的三角形地带和对方展开了大规模战斗，自此战事才真正进入白热化状态。虽然我们不断接到大批苏军正在调动的情报，但是直到巴巴罗萨战役最初阶段过去之后，苏军才开始有大规模动作并出现在第聂伯河彼岸。从苏联的战略观点来看，这无疑是战争爆发之后紧急调来的部队。然而东线外军处（德军的军事情报机构）却一直相信自己的判断，也就是从1940年春开始苏军就一直在向苏德边境调动部队，总数约130个师。

苏军集团军和方面军级别指挥员在指挥上的灵活性，在中下级指挥员身上却看不到。红军中的师级以下指挥人员和大多数中级指挥员（普遍来说是师级）在战斗中往往犹豫不决，不敢担负责任。过分僵化的训练和死板的条令，把中下级指挥人员限制在现有的条条框框之内，其结果只能是一片死气沉沉，很少有谁能够主动申请去执行任务，独立的做出决策。苏军部队往往会在突破我军阵地之后数天，却不懂得如何利用他们的有利态势。苏军小部队指挥人员害怕犯错误，还往往因为惧怕被追究责任而不敢利用有利的条件主动行动。

苏军的坦克和机械化部队指挥官往往接受过良好的战术训练，但是大部分人都没有抓住战术条令的精髓，只是按照固定套路去指挥战斗，不会因势应变。而且平民在生活中被严格管制，苏军人员表现出明显的盲目服从的倾向。僵化教条和不敢承担责任是红军最为严重的缺点，在战争初期其完全掩盖了苏联军人的许多优点。

## 侵苏前夕的德国陆军

虽然德国对东线战争的准备并不充分，作为德国武装力量的支柱，德国陆军仍然首当其冲投入了战斗。身处前线的德国陆军立即感受到了准备上的不足与短缺。

从苏德战争爆发的第一天起，俄罗斯欧洲部分的广袤及苏德战争本身的特点，使得德军小部队与战斗分队不断陷入孤立作战的境地。在这种情况下，建立环形防御并采用警戒措施是仅有的补救办法，但是野战条令中对这样的防御战术很少提及，更不用说对其加以重视了，因此德军部队不得不在实践中摸索。至于炮兵部队，炮兵阵地和观察哨之间的有线和无线通信经常迟迟无法沟通，这都是以前从未遇到过的复杂情况。为了保证通信，德军部队不得不使用各种替代手段，包括用反光板传递反射信号，用望远镜查看写在黑板上的信息，还有使用骑兵或步兵通讯员以及接力的方式传递消息，并且要用大量时间训练通信兵使用信号灯传递莫尔斯电码信号。

为我军士兵配发的夏季军服太厚，于是士兵很容易出汗、口渴，身上往往满是污垢。只有山地步兵师和猎兵师配发的山地军裤和军服外套适合一年四季穿着。而且为了防尘应该配发遮挡口鼻的口罩以及护目镜；单兵装备还应该包括头部防蚊罩。坚硬的土路对皮靴的伤害好似玻璃一般，鞋子特别容易损坏，应为每个士兵配发多余的军靴。

而德国陆军的现代化水平还不足以轻易克服这些困难。我军在苏联的后勤和运输体系特别依赖一些特殊的临时手段，因为这里的地形和气候条件都很独特。从战役一开始，后勤供应部门就不得不临时从民间征集各种型号的汽车。许多汽车的保养状态很差，所以也没什么大用，为这么多不断出故障的不同型号卡车供应零备件也是个非常大的问题。

我军步兵师的后勤供应压力也很大，所以相应的也要选用运输辎重的骡马，西欧国家的一些小型和中型马匹在夏季足够应付使用，而大一些的马匹不够强壮，且消耗饲料太多，所以在苏联最好不要使用体型太大的马匹。

## 第6装甲师的战役准备

在侵苏战争爆发的时候，我军第6装甲师隶属于第41装甲军，该军隶属于第四装甲集群，而第四装甲集群隶属于北方集团军群，其编制如下：

第四装甲集群

埃里希·赫普纳（Erich Hoepner）大将

参谋长：瓦尔特·查尔斯·德·博利厄（Walter Chales de Beaulieu）上校

首席参谋：冯·舍恩-安格雷尔（von Schoen-Angerer）少校

第56装甲军

埃里希·冯·曼施坦因（Erich von Manstein）

参谋长：哈拉尔德·弗莱赫尔·冯·埃尔弗费尔特（Harald Freiherr von Elverfeldt）中将

首席参谋：埃里希·德特勒夫森（Erich Dethleffsen）少校

第3摩托化步兵师

库尔特·雅恩（Curt Jahn）中将

第8装甲师

埃里希·布兰登贝格尔（Erich Brandenberger）少将

第290步兵师

特奥多尔·弗莱赫尔·冯·弗雷德（Theodor Freiherr von Wrede）中将

军直属部队

第125炮兵指挥部

第61炮兵团第2营（105毫米榴弹炮）

第678工兵团团部（摩托化）

第48工兵营（摩托化）

第4工程兵指挥部

第44、第55、第87工程兵营

第559反坦克营（47毫米自行火炮）

第92轻型高炮营（20毫米高射炮，隶属德国空军）

第23高炮团第2营（混编20毫米和88毫米高炮，隶属德国空军）

第41装甲军

格奥尔格-汉斯·莱因哈特（George-Hans Reinhardt）上将

参谋长：卡尔·勒廷格（Carl Roettiger）上校

首席参谋：克洛斯特曼（Klostermann）少校

第6装甲师

朗茨·兰德格拉夫（Franz Landgraf）少将

首席参谋：约阿希姆·A·G·格拉夫·冯·基尔曼斯埃格（Joachim A. G. Graf von Kielmansegg）少校

第1装甲师

弗里德里希·基希纳（Friedrich Kirchner）中将

首席参谋：瓦尔特·温克（Walter Wenck）中校

第36摩托化步兵师

奥托·奥滕巴赫（Otto Ottenbacher）中将

第269步兵师

埃里希·冯·莱泽（Ernst von Leyser）少将

军直属部队

第30炮兵指挥部

第618炮兵团团部

第611炮兵营（100毫米加农炮）

第59炮兵团2营（150毫米榴弹炮）

第67炮兵团2营（150毫米榴弹炮）

第616迫击炮营（210毫米迫击炮）

第628工兵团部（摩托化）

第52工兵营（摩托化）

第71工程兵指挥部

第62、第254工程兵营

第52火箭发射器团

陆军第601轻型高炮营（20毫米高射炮）

第83轻型高炮营（20毫米高射炮，隶属德国空军）

第411高炮团第2营（20毫米高射炮，隶属德国空军）

第3高炮团第1营（20毫米和88毫米高射炮，隶属德国空军）

**集团军直属部队**

党卫军"骷髅"摩托化步兵师

党卫军地区总队长特奥多尔·艾克（Theodor Eicke）

**第312高级炮兵指挥部**

第62工兵营（摩托化）

第32高级工程兵指挥部

第616反坦克营（47毫米自行火炮）

第133高炮团部（隶属德国空军）

第164高炮团部（隶属德国空军）

第36高炮团第2营，第51高炮团第1营，第111高炮团第1营（混编，20毫米和88毫米高射炮，隶属德国空军）

在苏德战争爆发之初，第6装甲师的一个显著特点是，全师事实上只有1个重型坦克连。第11坦克团下辖3个坦克营，每个营下辖4个连。装备的主要是35t轻型坦克，这是一种当时已经停产的捷克制老旧型号，其前装甲最厚处也只有25毫米。每个营只有第4连装备一些Ⅳ型和少量Ⅲ型坦克。相对来说第1

装甲师能够引以为豪的就是有一个整营的重型坦克。而第11坦克团虽然编制的坦克数量更多，但是却不足以弥补坦克在质量上的缺陷。第6装甲师师长弗朗茨·兰德格拉夫少将意识到了这些缺点，所以他禁止将所有坦克集中使用，而是配属给各步兵营。更别提就算是面对我们早已掌握了性能数据的苏军坦克和反坦克炮，35t型坦克也完全无力应付。

需要特别指出的是，因为其他装甲师的战术方法各有不同，第6装甲师是唯一装备这些老旧坦克的部队。另外，由于35t坦克已经停产了一段时间了，零备件的供应越发困难，因此战斗损失并不大，但是可用的35t坦克仍在不断减少。相比之下，应该承认35t坦克在苏联境内的地形上行动时仍有一定的优势，包括重量轻、机动性良好，而且因为只有8.5吨的重量，所以跨越桥梁的能力很好。

我军的反坦克武器性能也是比较差的。第41反坦克营下辖3个连，每个连只有1个排配备50毫米反坦克炮。其他的排和配属给摩托化步兵团的反坦克分队一样，装备的是拖曳式的37毫米反坦克炮。师属反坦克部队还有1个20毫米高炮连和1个反坦克枪连。在苏德战争初期，配属给第41装甲军的加强部队，还有第59炮兵团第2营（装备150毫米榴弹炮）和空军第411高炮团第2营（装备20毫米和88毫米高射炮）。

第57装甲侦察营是唯一一个师属的专职侦察部队，其表现得非常好，对装甲师能够顺利展开作战行动非常重要。不幸的是，在我师接近列宁格勒的时候，上级司令部抽走了这个营，这是一个非常错误的决定。

我师只能从上级司令部的战情通报中了解当面红军的情况。在四天时间里，兰德格拉夫将军命令我们征募线人和特务，根据这些人的报告，我们了解了这一地区苏军的野战工事，并且发现在西里恩一坎加伊莱（Siline-Kangailai）公路两侧部署有兵力不详的苏军。我们还发现陶罗根（Tauroggen）地区的地形非常不适合装甲师展开进攻。这一地区遍布着沼泽和森林，只有一条道路可供通行。这就意味着在抵达距离国境35公里的埃尔日维尔卡斯（Ervilkas）之前，全师都无法全面展开行动。

在巴巴罗萨行动开始前夕，第6装甲师最初在德意志—艾劳（Deutsch-Eylau）和托仑（Torun）地区集结，集中在奥斯特罗德（Osterode）、里森贝尔格（Riesenburg）和德意志—艾劳附近。从集结地进入进攻出发阵地经过了连续4天的夜行军。由于北方集团军群编成的大批部队都在向边境集结，所以道路拥挤，行军困难。渡过梅梅尔（Memel）河的困难是最大的。我师的轻型车辆在施赖特劳肯（Schreitlauken）附近，通过刚刚架设完成试运行的浮桥渡河。坦克和重型车辆在蒂尔西特（Tilsit）附近的梅梅尔大桥渡河，第1装甲师也从这里渡河，结果两个部队的行军队列就堵在这里。

全师不得不将战斗序列分为两个梯队进入立陶宛边境的集结地域。前进梯队在6月21日占领了防御阵地。上级允许在6月21—22日进入实际的进攻出发阵地。因此兰德格拉夫将军将师先遣部队分为两个兵力不等的战斗群。右翼兵力较少的冯·泽肯多夫（von Seckendorff）战斗群，奉命先遣突击并打开通向坎加伊莱的公路。而左翼稍强的劳斯集群则紧随其后发起进攻，迅速突破苏联国境筑垒地带，尔后根据命令继续进攻。6月21日晚师部位于舒格肯（Szugken）。

1941年6月22日第6装甲师在战争开始时的战术编制如下：

**冯·泽肯多夫战斗群（指挥部，第114摩托化步兵团团部）**

埃里希·弗莱赫尔·冯·泽肯多夫（Erich Freiherr von Seckendorff）中校

第114摩托化步兵团

第57装甲侦察营

41反坦克营1个连

第6摩托车营（仅早上配属）

**劳斯战斗群（第6摩托化旅旅部）**

埃里希·劳斯上校

第11装甲团

第4摩托化步兵团第1营

第76炮兵团第2营

第57装甲工兵营1个连

第41反坦克营1个连

第411高炮团第2营1个连

第6摩托车营（下午后配属）

师主力

弗朗茨·兰德格拉夫少将

第4摩托化步兵团团部，第2和第3营

第76装甲炮兵团团部，第2和第3营

第57装甲工兵营（欠1个连）

第41反坦克营（欠2个连）

配属部队

第59炮兵团第2营

第411高炮团第2营（欠1个连）

（请注意，此后的战斗中第6装甲师仍在使用2个战斗群的编制，但是其具体编成每日都在变化。）

◎ 德军工兵利用渡河器材摆渡反坦克炮

◎ 艾哈德·劳斯将军

◎ 德军工兵正在架设浮桥

◎ 第6装甲师的4号坦克，1943年8月

◎ 俄罗斯恶劣的自然环境是德军在战争中面临的一大问题

◎ 艰难跋涉中的德军装甲部队

◎ 劳斯墓地

◎ 左一为劳斯将军

◎ 左二为劳斯，右一为曼斯泰因

第一章：入侵苏联 · 015

# 第二章
# 拉塞尼艾

## 战幕拉开

　　1941年6月22日3∶05，在经过一阵炮火准备之后，1架菲泽勒Fi-156"斯托尔赫"联络机观察到在西里恩外围的一座木制机枪塔在炮击中被炸毁，接下来第6装甲师在陶罗根以南突破了苏联国境。冯·泽肯多夫战斗群突破西里恩，尽管在森林地带以东的镇子里有苏军的2个连，其抵抗之顽强是德军在以往的战争中所前所未见的，但是德军仍然迅速打通了指向坎加伊莱的道路。我军步兵在森林地带经过激烈的战斗之后，终于在4∶00左右肃清了残存苏军。

　　虽然遇到了一定程度的抵抗，劳斯战斗群在早上作为师主攻部队展开并维持了进攻。德军夺取了横跨舍舒韦斯（Sesuvis）河的大桥，在梅什凯（Meskai）附近的开阔地带迅速粉碎了被孤立的苏军。预期中苏军从河北岸可能发出的反击并未出现，而我所指挥的部队当晚兵临埃尔日维尔卡斯（Erzvilkas）。

　　师主力的进攻速度受制于地形因素而大大拖延，特别是左翼的冯·泽肯多夫战斗群在向库伊希埃（Kuisiai）推进的途中就遇到了阻碍。到日暮时分，我军已经散布在西里恩—梅什凯—加乌勒（Gaure）—埃尔日维尔卡斯沿线的公路之上，但是南部萨卡里内（Sakaline）地区的苏军在夜间行动较少。弗朗茨·兰德格拉夫将军把师部转移到了迈斯凯。

## 佩斯利尼斯伏击战

在突入边境后的第二天战斗中，师所属的两个战斗群为了阻止苏军占领拉塞尼艾高地，并且攻占咽喉要地杜比萨（Dubyssa），而迅速向东推进。第6装甲师接到的任务是占领立陶宛城镇拉塞尼艾，尔后该师应向东推进，分别夺取位于贝特加拉（Betygala）和克伊巴捷利埃（Kybaryteliai）两座城外、横跨杜比萨河的两座公路桥，在往拉塞尼艾方向前进的我军发现前一天看到的苏军步兵似乎已消失不见。

我军部队利用所有可供通行的道路迅速推进，装甲兵和炮兵纵队滚滚向前，准备碾压一切敢于抵抗的苏军。而在前方，地平线上尘土飞扬，正在高速推进的我军官兵中很多人都以为"苏军到底还是来了"。不过到目前为止我们并未遭到苏军的抵抗，战斗机在空中悠闲地盘旋，没有1架苏联战机升空向他们发起挑战。在天空微微泛白的晨曦，在我们面前的仍是一片美景。尽管一场规模宏大的战争已经爆发了两天，正在大举推进的第6装甲师此时却还像是和

◎ 1941年6月22日—8月20日，第6装甲师向列林格勒进攻路线图

平时代进行野外机动拉练一样。

突然空中传来一阵阵闷雷般的炮声。地平线上出现烟尘滚滚，可以看到泥土被炸得四散飞溅。机枪声也响了起来，枪炮声愈加浓密。士兵们只看得到一片尘埃，他们都想知道前方发生了什么。指挥官其实已经了解了情况。很早以前我军的先遣分队（空中的烟尘其实就是他们扬起来的）已经用无线电报告，发现有兵力雄厚的苏军部队占领拉塞尼艾以南各高地。该苏军位于冯·泽肯多夫战斗群进攻路线附近，并且沿拉塞尼艾前沿布置，犹如一道屏障。

我军官兵远远望去，能够看到象征着拉塞尼艾最高处教堂的尖顶。各部仍然毫不犹豫地继续前进，他们现在奉命支援先遣分队，迅速击破苏军的抵抗。当时先遣分队已经在行进间转入进攻，但是因兵力不足而无法突破苏军防线。林布伦（Linbrunn）少校的第57侦察营当时已经隶属施利克曼（Schliekmann）少校指挥的第6摩托车营，侦察营迅速查明了当地的情况。不久之后，冯·泽肯多夫战斗群主力先于劳斯战斗群投入战斗。在友军炮兵火力的掩护下，第114摩托化步兵团和配属坦克营展开队形，穿越早已被我军炮火耕犁过的开阔地发起进攻。

经过激烈的战斗，冯·泽肯多夫上校所部击败强敌夺取了面向我军的山坡，但是苏军——他们已经在反斜面构筑了主要防线——毫无放弃抵抗拱手交出这一要地的迹象。我军为了夺取对方防御阵地又进行了两个小时的战斗，主要的困难在于这里完全是一片开阔地。另外，我军炮兵也缺乏足够的弹药，而坦克兵为了从侧翼和背后包抄苏军不得不穿越沼泽和森林地带。

这场战斗的久拖不决对我的意义甚至更重要（我部当时和泽肯多夫战斗群在同一条路上，但是为了迅速抵达拉塞尼艾而在埃尔日维尔卡斯离开了公路），我的任务是及时赶到拉塞尼艾，协同泽肯多夫战斗群同时发起进攻。我指挥部队所走的这条小路，最后一段是通向布利纳布鲁克（Blyna Brook）的一条狭窄土路，其中某些地段穿过泥泞的森林，能见度很有限。在佩斯利尼斯以东，地形变为大片果树林掩映的开阔牧场。

这一路上劳斯战斗群未遇到任何抵抗，但是我们的尖兵连进入开阔地之后，其左翼马上遭到苏军步枪和机枪火力的近距离射击。遭到伏击的第一个阵亡者是乘车身先士卒的连长。这位连长甚至都来不及下令，前额就被100米外的苏军狙击手击中。尖兵连虽然失去了指挥，仍然以闪电般的速度下车还击，装甲兵则迅速赶上来支援先头连，向隐藏在灌木丛中的苏军射击。不幸的是第一辆坦克被苏军反坦克炮直接命中炸毁。紧跟上来的两个连冲入树林，从两翼和后方用轻武器攻击苏军。苏军看上去败局已定，但是我进攻部队在浓密的灌木丛中举步维艰，无法切断苏军向北撤退的道路。

当面的对手尽管只有一个连，而且被兵力上有3∶1优势的我军围攻，却仍然试图突围。另外，由于苏军的阵地布置得很严密，所以伤亡也不大。我们缴获了不少武器，其中还包括一门德制37毫米炮。好像就是这门反坦克炮在50米的距离上击毁了我军坦克，而苏军炮手在试图逃跑的时候被其他几辆坦克打死。

虽然先头部队在开阔地遭到伏击并陷入激战，而且一开始战况似乎比较危急，但其实伤亡不大，只有少数人负伤还有一个干练的连长阵亡。灌木丛中的射击密度变幻不定，只是在我们头上飞来飞去，根本不会造成伤亡。造成威胁的是隐藏在果树上的狙击手，他们会瞄准近距离的目标射击。即使是苏军主力已经撤退，这些狙击手还是躲在藏身地点，寻找可以猎杀的目标——他们主要瞄准的是军官。我们的坦克停下来后，直接瞄准狙击手藏身的果树射击，而树林中也燃起大火，即便如此这些狙击手还是坚守不退。

在战斗最激烈的时刻，狙击手的射击还不会引人关注，但是随着战斗逐渐平息，我们终于发现了狙击手并且用机枪把他们从树上打下来。幸存下来的人徒劳地想要逃跑，但立即被打死在开阔地上，还等不到跑进树林就被附近的机枪打中。对我们来说隐藏在树上的狙击手其实并不罕见，但狙击手会隐蔽在开阔地的果树上却是头一次遇到，大家都想不到。虽然他们命定无法逃脱，但仍然选择坚守岗位，即使是注定要牺牲也会战斗到底。在佩斯利尼斯伏击战中，我们还是首次遇到甘愿牺牲生命的对手。

很显然，苏军部队的伏击是有意识的要阻滞兵力较强的劳斯战斗群的快速推进，因为我部如果抵达拉塞尼艾，不仅会威胁该城，而且也可以从后方攻击正在拉塞尼艾以南丘陵地带战斗的苏军大部队。苏军指挥官选择的伏击地点很巧妙：和我们的行军路线很接近。苏军伏击阵地可以利用全部火力打击我侧翼，可以在果树上布置狙击手，避免被我军过早发现，而且很难被迅速包抄，其部队可以摆脱我军的反击而撤退。苏军指挥官让狙击手集中精力消灭军官是个特别高明的举措。苏军指挥官及其以少击多的部下足以为这次成功伏击感到自豪。这次伏击打乱了我进攻部队的速度，耽误了一个半小时的时间，同时也造成了一定伤亡。

另一方面，考虑到拉塞尼艾外围的战况，劳斯战斗群为了迅速解决拉塞尼艾外围的战斗，要尽可能长时间的乘车推进，因此冒着被苏军小部队伏击的危险也是值得的。为了肃清树林中的小部队和散兵游勇而下车步行太浪费时间，相比我们战斗群所需要完成的任务简直是得不偿失。如果我先头部队能依照计划及时赶到集结地域向拉塞尼艾发动进攻，且主力能及时跟进，那么我军在伏击战中的损失可谓不值一提。

我军此前进行过训练，并且反复要求军官在战场上不要集中行动，这就避免了多名指挥官同时出现伤亡的情况。和往常一样，军官们要尽量远离火线，以便在战斗爆发时，能迅速处理各种事务，立即收到或发出各种命令。包括那位阵亡的连长在内，这些军官虽然也位于进攻部队的队形中，但却用这样的方式来隐蔽自己，以便迅速指挥部队，而不是当靶子。

佩斯利尼斯伏击战规模并不大，而且对我军的心理也没造成什么影响，大家的眼睛还都盯着拉塞尼艾。正午的阳光之下这座城镇雄踞于山脊之上，如同一座控扼四方的堡垒。而在拉塞尼艾郊区的乡村，苏军构筑的工事也阻止了我军坦克（有部分坦克部队已经抵达战场）和第114摩托化步兵团（呈梯队部署并且紧跟在坦克部队之后）的进攻。我军的炮兵观测员已经就位，格伦德赫尔（Grundherr）上校指挥的第76装甲炮兵团的各连开始向对方射击，阻止苏军预备队增援防线的动作。

与此同时，泽肯多夫战斗群一直在拉塞尼艾以南的高地上进行着激烈的战斗，该部准备发起致命一击。坦克已经突入苏军阵地，并且同劳斯战斗群所部会师。我们两个战斗群很快携手肃清了镇内以及周围高地的苏军。在第6装甲师所部的向心攻击之下苏军的抵抗迅速瓦解。有几个勇敢的红军营级部队仍然在顽强抵抗劳斯战斗群的攻击，而我们则跨过大桥向希卢瓦（Siluva）挺近。坦克部队迅速推进，而步兵则留下来扫除零星抵抗的苏军，接下来的战斗很快就结束了。

到下午时分两个战斗群都已经接近了目标：横跨杜比萨河上的两座大桥，占领大桥的行动只遇到了微弱抵抗。和拉塞尼艾有些不同，这两座大桥的高度比周围的村庄大约高50米。我军装甲部队通过一座无人值守的大桥率先渡河，并肃清了克伊巴捷利埃周边。接下来我派出了第4摩托化步兵团一部渡过靠北的一座桥，在河对岸的高地上开设桥头堡阵地，并且派出几辆坦克作为后援，其他部队则在东岸充当预备队。几个小时以后，冯·泽肯多夫上校也击退了苏军后卫部队，然后以第6摩托车营在贝特加拉渡过了杜比萨河。在经过55公里的推进和数个小时的激战之后，第6装甲师在当天晚上巩固了白天取得的战果。西斜的夕阳抛洒出玫瑰色的光彩，在黑夜降临之前，四周就已经陷入了一片寂静。野战厨房飘起来缕缕炊烟，所有不用放哨的官兵都围在周围，享受一顿难得的热餐，为一路奏捷的一天画上一个欢乐的句号。

军官们讨论着白天的战斗，并且为来日的行动做好准备。但是我们也仔细回顾了苏军的表现，有些人在口头上表示对苏军的行动非常惊讶，昨天德军曾经和一支步兵部队交战，当时这支部队在下午已经在陶罗根以南被甩到了后边很远，然而这支部队在24小时内却徒步行军了75公里。红军士兵不仅是在几乎没有道路的情况下连续强行军，而且在到达位置后马上构筑防御阵地，且几乎没有休息就连续奋战了几个小时。第二天的战斗会进一步证实我军对苏军的这些评价。为了保证接下来的进攻顺利，我军部队乘着夜色拓宽并加固了桥头堡阵地。

师主力的推进速度非常缓慢，原因是第41装甲军所属第269步兵师，也通过埃尔日维尔卡斯附近的道路向北进发，和第6装甲师在路上挤在了一起。与此同时，空军侦察机发现有一支强大的苏军装甲部队（超过200辆坦克）已经从约纳瓦—卡达尼艾（Jonava-Kadainiai）地域开来，并且向克罗基（Kroki）西进。由于第56装甲军在南部的顺利推进还不为人所知，而第6装甲师师所部在直指关键的希奥利埃（Siauliai）的方向上推进最远，所以苏军的动作很明显是直指第6装甲师的先头部队。同时侦察机还发现苏军大部队正从边境地区向东北方向撤退。因此我军判断苏军坦克部队的企图是阻击第41装甲军的进攻，以便接应其主力的撤退。师部不断接到空中侦察的报告，显示苏军坦克部队正在迅速接近。师长了解到6月24日上午，对方装甲部队接近克罗基，在这里一分为二，很显然是分别指向克伊巴捷利埃和贝特加拉。

兰德格拉夫将军打算从师主力中抽调大量援兵，尽快赶到拉塞尼艾增援两个先头战斗群，并且阻止苏军渡过杜比萨河。但是这个计划却未能顺利实施，因为埃尔日维尔卡斯的公路一直非常拥堵，第6装甲师在这里和第269步兵师以及第1装甲师的队伍挤在了一起。这不仅意味着泽肯多夫和我的部队得不到及时增援，也意味着我们的侧翼得不到及时有效的掩护。兰德格拉夫将军对右翼向贝特加拉方向的进攻很担忧，那是第269步兵师的方向，该师此时仍然在埃尔日维尔卡斯东北，第1装甲师则在通向凯尔梅（Kelme）的公路上推进。很显然，第6装甲师的先头部队只能独自面对苏军的第一波攻势。

不幸的是，两个战斗群无法及时得知有关苏军动向的情报。因此，当黎明来临之际，我并未收到继续进攻的命令，虽然我知道这样的命令可能随时会送达，只需要按动按钮，战争机器就会在几分钟内隆隆开动。我们想知道上级司令部是否清楚苏军的动向或意图已经打乱了我军的计划。但出现这种情况的可能性并不大。

## 首次遭遇苏军重型坦克攻击

很快东方就浮现出第一缕阳光，南方却突然传来了隆隆炮声。枪炮声越来越激烈，那是泽肯多夫战斗群据守的桥头堡阵地。拉塞尼艾的房屋在阵阵炮声中颤抖，窗户被震得乱响。隆隆炮声和爆炸声证明苏军正在准备对泽肯多夫战斗群发起攻击。遗憾的是，拉塞尼艾以东地区地形低洼而且植被茂密，观测员无法判断6公里外的桥头堡阵地到底发生了什么，但是我们很快听到支援泽肯多夫上校的炮兵部队还击的炮声。战斗持续了约20分钟，猛烈的炮声和机枪声越发密集。训练有素的装甲兵立即听出来双方爆发了坦克战。

激战的枪炮声缓缓向西推进，看来局势并不乐观。我们询问师部进而确定了自己的担忧，泽肯多夫战斗群确实遭到了苏军的猛攻。我们后来才知道进攻南部桥头堡阵地的苏军第3机械化军第2坦克师，他们的目的是收复拉塞尼艾并且将第6装甲师赶到附近的高地。泽肯多夫上校及其部下此时处于险境，但并非是因为进攻对手拥有数量优势，而是出其不意地出现在战场上的巨大坦克，德军坦克和反坦克炮似乎对这种坦克毫无办法。这些坦克是苏制KV-1重型坦克，直到战争末期仍然是苏军装备的最为危险的重型坦克（后来又出现了改进型KV-2坦克）。

苏军在实施猛烈炮击之后不久，就以重型坦克发起攻击，并突破了第6摩托车营在桥头堡外围的阵地。施利克曼（Schliekmann）少校在战斗中阵亡。高歌猛进的KV-1不仅碾碎了摩托车，甚至还伤害了我军受了重伤的士兵，该营在苏军的重压之下被迫撤到杜比萨河西岸。我们后来发现，所有被遗弃在东岸的伤员和被俘士兵都被杀害并肢解了。

摩托车营在泽肯多夫战斗群主力的掩护下转移，并且准备展开顽强的抵抗。此时泽肯多夫上校希望能守住杜比萨河西岸阵地，直到苏联人的重型坦克毫无阻碍地渡过杜比萨河并开上河岸。德军集中所有火炮和重武器疯狂射击，却根本伤不了这些钢铁怪兽。苏军坦克冒着炮火硝烟一往无前，碾压着挡在前边的一切东西。重型榴弹炮的炮弹和弹片甚至也被它们无视，苏军坦克攻击一处路障，毫不在乎侧翼树林中反坦克炮的射击，转过炮塔摧毁了炮兵阵地，然后直接开了过去。

里夏德·科尔（Richard Koll）上校指挥的第11坦克团有100多辆坦克，其中三分之一是Ⅳ型坦克，该团集结起来发动反击。有些坦克从正面进攻，但我军坦克主要是从侧翼发起突击。德军坦克从三个方向朝苏联钢铁巨兽猛烈开火，但仍然难奈其何。而我军的坦克却被苏军迅速摧毁，经过漫长而徒劳的苦战，科尔上校的坦克团被迫利用地形逃之夭夭，否则就要被对方全歼了。

更糟糕的是，在杜比萨河西岸树林中据守的第114摩托化步兵团第2营遭到了得到KV-1（少数支援步兵的坦克）支援的苏军步兵的进攻，该营在苏军的猛攻特别是炮火之下伤亡惨重。情况很清楚，无论是泽肯多夫战斗群还是我军坦克，都抵挡不住苏军的重型坦克，一场灾难性的惨败即将降临。2营营长昆廷（Quentin）上尉临危不乱，从容指挥已经动摇的2营撤了下来。昆廷上尉和自己的连长以及资深士官一起，操着机枪据守营防御阵地，抵御苏军步兵的进攻。尽管苏军重型坦克的出现打了德军一个措手不及，且营主力也向后撤退了，但是苏军步兵仍未能突破我军阵地，紧随其后的苏军坦克部队因而也无法冲向拉塞尼艾。

苏军新锐坦克从东边加入战斗，同时大批重型坦克继续不顾德军火炮和坦克的直射火力向前推进。解决这一危局的唯一办法，就是昆廷上尉让苏军坦克越过他的防线，然后必要的话他带领军官和士官可以趁机向侧翼撤退，并且和第114摩托化步兵团主力取得联系——如果第114团还存在的话。

德军士兵蹲在堑壕里、桥梁和涵洞下边，或者干脆就藏身在野地里，等待着第二波苏军重型坦克的进攻。然而等来的却是地狱，我军炮兵瞄准这些坦克猛烈轰击，同时却也误伤了我军的步兵。那些藏身在桥梁下边或路边的战士是最被人羡慕的，他们可以近距离观察战场态势又不会被对方发现。苏军坦克越来越近，队形宽且深。它们遇到了一辆陷在沼泽里的35t坦克，结果其中一辆巨兽毫不犹豫的撞翻了那辆坦克。另外1门来不及撤走的150毫米榴弹炮也被撞翻了。KV-1冲过来的时候，这门榴弹炮正朝着对方平射，但却无法给苏军坦克造成任何伤害。一辆坦克直接冲向榴弹炮，后者的炮弹直接命中其前装甲。一阵冲天的焰火和雷鸣般的炮声之后，这辆坦克就像被闪电击中一样停了下来。"这家伙终于完蛋了。"炮手一边大口喘气一边想。"漂亮，这家伙冲到头了。"炮兵班长说道。突然，有个人大喊："它又动了！"所有人脸上都是一幅难以置信的表情。这辆坦克继续前进，履带发出咆哮，冲向榴弹炮，好似它不过是个玩具，榴弹炮被推翻在地轻松压碎，炮手们只得逃之夭夭。

泽肯多夫从战斗一开始就恳请师部派出援兵，但是我军坦克上阵之后也是徒劳无功，兰德格拉夫将军也再无良策。他只能下令不管用什么办法一定要坚守阵地，等第41装甲军采取措施提供支援。而师部告诉泽肯多夫要等到第二天（6月25日）援兵才能赶来。然后兰德格拉夫又问泽肯多夫，他部下的士气如何，在苏军势不可挡的坦克攻势之下能否支撑到援兵赶到而不崩溃。第41装甲军军部在接到第6装甲师的战报之后，第一反应是对报告内容表示怀疑，军部好多人都觉得兰德格拉夫将军和第6装甲师的首席参谋约阿希姆·冯·基尔曼斯埃格少校肯定是被吓破胆了。但是军长格奥尔格-汉斯·莱因哈特将军亲临前线视察之后很快得出了结论，第6装甲师当面的战局确实很严重，他承诺立即抽掉几个88毫米高炮连去增援，这些部队当时还远在陶罗根附近执行防空任务。此时此刻所有人都认为只有88毫米高射炮能对付那些52吨重的大家伙。

第11坦克团的反击几乎没有给苏军坦克造成任何损失，但是在德军坦克的进攻下，苏军的攻势被迫停顿而失去了冲劲。有些KV-1坦克的伴随步兵没有跟上来，所以开始后退。而泽肯多夫上校抓住这个稍纵即逝的瞬间，将包括昆廷上尉所部在内的部队撤了下来，在106高地周围开设新的防御阵地，并且着手整顿遭到重创的各部。泽肯多夫把各个兵种的战斗力量都用于反坦克防御。此时他手头唯一的有利条件，是有1个100毫米炮兵连，德军炮兵在极近的距离上直射，阻止住了几辆看上去刀枪不入的KV-1。与此同时，昆廷上尉下辖的第6连在埃克哈特（Eckhardt）上尉的指挥下，集中5枚反坦克地雷击毁了1辆KV-1。很快德军上下都知道这种坦克是可以被摧毁的，我军将士不禁重新燃起了斗志，而苏军坦克也不敢冒进了（相应的也就不会造成那么大威胁了），这使得我军的阵地大为巩固。

大约下午15：00，已经抵达前线的大多数88毫米高炮连连长到师部报到，而兰德格拉夫将军雷厉风行，亲自率领这些部队前去抵御苏军坦克的进攻。

此后苏军在树林和田野重新集结，使用坦克部队向106高地发起总攻。苏军的重型坦克以密集队形推进，但是很快我军88毫米高射炮和100毫米炮的穿甲弹就击穿了这些钢铁巨兽的铁甲。我军炮兵阵地伪装巧妙，布置得错落有致，击毁了大批苏军坦克并顶住了其攻势。苏军坦克残骸冒出了滚滚黑烟，很快捷报就传遍了阵地。不久之后，试图突破或迂回我军防御阵地的剩余苏军坦克也被纷纷击毁，而这些攻势都没有得到苏军步兵的配合。至此，苏军步兵在经过三天的强行军和激战之后已经消耗殆尽，再也无力发起猛烈地攻势。应该指出的是，正是同一批苏军步兵在战争的第一天迎击第6装甲师的进攻，而他们从来没接受过任何专门的步坦协同训练。

第6摩托车营和第114摩托化步兵团在这场战斗中经受了特别严峻的考验。这两支部队遭到了敌军重型坦克出其不意的进攻，由于没有任何可以阻击或摧毁敌坦克的武器，这两支部队的防御阵地先后被突破，即使是久经沙场的老兵面对这种情况也难免束手无策。我军士兵此前从没有被敌军坦克突破阵地的经历，在这种情况下还能保持冷静实在难得。而到了苏德战争后期，装甲师下辖的步兵部队在遇到苏军坦克部队的时候，都不会再像这样措手不及。

而即使是身处危局，我军部队仍像以往一样，保持着纪律严明的本色，经过战火考验而斗志士气不减，训练有素的指挥官和中下级军官的行动果敢坚定。他们并没有墨守成规，面对作战条令或个人经验都没遇到过的问题，却能够因时而变采取果敢措施。我军军官的对策是有效的，经过激战的部队并未丧失勇气，而在接下来的战斗中证明，我军的士气也并未因遭到敌军的猛攻而沮丧。

与此同时而被挡在拉塞尼艾的第6装甲师所部也赶到了，第269步兵师抵达了泽肯多夫战斗群右翼的阵地，而差不多同时第56装甲军第290步兵师也赶到了。第1装甲师已经开始向凯尔默（Kelme）方向推进，并且在来达维奈（Lydavenai）以北渡过杜比萨河控制了桥头堡阵地，第36摩托化师也在凯尔默方向进攻。而苏军对拉塞尼艾以东的泽肯多夫战斗群阵地的进攻在傍晚时分停止，莱因哈特将军指挥第41装甲军成功的包围并歼灭了苏军第3机械化军。

## 一辆坦克的阻击！

看到这里读者可能会问，在拉塞尼艾激战的时候劳斯战斗群在做什么？为什么没有对苦战中的泽肯多夫战斗群施以援手呢？

我们战斗群的阵地上没什么大事发生，部队在巩固阵地，向希卢瓦和杜比萨河东岸的方向派出侦察，并且我们主要想弄清楚在我们南边大桥附近的战局。我们只遭遇了敌军零星小部队和散兵游勇的抵抗。在此期间我们和泽肯多夫战斗群以及来达维奈附近第1装甲师的一些小部队建立了联系。我们在肃清友邻桥头堡阵地以西的森林地域时，遭到了一支强大的苏军步兵部队，该敌仍然据守着杜比萨河西岸的两处阵地。

在当地战斗中有一些苏军被俘，其中包括一名红军中尉，这些战俘被用汽车送往后方地域，看押他们的只有一个士官，而这种做法是违反程序的。在返回拉塞尼艾的半路上，司机突然发现路上有辆苏军坦克停在那里。正在此时苏军战俘——大约有20个人——出人意料地突然袭击司机和那个士官。士官就站在司机旁边面对着战俘，他们试图夺取两人的武器。苏军中尉已经抓到了士官的冲锋枪，而后者抽出一只手一拳打中了中尉，中尉被打了一个趔趄，被另外一个战俘拽住了。苏军战俘试图再次困住这个士官，但是这位有着运动员体格的士官挣脱了三个人的包围，他腾出了两只手，马上抄起冲锋枪开火。射击非常准确，除了受伤的军官之外，只有少数几个战俘跳下车跑进了树林里。其余人在瞬间被打死。这辆已经没有战俘的汽车虽然在战斗中被坦克击中，不过还是安然抵达了我军的桥头堡阵地。

这个小插曲让我意识到，我部桥头堡阵地后方唯一的补给线现在已经被1辆KV-1封锁了，而且我部同师部的电话联络也被切断了。尽管敌军目前的意图并不明朗，但是我们还是要防备阵地后方遭到进攻。我立即命令第41反坦克炮营3连连长温根罗思（Wengenroth）中尉，在第6摩托化旅指挥所（同时也是整个战斗群的指挥机关）附近的小山包上开设阵地。为了加强反坦克防御力量，我还命令部署在这里的1个榴弹炮连将炮口调整180度指向南方。第57装甲工兵营3连连长格布哈特（Gebhardt）中尉负责用地雷封锁道路，并且在必要的时候要在周边的开阔地布雷。配属给我部的装甲兵是申克（Schenk）少校第65坦克营的一半兵力，该部位于森林地带，我命令他们做好准备，随时对敌发起反击。

几个小时过去了，封锁道路的敌军坦克却根本没有移动，只是偶尔向拉塞尼艾方向开炮。6月24日下午，我派出的侦察兵报告在这辆重型坦克周围，没有发现任何集结起来准备发动进攻的红军部队或车辆。侦察部队指挥官认为，合乎逻辑的推论是这辆坦克属于正在和泽肯多夫战斗群交战的苏军某坦克部队。

尽管暂时没有遭到进攻的危险，但是必须马上采取措施摧毁这辆恼人的坦克，或者至少把它赶走。这辆坦克已经摧毁了12辆从拉塞尼艾驶来的满载补给物资的卡车。在桥头堡阵地附近的战斗中，受伤的官兵无法送到医疗站，有几名重伤员（其中包括一个下腹部受伤的年轻中尉）因为没有及时得到医治死在了救护车上。从这辆坦克旁边绕过去也不可行，因为不但车辆绕远路可能陷入泥沼中，而且周边的森林也有小股苏军在活动。

此后我命令温根罗思中尉的炮兵连（装备着新式50毫米反坦克炮）穿过树林，接近到有效射程摧毁敌坦克。连长及其勇敢的部下愉快地接受了这个任务，并且坚信他们能很快地完成。我们在指挥所目送他们穿越树林（不光是我们，许多士兵爬上屋顶、树梢，等待着炮兵连奏凯）。大家都看到第1门炮接近坦克1000米内，敌人坦克就在路中间，但是丝毫没有意识到威胁。第2门炮一度淡出了人们的视野，然后突然出现在坦克的正前方，并且构筑了精心伪装的射击阵地。30分钟之后，另外两门反坦克炮也开设了类似的阵地。

就在我们在高地上观察的时候，有的人认为这辆坦克很可能被打坏了，然后被乘员遗弃了，因为它就在路中间一动不动，简直就是个活靶子（可以想象，花几个小时精心布置阵地去对付一辆无人的坦克，实在是颇具讽刺意味）。突然1门反坦克炮打出了第1发炮弹，炮弹带着划出一条银色的轨迹直扑目标。穿甲弹闪电般划过600米的距离，随着一声巨响火光四溅，直接命中！接下来是第2发和第3发。

　　官兵们在远处就好像欣赏射击比赛一样。"打中了！干得漂亮！这辆坦克被打掉了！"至少8发炮弹直接命中，那辆坦克一动不动，但是接下来它的炮塔转动了，显然正在瞄准，然后接二连三的敲掉了我们的反坦克炮。两门50毫米炮被彻底炸毁，另外两门也被严重损毁。炮兵连伤亡惨重，温根罗思中尉为了避免进一步伤亡，不得不把部队撤退到安全地带。他们借着夜幕的掩护，才把被击伤的反坦克炮拖回来进行修理。苏军坦克仍然在公路中间岿然不动，我们的行动失败了。温根罗思中尉和他的部下垂头丧气地返回桥头堡阵地，他们曾经对50毫米反坦克炮这种武器抱有极大的信心，但事实证明它也奈何不了敌军的重型坦克。整个战斗群陷入一种失望的情绪。

　　我们必须找到干掉这辆坦克的新办法。

　　我们手头现在能派上用场的武器只有88毫米高射炮及其穿甲弹了，它能够击毁敌人的坦克。这天下午，1门88毫米炮被从拉塞尼艾附近拖了过来，从南边小心翼翼地接近这辆坦克。KV-1的炮口仍然指向北边，因为我军此前曾经从这个方向发起进攻。高射炮在2000米以内的距离上瞄准敌坦克，在这个距离上应该能击穿其装甲。不幸的是，此前被KV-1击毁的卡车残骸还横躺在公路上，遮挡住了炮手的视线。不过这些残骸也为高射炮进一步接近目标提供了伪装。炮手在炮身上绑了很多树枝，为了不惊动敌人，小心翼翼用人力拖拉着高射炮继续靠近。

　　最终高射炮被移动到森林边缘，这里的射击阵地视野良好，距离坦克只有800米。我们当时觉得肯定能够首发命中，然后肯定能够摧毁这辆坦克。炮手开始装填炮弹做准备。

　　虽然敌坦克在遭到反坦克炮的攻击之后仍然一动不动，但是坦克手还是保持着警觉，车长也很冷静，他一直不动声色地紧盯着高射炮的推进，处在行军状态下的高射炮对他的坦克不会造成危险，这门炮离得越近，击毁它的概率就越高。当高炮炮手在射击阵地上进行着最后的准备时，这一小片战场上的交战双方也迎来了决战时刻。现在敌人的坦克手迅速开始行动，同时炮手也在紧张地进行射击准备，坦克炮塔开始缓缓转动，一开炮就命中了目标。高射炮被击毁翻进了沟里，炮手们不得不弃炮撤退。炮手们此后试图修复高射炮或者带走阵亡战友的遗体，却遭到了敌军坦克的机枪射击，并出现伤亡。

我们曾经寄予厚望的第二次努力也失败了，实在是个坏消息。随着88毫米高炮的损失，部队的乐观情绪也销声匿迹了。由于得不到后方输送的补给，我军士兵只能郁闷地食用罐头食品。

不过焦虑的情绪还是暂时得到了缓解。苏军对拉塞尼艾的进攻已经被泽肯多夫战斗群击退，该部坚守在106高地上。因此苏军第2坦克师包抄我后路并包围我部的危险就此解除。我们觉得白天解决不掉敌人坦克，不如晚上试试。旅部开了几个小时的会，讨论击毁这辆坦克的各种办法，并且制订了各种不同情况的行动预案。

第三种方案就是在6月24—25日夜间派出战斗工兵炸毁这辆坦克。必须承认的是工兵对于炮兵的束手无策颇为兴奋，认为现在轮到自己在战友面前出出风头了。格布哈特中尉说要找12个志愿者，结果120个人全报名了。为了公平起见，从10个人里挑一个。12个幸运儿就此急迫地等待夜幕降临，工兵们准备好了炸药以及一切必需的装备，格布哈特中尉亲自带队，身先士卒地率领部下没入夜幕之中。这条公路向东经过123高地，一条沙土路尽头是一片光秃秃的树林，坦克就在里边，从这片树林再往前是以前的集结地域。

夜空中只有微弱的星光闪烁，借着微弱的星光能勉强看到最近的树木、道路和坦克。工兵们为了不发出声响，脱了靴子赤脚匍匐前进，爬到坦克附近以便选择最有效的战术。苏军坦克仍然平静地在那一动不动，炮塔也被关上了。四周一片寂静，夜空中只是偶尔划过一道闪光，然后传来一声巨响。在拉塞尼艾以北的道路交叉口附近，偶尔有敌人的炮弹落下。而南边的阵地经过白天的激战之后，枪炮声也时断时续，直到午夜前后双方的骚扰射击才彻底平息。

突然在公路另外一边的森林里响起了什么声音，而且还有亮光闪过。几个鬼鬼祟祟的身影靠近了坦克。是这些坦克兵爬出来了吗？接下来有人敲了敲坦克炮塔，接着舱门打开了，有什么东西被送了出来。从窸窸窣窣的声音来判断，苏联人很可能是在吃东西。侦察兵立即爬回来向格布哈特中尉汇报："我们是不是要冲上去俘虏他们？他们应该是平民。"这个办法确实很诱人，而且很可能非常简单就能把对手解决掉。但是坦克兵还在炮塔里，而且很显然没有睡觉，贸然进攻只会打草惊蛇，加大战斗的难度。最终格布哈特中尉遗憾的决定暂不动手。我军等了一个小时之后，这几个平民（也可能是游击队员）最终才离开了。

与此同时我军对坦克及其周边进行了更加详细的侦察。大约凌晨1点左右，工兵们开始动手了，而苏军坦克手正在坦克里睡觉丝毫不知情。工兵们偷偷在履带上和坦克的侧面装甲上安置好炸药，引燃了导火索之后就撤了下来。几秒钟之后一声爆炸响彻夜空。任务完成了，我们认为工兵应该得手了。但爆炸声甚至还未消散，坦克的机枪就开始向周围反复扫射。坦克本身没有开动，大概是因为履带被炸坏了，但是坦克本身可能没遭到重创，因为机枪仍然在不停地射击。格布哈特中尉和部下垂头丧气地返回了桥头堡阵地，他们不但士气低落，而且在战斗中还有一个人失踪。在夜幕中我们试图寻找这个失踪的士兵但却徒劳无功。

在天亮前不久，我们又听到了坦克那边发出了不大的爆炸声，大家都不知道这是怎么回事。苏军坦克的机枪又响了起来，几分钟以后，机枪射击再次停了下来。

过了一会天亮了，金色的阳光播洒在树林和原野上。鲜花和草地因为露水反射阳光而闪闪发亮，小鸟们发出阵阵鸣叫声。士兵们在战壕里伸着懒腰，睁开惺忪的睡眼，新的一天来临了。

天亮后不久，一个赤着双脚，手里拿着靴子的士兵出现在指挥所外边。对他来说，让我这个旅长一眼看到他这副样子实在是很倒霉。我把他叫了进来，用洪亮的声音质问他为什么一早上起来就这副模样，这个士兵很不安地站在我面前。我问他难道是克奈普大叔（Father Kneip）的追随者？如果果真如此的话，在这种场合如此打扮也是不合时宜的（克奈普大叔是19世纪"回归自然"运动的创始人，他号召健康生活，洗冷水浴，露宿在野外等等）。

这个独自赤脚慢步的士兵尴尬地说他之所以这样是有原因的。他是个沉默寡言的人，要我问上好几个问题才解释详情。不过我提出的问题都得到了答复，我的心情逐渐变得愉快。在十分钟之后，我给了这个孤独的冒险者一支香烟，他相当尴尬地接受了。最后，我微笑着拍拍他的肩膀并和他握了握手。那些离得比较远，并未听到我们谈话内容的士兵对我的态度变化有些奇怪。这个赤着脚的士兵到底干了什么，能够这么快就赢得了我的青睐。这肯定不是等闲的小事。我并没有满足他们的好奇心，只是后来才通过旅部命令正式表彰他的行为，而旅部的命令是根据这个年轻的工兵的报告浓缩而来的：

"我躲在苏军坦克旁边的一道沟里听着动静。准备就绪之后，我和连长在坦克履带上安置了一个炸药量为常规用量2倍的炸药包，点燃了引信后回到了壕沟里隐蔽。这条壕沟比较深，躲在里边不会被爆炸的碎片击伤，我在里边等待着想目睹炸药的效果。然而炸药包爆炸后，苏军坦克还是不停地用机枪向壕沟和森林边缘射击，过了一个多小时，机枪射击才终于停了下来。然后我匍匐到坦克旁边并检查刚才安置了炸药的坦克履带，我发现坦克履带只被炸坏了一半，坦克的其他部位没有一点损伤。

"我回到预定的集结地点，发现工兵分队已经撤离了，我在找刚才放在这里的靴子的时候，发现另外一个被丢在这里的炸药包。我带着炸药包返回到坦克旁边，赤脚爬了上去，把炸药包固定在炮管上，希望至少能把坦克炮炸毁，因为这个炸药包不够大，放在别的位置不会造成什么损伤，我爬下坦克并引爆了炸药包。

"炸药爆炸之后，敌军坦克又朝壕沟和树林扫射。直到拂晓机枪才停止射击，我在坦克机枪不再射击之后才匍匐着撤了下来。经过检查我发现这个炸药包也太小了，只给坦克炮造成了轻微的伤害。在返回集结地点的时候我找到了一双靴子，但是发现这靴子太小，根本不是我的。原来是有个战友错把我的靴子穿走了，这就是为什么我只能光着脚而且这么晚才回来。"

他是个真正的勇士。

尽管这个士兵已经尽了全力，但是敌人坦克仍然横在路上，如同什么都没有发生一样四处开火。6月25日早上，有人提出第4个解决方案，呼叫Ju-87"斯图卡"俯冲轰炸机炸毁敌军坦克。但是这个办法没有可行性，且不说其他战场更需要空中支援，而且就算能呼叫来空军支援，俯冲轰炸机能否直接命中并炸毁这辆坦克也是个问题。我们非常清楚，坚守在这个钢铁怪物里的战士们可是不会被近失弹吓跑的。

我们现在无论如何必须用一切可能的手段击毁这辆坦克。因为如果道路仍然被封锁，那么桥头堡阵地的我军势必受到严重的威胁。而且整个第6装甲师也无法完成上级赋予的任务。因此我决定破釜沉舟，这个计划要冒着给我军士兵、坦克和其他兵器造成损失的危险，而且要承受多大损失我也拿不准。我决定首先扰乱敌人，然后尽可能减小我们的损失。我们计划使用申克少校的坦克部队对KV-1发起佯攻以吸引其注意力，同时用另外1门88毫米高射炮摧毁这个巨兽。敌坦克周围的地形对于实施这一计划比较合适，我军能够尽可能靠上去，并且在公路以东比较高的林地开设一个观察哨。由于这片区域林木稀疏，38t坦克能够向各个方向迅速机动。

第65装甲营迅速赶来，从3个不同的方向攻击这辆坦克。Kv-1里的坦克手显得很紧张，它的炮塔不停地四处旋转想要瞄准那些个头不大的德军坦克，我军坦克在树林中灵活的四处开动，通过树木的缝隙开火。但是苏联人的动作太慢，来不及瞄准的时候德国坦克就已经跑掉了。苏军坦克知道他们坦克的装甲非常厚，像大象的皮肤一样，我们的炮弹根本伤害不了他们，但是他们非常想干掉这些令人厌烦的坦克，因此就放松了对道路的警戒。

幸运的是，我军坦克的出现确实吸引了苏军坦克手的注意力，从而放松了对后方的警戒，而那里灾难正在悄悄降临。1门高射炮已经进入阵地，就在前几天下午被击毁的那门高炮旁边。威力巨大的88毫米高炮直接指向敌人坦克，并且射出了第一发炮弹。尽管受了伤，但是KV-1仍然试图将炮塔转向后方，但是炮手们又迅速连开两炮。炮塔终于停止了转动，敌坦克却并没有像我们期待的那样起火燃烧。虽然敌军坦克没有继续还击，但是根据这两天的经历，现在报捷确实还为时尚早。88毫米高射炮又发射了4发穿甲弹。此时这辆坦克已经被命中了7—8发炮弹，如今炮口直指天空，但是坦克还是横在路上，似乎仍然要顽强的横在公路上。

而目睹了这场激战的战士们现在非常渴望凑上去检查射击的效果。但是令我们吃惊的是，只有两发穿甲弹击穿了坦克装甲，而另外5发88毫米炮弹只是在坦克上留下了深坑。然后我们又发现了50毫米反坦克炮在坦克上留下的8个疤痕。工兵放置的炸药在履带和炮管上也造成了轻微的损伤。而38t坦克的

37毫米坦克炮则没有在敌人的坦克车身上留下任何痕迹。我军这些好奇的"大卫"爬上这个已经被打倒的"歌利亚"身上,想要打开坦克的舱盖,但是无论是拉、推还是敲,坦克的舱盖总是打不开。

坦克炮管突然又开始动了,我军士兵们惊愕地四散奔逃。工兵马上冲上来从坦克炮塔下方的弹洞里塞进去几枚手榴弹。随着沉闷的爆炸,坦克的舱门被炸开了。里边躺着几名英勇的苏联坦克兵的遗体,似乎此前他们只是被炮弹震昏了。我们怀着对苏军士兵勇敢精神的尊敬,以崇高的礼节埋葬了他们。而这几个战斗到最后一刻的战士只是英勇奋战的苏军的一个缩影。

在被区一辆坦克挡住两天之后,道路终于畅通了,卡车开始往来穿梭,向桥头堡阵地运输物资,准备接下来的行动。部队终于解除了封锁,恢复了机动,并协同第41装甲军对苏军第3机械化军发起向心攻击。而在泽肯多夫战斗群的战局还不明朗的时候,我部的补给线被切断,但却没有足够的手段为其提供支援,这实在是个错误,除非这种孤注一掷的行动是有必要的。我们不能冒险耗尽手中所有的弹药,否则在面对苏军接下来的进攻时就束手无策了。

师部对于战局一直很紧张,而泽肯多夫战斗群在战斗关键时刻的表现也得到了表彰。位于利瓦德纳(Livadena)的左翼的第1装甲师和右翼的第269步兵师分别对敌发起向心攻击。由于战局进展顺利,第290步兵师和第36摩托化步兵师暂时都不用登场。第6装甲师有意延缓自己的进攻速度,以免使敌军退却到包围圈之外。因此,在那辆坦克被摧毁的时候,劳斯战斗群在得到第1装甲师部队加强之后,从桥头堡阵地出击,向南沿着德维纳河东岸推进,切断苏军第2坦克师的退路。仅在第6装甲师作战地域就有125辆苏军坦克被击毁,其中包括12—14辆KV-1。第3机械化军在损失了大批装备之后迅速撤退,才避免了被全歼的命运。

到当天傍晚,两天的战斗戛然而止,结局是德军获得了全胜。全师在当晚转入休整,而先头部队准备在6月26日向东继续推进。

闪电部队继续向前行军。

◎ AA10-15

◎ KV-2坦克

◎ 第6装甲师35坦克，1941年。

◎ 拉塞尼艾战斗中向德军投降的苏军坦克兵

◎ 兰德格拉夫将军及其参谋人员1941年8月

第二章：拉塞尼艾·035

◎ 兰德格拉夫将军和第6装甲师军官

◎ 战斗中被击毁的苏军KV-2坦克

◎ 佩斯利尼斯战斗中德军首次遭遇KV-1坦克

# 第三章
# 向俄罗斯推进

## 穿越波罗的海国家追击

在击败了苏军坦克预备队在拉塞尼艾附近的进攻之后，第41装甲军（下辖第6装甲师）在6月26日准备穿越立陶宛、拉脱维亚和爱沙尼亚向列宁格勒推进。苏军为了掩护这个方向的大兵团向德维纳河方向撤退，牺牲掉了自己的坦克部队。我军的进攻被地形、高温和肆虐的尘土所阻滞。我军穿越茂密的森林地带，设法找到了道路，可以让一眼望不到边的摩托化车队以时快时慢的速度前进。在我部先头部队抵达拉古瓦（Raguva）附近的涅韦茨（Nevezis）时，师主力还在克罗基—苏尔维利斯基（Surviliskis）路上的拉米格拉（Ramygala）。6月27日，由于我师勤务单位还在拉塞尼艾战场地带迟缓不前，为了让师主力赶上来，先头部队没有继续跃进得太远。先头部队在斯韦达赛（Svedasai）和特拉尔兹艾（Teraldziai）渡过了斯文托季（Sventoji）河，同时师主力抵达魏因斯托斯（Veinsintos），兰德格拉夫将军把师部转移到了斯韦达赛。

敌人很显然已经逃之夭夭了，苏军在边境地带被击败之后，后退很远再重新建立防线。苏军的行动很迅速，即使是大兵团后撤时也是如此。因此当时最重要的就是紧追不舍，不给敌军重新建立防线的喘息之机。德军认为迟滞行动应为各个部队交替掩护后退，但是苏军却没有采用这种战术，可能是他们缺乏使用这种战术所需的机动能力和指挥能力。苏军经常寻求简单而全面的解决方案。当他们决定后撤时，就所有部队一起后撤接着立即一起实施坚决的防御。当我军装甲师突破其防线，切断其道路时，苏军会迅速消失得无影无踪。在撤退时苏军能够迅速脱离接触，并且快速集结，因此他们也确实是经验丰富的敌手。其大部队能够在缺乏道路甚至是小径的地形上长距离行军。比如说在列宁格勒以南，第6装甲师曾经俘虏了苏军第125师某团的苏军士兵，而早在我军在陶罗根附近突破国境的时候，就曾经和同一个团交战过，这支部队后撤了500英里居然还能和我军交战。

虽然敌人有组织的大规模抵抗已经不复存在，但是我们也意识到即使在进攻作战期间，采取环形防御阵地和警戒措施的必要性。被打散的苏军部队不断集结，战斗群在夜间为了防备敌人的偷袭，首先采用了"刺猬"型阵地。我们会选择开阔地上的几间小屋子或茅草棚开设指挥所，而坦克会围绕这些小屋呈一个巨大的圆形布置，并且用灌木作为伪装，随时准备向森林边缘地带开火。在坦克前边是步兵的外侧阵地，依托散兵坑、壕沟或路堤作为阵地，以便不遮挡住坦克的射线，在外侧布置警戒分队和岗哨。苏军也认识到这些防御措施的威力，所以没有再实施突然袭击，只是以坦克和机枪火力向我刺猬阵地实施骚扰性射击，有时还会有零星的炮击。

第四装甲集群的任务是渡过德维纳河，6月28日我部就已经完成了这个目标，但并不清楚的是第6装甲师是否要进入第56装甲军在陶格夫匹尔斯（Daugapavils）的桥头堡阵地，或者抵达德维纳河沿岸陶格夫匹尔斯和杰卡布皮尔斯（Jekabpils）之间的位置，那是第1装甲师的目标。这取决于第1装甲师能否在杰卡布皮尔斯渡过德维纳河夺取桥头堡阵地，同时第8装甲师能够在陶格夫匹尔斯夺取完好无损的大桥。之所以能否夺取大桥是关键因素，原因是第41装甲军的施工材料只够架设一座浮桥。

由于战场态势以及通向德维纳河的道路状况，兰德格拉夫将军提出了一个反常的方案，在比较宽大的正面渡河，而他的意见也没有遭到反对。在右翼的泽肯多夫战斗群应当在紧邻陶格夫匹尔斯西北的伊卢克斯特（Ilukste）徒涉（或者经过苏军留下的浮桥）过河。左翼的劳斯战斗群将布置在利瓦尼

（Livani），因此第6装甲师的两个先头战斗群将相隔65公里，而在其中间只有林布伦（Linnbrunn）少校的第57装甲侦察营。兰德格拉夫将军认为值得冒险，因为他希望避免被堵在拥挤的陶格夫匹尔斯大桥，而且他计划调整师主力向利瓦尼前进。由于在奥贝利艾（Obeliai）—苏巴特（Subbat）地区经常和零星苏军（有可能是掉队士兵）发生交火，而且行军路上经常发生拥堵，只有侦察分队按时抵达了德维纳河沿岸。侦察分队报告在我方一侧河岸已经没有苏军，而在河对岸只有少数防御部队。

因此，我军在进攻发起的第7天遇到的第一个主要障碍是德维纳河。除了在拉塞尼艾的坦克战之外——战斗中第6装甲师表现出不同寻常的勇气和韧劲——并没有发生激烈的战斗。值得注意的是，我军缴获了大量的装备，但是俘虏相对较少。第6装甲师给红军造成了不小的损失，自己的损失却很小。由于战斗损失的坦克和车辆也不多——事实上，还不如机械故障造成的损失多。这些损失还在可以承受的范围内。

由于只遭遇了敌军微弱的抵抗，6月29日劳斯战斗群在杜布纳（Dubna）河以南纵深10公里的利瓦尼，渡过德维纳河建立了桥头堡阵地。在利瓦尼的杜布纳河上的桥梁已经被炸毁，而其他地方的架桥材料又不足。这种情况迫使兰德格拉夫将军放弃在北部的杜布纳河沿岸再夺取第二座桥梁的计划，他只要求泽肯多夫战斗群肃清河西利瓦尼附近的敌军抵抗。泽肯多夫战斗群很快就夺取了利瓦尼以东的104高地。

很显然，此时第41装甲军无法提供师部所需的架桥建筑材料。莱茵哈特将军命令兰德格拉夫将军，第6装甲师的各部队如果到6月30日晚还不能渡过德维纳河进入利瓦尼桥头堡，那么可以通过第1装甲师后方，经由杰卡布皮尔斯的浮桥渡河，当时这里正在架桥。第6装甲师方面认为这样一来势必会浪费很多时间，兰德格拉夫将军和约阿希姆·冯·基尔曼斯埃格少校因此决定就地搜集可用的物资架桥，以便师主力能够迅速渡过这条至少宽150米的、汹涌奔流的大河。

第57工兵营在营长埃里希·莱纳特（Erich Lehnert）中校的指挥下架桥，由于杜布纳河非常宽阔，所以工兵营创造性的采用了将四种浮桥结合在一起的办法。全师都要为架桥工作提供支援，一段是浮桥，一段是浮筒和台架支撑的箱型梁桥，还有高架桥和缴获的驳船架设的辅桥。由于苏军不断空袭，架桥的进程被大大延缓，而第6装甲师只有20毫米高射炮防空。到6月30日下午，全师除了Ⅲ型、Ⅳ型坦克以及150毫米炮兵营之外——浮桥无法承载这些装备的重量——都渡过了河。莱纳特中校的工兵们表现得非常出色。

同时，我军在利瓦尼的桥头堡阵地也被扩展到了鲁赞提（Rudzeti）及其以南地区，因此全师得以集中于德维纳河东北岸，准备向拉脱维亚—俄罗斯交界处实施突击。少数部队仍然在伊卢克斯特东北地区行进。兰德格拉夫带领全师从利瓦尼渡过德维纳河的决定被证明是正确的。

如前文所述，在我军渡过德维纳河期间，苏联空军的表现是非常出色的。苏军轰炸机在战斗机的护航下频频出击。他们的表现非常娴熟，以突然空袭击中了桥梁和渡河设施。敌机从侧翼和后方进入航线，迟滞了我军的渡河行动并且造成了部分损失。不过，总的来说第41装甲军渡过德维纳河的行动是迅速而顺利的。

虽然红军向列宁格勒的撤退时间非常紧迫，但是苏联人还是成功地疏散了大量的平民、设备以及物资。在撤退的时候苏联人毫不犹豫地焚毁了城市和村镇，看起来我军在这些地方搞不到一点东西（这也就是斯大林宣称的"焦土"政策）。我军一路所过之地看到的只有焦土和废墟，所以很多时候大一点的司令部实在找不到可以落脚的地方。在撤退之前苏联还在波罗的海三国，处决了数以千计的"不可靠"人员，并且带走了数万名"不可靠"分子。

我们认为在苏德战争初期，苏军显然是试图用各种暴行来震慑德军，打击我们的士气。在前线的各个方向苏军制造了大量的罪行，更证实了这一判断。比如，1941年6月24日，第267步兵师的两个炮兵连在梅尔尼基（Melniki，中央集团军群方向）附近，于夜间被苏军突破阵地，在白刃战中失利。个别士兵的遗体身上发现了17处刀伤，甚至有人双眼被挖掉。几周之后，第465步兵团的1个营在森林地带作战期间，遭到苏军狙击手几个方向上的射击，75人阵亡，25人失踪，在后来的战斗中我军控制住了这一地区，发现所有的失踪士兵都是颈后中枪。

7月1日早上，侦察兵在预定前进方向上没有发现任何苏军部队，于是第6装甲师的部分部队开始开进。我军右翼再次击破敌人微弱抵抗后，抵达瓦拉克利亚尼（Varakiani）。我终于理解了为什么兰德格拉夫将军要做这样的决策——至少这样的行动是他提出建议，并且得到了上级指挥部的批准——为的是尽可能利用我军的战术优势。第四装甲集群实际上是打算在7月2日以后再重新发起大规模进攻，因为当时大部分部队还没有渡河。虽然第8装甲师（隶属第56装甲军）还远在陶格夫匹尔斯—奥斯特罗夫的高速公路上，但是第1装甲师仍然派出了部分先头部队开始前出进攻。

7月2—3日，由于我军右翼纵深遭到了持续威胁，且道路——特别是东北方向卢般（Luban）湖方向——状况糟糕，我军的推进速度因而减缓。第8装甲师继续缓慢地沿着奥斯特罗夫的公路推进，他们面对的苏军要比其他各装甲师当面之敌更强大，因此该师总是要比第6装甲师先头部队落后40—50公里。这也就是说我部必须要沿着这条公路保证我师侧翼的安全，因为它不仅是我们的补给线，也是第1装甲师向卢般湖北进的交通线。到7月2日，第6装甲师已经推进到大致在佐贝尔瓦（Zoblewa）—比尔泽（Birzi）的位置，一路上我部基本没遇到敌人有组织的抵抗，但和红军散兵游勇的小规模战斗仍不断爆发。敌军不断向我侧翼发动攻击，很显然苏军指挥官试图夺取这条公路。

7月3日兰德格拉夫将军命令第6装甲师绕道卡尔萨瓦（Karsava）地区，抵达高里（Gauri）附近的高速公路，当地仍有相当数量的苏军在抵抗。第4装甲集群此后希望第6装甲师沿高速公路进攻，以便支援第8装甲师（该部当时再次被敌军阻击），同时与在公路以西冲向奥斯特罗夫的第1装甲师配合（该师目前只遇到了微弱的抵抗）。兰德格拉夫将军更倾向于不管这一地域的苏军，直接向卡尔萨瓦地区推进。他也发现必须让劳斯战斗群和泽肯多夫战斗群在蒂扎拉（Tizla）附近的沼泽地区寻找到道路，而由于连日大雨造成这些沼泽地带的路面更加难以通行。先头部队不得不在泥泞的沼泽中艰难行进，推进速度大为减慢。尽管如此，我先头部队到傍晚时分居然还是抵达了高里（Gauri），我们面对卡尔萨瓦地区方向开设了侧翼掩护阵地，并且向奥古斯皮尔斯（Augspils）方向派出侦察。不幸的是，师主力仍然分散在各处。

到7月4日时，全师分散在各处部署的后果逐渐开始显现。侦察部队在后方仍然受到威胁的时候向俄罗斯边界推进，开始遭到苏军的顽强抵抗。就在侦察部队开始抵达我师向斯大林防线进攻的集结地域的时候，师主力还在后边慢慢追赶。我师某部行军中在巴尔蒂纳瓦（Baltinava）以东遭到了得到坦克支援的苏军突袭。苏军绕过了德军占领了高里，从北向南发动突袭（这支部队和之前那支试图从北方发起进攻突破，以免被赶进高里以东的苏军似乎是同一个，不过那次攻势被第8装甲师挫败了）。敌进攻部队达成了突然性，成功地向北穿越了巴尔蒂纳瓦—高里公路。当时第6装甲师所处的态势很危险，因为全师已经被分割开来，先头部队在前方，而主力则沿着公路一字排开，随时都可能遭到苏军的进一步攻击。

最开始第6装甲师一时抽不出什么部队返回巴尔蒂纳瓦解决这个威胁。不过后来抽调刚刚赶到的第6摩托车营在巴尔蒂纳瓦发动反击。大批没来得及穿越公路北上的苏军部队——至少是部分兵力——被迫再次南撤。但是仍然有部分敌军在紧邻公路以南的森林中游荡，一直以坦克火力威胁公路。第6摩托车营不得不再次向南发起进攻。第57装甲工兵营为第6摩托车营提供支援，前者是首次投入比较激烈的战斗，而其表现也惊人的出色。反击部队不但很快速清了森林地带，而且还发现了20辆完好无损的苏军坦克，坦克兵肯定是在战火中被吓破了胆，匆匆丢弃座车逃之夭夭。在化解了这个危机之后，第6装甲师继续向拉脱维亚—俄罗斯边界推进。

## 突破斯大林防线

紧邻俄罗斯边境后方的就是斯大林防线，这条防线的情况到底如何我们也不清楚。这条防线由纵深3公里的混凝土地堡组成，不过我们觉得其施工质量可能良莠不齐，因为在7月4日下午第1装甲师已经抵达布兰奇尼科沃（Branchanikovo）火车站附近，随即突破了该防线的远端地段。在第6装甲师的作战地域，我师夺取占拉加勒（Jaunlatgale）和奥古斯皮尔斯之后，曾经对公路两边的大量混凝土碉堡进行了详细的侦察。发现其中有苏军驻守，特别是在利亚（Lja）河对岸东南方向的高地上。兰德格拉夫决定在7月5日通过精心策划的进攻行动突破斯大林防线，而不是在行进间展开攻击。师长之所以这样部署，是因为在此前的两天时间里全师各部通过艰难而迅速的推进，各部分散得太广需要重新集结，而且经过巴尔蒂纳瓦及其之后的战斗，我们逐渐开始意识到苏军的抵抗颇为坚韧。兰德格拉夫将军考虑到在行进间直接对苏军的筑垒防线发动进攻胜算不大,而且他也看到由于地形条件以及斯大林防线向南延伸的情况,很难实施侧翼攻击。全师的集结要经过7月4日一天以及4日—5日夜间之后才能完成。幸运的是我军夺取了卡尔萨瓦,且和第8装甲师建立了联系,该部可以保证我部侧翼与后方的安全。全师为了这次进攻开始从容有序的集结,但是莱茵哈特将军却对此表示异议,他主张应该利用第1装甲师通过突然袭击所取得的胜利并扩大其战果,当然他的观点也是有道理的。当时第1装甲师所部已经前出到奥斯特罗夫以南,夺取了横跨韦利卡亚(Vyelikaya)河的两座大桥。

进攻尚在准备阶段就遇到了困难,因为我们被迫从利亚河以及乌德拉亚(Udraja)河之间的狭窄地段进攻。苏军进行了顽强的抵抗,为了保卫每一处阵地而战斗到最后一刻。因此我军攻势在敌筑垒地域中最初陷入了僵局。我们采用暴风突击队战术,在工兵和反坦克武器的支援下,经过激烈的近战才一个个拔掉了敌人的碉堡。直到7月6日傍晚,经过15个小时的激战,夺取20座地堡之后,我军才终于成功突破了敌军的防线,这是自开战以来我军进展最缓慢的一天,当然战斗也是前所未有的激烈。第6装甲师在这里首次见识到了苏军的防御工事,而此后的战斗证明在这里我们获得了宝贵的经验。当然,我们认为在此后向列宁格勒推进的途中,第41装甲师一次次面对苏军精心构筑的阵地时,总是让第6装甲师去打头阵,这可能也只是巧合。

我部在一天之内就突破斯大林防线绝对是个重大的战术胜利,因为唯有如此,在狭小的奥斯特罗夫桥头堡遭到优势苏军猛烈攻击的第1装甲师才能获得难得的喘息。随着深入苏联境内,我们发现可以通行的道路越来越少,而且道路条件也越来越差。因此就在向奥斯特罗夫推进的路上,我们临时决定让步兵坐在坦克上行军,在苏军一路溃败的态势下这个办法很有效。两个战斗群都组织了用以尾追逃敌的装甲尖兵,包括大约15辆坦克及其搭载的步兵。我们一路击破敌军的微弱抵抗,在7月6日上午抵达奥斯特罗夫市。应该指出的是,用坦克搭载步兵的方法只在敌军被击溃的情况下才会使用,当时苏军上下面对德军的坦克已成惊弓之鸟。但是一旦苏军稳住了阵脚,用坦克搭载步兵不但是危险的,而且很有可能付出惨重的代价。在战争此后的几年时间里,由于反坦克武器和空袭造成的严重伤亡,我军只好基本不再用坦克搭载步兵,另外由于大量装甲人员输送车的使用，也不再需要用坦克来搭载步兵了。

第6师在7月6日的主要任务是前进到奥斯特罗夫桥头堡东部，扩大桥头堡阵地，确保奥斯特罗夫—诺沃雷（Novoryin）高速公路供第3摩托化步兵师使用。第56装甲军的这个师将要渡过奥斯特罗夫大桥，以便绕开涅日克内（Rezekne）至普斯托什卡（Pustoshka）铁路线附近难以通行的沼泽地带。为此我部从奥斯特罗夫—波尔霍夫（Porkhov）公路两侧地区不断冲击苏军的防线，并且推进了约10公里。苏军不断空袭奥斯特罗夫大桥，虽然未能将其炸毁但却严重影响了我军的交通。

7月7日我军继续向东北方向进攻，在前进了15公里之后攻势停顿。进攻停止的部分原因是经过两天的激烈战斗和强行军之后，部队已经精疲力竭了。另外，苏军不断地发动凶猛反击，虽然其反击均被击退且伤亡惨重。劳斯战斗群位于师左翼，最终于当天晚上重新开始进攻。奥斯特罗夫和卢加河之间的地区展开了持续的激战（甚至在夜间也是如此），由于敌军顽强地阻滞我军的推进，加上地形条件的限制（泥泞和沼泽）以及军部突然改变我师的进攻方向（这应该是主要原因）。7月8日我军在波尔霍夫方向只取得了有限的进展，接下来将主力转而向北。莱因哈特将军之所以改变第6装甲师的进攻方向，是为了让该师靠近第1装甲师，原因是第56装甲军转向波尔霍夫方向进攻。

为了执行军部的命令，全师各部开始集中行动。在右翼，直到劳斯战斗群先头部队抵达斯拉夫科夫季希（Slavkovitsi）以前，我部都只是遇到了微弱抵抗。由于负责保护我部侧翼的第269步兵师当时落在后边，所以我们不得不在苏军强大坦克部队的凶猛反击之下转入防御。但尽管如此劳斯战斗群还是守住了阵地。与此同时，左翼的泽肯多夫战斗群一路向北，在奥西波夫斯（Osipovets）以北渡过切列克河（Cherekha）并建立桥头堡阵地。在7月8—9日夜间劳斯战斗群进入该桥头堡阵地。

在越过普斯科夫到波尔霍夫之间的铁路之后，第6装甲师再次转向东方，继续以两个战斗群为先导发起进攻。北边的劳斯战斗群迅速进攻，并在占领洛帕托沃（Lopatovo）之后抵达扎戈斯卡（Zagoska），南边的泽肯多夫战斗群——翻越148高地——用了一上午时间才突破苏军的防御。第6装甲师的攻势在当晚遭到苏军部队及支援坦克的抵抗而慢了下来。苏军已经在约姆基诺

（Jamkino）附近建立了三角形防御地带。兰德格拉夫明白需要再次展开有准备的进攻了。

总的来说，7月10日第6装甲师向约姆基诺的三角形阵地发起进攻，遭到了战争爆发以来的首次战术失败。敌军依托树林和灌木地带，展开了顽强而老练地抵抗，并且不断在坦克的支援下发起反突击。第6装甲师进攻失利的主要原因还是苏军重型坦克，自从拉塞尼艾战斗之后还是首次在战场上遇到。这些坦克现在出现得越发频繁，原因是其生产厂位于列宁格勒附近。在约姆基诺附近的战斗中，KV-1巧妙的充当了"移动碉堡"的角色。每辆52吨的KV-1周围都有2—3辆稍微小一些的坦克以及大约1个排的步兵，而这些坦克和步兵的任务就是掩护重型坦克。因此我军突击部队无法靠近重型坦克，只能和敌人在远距离交火。

第6装甲师在约姆基诺没有88毫米高射炮可用，原因是第41装甲军不顾兰德格拉夫的反对在前天调走了配属的高射炮兵连。所以第6装甲师必须在激战的情况下，用其他办法来击毁这些得到良好伪装的"52吨碉堡"。第76装甲炮兵师使用105毫米火炮采用直射，但是它们很难进入射击阵地。工兵部队试图重复在巴尔蒂纳瓦的成功，使用重型火箭发射器打击敌坦克。勒姆希尔德（Roemhild）少校指挥第41反坦克营甚至使用50毫米反坦克炮射击KV-1（在拉塞尼艾战斗后，我们已经得出了结论，在有利条件下，50毫米可以在近距离击穿KV-1侧面装甲，而50毫米炮的穿深大约只相当于一支铅笔）。虽然我们采用了一系列手段，也迫使敌重型坦克不断转移阵地，但仍然无法将其彻底击毁。

兰德格拉夫将军最终决定停止进攻，并且在夜间绕过约姆基诺。不过幸运的是，经过当天晚上和7月11日一早的侦察之后，由于第6装甲师的压力，以及可能是第56装甲军向波尔霍夫的进攻，苏军被迫放弃约姆基诺向博罗维奇（Borovichi）撤退。劳斯战斗群现在仍然作为第6装甲师的先头部队，从奥斯特罗夫向东北方向推进，直指波尔霍夫和德诺（Dno）。

在进入俄罗斯境内之后，劳斯战斗群的序列如下：

第6摩托化步兵旅旅部

第4摩托化步兵团（2个营）

第114摩托化步兵团（装甲人员输送车）第6连

第11装甲团第2营

第76装甲炮兵团第2营和第3营

第57装甲工兵营第3连

第41反坦克营的一个反坦克炮兵连

第601高炮营

一个医疗队

一个后勤分队

总兵力为：

1500名步兵

230挺机枪

12门105毫米步兵炮

60辆坦克（主要是Ⅱ号和35t坦克）

12门105毫米野战炮

12门150毫米野战炮

9门50毫米反坦克炮

12门88毫米高射炮

36门20毫米高射炮

但是我们却无法乘胜追击，因为埃里希·赫普纳将军和莱因哈特将军突然下达了新的命令。

◎ 被击毁的苏军坦克

◎ 杜布纳附近被遗弃的坦克

第三章：向俄罗斯推进 · 047

◎ 德军士兵正在检查斯大林防线的工事

◎ 正在进攻的德军士兵

◎ 被摧毁的斯大林防线工事

# 第四章
# 兵临列宁格勒

## 与大自然的战斗

7月11日，第6装甲师接到莱因哈特将军的命令，要求我师向波尔霍夫和德诺东进，以便配合正在沿列宁格勒—普斯科夫高速公路向卢加推进的第1装甲师，当时第1装甲师在诺沃谢利耶（Novoselye）附近遇到了苏军的顽强抵抗。劳斯战斗群在前进途中遇到了难以置信的困难，不得不停下来转向90度，继续沿着第四装甲集群进攻总方向展开进攻，前方这些遍布沙土和泥泞的道路自古以来可能就没有汽车驶过。地图上标出的行军道路穿过一片沼泽才能最终抵达诺沃谢利耶，而作为师先头部队的劳斯战斗群则无路可绕。

我们行军所到之处有一些居住在破旧小屋中的当地居民，当我们要求他们在老旧军用地图的行军路线附近标出沼泽地，并且带我们去某个村子的时候，这些俄国人和我们一样迷惑不解。他们对我们标在地图上的村庄名字不太熟悉，因为很多村子几十年前就改名了。所以我们往往只能依靠圆规或直接依靠向导和工兵，我们沿着一条曲折的路线经过一个个村庄，这里还能够找到可供马车行进的道路。而在首次面对一大片沼泽时（大约10米宽），一座看上去很坚固的桥被1辆轻型35t坦克压垮了，结果整个队伍被迫停下来，长达5个小时，在此期间格布哈特中尉指挥工兵架了一座新桥。

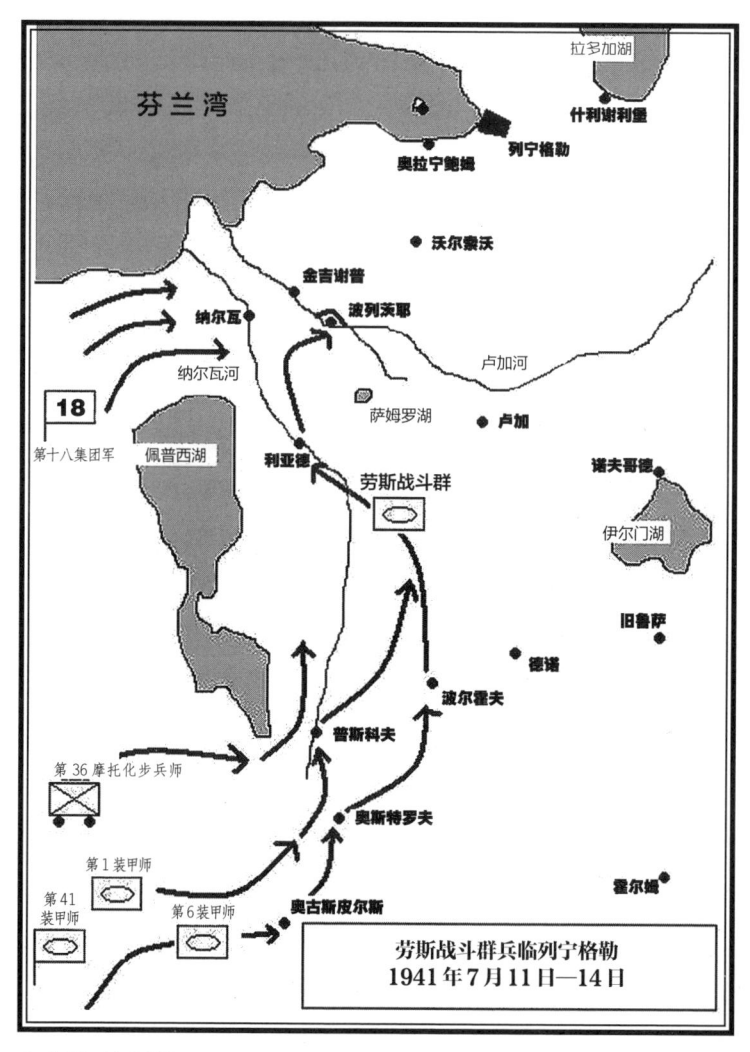

◎ "兵临列宁格勒"，1941年7月11日—14日

在行进的过程中，我们的车辆都会尽量避开此前车辆留下的车辙，不然车会陷下去直到完全动弹不得。行军纵队不得不穿越12处沼泽地带，而每一次都要等待工兵加固已经朽烂的桥梁大梁或者干脆重新架桥，进而大大延缓了行军速度。绕路是不太可能的，车辆和坦克只能选择比较坚硬的地面前进，如果陷入泥潭的话得靠别的坦克拖曳出来，经常发生牵引车也陷进去的情况。而一

旦两辆用绳索相连的车都陷进去的话，就得调来动力最强劲的车辆———辆牵引力达20吨、履带超宽的抢救车。但是把抢救车开到救援地点也是个大问题。由于道路特别狭窄而且堵塞严重，在遇到其他车辆的时候根本无法调头或者绕过去。指挥官已经无法有效掌握部队，因为同一时间到处都发生紧急情况，只能依靠步行抵达堵点。

为了收拢整个战斗群，我不时命令部队停下来，在地形允许的情况下让各种车辆缩小距离。我部在诺沃谢利耶以南16公里的地方再次停了下来，收拢部队，恢复体力，准备发动进攻。第一批车辆在20：00左右抵达指定集结地点，在一天的跋涉中战斗群只和敌人接触了一次。第二天凌晨4：00，最后一辆卡车姗姗而来。整个队伍的平均速度是1.5公里/小时，人员和车辆全都一身污水，酷热让官兵们都精疲力竭。我用无线电向师部报告了情况，这样泽肯多夫战斗群就可以选择另外一条行军路线。这一天在沼泽中的艰难跋涉是因为军用地图的错误加上缺乏工兵装备，因此我战斗群无法在7月11日发起进攻。

第二天早上，我先头部队进攻了保卫高速公路的苏军部队的侧翼，该部出现在前一天侦察发现的一条沼泽性小河以南。经过一场短暂而激烈的战斗——双方还爆发了坦克战——我们将敌军部队赶过了河。而且在战斗中还首次出现了苏军两栖坦克，其中6辆被我军部署在森林中的反坦克炮和坦克击毁（其中3辆在陆地上被击毁，3辆在渡河时被击毁）。而首先渡河抵达北岸的德军部队还缴获了2辆可以开动的苏军两栖坦克。

由于这条河流有6英尺深无法徒涉，工兵不得不再为战斗群主力架桥。到10：00时，战斗群再次击毁了几辆轻型坦克之后全部渡河，并向诺沃谢利耶以南追击苏军。当天下午我们向苏军侧翼发动猛攻，其他部队（包括1个坦克营）绕到敌军背后发起攻击。经过激战，我军突入敌侧翼，坦克部队则从后方突入，苏军的防线彻底瓦解。而就在战斗结束我军进行整理的时候，第1装甲师开始了追击。

劳斯战斗群未及喘息，就奉命继续北进在利亚德（Lyady）渡过普柳萨（Plyussa）河，并且在对岸开设桥头堡阵地。接到命令之后我部不得不连夜开进。7月13日早上，在经过3个小时的休息之后，我们再次启程。和以往一样，我们在路上遇到了大量沼泽，只能艰难地前进。不断有车辆——甚至是几辆车同时——陷入沼泽或者沼泽中间的沙地。由于不断地超负荷运转，发动机渐渐过热，我们不得不频繁停下来给散热器加水，宝贵的时间一分一秒地过去；在陡峭的岸边，用坦克或抢救车把所有卡车都拖上来。

虽然经过了如此艰难而缓慢的行军与战斗，我战斗群尖兵仍然设法突袭夺取了普柳萨河上的桥头堡，在利亚德占领了一个桥头堡阵地。尖兵分队的一名中尉没有等待命令，便指挥部队主动展开了突然袭击。这支部队在普柳萨河以南经过激烈的战斗，将一支苏军工兵部队击溃。接下来这位中尉跳进指挥车，向他的部下高喊了一句："跟我来！"他驱车冲出土路冲进灌木丛，赶在工兵撤退之前冲上了大桥。而全排不顾苏军的射击紧随其后，他们在枪林弹雨中完全打了敌人一个措手不及，苏军来不及反应就丢掉了阵地。就这样我军夺取了这座长150米、高10米的大桥。在肃清了利亚德附近苏军的抵抗之后，战斗群开设了桥头堡阵地。在9个小时推进59公里之后我们完成了目标，这一次平均行军速度稍好，为6.5公里/小时。

此后部队才有机会吃上一顿饭并且好好休息一下，同时一直在等待新的命令。莱因哈特将军亲自部署，命令我军立即进攻并夺取波列奇耶（Porechye）附近卢加河上的两座大型木质桥梁（号称"号称列宁格勒大门"）。第1装甲师所部则将向萨布斯克（Ssabsk）发起平行攻击。我在领受任务时就意识到了这场战斗的重要性。这样一来我军就可以突破依托筑垒地域和大片沼泽拱卫的苏军卢加河防线。第十八集团军在北边的纳尔瓦附近裹足不前，而第四装甲集群其他部队则在卢加以南举步维艰。

在接到兰德格拉夫将军的命令之前，我们曾经得到附近北方集团军群友邻部队含糊不清的战情通报。我们得知第41装甲军的4个师已经推进超过130公里，而第56装甲军在索利齐（Soltsy）—乌托罗高茨（Utorgozii）地域陷入激战，该地位于第6装甲师东南6公里处。苏军的顽强抵抗显示敌人首次在整个集团军群的进攻方向上构建了一条协调一致的完整防线，阻止我军从奥斯特罗夫方向发起的攻势。尽管第四装甲集群势不可挡，但是第十七集团军和第十八集团军的推进却相当缓慢。

兰德格拉夫将军比较苦恼，他认为上级司令部（第四装甲集群和北方集团军群）可能对北线德军的态势并不清楚，制定的目标超出了本方的能力，至少在时间方面太操之过急。他判断两个装甲师转向西北方向的意图可能是包抄在通向卢加的高速公路上顽强抵抗的苏军。当然随着我们向列宁格勒的逼近，苏军的抵抗越来越强也是意料之中的事情，而卢加河以南的大片沼泽地带也基本无法通行机械化部队，兰德格拉夫将军想知道这个新的命令是否能够为接下来的进攻争取到有利条件。

大家都忐忑不安的等待着接下来几天的战斗，因为我们都认为敌人可能会倾尽全力猛攻我先头部队和侧翼。一旦苏军指挥部认识到齐头并进的第1装甲师和第6装甲师对列宁格勒和仍在爱沙尼亚向佩普西（Peipus）湖转移的苏军部队的威胁一样大，那么战局必然如此发展。兰德格拉夫将军明白，如果第6装甲师所部仍然困于沼泽地带，一旦遭到苏军必然发起的反击必将陷于险境。另外，师主力远在劳斯战斗群之后，所以正在各自的路线上行军的第1装甲师和第6装甲师必须撤出拉季洛夫斯科耶（Radilovskoye）湖畔地区。

我主要考虑的是向波列奇耶（Porechye）进攻。我立即派出了通讯兵骑摩托车向各部队传达命令，要求指挥官到司令部开会。在会上我传达了下一步行动的命令，并且要求各部要对进攻出发阵地、行军路线和序列有所了解。有些指挥官认真地记录下了一些细节并且问了些问题，其他人则在讨论互相支援的办法——如何分配工兵、坦克、通讯车、炮兵和其他无法拆解的重武器。我们还讨论了后勤供应的问题。所有的行动指令都详细到以分钟为单位衡量，但都是口头传达的命令。

在行军路上我一直和先头营在一起，有时还会和尖兵一起行动，或者是和那些在后方裹足不前的部队待在一起，并且用无线电和主力保持联系。莱因哈特将军提出的战斗口号是："打开列宁格勒的大门！"这句话就像是火花一样燃起了战士们的斗志，大家都立即忘却了一路苦战的疲惫。直到临近黄昏之时，行军的队伍才停下来稍微休息了一会。

我们经过的一片地区有连绵起伏的沙丘，其上分布着几个稀疏的针叶林。部队沿着前车留下的车辙前进，克服重重困难，以10公里/小时的速度通过了这片区域。一支支部队鱼贯前进，同时还有部分警戒部队负责掩护。通过以后我们开始盘算着是不是快到目的地了，而其实距离目标还有约100公里，还得经过几个小时的行军。

当我们抵达萨姆罗湖（Samro）南部和西南的沼泽地带时，道路状况突然变得非常糟糕。坦克和火炮陷入泥潭，甚至连抢救车和其他救援车辆都举步维艰，前进变得越来越困难。在天黑之前坦克部队试图绕开最难通行的地方，而试图从沼泽中直接通行的主力则陷入了困境。全体官兵经过数个小时的艰苦努力才通过了第一片沼泽，他们忍受着蚊虫的骚扰，利用树干、树枝、木板和柴捆铺设了一条勉强可以通行的道路。我们经过一整夜在沙地和泥泞中的跋涉，才最终找到了一条可以通行的道路。

在穿越沼泽之后我们终于恢复了推进速度，但是很快我们又发现前方隐约能看到一座被烧毁的桥梁，推进随之又慢了下来。侦察兵很快就在附近的村子里找到了一条小路。当尖兵接近村庄的时候，四下突然枪声大作，小路立即淹没在枪林弹雨之中。接下来的两个小时激战使得我军根本不可能前进。战斗结束之后，战斗群才得以缓缓通过余烬未灭的战场。到午夜时分我们距离目标仍然很远。我不断接到军部和师部发来催促我们迅速前进的电报，因为我们执行的任务确实很关键。车辆借助微弱的光线寻找道路，部队在夜色中蹒跚前进。而更大麻烦的出现了。到处都是泥坑，沉重的坦克不断压垮桥梁，陷入泥潭。我们既没有时间也没有材料修复这些桥梁，工兵只能将搜集来的木料填塞进毁坏的桥梁结构里，勉强构造一个虽然危险但是可以通行的桥面。我们用这种办法克服了多处阻碍，在8个小时之后才在扎鲁奇耶（Zaruchye）附近找到了较为坚硬的路面。

在道路情况良好的情况下，我们的行军速度达到30公里/小时，但是不久之后却又不得不停了下来——一座横跨湖泊的桥梁正在燃烧。当时配属给尖兵的第57装甲工兵营第3连工兵排排长在没有接到命令的情况下，迅速冲过正在燃烧的多尔加亚（Dolgaya）大桥，扑灭了河对岸桥头的大火，火正是从对岸着起来的。其他工兵也迅速用沙土和水灭火，被烧黑的大桥仍然可以供我军使用，甚至可以承载坦克和牵引车的重量。如果这座桥真的被烧毁了，那对我们真的是非常大的麻烦，因为当时这里不可能徒涉，周围的沼泽地也绕不过去。如果战斗群被堵在这里，那么一旦被苏军的空中侦察发现，整个作战计划可能就胎死腹中了。要感谢那位年轻中尉的主动精神，让这些危险最终化于无形。

突然有人大喊："发现敌机！"而敌机并未展开攻击，我们仍然继续前进。过了一会敌机又出现了，向地面打出灯光信号，并且空投了一张字条，翻译告诉我上边的俄语意为："表明身份，否则我们就要开火了"。虽然敌机反复空投要求识别敌我的字条，但是我仍然下令继续行进，不要停顿。最终敌机飞走了。他们对我部感到怀疑也是可以理解的。劳斯战斗群穿越大片沼泽地带，这么一个摩托化行军纵队出现在周围有敌军重兵集团部署的领土腹地。我们所处的位置肯定会让敌飞行员怀疑，但是由于我们毫无反应继续行进，他们可能又会认为我们就是一支红军部队。

我们很快抵达了韦尔扎（Verza）桥，命令部队隐蔽在一片树林中以防敌机的侦察。我之所以下这样的命令是想等后方部队赶上来。我还发布了夺取卢加河大桥，开设桥头堡阵地的命令。我在一幅1∶300000的旧地图前口头下达了命令。

敌人现在还没有判断出我部的身份。迅速并完整地夺取卢加河大桥对于战局发展至关重要。因此尖兵须对敌守桥部队发起突袭并且肃清该敌。工兵连紧随其后，立即排除埋设的地雷并保证大桥的安全。而在尖兵之后的战斗群主力应迅速跟进，毫不迟疑地通过大桥直指伊万诺夫斯科耶（Ivanovskoye），夺取该地的道路交叉口，并侦察尤尔基（Yurky）和斯列德诺耶（Srednoye）的道路。炮兵将在卢加河南岸开设阵地为部队提供火力掩护。各部配属的重武器仍保持不变。摩托化步兵第114团第6连（装甲人员输送车）将由本人亲自指挥，并且在大桥以南的森林地带待命。同时战斗群全部的后勤车辆和负责维修的单位也在同一地点。各部负责自己的安全警戒。高炮营负责大桥以南的防空。我的指挥所将在新桥的南段开设。我希望战斗群能展开果断而主动的进攻，希望大家取得全胜。

没有太多的问题，也没有休整的必要，十分钟之后部队再次上路，行军序列没有改变。如果我们的判断是准确的——也就是苏军尚未判明我部的身份——那么不应该对桥梁附近地域进行任何侦察，因为这一行动成功的关键是突然性，而一旦进行侦察必将大大破坏突然性。因此我决定采取类似"和平时期"行军的方式。坦克连组成的尖兵先期抵达穆拉维纳（Muravina）。穿过树林和通向大桥道路附近的村庄，我们的部队在未被发现的情况下接近了渡口。

直到此时苏军守桥部队仍然没有意识到他们犯下的错误。由于面对坦克，他们既没有反坦克炮也没有反坦克武器，所以有些惊慌失措。格布哈特中尉率领工兵未发一枪就夺取了其工事。我们的坦克同时冲过了两座大桥，迅速击毁了北岸的大原木地堡。

30分钟之后，我军根据命令不但夺取了卢加河上的两座大桥，还夺取了伊万诺夫斯科耶的道路交叉口。警戒部队被打了个措手不及，我们很轻松地就夺去了阵地。劳斯战斗群在经过三天三夜和气候的搏斗之后，行军200公里，在7月14日10：00夺取了"列宁格勒的大门"而告终，这里距离该城仅105公里。

苏军飞机此前要求我们表明身份，此后也化为实际行动，5辆坦克在亚斯特列比纳（Yastrebina）的苏军机场附近遭到了空袭。这次小规模行动由一名中尉指挥，是第2坦克团第2营的一名中尉。他在伊万诺夫斯科耶附近的一座教堂里俘虏了敌军的一名空军观测员。那个人甚至都不知道我军已经夺取了大桥。而中尉通过审问战俘了解到亚斯特列比纳机场，距离该地10公里，有强大兵力守备。中尉迅速决定，要让苏联飞行员为自己那个排的5辆35t坦克遭到空袭付出代价。考虑到中尉及其手下在过去的三天中连续作战，已经濒临精疲力竭的边缘，做出继续作战的决定是很困难的。纵然我知道苏军可能会很快对这样的行动采取报复措施，但是面对这样一位勇敢的年轻军官求战的要求，我只能回答："同意，但是要尽快返回！"

同时我们需要及时向师部和军部汇报我们已经抵达了预定目标并开设了桥头堡阵地。不幸的是无线电设备现在还在沼泽地中，而且和军部、师部的距离已经超过了无线电的工作范围。唯一的办法就是派一辆无线电卡车返回60公里，给第41装甲军发一封电报，但这一过程需要好几个小时。我们只发了一封很短的电报："10：00已夺取大桥并开辟桥头堡阵地，7月14日，劳斯。"无线电卡车刚刚开回去，苏军一个团就切断了我部后方的道路。

此时中尉率领的坦克也归队了，他们的行动取得了完胜。他们穿过机库，碾碎了数架飞机，战斗中35t坦克给苏军造成的损失比德国空军的更大。德军坦克所过之处留下的到处是飞机和车辆熊熊燃烧的残骸。浓烟烈焰直冲云霄，距离很远的地方都能看见。列宁格勒地区的所有机场——该地区的机场数量为数不少——立即警惕了起来。我军袭击部队得胜归来之后不到一个小时就必须马上赶赴指定阵地，官兵们只能在颠簸的路上小憩一会。村庄、农场、道路和森林边缘地带立即被弹雨所淹没。位于河两岸桥头附近的穆拉维纳和波列奇耶遭到了特别猛烈的轰炸。我的旅部设在穆拉维纳附近的掩蔽所也被炸毁，不得不和其他部队一样进入附近的森林中躲避空袭。

苏军的空袭可谓是个强烈的信号，我军即使是精疲力竭也要立即采取相应措施。官兵们不顾疲劳，立即在周围各处挖掘了防备坦克和空袭的散兵坑，并且还增加了比较厚的顶盖。此后我军又挖掘了Z字形的战壕，将这些孤立的阵地连通起来。敌军一直不断空袭，直到日落方才终止。不幸的是，由于战区地处北方，天黑得很晚。等我军高炮部队组织起防空火力网来，给敌机编队造成了不小的损失，迫使苏军不敢低飞空袭。我们知道只能依靠自己手头的兵力防空。由于空军的地面对空联络部队未能伴随我装甲部队行动，所以很难迅速提供空中掩护。

当天晚上一夜无事，不过可以肯定的是苏军可能希望能迅速肃清我部对列宁格勒的威胁。大批苏军步兵部队在火炮和坦克的支援下，从各个道路和铁路涌来。我们后来知道苏军在战斗中投入了3个人民志愿步兵师和1个坦克旅，他们的任务是歼灭已经渡过卢加河、敢于冒进的我战斗群。我决心无论如何都要顶住苏军的攻势，直到援军赶到。我手下的指挥官也清楚地意识到，在援兵抵达之前我们必须独自面对最严重的威胁。我们都知道师主力还远在后方，他们同样要面对我们之前曾经历过的沼泽地。而无线电联络要到两天以后才能恢复。

劳斯战斗群夺取了"列宁格勒的大门"，但我们能守住它么？

## 保卫卢加河桥头堡的计划

建立并保卫桥头堡阵地是我部在苏德战争初期的第一个关键任务，此后装甲部队和摩托化部队将不断承担类似的任务。在为期4年的战争中，我本人以及我麾下的部队曾经先后60次开辟并守卫桥头堡阵地，这些战斗之间没有任何相似之处。每个战例的情况都不同，任务、地形、部队组成及其装备各有差异。而这些战例与我部在卢加河地区的战斗毫无相似点，最开始甚至连我麾下的指挥官都认为桥头堡很难守住。后来赶到的援兵在看到我在桥头堡的战术布置之后，对于我军能够在如此困难的情况下守住桥头堡，表示简直是难以置信。而且友军指挥官在复盘了此前的战斗之后，也没有时间审慎地对战斗过程进行评估，也没有谁能提出防御战术的改进意见，要想取得这场战斗的胜利必须战术得当。本来仅凭步兵的话很难守住桥头堡阵地，即使我战斗群兵力比现在的多也是不太可能的，而如果只有少数装甲部队却没有步兵的话，那想守卫桥头堡可谓难上加难。

在这种条件下展开这种防御战术，必须要给予我手下的指挥官，下至连排一级的军官，以更大的自由度，以发挥他们的主动精神。这是和平时期我军

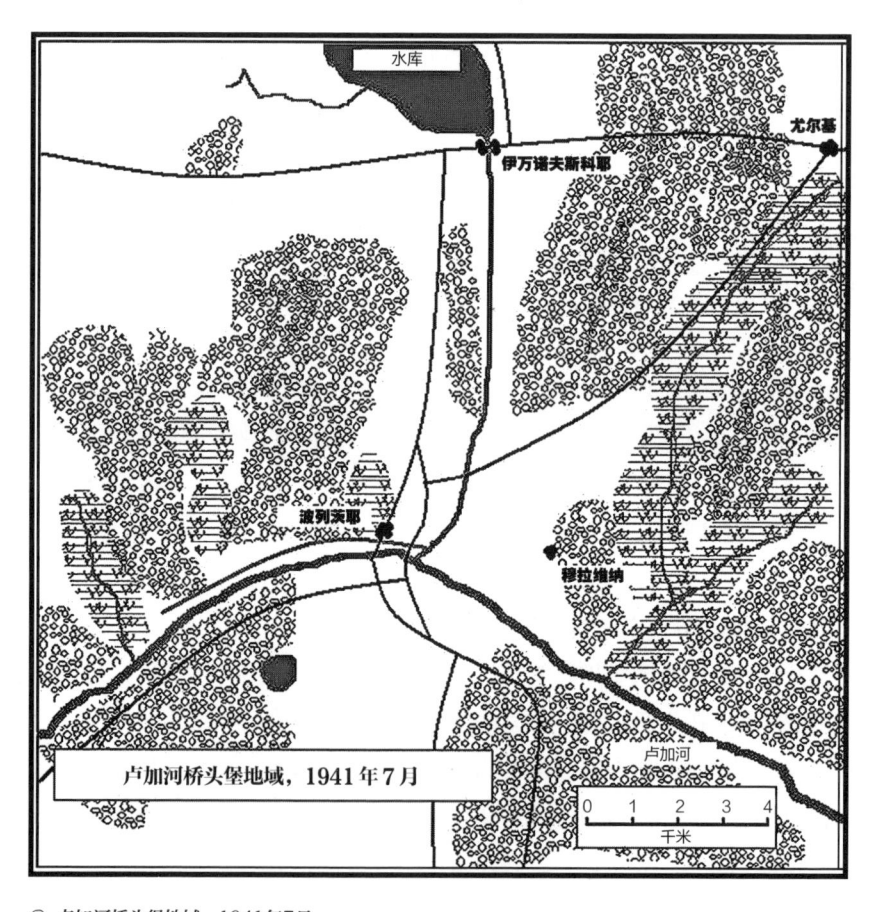

◎ 卢加河桥头堡地域，1941年7月

军官教导和训练的结果。幸运的是我麾下的官兵可谓训练有素，而我们最终能够夺取战斗的胜利也可归功于平时的这种训练。

我知道我军的坦克数量与苏军大约相当，但是也知道敌人的步兵大约占有12倍的数量优势。考虑到这一因素，我军必须尽可能的集中兵力并且利用地形的优势。很明显我军的兵力不足以兼顾保卫桥头堡阵地同时守住重要的交通枢纽伊万诺夫斯科耶。与此同时，我也知道这两处战略要地以及其中间的地带必须控制在我军手中——正如莱茵哈特将军所期盼的那样——这个桥头堡阵地才可以成为"列宁格勒的大门"。

如果我决定放弃伊万诺夫斯科耶，仅仅守住较小的桥头堡阵地，就算保住了两座大桥也虽胜尤败。如果不能守住一定面积的地域，为此后第41装甲军后续兵力的集结创造条件，那么桥头堡阵地就会失去战略上的重要性。因此，为了守住一条长5公里宽仅数百米的走廊地带，我不得不采用相应的战术，以便不惜代价保住桥梁和交通枢纽阵地，我军接下来能够依托次阵地不断向两军的中间地带进行反复突击。很显然伊万诺夫斯科耶一直是个战术要点，因为如果想控制桥梁的话那这个交通枢纽是关键的阵地。

另外，当地的地形和植被条件也有利于这种战术的实施。桥头堡以北有一个15米深的蓄水池拱卫，在其东面有一条6—10米深的水渠，河岸相当陡峭。蓄水池和水渠成为了反坦克的障碍，苏军步兵也很难涉渡。在西边的道路附近是一片沼泽森林地带。尽管这条道路很难供坦克通行，但是其中多处地段可供步兵通行。桥头堡以南是一大片沼泽森林地区，其中某些地点可以部署小部队和轻型武器。在这些地方可以部署一支小规模的警戒部队和小型战术预备队。各个兵种组成的苏军主力部队本可能对桥头堡造成巨大的威胁，但是他们发现只能利用补给道路行进，而我们在这些地方动用坦克兵和他们交战。另外，由于地形条件，苏军装甲兵的活动范围被道路状况所限制。只有伊万诺夫斯科耶西郊和桥头堡阵地中间地带道路两侧的狭窄走廊可以通行坦克。

桥头堡阵地的另外一个有利条件是敌方从各个方向都无法一览无余。这意味着苏军炮兵只能通过地图或者空中校射飞机的指示进行炮击。在战争初期，苏军的空地协同行动还不是特别的熟练，而且也没什么机会根据地图坐标制定射击计划。由于上述这些因素的限制，除非苏军使用占据数量优势的步兵，同时在各个方向上发起进攻，或者劳斯战斗群的后勤补给被切断一周时间以上，否则敌人很难对我据守的桥头堡阵地造成严重的威胁。我们当然希望这两种情况都不会发生。

我正是经过上文中所提到的对战斗情况的各种分析，决定将伊万诺夫斯科耶铁路枢纽作为防御重点。我在这个地方部署了鲁道夫·冯·瓦尔登费尔斯上校的第4摩托化步兵团主力，在东西两个方向分别部署了1个营。该团的任务是封锁两条道路，并且掩护两个方向的开阔侧翼地带。为了抵御苏军的KV-1重型坦克，第4团配属了部分88毫米高射炮和105毫米高初速火炮。该团后方还部署着充当战术预备队的1个步兵连和1个坦克连。负责拱卫桥梁本身的是第57装甲工兵营格布哈特中尉指挥的第3连，该连还配属了20毫米高射炮。第114摩托化步兵团贝施克中尉的第6连（装甲人员输送车）负责警戒和掩护卢加河以南的阵地。贝施克中尉有权在紧急条件下动员在火车站地区的所有后勤人员，这些人已经被组成了"警戒分队"，并且随时准备投入战斗。所有指挥分队都要负责自身的安全。所有炮兵、高射炮和反坦克炮兵分队都得随时准备在近距离抗击苏军的进攻，或者作为步兵投入反冲击。我保持2个炮兵营和2个坦克连，直接置于我的指挥之下。这些坦克部队准备就绪，一旦苏军部队试图通过道路，就要直接发起反击不必等待命令。指挥所还有几辆坦克，在卢加河以南地区部署，在有必要的时候要给贝施克中尉的连队迅速提供支援。我打算将炮兵火力首先集中在道路两侧的支撑点地域。因此，战斗群的炮兵指挥官格拉夫中校要直接和第4摩托化步兵团进行协同。为了保证群指挥部、下属各部队协调各种火器和分队，以便消除战斗中可能发生的误会，必须要保持畅通的联络。

在发布战斗命令之前，各部指挥官和我一起观察了地形并且进行评估，实际地形和地图上绘制的情况有差异。由于敌军的所有警戒部队都被消灭，游击队也都逃之夭夭了，只有空军对我部造成了骚扰，所以我们才能实现侦察周边的地形。幸运的是，附近的森林地带为我们提供了掩护。这种情况不仅有利于我们进行侦察行动，而且为我们为防御阵地各方面的准备工作留下了宝贵的时间。

我军充分利用了战前时间。首先是检查各个阵地的构筑情况，包括敌人可能进攻的角度的视野。尤其是要把反坦克武器布置在最能够发挥威力而且伪装良好的阵地上。同等重要的是步兵要对靠近道路的森林地带进行彻底侦察，以便确认横穿沼泽的多条狭窄小路的具体位置。我们一直对这些小路保持警戒，以防苏军由此穿越森林向我们发动突然袭击。这种详细的战前侦察对我们来说是非常重要的，因为当时我们手头的地图非常不准确，后来才用航空照片和缴获的苏制1∶100000地图替换了，这些地图非常准确，可以用来指示炮兵射击。

在可以使用坦克的地方，我们都在高高的树上架设电话线或者——如果没有树的话——把电话线埋在比较浅的干燥沟渠里，上边用沙子或土盖住，用树叶伪装。采取这样的手段，敌人就不会发现这些电话线，而且即使是坦克压过也能保持通话，这种方法非常有效。计划这些事务和其他相似细节的工作，既不是我也不是营长或战术分队的指挥官来做，而是由受到过训练的专业分队实施。分队指挥员的任务仅仅是确认这些部队所采取的措施是否是临时性的，在情况有变或出现意外事态的情况下动用这些部队。

## 桥头堡之战

第二天一大早（7月15日）苏军飞机果然就出现在空中。他们完全被看到的景象所迷惑了：在下方根本看不到德国士兵、武器或车辆的踪影，也看不到任何防御阵地。所有的一切都被隐藏、伪装了起来。呈现在飞行员眼前的是一派安静祥和的场景。他们可能很想知道，德军在突袭了亚斯特列比纳机场之后撤到了哪里？这样的想法在苏军轰炸机接近卢加河大桥的时候被击碎了，当苏军飞机分批临空的时候，遭到了第601营大小口径高射炮的齐射。苏军轰炸机不仅没有命中目标，还有两架在被高炮击中后拖着长长的黑烟坠毁了。在低空飞行执行护航任务的苏军战斗机也遭受了相当的损失，因为它们遭到了各个方向的机枪火力射击。然而，必须承认的是苏军空军还是顽强地反复空袭大桥以及可能的部队集结地域，希望在红军步兵和坦克部队抵达前尽可能的摧毁目标。

当天早上，第1人民志愿者步兵师在坦克的支援下出现在我们面前，敌军沿西边向伊万诺夫斯科耶的道路开进，迅速从两个方向发起进攻，敌人的目标是当天夺回卢加河上的两座大桥。但是德军炮兵连在隐蔽的阵地上突然开火，迫使苏军不得不退却下去寻找掩护。尽管敌军坦克最初因为混乱而停了下来，但是很快就重新展开进攻，时断时续地向前推进。成分队队形的苏军步兵则在持手枪的军官和政委的督促下，不时进行短距离的冲锋。苏军坦克成楔形队形缓缓推进，就在它们准备突破德军阵地的时候，埋伏在炮位上的88毫米和105毫米火炮在仅500米的距离上突然开火。敌军坦克被击中后冒出了黑烟，与此同时炮兵和机枪不断向伴随的苏军步兵倾泻火力。

苏军的进攻因此停止，此后苏军投入了更多的步兵部队准备重新发起攻势，但是他们尚在集结地域就遭到了第76装甲炮兵团第3营的150毫米重炮的打击。对于这些未经战场的部队来说，首次参战就遭到了灾难性的火力打击。士兵们漫无目地四散跑开，并且把坦克撤了下来（其中有十几辆明显已经丧失了战斗力），这是战斗进入转折点的一个信号。此时第11坦克团第2营在约翰·西伯特（Johann Siebert）中校的指挥下，以30辆坦克全力出击，坦克咆哮着喷吐着火舌，开始发动反击，击毁了几辆苏军坦克，并且收拾掉了一批倒霉的步兵。至此苏军的攻势由于伤亡惨重而彻底崩溃。我军坦克部队经过短暂的追击之后撤了回来。第1人民志愿者步兵师遭到打击之后，行动变得越发小心谨慎。很显然军官和政委无力鼓动士兵们在当天再次发动进攻，而当时的苏军总喜欢不停地反复发动攻击。

配属给第4摩托化步兵团的坦克连连长也主动发起了反击。他在伊万诺夫斯科耶教堂的塔楼上目睹了战斗进程，第一时间意识到战机的出现。这个连长马上跑到附近的团指挥所，向团长冯·瓦尔登费尔斯上校主动请缨发动反冲击。而格拉夫中校也同意展开这一行动。在炮兵的有力支援下，反击大获全胜。

与此同时，第3人民志愿者步兵师从尤尔基（Yurky）方向赶来，在伊万诺夫斯科耶以东的森林中集结。苏军的这次攻势发生在下午时分，在没有炮兵支援的情况下，苏军以密集的波次发动进攻。苏军的攻势沿道路两侧展开，并且穿过一片无遮无拦的开阔地向堤坝冲击。我军炮兵此前就已经对苏军的集结地域进行了密集的炮击，现在则从侧翼阵地向密集的苏军队形实施打击。机枪、坦克和其他重型武器也纷纷开火，将战场变成了一片屠场。很快苏军的攻势就趋于瓦解，只留下了一片尸横遍野。尽管如此，当天苏军仍然反复三次发动进攻，当然每次都吃到了败仗。而我军步兵部署在源于水库的小河岸边的堤岸上，藏身在工事之中，损失相当轻微。

在接下来的两天中（7月16—17日），敌军动用了重炮火力，从6：00开始，在每次攻击之前都以密集的炮击作为准备。敌军的进攻地段基本相同，或者是选择前一天猛烈攻击的地段之中的一个进行攻击。在这些进攻中，苏军步兵遭受了惨重的损失，同时寸功未立。尽管苏军炮兵集中火力猛轰，空袭也持续不断，给我军造成了一定的障碍和损失，但是苏军步兵却根本无法给我防御阵地造成损害。

直到7月18日，苏军指挥官终于意识到此前的攻势徒劳无功，企图通过改变战术来夺取胜利。苏军开始在伊万诺夫斯科耶的各个方向构筑防御阵地，企图集中部队以实施新的计划。为此他们从西面抽调了部分兵力开始固守，而在东方地段的苏军在森林地带边缘按兵不动，部队仍然留在开阔地带。他们开始掩埋阵亡战友的尸体，当时这些尸体已经开始发臭，苏军在晚上把尸体集中起来然后在上边盖上沙土。

敌人的首要目标现在显然是夺取卢加河上的两座长达200米的大桥，这两座大桥当时只受到了轻微的破坏，很快就能修好。苏军试图通过向心攻击达成目标，但是他们在这里也遭到了失败。苏军的进攻计划听起来还算合理——尽管有一定冒险性——但是苏军的进攻在时间和空间上无法统一而各自为战，他们仅有的取胜机会也被一点点浪费掉了。

苏军最开始企图通过偷袭夺回大桥。7月17—18日夜间，第2人民志愿者步兵师的1个连从老桥的北边悄悄过河。拂晓时分该敌突然突破我警戒分队的防御，占领了大桥，然后苏军开始向穆拉维亚进攻企图夺取新桥。此时苏军遭到了驻防在河南岸的机枪部队的火力打击，几乎与此同时，一直在待命的贝施克中尉指挥的连队立即投入战斗。该连乘坐装甲人员输送车展开反击，遭到进攻的苏军听到了装甲车辆逼近的声音，试图通过大桥逃跑。我们将其彻底消灭，苏军的冒进至此彻底失败，此后他们再无偷袭的计划。而在这个连开始向穆拉维亚进攻后不久，对岸苏军的一个连队对可能是想施以援手，但是也遭到了歼灭性打击。这个连的动作太慢了，被我军的机枪部队轻而易举地打了回去。

苏军的夜袭虽然失败了，但是苏军的计划和战斗力仍然是具备相当水平的，给我军阵地也造成了较大的威胁。格布哈特中尉没有接到主动反击苏军的命令，因为他的任务是在苏军渡河的情况下援助大桥的守军。但就算是格布哈特没有接到这样的命令，他还是做好了投入战斗的准备，因为他的工兵就在苏军渡河地点附近驻扎。格布哈特考虑到战况和我的命令，认为自己有责任不必等待命令，就主动展开行动。不过，我觉得他以如此迅速而果断的行动解除了苏军的威胁，可以说是教科书式的典范级表现。

第二天一早，有些士兵看到有一个战斗机中队在森林上空低空掠过，看上去像是经常出现在穆拉维纳附近的I-16战斗机。我军机枪如同以往一样对空射击。但是不幸的是这次是友军的飞机——这是第一批赶来支援我们的空军飞机。训练有素的高射炮炮手立即击落了其长机，不过他还是设法在友军控制区迫降了。驾驶飞机的中队长仅仅受了轻伤。这个中队长作为客人在我的旅部待了一段时间，但是他很快发现在被包围的桥头堡阵地的生活是非常不愉快的。

苏军整整一天都在依托沼泽森林地带，从东西两个方向不断发起营级规模的进攻。第4摩托化步兵团第2营由伯歇尔上尉指挥的警戒分队沿着河岸部署，在坦克的支援下迅速击退了苏军从东部发起的进攻。自西向东进攻的苏军步兵屡次突破阵地逼近公路。但是他们每次突破都被我军坦克连从南北两个方向包抄，又被迫退回到森林里去。我们成功地保证了道路畅通，晚上野战厨房和保障车能够不受到任何阻碍地驶过大桥为战斗部队提供保障。

各个地段的指挥官也会根据预先的计划，不等待命令而根据战况灵活地指挥坦克连投入战斗。苏军的进攻经常会突破我军战线，并且他们发起进攻不需要通过太长的距离，在这种情况下，如果等待战场指挥官或者我的命令那往往就太晚了。西伯特中校通过无线电设备指挥分散在各个地方的坦克连。在战斗期间，无论是白天还是晚上，任何部队或没有装甲的车辆开上公路或者在附近活动都几乎是自杀性的，所以在战斗中根本不可能给各个部队传递命令。步兵预备队因此不得不随时准备投入战斗，以便发动反冲击。他们接到的命令顶多是通过野战电话或无线电传达的简单的口头命令。

在伊万诺夫斯科耶附近仅发生了几次战斗，我们轻松击退了苏军从北向南沿着蓄水池向大桥发动的进攻。而另外一次苏军步兵在一辆KV-1坦克的支援下发起的攻击给我们造成了比较大的麻烦。这次进攻的目标是摧毁我军位于附近教堂的指挥机关——而敌军也判断出了我军指挥部门的位置。尽管担任预备队的步兵连通过反击击退了突破阵地的苏军，从森林中缓缓驶出的KV-1却击毁了1门经过严密伪装的105毫米炮，炮手甚至都没有机会开火。这辆坦克绕到了教堂，碾压着任何可疑的地方，包括瓦尔登费尔斯中校的团指挥所。35t坦克无力匹敌，和在拉塞尼艾的战斗一样，他们的火力伤不到敌人的重型坦克。最后是一个非常勇敢的士官挽救了危局。他跳上敌军坦克用手枪不断朝观察口里开枪。敌坦克成员最后被子弹击伤，外加视野受阻不得不退了回去。敌人很显然希望回到本方战线后，坦克上这个麻烦的乘客就会自己选择逃离了。我们手中威力不大的武器很难对付敌人的重型坦克，敌坦克驾驶员一边怒骂着，一边再次绕过105毫米炮。我们的这位士官赶在敌军坦克退回之前几秒跳了下去，而就在这辆坦克刚刚抵达阵地之间的无人地带时，却被105毫米炮弹直接命中化作一团火球。

就在当天早晨，苏军一个连穿越沼泽地，绕到了桥头堡后方企图袭击我炮兵阵地。与此同时，敌军一支小规模突击队迅速渡河打算摧毁我的旅部。这两次攻击都被警戒分队及时发现，然后在预备队的支援下击退了敌军的进攻。

到了下午，苏军一个营沿卢加河南岸从沼泽森林地带再次发起进攻，企图袭击我驻扎在松林中的后勤部队。这次攻击，敌军抓住了我警戒部队的漏洞，一开始火力就相当凶猛，后勤部队一时陷入了混乱。苏军利用我军瞬间的混乱，马上越过公路企图缴获一批卡车。敌军的进攻最终在一个军械修理所被遏制住了，我军在这里有不少崭新的机枪和大量弹药。就在苏军正在准备组织再次发动进攻的时候，贝施克中尉的连队出现在战场上（他们也没有等待命令），并且从后方进入了战场。该连沿公路发起进攻，直接插入苏军这个营的背后，坐在车上开火，彻底打乱了敌军。遭到突然袭击的苏军被迫丢掉战利品四散奔逃。战斗结束之后，我军安葬了阵亡者的遗体，在战场上修建了一座公墓，上边竖立的十字架上写着："这里埋葬着157名阵亡的苏军士兵"。

一般来说在战斗中下级应该及时向我汇报战况，以便我可以采取进一步的行动并下达命令。但是在桥头堡阵地遭到敌军连营级部队进攻的情况下，是不可能随时获得战况的。尽管如此，各位连长和营长仍然尽量在战斗爆发前或刚刚结束以后尽快向我汇报情况。

苏军炮兵在7月18日改变了战术，停止了对桥头堡阵地徒劳无功的炮击，开始炮击大桥的桥身。苏军每天大约会向大桥发射1000发炮弹。幸运的是，苏军的炮兵观测员根本不可能看到大桥，所以从来没有一发炮弹直接命中桥梁。

第四章：兵临列宁格勒 · 065

苏军飞机也成群结队地来空袭我炮兵部队和发现的其他目标。苏军飞行员很快发现，我军高炮火力由于弹药的消耗而越来越弱。到这天下午高射炮彻底哑火了，只留了几发炮弹准备反坦克战斗的时候使用。甚至连机枪都要限制使用，只允许射击低空飞行、造成的威胁比较大的敌机。甚至战斗群的炮兵部队都不得不减少炮击，节约弹药以便在关键时刻使用。

由于弹药匮乏，随着时间的流逝我越来越感到焦虑，只要步兵和坦克部队弹药充足，守住桥头堡阵地就没有太大问题。但是我认为如果要顶住苏军一系列的大规模攻势，那么我们弹药消耗得还是太快了。幸运的是，我们面前的苏军由于在先前的攻势中损失惨重，暂时还无力对我阵地发动大规模进攻。但是几天之后，苏军就有可能通过整补让部队恢复实力，重新发动新的攻势。如果坦克或轻武器弹药匮乏的话，那么我很怀疑战斗群能否顶住苏军新的攻势。更糟糕的是，第41军主力现在连影子都见不到。这些部队是被挡在了什么地方，还是投入到其他方向的战斗了么？大家都忧心忡忡地探讨着这个问题。

7月18日夜间爆发了一次战斗。在午夜前不久，守备水库阵地的警戒分队报告他们听到有人划着小船偷偷向水闸靠近。因为夜间四处一片寂静，这些声音听起来特别清晰。我和下属早就预料到苏军有可能摧毁水坝，为了避免出现溃坝的惨剧我们提前做好了准备。在水闸附近设置了铁丝网和水雷，阻止苏军靠近目标，同时还设置了机枪火力点用以警戒。另外在机枪阵地还配备了探照灯，以便在听不到或看不到敌人行踪的时候能远距离发现目标。在这天晚上苏军没能利用交战的枪炮声掩盖划船的声音（虽然我们也估计过这种可能性）。因此，我军布置在水闸前方的机枪阵地一直严阵以待。苏军的小船刚刚靠上来就全部被探照灯罩住，迅速被机枪击毁。苏军的行动遭到了彻底的惨败，自然我们也不会被暴发的洪水所淹没。

7月19日破晓我们终于听到了南边传来了期待已久的炮声。我们很快得知第118摩托化步兵团（第36摩托化步兵师）第3营正在赶来的路上。由于这支部队在萨布斯克被纠缠了很久，所以才姗姗来迟，第1装甲师在那个地方开设了自己的桥头堡阵地，并且奉命担任援兵的任务。最后第1装甲师奉命渡过卢加河南岸增援劳斯战斗群。第41装甲军直接命令第118摩托化步兵团第3营，在穆拉维纳以南的森林地带休息，等天黑之后进入桥头堡以西阵地。这样的布置非常重要，第3营因而避免在过桥时遭到苏军的空袭和炮击，也避免了不必要的损失。第二天，已经精疲力竭的桥头堡阵地守军不得不孤军奋战，不惜一切代价顶住敌军的攻势。不幸的是，来援的第3营营长为了完成任务，企图在白天展开侦察行动，但是在路上和几个随行人员一道在战斗中阵亡。不过该营并未遭受其他损失，当天晚上就抵达了指定地域。第3营在1个坦克连的支援下守住了苏军从各个方向发动的进攻。

虽然得到了兵援，但是弹药匮乏的局面并未得到改观。第36摩托化师派来的这个营是从萨布斯克完全依靠双脚穿越沼泽森林才赶到这里的，他们只有随身携带或者少数矮马拖曳的小车带来部分弹药。我当时得知第41装甲军主力（包括第6装甲师其他部分）在通往我战斗群阵地的方向，由于道路被摧毁已经耽搁了好几天。为了避开沼泽，必须要在平行于原行军路线的地方，铺设数公里长的木制急造公路。不过好消息是过不了多久，援兵就能赶到了。总而言之，在我们被包围的第6天，这天战况平稳，只遭到了敌军的空袭和炮击。

7月19—20日夜间我们听到对面传来拖车的声音，那是苏军在把被击毁的坦克拉走，我据此判断敌军很可能要发动新的攻势。7月20日的战斗证明了我的判断。KV-1重型坦克从各个方向向伊万诺夫斯科耶发起进攻，并且在被我军的105毫米炮击毁以前突破了关键的阵地和部分机枪阵地。这些崭新的坦克是工人从工厂里直接开出来投入战斗的。跟随在KV-1后边的一群轻型坦克和我军的35t坦克爆发了激烈的战斗。交战双方都承受了一定的伤亡，由于此前苏军工兵拖走了坦克的残骸，结果我军坦克突入了由此留下的开阔地，从而决定了最后的胜负。

此后苏军试图在没有坦克支援的情况下使用刚刚抵达的部队发起进攻，这些新锐部队只经过简单的训练，就在大批政委的驱赶下投入战场。最开始苏军试图炸毁水坝，但是其攻势在密集的自动武器火力之下土崩瓦解。这些刚刚赶到战场的苏军士兵遭受了和他们战友此前同样的命运，阵亡士兵的尸体层层堆叠。战斗结束之后苏军甚至能用阵亡者的尸体来堆砌新的阵地。苏军接下来自西向东的进攻一样不成功：苏军甚至都无法接近目标，就被冲出来的德军坦克赶得四散奔逃。苏军试图夺取桥梁的最后一次大规模攻势就此宣告结束。

虽然战绩喜人，但是冷酷的现实却不容忽视，最近两天空军在我炮兵阵地空投的弹药已经在战斗中消耗殆尽，而且轻武器的弹药也基本打光了。大家都明白我们已经处于危急的关头，而且空投补给只能救急却无法彻底解决弹药匮乏的问题。

正在此时一架德国空军的单发战斗机空投下来一张字条："敌炮兵团已经进至穆拉维纳，于9：00开始炮击多尔加亚大桥"。这真的是个非常糟糕的消息，这意味着3个小时之内将会有苏军大部队出现在桥头堡阵地后方。我知道如果苏军针对桥头堡及其两翼同时发起进攻，那我们纵使浑身是胆，没有弹药也必死无疑。但有句谚语说得好："天助自助者"。

我部必须迅速采取行动，不过问题是如何展开接下来的行动。我是否应该投入全部坦克阻击敌炮兵团呢？如果这样的话，那意味着一旦苏军向我桥头堡阵地发动和前几天规模相当的攻势，那很可能守不住阵地，目前坦克部队是战斗群仅有的弹药比较充足的部队，是防御阵地的基石。冒险将其投入战斗几乎等同于自杀行为。所以我决定不能冒着削弱桥头堡阵地的危险损失任何兵力或武器装备。战局如此，那么我们别无选择，只能在卢加河南岸保持部队防御姿态，在这样狭窄的地域，如果我们仅仅是消极防御的话，那很可能被数量占绝对优势之敌击溃。只有采取果敢的行动才有可能消除危险，所以我决定将部队投入反击。

我毫不犹豫地下令第114摩托化步兵团第6连出动，并且从指挥所抽调了3辆坦克加强给他们。我给贝施克中尉下达了一个简短的口头命令，简单介绍了目前的战况和他的任务。贝施克中尉重复了我下达的命令，然后简单说了一下他的作战方案。在此前的战斗中贝施克中尉已经证明了自己的骁勇善战，因此如果我再节外生枝地做出什么规定或者限制他的行动自由，那就实在是不太明智了，因为指挥官需要根据实际情况机断行事，而在桥头堡阵地是无法遥控战斗的。我在第6连出发之前给全连训话，简单褒奖了他们在此前战斗中的表现。全连官兵的眼神中透射着绝对的信任。我甚至还没来得及鼓励一下贝施克中尉，突然就从南边传来了隆隆的炮声和激烈的机枪射击的声音。所有人都知道这是第41装甲军所部正在和苏军交战，而这是我们仅有的战机。"好吧，立即出发！"我向这位精力充沛的年轻军官下令。

中尉带队出发之后不久，我收到了第6摩托车营的无线电报告，该部以及随同行动的一支后勤车队在向桥头堡推进的途中,在多尔加亚河附近与大批敌军陷入激战。代理营长克瑙斯特上尉向我请求援助,我在无线电里简单地回答:"援兵已经上路",而援兵确实很快就赶到了。第114摩托化步兵团第6连能够听到我们双方在无线电里的谈话。

仅仅20分钟之后,我们就隐约听到了坦克和机枪发出的声音。第6连利用装甲人员输送车和3辆坦克从苏军后方发起突击,当时敌军正在抵挡摩托车营的进攻。我军的进攻直击苏军的野战炮连阵地和其他重武器,第6连沿着道路一路推进猛烈射击,最终和摩托车营成功会师。苏军的这个炮兵团猝不及防遭到从后方的袭击,损失惨重并且丧失了全部的重武器。到当天下午第6连和第6摩托车营已经推进至穆拉维纳以南,战斗大获全胜。行进的道路就此被肃清,而桥头堡阵地的威胁也不复存在。

几天之后第6装甲师主力也赶了上来,其后是第1步兵师和其他部队。他们从两翼包抄苏军阵地。我们在桥头堡阵地孤军苦战的经历就此结束。战斗中我不得不面对惨重的牺牲,而战场上随处可见惨烈的场景,简直就是一座巨大的坟场。路旁是一排排德军士兵的坟墓,上边竖立着白桦打造的十字架。在德军士兵公墓后边的大坑里掩埋着苏军士兵的遗体,其数量是我军阵亡士兵的15倍之多。周边还躺着78辆坦克的残骸,这是苏军向卢加河畔我军坚固阵地进攻并遭到惨败的遗迹。

"列宁格勒的大门"终于敞开了。

## 致命的延误

我们必须要了解兰德格拉夫将军在指挥第6装甲师向卢加河急进时所遇到的种种困难。在劳斯战斗群后方的这条道路,对于第6装甲师的坦克和车辆来说几乎不能通行,许多车辆都陷入泥沼。在7月13日,第6装甲师克服了许多困难之后才抵达利亚德地区,但是全师各部分散在各处。而在紧邻利亚德以东的地区,第1装甲师也陷入了泥泞中举步维艰。

7月14日,就在劳斯战斗群夺取波列奇耶桥头堡的这一天,第6装甲师主力寸步未进。从马里延斯科(Maryinsko)到多尔加亚湖最西端大约20公里的地带,必须铺设木制公路才能通行。莱纳特中校指挥的工兵部队不得不采取紧急措施抢修道路，因为所有我军可能利用的道路都被迅速破坏了。第6装甲师师部也派出了修理分队帮助工兵施工，此后第41装甲军也派出了不少基建分队来援助第6装甲师。另外苏军布设的密集雷场也给我们的行动带来了不少麻烦。

当天的另一个非常紧急的情况，是第1装甲师开始不按照预先规定的路线前进，该师各部拥挤到了第6装甲师唯一的道路上来。莱因哈特将军严令在萨布斯克建立桥头堡阵地与波列奇耶桥头堡同等重要，第6装甲师要为此让步，要让第1装甲师的部分部队通行，直到他们向东北方向前进再次接近马里延斯科为止。但是接下来第1装甲师的所有部队都挤到了这条路上来。结果造成了极大的混乱，兰德格拉夫将军不得不下令，全师所有车辆除了救护车和通讯车之外，全部在萨亚耶（Sayanye）大桥附近停止前进。最后沃尔特·文克（Walter Wenck）少校和第1装甲师的作战参谋赶了过来，两个师的师部这才开始协同行动，逐渐解决了混乱的局面，部队重新开始慢慢前进。当时除非有第6装甲师师部发布的书面命令（当然是和第1装甲师协调过之后），任何车辆和人员不得通过萨亚耶大桥。这个措施其实并没有必要，它带来的直接后果就是，我军在萨布斯克和波列奇耶的两个还立足未稳的桥头堡阵地无法及时得到足够的援兵和后勤补给。

第2天（7月15日）一整天，第6装甲师都在修理道路，整理部队。高炮部队警戒着西方的方向，我们认为苏军在那里的态势尚不明朗，只有在洛绍戈德瓦（Loshogodva）—马拉特耶夫卡（Malatyevka）以西地区才是安全的。我们最近的"邻居"是左翼的第36摩托化步兵师，该师才抵达距离我们50公里远的格多夫（Gdov）。另外还有消息说第56装甲军遭到了挫折，有关第6装甲师不得不停止进攻，在波列奇耶桥头堡长期而不是暂时转入防御的流言就此甚嚣尘上。

如前文所述，第一支赶到支援劳斯战斗群的援兵并非第6装甲师所部，而是第36摩托化步兵师派来的1个营。这个营配属给第6装甲师，而奥托·奥滕巴赫（Otto Ottenbacher）将军的第36师的部分部队配属给第1装甲师在萨布斯克，第36摩托化步兵师的其他部队则由第41装甲军军部直接指挥，担任总预备队。这是战争爆发后第一次，起码是在这个战区的第一次，一个完整的建制师被临时拆解，而这种做法此后在苏德战场上特别是某一战区内成为了常态。这种做法虽然可以暂时解决眼前的问题，但长远来看有不少缺点，因此可谓得不偿失，但是德军又缺少预备队，所以这样做也是权宜之计。尽管如此，兰德格拉夫将军和我还是很高兴能够得到援兵，除了其他一些有利条件之外，得到援兵至少让劳斯战斗群的士兵们能够喘口气了，他们已经日夜不休的激战了好长时间了。

接下来的3周，第6装甲师首次得到了长时间的休整，与此同时战况进展不佳，德军遇到了不少困难而且损失不小。北方集团军群的进展不利主要是因为第十六集团军和第十八集团军的推进缓慢，他们只创造了一个狭小的突出部，第41装甲军依托这样的出发阵地根本不可能击破苏军在列宁格勒外围的坚固防线。同时造成攻势陷入僵局的原因还有部队已经精疲力竭，由于道路状况不佳造成弹药几乎告罄（必须依靠空投补给），而且苏军能够迅速加强其防御阵地，比我们在桥头堡阵地得到支援的速度快得多。于是波列奇耶桥头堡遭到了苏军的猛烈攻击，第6装甲师没有足够的部队守备桥头堡阵地同时掩护其漫长的东侧翼，而其后方就是我们脆弱的补给线。

由于苏军异乎寻常地猛烈空袭（特别是7月18日），新的援兵抵达，以及金吉谢普以东（Weimarn）车站苏军列车炮的出现，我们就此得出结论苏军正在策划针对我军的卢加河各个桥头堡阵地发动大规模进攻。7月20日，在经过炮兵准备之后，得到坦克支援的苏军发起了猛烈进攻。经过激烈战斗之后苏军的攻势被击退，交战双方均损失惨重。苏军超过20辆坦克被击毁，但是出乎意料的是苏军从侧翼由莫纳斯特里克（Monastyrek）沼泽地攻击阿里诺夫卡（Arinovka），战局就此陷入危机。不过我们还是通过反突击成功地恢复了阿里诺夫卡的态势。为了稳定住战局，兰德格拉夫将军计划在7月21日发动反击，反击开始于当天夜间，计划击退苏军使其远离莫纳斯特里克。一旦达到了这个目标，反击部队在对铁路线（我们的地图上没有标记这里的铁路）进行侦查后，退回阿里诺夫卡。兰德格拉夫将军没有采纳有人提出的固守莫纳斯特里克周边地区的建议，因为他手头没有这么多的部队。

此后苏军对桥头堡阵地的进攻规模就小一些了。7月23日苏军企图在波列奇耶东南地区渡过卢加河，以包围我桥头堡阵地，但这次行动也失败了。勉强渡河的少数苏军部队也在反击之下被消灭。7月23日第1步兵师也抵达了第6装甲师作战地域，第1步兵师的任务是接替第6装甲师的防务，让我们从桥头堡阵地中撤出，继续进攻突破苏军防线。根据兰德格拉夫将军的建议，为了在几天之后两个师能够配合起来协同进攻，只将桥头堡阵地的左半边移交给第1步兵师。移交阵地的工作必须非常谨慎，只能在夜间进行，持续了数天时间。7月24日，第1步兵师针对莫纳斯特里克发动了一次新的局部反击，和当时已经接近格多夫的第38军建立了联系。

就在同一天，第11坦克团从3个营缩编为2个营，因为许多坦克都处在修理状态或者被击毁，所以继续维持3个营的编制毫无意义。可以肯定的是从苏德边境到卢加河畔的这一路战斗中，第6装甲师损失了一整个坦克营。不断的机械故障造成的损失远高于战斗损失。

7月27日第38军先头部队兵临卢加河，地点紧邻金吉谢普东南。第38军所部的出现大大缓解了第6装甲师压力，该师不必再对本部漫长而开阔的侧翼提心吊胆。此后苏军对桥头堡阵地的攻势逐渐消失，只对波列奇耶进行炮击和空袭。由于桥头堡阵地面积不大，所以苏军的炮击和空袭造成了很大的麻烦，此后德国空军调派了一个战斗机中队在这一区域巡逻，才稍稍缓解了这一问题。

这段时间暂时没有战斗，让第6装甲师有机会能够休息一下，恢复部队的体力，并且为接下来的进攻战斗进行战术和后勤上的准备。无论是兰德格拉夫将军还是其下属的军官都对接下来的战斗做好了充分的思想准备。苏军一直在巩固自己的阵地，而且其全部攻势都是仅由步兵完成的，因为这一地区的地形只允许动用少数坦克为步兵提供支援。尽管如此，第6装甲师的各级官兵还是渴望转入进攻，因为桥头堡防御战已经成了一个名副其实的绞肉机。在三周的阵地战中第6装甲师遭受的伤亡已经超过了从东普鲁士进攻到波列奇耶桥头堡阵地这一路的损失。

随着战况的变化，第41装甲军计划于8月8日发动进攻。得到加强的第1装甲师（配属了第36摩托化师一部）将从萨布斯克发起进攻，同时第6装甲师和第1步兵师同时从波列奇耶发动攻势。考虑到苏军不断改善其防御阵地，而且战线逐渐接近列宁格勒，德军这样的进攻配置也说不上很强。另外，投入进攻的4个师中的1个——第1步兵师——在离开桥头堡阵地之后，并不承担突破苏军防线的任务，而是奉命向金吉谢普方向运动，协助第十八集团军的进攻。在穿越沼泽地带之后，第41装甲军的3个师的目标是抵达斯梅里多维茨

（Smerdovitsy）和普斯托梅尔莎（Pustomersha）之间的铁路线。最后，由于8月7—8日突降暴雨，攻势推迟到了第二天夜间。

## 突破！

从卢加河桥头堡发起进攻的地形对我们来说不是很有利，桥头堡周围完全被树林包围，而攻击目标附近分布着中等深度的沼泽地带，同时还有浓密的灌木丛。守卫这一地区的是苏军第2和第3人民志愿者步兵师一部，他们最前沿的阵地距离我部阵地只有300—400米。苏军的战壕既窄又深，而且没有胸墙。苏军在沼泽草地的周围挖掘工事，而且使用树枝对防御阵地进行伪装，所以在将近四周的时间里，不论是侦察分队还是空军侦察机都无法发现他们的阵地。苏军还布置了铁丝网，其高度不超过浓密的草地，从而很好地隐藏在植被中。其防御的效果不亚于斯大林防线。

从伊万诺夫斯科耶出来的一条单行道和从卢加河延伸出来的一条渣土路都穿过树林指向尤尔基（Yurky）村，这是我们的第一个目标。这两条路都被苏军布置了密集的铁丝网和雷场。在森林的另外一边苏军在一个沙丘上布置了第二道防线，在后边的尤尔基村中布置了第三道防线，而在该村的东北部是第四道防线。苏军精心构筑了第二道防线，挖掘了一道很深的反坦克壕（位于苏军步兵的战壕前方），并且有地堡中的重武器提供火力支援。

第6装甲师同时沿这两条道路发动进攻，劳斯战斗群从桥头堡出发，而泽肯多夫战斗群从伊万诺夫斯科耶出动。两个战斗群都得到了强大的炮兵支援，同时第52火箭发射器团的两个营分别配属给两个战斗群。为了解决路障我为工兵部队增调了坦克。我军在突破地段集中了猛烈地火力，但是仍然无法击退在狭窄而曲折的战壕中顽强战斗的苏军士兵。所以我军坦克虽然设法接近了障碍物，但是工兵在守军猛烈地火力之下，也无法移除这些路障。第4摩托化步兵团的步兵企图从苏军防线的薄弱点着手突破，但最终也徒劳无功。隐藏在阵地中的敌军用凶猛的火力击退了我军在各个地段的进攻，我军被阻击在深达膝盖的沼泽地中，铁丝网拱卫的苏军阵地岿然不动。

我们后来才知道，苏军其实是打算在8月8日对第6装甲师发动大规模进攻，而这正是我军遭受战术失败的原因。苏军为了准备进攻，在8月7日—8日夜间集结了强大的步兵和炮兵，自然而然，8月8日早上我军并不知道当前敌军的部署发生了变化。我军的攻势直接撞上了敌人的主力，自然不会取得什么进展。

大批敌军的突然出现和我军遭受的损失给我们造成了不小的震动。接下来步兵部队必须要整补，而在地域狭窄的桥头堡，两列运输车队在某些地段相隔仅几米，自然进行补充是很难的。兰德格拉夫将军因此认为只能等到8月11日才能重新发动进攻。他费了很大工夫才说服莱茵哈特将军同意自己的意见。莱茵哈特将军身为军长，自然是想要利用麾下其他几个师取得的战果。第1装甲师和第36摩托化步兵在萨布斯克协同进攻，同时第1步兵师在莱宁斯基（Leininski）实施进攻，已经突破了苏军的一线阵地，推进了大约3公里。

兰德格拉夫将军同意在8月10日继续进攻，而在8月9日一直忙于准备进攻和整补。同时，第1装甲师和第36摩托化步兵师的进展顺利，第1装甲师兵临伊斯沃斯（Isvos），而第36摩托化步兵师则肃清了3个森林密布的地区，并且为西北方向的第6装甲师提供支援。在此过程中第36摩托化步兵师占领了普斯托什卡（Pustoshka）。

8月10日傍晚，第6装甲师沿着波列奇耶—尤尔基一线重新组织进攻，但是直到天黑之后我军才突破了敌军的防御。一个连以密集的队形悄悄匍匐前进，通过一片陡峭的河床和一片片茂密的草地与灌木，偷偷穿越铁丝网。白天我军没有进攻这个突破点，一旦成功之后我立即命令后续部队跟上。我军经过几个小时的激烈激战，终于拓宽了突破口并且肃清我军当面的战壕和支撑点。尽管苏军丢掉了前沿阵地，但仍然牢牢把守着泽肯多夫战斗群当面的阵地。这里没有道路可以迂回，也无法展开较大部队的行动，要想击退敌军只能正面进攻。必须要一个个啃掉每一条战壕和每一个地堡。接下来的战斗持续了整整24个小时。

第二天（8月12日）一早，德军的进攻仍在继续，我军直指尤尔基，突破了苏军的第二道防线。敌我双方再次爆发了激烈的近距离战斗，此后我们击溃守军，打开了通向伊万诺夫斯科耶的泽肯多夫战斗群的道路。自此经过两天的激战，双方都付出了相当的损失后，我军突破了苏军在沼泽地带的防御阵地。

就在8月12日当天，第1装甲师继续向开阔地进攻，抵达了西尔科夫蒂希（Syrkovtisi）—莫罗索夫（Morosov）地域，在这里和苏军强大的坦克部队遭遇，但是在森林地带之外并没有苏军的防御阵地。第36摩托化步兵师经由克卢特鲁吉（Krutye Rughi）和第6装甲师取得了联系。第1步兵师同时经过苦战抵达霍罗舍沃（Khoroshevo）以南地区，他们在这里由于遭到苏军的猛烈反击而被迫转入防御。

在尤尔基的一座教堂附近，我检查了几辆在几个小时以前被击毁的苏军坦克。当时有不少官兵都在旁边围观，突然其中一辆坦克的炮塔开始转动并且开火。这辆坦克立即被击毁，我们后来推测坦克乘员应该已经阵亡了，而其中的一个政委可能只是暂时昏迷。他醒过来的时候发现周围满是德军士兵，所以才操纵坦克向我们射击。

8月12日我们认为在第1装甲师突破了敌军在森林地带的主阵地之后，战斗的决定性阶段已经结束了。空军侦察机在维普尔索瓦（Vypolsova）以南的高地上发现了好几处苏军的永备防御工事。兰德格拉夫将军考虑到这个情况，命令部队继续步行攻击到维普尔索瓦为止，此后部队乘车继续进攻。计划虽然如此，但仍赶不上变化，我们后来发现维普尔索瓦附近各高地上的并非野战工事，而是经过大大加强的工事，拥有反坦克壕、装有装甲顶盖的混凝土地堡、混凝土炮兵阵地、绵延的防线、铁丝网和雷场，构成了一个完整的防御体系，这是我军在列宁格勒进攻方向上从未遇到过的。而且值得注意的是，德国空军的侦察并未探明苏军筑垒地域的分布范围，实际上这条防线规模很大，封锁住了我军从森林地带进出的通道，所以根本无法从侧翼迂回。

第6装甲师所属部队仍然在尤尔基附近执行肃清森林地带的任务，但是兰德格拉夫将军仍然命令瓦尔登费尔斯战斗群（以第4摩托化步兵团并加强部队组成）向维普尔索瓦进攻。经过激烈的战斗之后守军已经损失惨重，而瓦尔登费尔斯上校指挥部队坚决地夺取了山头上的工事，这一战果大大鼓舞了各部的士气。经过四周的战斗之后苏军终于崩溃，向周围的森林奔逃，而地形也越来越适于行进。

接下来3周（8月13日—9月7日）我军缓缓向列宁格勒推进，而最终在城外的工事面前陷入停顿。战局从机械化部队的高歌猛进变成了步步为营的阵地战。之所以如此变化，更多的并非是苏军的顽强抵抗，而是德军的问题。首先，第41装甲军的攻势已成强弩之末（只有第1和第6装甲师以及第36摩托化步兵师）。同时，在进攻的时候我们的南北两个侧翼在不断拉长，北翼战局对我们的影响更大，因为第十八集团军无力完成其本来的任务（即在奥拉宁鲍姆完成合围圈）——甚至在夺取了纳尔瓦和金吉谢普之后也是如此。另外，后续跟进向卢加河或者沿卢加—赤卫军城（Krasnogvardeysk）高速公路推进的步兵行动太慢。这些因素造成了第41装甲军进攻势头的减弱。

利用在维普尔索瓦的突破口，第6装甲师最终在8月13日下午即夺取了机动上的自由，并且获得了地形上的优势。我军先头部队越过金吉谢普—列宁格勒铁路，抵达博尔绍（Bolshoi）和马列索斯尼基希（Malesosnitsi）附近，同时第1装甲师向东推进至沃洛索沃（Volosovo）。也是在同一天，第6装甲师所部突然遭到了苏军火箭炮（喀秋莎火箭炮，也就是德军所称的"斯大林管风琴"）的炮击。我们最开始以为苏军使用的是在索利齐（Soltsy）缴获第56装甲军的德制火箭炮。

8月14日，第6装甲师向东北方向前进，第二天在沃洛索沃和戈莫托沃（Gomontovo）之间穿越高速公路，抵达科诺奇沃基希（Konochovitsi）—图霍沃（Tuchovo）附近，甚至连第36摩托化步兵师都运动到第6装甲师后方，以保障其漫长的北侧翼，我部不得不步行投入行动。无论是第36摩托化步兵师还是第6装甲师，都没有足够的兵力解除苏军在马列索斯尼基希西北地区对我军补给线的威胁。在8月16—17日期间，我军经过激烈战斗之后，仅仅推进了数公里。比如说，我军仅在8月16日就在进攻方向上排除了2000枚地雷，更不用说未被排除的地雷可能成百上千。我们注意到随着我军接近列宁格勒，苏军布设的地雷也逐渐增多。同一天第1装甲师的进攻完全陷入停顿。

我军的战斗损失越来越多，特别是军官，从而引发了苏德战争爆发以来首次青黄不接的情况。我们得不到补充，造成这种情况的部分原因是整个第41装甲军不得不从老的卢加河桥头堡绕个大圈，运输距离加上糟糕的道路情况，使得我们的补充兵员和物资迟迟无法到位。而这个问题到8月底才得以改善，因为当时苏军的卢加河防线彻底崩溃（8月19日），同时从卢加到赤卫军城的高速公路也随之畅通了。

经过8月17日的激战之后，德军在8月18日向沃洛索沃地区急进20公里，一千多苏军士兵被俘——这是战争爆发以前来被俘苏军最多的一次战斗。直到此时苏军的阵亡数字一般还是超过被俘数字的，至少在第6装甲师所在的战线是这样。尽管如此，我军在8月19日取得的战绩寥寥，因此在20日第6装甲师转入防御状态。只有第1装甲师向东维持了有限度的进攻，以便封锁赤卫军城以南的高速公路，切断卢加河沿岸苏军后撤的路线。

为了夺取命令中预定占领的地区，第6装甲师向东运动，援助第1装甲师，同时第36摩托化步兵师掩护我师西侧翼阵地。我们现在占领了一条长25公里的防线，整条防线的方向差不多是正北方。执行这个任务只能是以机动防御配合部分要点的守备。接下来一直到9月7日，我们沿这条防线一直在和敌人进行阵地拉锯战。期间的战局瞬息万变，第6装甲师逐渐沿赤卫军城方向向东南运动，此后又略略退后。我师防线的东南角延伸到利迪诺（Lyadino）以东和卢加—赤卫军城铁路附近。9月7日，第6装甲师的右翼得到了党卫军"警察"步兵师的加强，开始沿着赤卫军城以西的西格涅米（Sigonemi）—内德利诺（Nedlino）一线展开决定性的进攻。而也是在这一天，我开始代理第6装甲师师长。

第6装甲师这一次在进攻中遇到的敌军抵抗相对微弱，很显然苏军能够调动的预备队已经不多了，而敌人试图利用广泛布设地雷来弥补这一不足。苏军在第36摩托化步兵师所防御的左翼纵深位置的行动要活跃得多，苏军在那里对我侧翼阵地频频实施炮击和局部反击，试图封锁金吉谢普和别古涅茨（Begunizy）之间通往列宁格勒的公路。考虑到当时全局的态势，进攻的时间被推迟了，向列宁格勒的进攻总共推迟24个小时（9月9日开始）。在进攻开始以后，党卫军"警察"步兵师奉命在第6装甲师右翼直取赤卫军城，同时第1装甲师（刚刚进入指定位置）和第36摩托化步兵师在我部左翼进攻。第一阶段目标是位于赤卫军城以北约10公里的杜德霍夫（Duderhof）高地。

## 突破列宁格勒防线

苏军已经把列宁格勒外围地区变成了严密设防的地区。特别是在赤卫军城，苏军很久之前就开始构筑防御工事，其防线包括混凝土工事和地堡，以及大量的障碍物，同时其间还有便于固守的堑壕相连。而且在整个外围防御工事的前方都有坦克难以通行的河流或沼泽地带。在少数没有天然障碍的地方，苏军挖掘了反坦克壕。

在外围防线后方1000—3000米的距离内，在居民点周围苏军部署了由坚固的筑垒工事组成的内层防线。苏军的列宁格勒防线从赤卫军城以北一直绵延不断，这个小镇为其另外一端。这条防线即是赤卫军城防线的后盾，也可以作为苏军一旦后撤时依托的掩护阵地。在赤卫军城以西越过开阔地之后，地形陡然升高，分布着一大片森林。这片区域——东西大约一百多米——与外围防御阵地的西侧相连。这里的防御工事包括土木结构地堡、堑壕和独立的支撑点，各个道路都布置了雷场、鹿砦和多层铁丝网。在这些障碍物前方一或两公里是游动警戒分队，并且配属了携带地雷的工兵部队。

这条防线的核心是位于森林地域以南边缘的萨利齐（Salyzy）村，这里部署有密集的雷场和坚固的工事。这个小村扼守着自西向东通往赤卫军城的公路。这条公路从村中穿过，然后分成两条路，其中一条向北延伸。这条路是位于森林以西的苏军补给线，这条公路上有一座横跨（Ishora）伊夏拉的大桥，正好就在列宁格勒防线前方，向西北方向延伸。在这里列宁格勒方向由四道连续的堑壕构成，其中部署了大量配备机枪、反坦克炮和火炮的工事。

9月9日，第6装甲师从西边向赤卫军城发起进攻，我部的首要任务是在萨利齐地区突破列宁格勒防线，从而绕到赤卫军城后方发起进攻。我根据德国空军侦察机的照片制定进攻计划，决定集中部队攻击萨里奇的外围防线，然后从北线发起突击突破列宁格勒方向，接下来向东急进。师主力先沿公路展开，然后沿平行于公路的森林边缘前进，经过短暂的战斗之后夺取了反坦克壕。当天下午我们占领了萨利齐，战斗中摧毁了不少苏军地堡。隐藏在森林边缘一个地堡中苏军的抵抗一直持续到傍晚。

在突入村庄之后，科尔战斗群（理查德·科尔上校指挥的第11坦克团，以1个炮兵营和1个工兵连加强）立即迅疾穿过苏军占领的林间阵地后方直扑列宁列宁格勒防线。工兵在坦克火力的掩护之下发起奇袭，拆除了苏军布设的炸药，夺取了一座完整的大桥。在萨利齐以北约6公里的地方，泽肯多夫战斗群紧跟在坦克后面，突破了敌军的反坦克壕（这条反坦克壕位于桥梁前方，拐了个直角向前线延伸），并且开设了桥头堡阵地。当天傍晚，苏军曾经发起反击，试图割断我军已渡河的部队。当天晚上师主力肃清了位于森林中的苏军，并且以约90度角的阵线集结在森林中，准备向东北方向进攻，恢复和桥头堡阵地守军的联系。也是当天晚上，第1装甲师的厄金格战斗群（下辖第113摩托化步兵团第1营、第1坦克团第6营和第73装甲炮兵团第2营）突破了萨利齐以东位于一条支流后方的苏军的内层防线，他们的突破口位于党卫军"警察"步兵师的作战方向，该师此前在进攻中迟迟未能达成突破。第1装甲师所部建立了一个桥头堡阵地，为"警察"师打开了通往赤卫军城的大门。

9月10日第6装甲师大部沿公路向桥头堡阵地北进。我派出部分部队肃清赤卫军城以西高地的苏军残部，另一部向位于森林中的苏军阵地进攻，在前几天的战斗中，为了防备这一地区苏军的威胁，我们不得不保持相当强大的侧翼警戒力量。由此在当日下午以前，我们就肃清了列宁格勒防线以南进攻出发阵地的敌军。仅在森林地带的北边，我们就摧毁或移除了约4万枚地雷。

在完成了这些任务之后，我开始指挥部队以营为单位，通过桥头堡阵地，沿着长达3公里的反坦克壕进入森林地带。这些部队将尽量向北，以渗透的方式突入列宁格勒全部四道防线的后方，同时我也部署了四个营（得到坦克加强）准备向苏军阵地发起进攻。苏军为了阻击我军的攻势，不顾一切地投入骑兵，但是却被我们轻松地击败了。这条反坦克壕大约是4米宽、4米深，因为其形状会让沿反坦克壕前进整个师的进攻正面转变90度。我军的斯图卡、中型火炮、反坦克炮和高射炮瞄准一个个地堡和坚固支撑点开火，步兵则从其侧翼和后方进攻。第6装甲师的全部师属火炮都在列宁格勒防线以南地区，炮兵布置的阵地相当合理，各营为正面进攻提供了侧翼火力支援。我军就这样步步为营，夺取了一道道战壕，最终攻克了敌核心阵地。

当天下午我们夺取了横穿攻击地域的一条铁路，在9月11日兵临赤卫军城—列宁格勒高速公路。我们在那里占领了一批装备了火炮的碉堡，都配备有装甲炮塔。此时第6装甲师直扑赤卫军城苏军的后方，苏军后方只剩下一条道路保持通畅，而且还处于第76装甲炮兵团的火力覆盖之下，因此不得不匆匆撤退。就在苏军沿公路及其毗邻地区撤退的时候，格伦德赫尔中校指挥的炮兵给他们造成了严重的损失。一开始苏军打算抛弃摩托化中型火炮，脱离战斗，试图向通往普希金城的宽阔公路逃跑。但是科尔上校的坦克已经封锁了这条公路，苏军试图突破我军的阻击，战斗中火炮和其他摩托化车辆纷纷被击毁。在

9月11—12日夜间，大批苏军步兵试图逃离赤卫军城并突围，在赤卫军城和普希金城之间的高地重新组织起来组织后卫战斗，但遭到了我军的重创。

9月12日，追击苏军第50军的各步兵师（党卫军"警察"师和第269步兵师），在苏军严密的筑垒地域前顿兵不前。苏军在这里构筑的现代化野战工事是我军在此前4年的转战中前所未见的。所有的防御设施都在地下，防御工事之间有沿着地形起伏构筑的隐蔽通道，并且有经过严密伪装的射击口。苏军同样把重武器也布置在地下的工事中，从外边几乎看不到。这些工事都包括地下的住房，可以容纳10—20人居住，而且还有弹药库、后勤设施和医疗设施。几乎所有阵地都有交通壕相连，出入口在阵地后方几百米，完全隐蔽在灌木丛和树林之中。这些出入口附近也有地面的战壕和一些碉堡掩护，其布置相当隐蔽，进攻部队只有靠近才能发现其存在。无论是步兵侦察还是空中侦察都无法探明苏军这些工事的位置，甚至是第50军的步兵部队在发起进攻之后，苏军重武器纷纷开火，德军也找不到其阵地位置。因此我们无法摧毁敌军的炮兵阵地，自然步兵从正面发起的突击无一例外都失败了。

直到9月13日，我军部队才摆脱了困局夺取敌防御阵地。此时第6装甲师奉命经由波谢卢克塔基希（Posyolok Taytsy）实施迂回动作，意图包抄苏军防御阵地后方将其包围。此时出现了一个很奇怪的巧合，前一天晚上（9月12日）我派了比较强的侦察分队去高地侦察。他们猝然撞上了苏军防御体系最外围的地堡，一个年轻军官不等命令，指挥部队迅速夺取了这座地堡。战斗中还俘获了负责监督工程进度的苏军工兵，根据他的供认，我军了解了苏军整个防御体系的布防计划，这对我军第二天的进攻颇为有利。

尽管如此，瓦尔登费斯中校指挥的第4摩托化步兵团在进攻刚刚开始时又遇到了一个新的问题。苏军认识到其阵地所面临的威胁，从普希金城向我军后方发动进攻。而在我军后方担任警戒任务的步兵营，只能得到西伯特中校指挥的第11坦克团第2营和1个88毫米高炮连的支援，这个坦克营只有35t坦克。看不到尾的敌坦克纵队卷起烟尘直扑我军后卫部队。首批敌军坦克——估计有不下50辆KV-1——迅速穿越沼泽地之间狭窄的可通行地段，然后转向我防御阵地。

高射炮猛烈开火，被直接命中的苏军坦克升腾起烈焰。排在前列的KV-1散开队形，但是仍在缓缓前进。突然苏军先头坦克遭到反坦克炮在近距离的猛烈射击,这是刚刚赶到战场的第616反坦克营,他们总共带来了27门重型反坦克炮。苏军进攻队列中升起了14股黑烟。于是苏军坦克群突然停了下来,不敢继续通过狭窄的沼泽地中的走廊推进,其后续部队呈扇面散开消失在附近。

第11坦克团其他部队得到无线电的召唤后纷纷赶来投入战斗。我们在师部听到了激烈的坦克交战传来的枪炮声。随着坦克团友邻的第1装甲师和第8装甲师所部也赶来从苏军侧翼和后方发起进攻,战斗越发激烈。苏军指挥官意识到战况危急,现在已经无法攻破我军后方阵地,虽然只有14辆KV-1坦克被我军高射炮和重型反坦克炮击毁,但是苏军指挥官仍然选择指挥部队撤退,而不是和我军一决雌雄,不过这样一来我师后方的威胁也解除了。

与此同时,瓦尔登费尔斯所部在西伯特的坦克部队支援下,继续按部就班地展开进攻。我军将敌阵地后方的地堡和堑壕一个个拔掉,逐渐接近了地下防御体系的入口。在夺取第一个入口的战斗中,守军在工事中利用轻武器和手榴弹顽强抵抗。在这里顽强战斗的是3个苏军女军医,她们一直在用手榴弹顽强地战斗,在阵亡之后,我们将她们的遗体搬走,在其身下发现了更多的手榴弹。

肃清地下通道的战斗不但旷日持久而且相当艰难。瓦尔登费尔斯投入了经过特别训练、装备手榴弹和冲锋手枪的突击队才击败了苏军的抵抗。在经过惨烈的近距离战斗并且双方都付出了重大伤亡之后,德军才攻占了坚固的碉堡,战斗中苏军顽强地战斗到了最后一口气。德军的攻势举步维艰,不得不投入工兵爆破队炸毁残余的地堡,根据地堡上边植被稀少的特点,德军工兵找到了这些工事的位置,然后在上方布置炸药将其炸毁。尽管如此,随着我军突击队向其防御体系前沿阵地慢慢推进,遭受的伤亡也越来越大。我军工兵爆破队和步兵在苏军防御工事的上方推进,必然会冒着第50军下辖各步兵师支援炮兵火力误伤的危险。我派出通信兵和第50军军部之间架设了电话,在此以后才有机会彻底摧毁苏军坚固的防线。此后从两个方向上发起进攻的步兵成功会师。几乎与此同时,我军尾追败退的苏军装甲部队,夺取了普希金城。当天下午,瓦尔登菲尔斯上校指挥所部夺取了苏军第五十二集团军司令部所在的核心地堡,而该集团军承担着保卫列宁格勒的任务。

红军士兵即使在看不到希望的情况下仍然顽强地抵抗,这很大程度上是因为政委的表率作用。比如说，在波谢卢克塔基希的一个城堡被占领之后，我们有一支规模很大的部队在城堡的广场暂时停留，第11坦克团的坦克经过广场的围墙，当时坦克的舱盖是打开的，结果突然遭到了步枪在很近距离内的射击。敌人的步枪瞄准的是从炮塔中探出头来的坦克车长。直到三个露出头的车长被打死之后，连长才发现射击来自距离广场围墙只有10米远的一条狭窄战壕。德军坦克立即开火，战壕中的13名苏军官兵全部阵亡。他们是苏军一个团部的军官，而指挥他们的是政委，这个政委在战死的时候仍然手持步枪呈瞄准姿态。

列宁格勒如今已近在眼前。

我们认为苏军在列宁格勒外围的抵抗已经彻底瓦解了，接下来的进攻——至少在第6装甲师的进攻方向上——将直接针对列宁格勒城区了。然而在9月14日却突然接到了停止进攻的命令。大家都不知道原因何在。第二天，第6装甲师奉命撤出战线，只留下了师属炮兵。从战斗中完全撤下来要等到9月16日，9月17日一早第6装甲师接到命令要在晚上赶到卢加—普斯科夫方向，并在接下来几天经由涅韦尔进入中央集团军群战区。

苏军在1941年的战斗中最为激烈的抵抗，也就是在赤卫军城和列宁格勒之间的抵抗就此终结。第6装甲师在一周之内突破并击溃了苏军的12道防线，击退了苏军的多次反击，夺取了248个地堡（其中至少有25个是钢筋混凝土结构并有装甲顶盖的地堡）。

在这一轮闪电战式的进攻中，第6装甲师在数日之内贯穿立陶宛和拉脱维亚，一路突破了苏军数道防线，攻破了斯大林防线，渡过德维纳河，并且打开了卢加河上通往列宁格勒的大门——而此时距离该师开始进攻只有3周时间而已。第6装甲师奔袭800公里，一路克服沙尘、森林和沼泽，越过河流和反坦克壕。而第6装甲师之所以能从东普鲁士到列宁格勒城下的86天转战中一路斩关夺隘，正是因为久经考验的团营级指挥官灵活多变的指挥风格，以及久经沙场的部队高涨的战斗热情。

◎ 森林沼泽中跋涉的德军

◎ 穿越林间道路前进的德军

◎ 列宁格勒附近的德军，可以看出由于大雨造成地面泥泞难以通行

◎ 在恶劣的气候下德军的进攻屡屡受挫

第四章：兵临列宁格勒 · 083

# 第五章
# 莫斯科

**维亚济马**

就在列宁格勒似乎已经不可避免要被德军占领的时候，第6装甲师奉命担任进攻莫斯科的先锋。这个师再次迅速转移了大约1000公里，进入中央集团军群第三装甲集群序列下。

在进攻的第一天（10月2日），第6装甲师作为装甲兵上将费迪南德·沙尔（Ferdinand Schaal）指挥的第56装甲军的先头部队推进了30公里，迅速兵临第聂伯河畔，并且出敌不意的突袭夺取了两座大桥。仍在河西岸的苏军部队因此被切断，同时第三装甲集群仍然向东推进。

当天晚上我调整了全师的部署，劳斯战斗群再次使用在波罗的海国家曾经多次用过的刺猬阵地防御战术。整个战斗群在第聂伯河东岸精心布置，形成一个环形防御阵地。我知道在我军后方和两翼到处都是遭到我军迂回和被击溃的红军部队，他们正在夜幕的掩护下撤退。当时苏军一个步兵军的军部在撤退中，想在林地里找一个相对孤立的小村庄歇脚，结果稀里糊涂地撞到了我们师部所在的这个小村。在桥头堡阵地，夜幕降临之后，坦克组成的环形阵地周围到处都是敌军的身影。当时只有第11坦克团一支部队，坦克兵们不断发射照明弹并且用机枪开火，这表明他们对情况相当担忧。几个小时之后情况有所变化,第4、第14摩托化步兵团以及第6摩托车营赶到了桥头堡阵地。当时师属炮兵和工兵已经进入了防御阵地,此后一夜无事。然而在第二天一早,苏军已经悄无声息地撤离了:他们在第6装甲师的阵地上根本找不到任何缝隙。

10月3日,第6装甲师奉命向霍尔姆东进,苏军试图以装甲兵对德军侧翼发动攻击,试图延缓攻势。大约100辆坦克从南向北直扑霍尔姆的道路交口。其中大部分只是中型坦克,而阻击他们的是我派出去的一个装备35t坦克的营和第114摩托化步兵团第6连(装甲人员输送车)。这支规模不大的部队成功地牵制住了敌军凶猛的攻势,直到我军在霍尔姆和第聂伯河大桥以南地区部署了由高射炮和反坦克炮组织的反坦克防线。

苏军坦克在森林中分成多个小编队,他们从来没有成功地组织过一次有力而统一的攻势。苏军先头部队在反坦克防线面前被打得支离破碎。其结果就是苏军指挥官反而变得更加胆怯,进一步将其部队分散部署在战场上,以小群的方式零散地逐步投入战斗,结果在反坦克武器面前被各个击破。霍尔姆和第聂伯大桥及其之间的道路(苏军坦克已经可以用火力威胁这段道路了)仍在我军手中。在8辆苏军坦克被击毁之后,第6装甲师主力突破了第聂伯河东岸由苏军最后的预备队守备的坚固防线,而我部不顾残余的苏军坦克,继续向东推进。苏军约100辆坦克在霍尔姆附近的反击,只是让第6装甲师的进攻迟滞了数个小时而已。

第6装甲师和第7装甲师从霍尔姆出发,分别沿两条平行道路冲向维亚济马【第6装甲师是在南边经过赫梅利塔(Khmelita)开进,而第7装甲师是在北边经过杰尔诺瓦(Dernova)】。苏军匆忙集结起坦克部队和步兵部队,在中型火炮的支援下,试图向第6装甲师长达50公里的漫长右翼发动反击,以阻止我部的进攻。苏军很多炮兵部队都位于守备第聂伯河沿岸的阵地中,因此只需要转移射向就可以了,而其他一些部队则匆匆进入指定的射击阵地。步兵和坦克部队沿着宽大正面向我行军纵队发动进攻,而其炮兵部队在转移阵地之后也立即向我军射击。

苏军的反击也遭到了惨败,第6和第7装甲师立即向苏军还击,2个装甲师用大口径火炮给予任何敢靠近的敌人以毁灭性打击。300多门火炮和迫击炮向苏军炮兵和坦克兵全力开火,苏军坦克和火炮很快纷纷被击毁,在数百挺机枪的扫射下苏军步兵的攻势也被瓦解。这场战斗进行了不超过20分钟，两个装甲师几乎毫不停顿地继续进攻，在当天（10月10日）抵达维亚济马。在这里和从南边一路打过来的第四装甲集群的第10装甲师会师，至此我们将40万苏军装进了包围圈。

在这些战斗中，苏军为了击毁我军坦克投入了所谓的爆破犬。苏军训练中等体型的军犬，用链条在军犬身上绑上炸药。经过训练的军犬会隐蔽等待坦克靠近，然后会出其不意地钻到坦克下方拉燃导火索（大约15厘米长）引爆炸药。

这种阴险的战术传遍了各个装甲部队，所以他们看到任何狗接近的时候都会立即开火。但是没有证据证明在哪里曾经有德军坦克被苏军的爆破犬炸毁。另一方面，我军曾经报告过有好多次爆破犬在我军坦克的火力威胁之下，被迫跑到苏军坦克下边寻求庇护，结果反而引发了爆炸。不过有一件事情是肯定的：这种幽灵般的爆破犬突然消失了，就像其出现时一样的突然。

## 通往莫斯科的泥泞之路

德国陆军对于俄罗斯欧洲地区的泥泞地形毫无了解。在维亚济马大捷之后，当我军一线部队已经裹足不前的时候，希特勒和陆军总司令部却仍然认为这种泥泞是可以克服的，结果导致了大量车辆和装备的损失。很快就不可能继续展开大规模行动了。1941年秋季的泥泞要比一战、二战时期其他年份的泥泞更为严重。甚至最初连乡村土路都无法通行了，很快主要道路也被堵住了。输送物资的卡车在砂石道路中穿行，很快路面就被碾压得乱七八糟，最后传递邮件都只能用履带式车辆了。而在最严重的时候，连履带式车辆和抢救车都几乎无法通行，而这些车辆开动起来只会把路面耕犁得越发糟糕。坦克、重型抢救车和甚至是离地间隙比较高的车辆在路面上开动，也只会在越来越高的几乎把自己埋住的泥墙面前停下来。最后只有马拉大车能够通行，所有其他的各种运输车辆和大批坦克和火炮都死死地陷在了地上。

因此对一路败退的苏军的追击也不得不停顿下来，各部队只能沿着布良斯克—奥廖尔—图拉的全天候通行公路行动。各部的位置慢慢变得孤立而散乱，只有一些小部队还和敌人保持接触。中央集团军群的大批部队要么裹足不前，要么只能缓缓前进一小段距离。车辆纷纷由于离合器或者发动机的故障而无法使用。骡马也累得筋疲力尽。道路上到处都是倒下的骡马等牲畜。可以开动的坦克也不多，而卡车和马拉大车也都动弹不得。

德军各种型号的坦克和车辆损失特别大。在奥廖尔地区的第二装甲集群在泥泞中损失了60%的坦克。在格扎斯克以北的第四装甲集群的第10装甲师，有50辆坦克一炮未发就损失掉了，其中在3天之内就损失了35辆坦克。10月底突如其来的冰霜令第6装甲师彻底陷入了彻底动弹不得的境地。由于我们根本无法接近任何道路，所以燃料、绳索和食品只能依靠空投，而我们只能徒劳地试图重新开始上路。由于基本得不到补充，所以这些损失就显得尤为惨重。在这种情况下，士兵们往往发现四处根本没有可以容身的地方，他们只能丢掉车辆，步行到最近的村庄与友军联系，或者去当地平民那里寻找食物和住所，以便能挨过最艰难的泥泞时期。当时德国每个月只能生产85辆坦克和50辆突击火炮。

我在10月31日向上级提交了一份第6装甲师装甲车辆状况的汇报：

我师Ⅱ型坦克的平均行驶距离为11500公里，35t坦克为12500公里，Ⅳ型坦克为11000公里，指挥坦克为3200公里。35t的修理需要特别处理是众所周知的事情。因为35t缺乏配件，所以要想修理的话就必须从别处调配坦克。而这意味着就算坦克修复也是分散在各处，而且51辆需要修理的35t坦克只有10辆能够得到修复。35t坦克无法继续生产，所有的部件都已经消耗殆尽。实际上可能只有坦克的外壳还有利用价值。

而在泥泞泛滥的季节，俄罗斯欧洲部分的少数铁路线是仅有的远距离运输手段，这也意味着铁路不得不超负荷运转。由于通向铁路终端的公路无法通行，所有行动计划都被取消了。修复公路的工作无休无止，而且要不停地把劳工和筑路材料用铁路运送到相应的地方。且只能一段段地修复损毁路面，在几个路段同时施工是根本不可能的。而后勤运输的时间也严重滞后。在中央集团军群战区的多个地段，由于后勤补给的大大缩水，作战行动完全停止了。许多部队好多天吃不上面包，只能就地筹措，寻找未被红军焚毁的粮食。在德军没有控制的地区征集粮食必须投入强有力的部队，因为这些地方充斥着游击队和苏军的散兵游勇。

12月初师作战日志记录如下：

在连日的酷寒低温下【下午平均温度为25华氏度（约为-3摄氏度），夜间平均气温为-32华氏度（约为-35摄氏度）】的激烈战斗中，全师的战斗力量损失极大。现存战斗力量如下：

第4摩托化步兵团：12名军官和556名士兵

第114摩托化步兵团：9名军官和332名军官

第6摩托车营：3名军官和149名士兵

步兵兵力总计：19名军官和784名士兵

步兵连平均兵力：1名军官和30名士兵

我们记录的12月上旬每日平均气温：

12月1日：19华氏度（-7摄氏度）

12月2日：22华氏度（-5摄氏度）

12月3日：16华氏度（-8摄氏度）

12月4日：-32华氏度（-35摄氏度）

12月5日：-34华氏度（-36摄氏度）

12月6日：-35华氏度（-37摄氏度）

12月7日：-36华氏度（-38摄氏度）

12月8日：22华氏度（-5摄氏度）

12月9日：18华氏度（-7摄氏度）

## 从莫斯科撤退

  1941—1942年俄罗斯欧洲部分的冬天可谓是百年一遇的严寒。在莫斯科西北地区，1942年1月的平均温度为-32华氏度（约为-35.5摄氏度），而在整个苏德战争中有据可查的最低气温也在同一地区出现，为1月26日的-63华氏度（约为-52摄氏度）。我军部队就算有御寒衣物，也是配发的各种设计用于在德国的冬天穿着的大衣、毛衣、腹带和帽子。德国民众向前线战士捐赠的大批冬衣直到1月底才运抵前线，而此时严寒已经造成了非常严重的减员。各级指挥官想尽办法来满足部队御寒的需要。有几个师自发地在附近的苏联城镇组织大规模的制衣间。当地的制衣工人利用毛毡和旧衣服，生产了大批束腰带、护耳、背心、毯子，以及拇指和食指部位可以活动的手套。我们还为少部分人从当地民众那里征用了一批裘皮大衣和毡靴，同时也从死亡红军士兵的身上扒下来不少御寒衣物。有换洗内衣的士兵都把所有内衣穿在身上，师级和集团军级的供应站立即将所有库存的内衣都发了下去。最终，大多数官兵都用破布或者束腰带为头部和耳朵保暖，至少是部分的保暖。尽管如此，在莫斯科城下这场至关重要的战争的第一个冬天，我军的冬装供应只能满足一小部分需求。更不用说酷寒大大影响了我军士兵和武器装备的作战效率。

在12月初，第6装甲师距离莫斯科只有14公里，距离克里姆林宫只有24小时的路程。而当时的气温突然下降到-30华氏度（约-34摄氏度），加之遭到了苏军西伯利亚部队的突然反击，第三装甲集团军向苏联首都的攻势被粉碎。第6装甲师依靠科尔上校手下仅剩的5辆坦克为核心组织防御，我们顶住了苏军最初的攻势，这些身着棕色制服在深深的积雪中前进的苏军士兵成为了非常显眼的目标。我军在防御战斗取得的小胜使得第6装甲师得以成功的脱离接触，并且为我军炸毁剩余的88毫米高射炮赢得了时间（因为当时已经没有牵引车了，所以必须把这些武器炸掉，我们在秋季泥泞中损失了25辆牵引车，在11月的风雪中又损失了最后7辆牵引车）。

中央集团军群所部，包括第三装甲集团军在内，一直在莫斯科西北地区坚守到了12月5日，第二天陆军总司令部发布了战争爆发以来的第一份撤退命令。经过几个月的进攻作战之后，各营和各连只剩下了屈指可数的一点兵力，而俄罗斯的泥泞与严寒给武器装备也带来了严重的损失。不论是军官还是士兵，他们奋勇作战的精神都在一定程度上弥补了我师在火力上的损失。由于苏军兵力上的绝对优势，加上气候因素，他们最终守住了莫斯科并且扭转了战局。希特勒从来没有为进行冬季作战制定相应的计划。

第6装甲师于12月6日开始缓缓后撤，但是第二天在翻越丘陵地带的时候，我们的车辆开始在冰封的路面打滑。我军在向莫斯科进行最后一击的时候曾经被迫丢弃了不少卡车，而现在这些卡车成为了挡在我军后撤路上的障碍，进一步增加了撤退的困难。要是把所有车辆都开走势必会浪费大量时间，搞不好追击的苏军很可能追上来把后卫部队消灭掉，所以我命令尽可能把能带走的装备装上少数还能开动的卡车，剩下的统统付之一炬。与此同时，我几乎把所有仍可以作战的步兵部队都加强给了后卫部队，并且故意放慢撤退的速度。我军依托一些村庄作为阵地以迟滞苏军的追击。对于缺乏冬装的德军士兵来说，居民点是事关生死的重要保障，同时居民点对苏军来说同样至关重要，因为他们也希望为进攻部队找到可靠的宿营地。而事实上，我军撤退部队就是沿着一个个小村庄后撤的。

几天之后，我军后撤部队途经莫斯科西北部的一个重要交通枢纽克林（Klin）。不幸的是，由于主要道路上拥挤着其他向西撤退的部队，而且这里是第56装甲军的防御核心阵地，所以我们无法在克林城中宿营。不过幸运的是我们在克林找到了不少炸药，工兵利用这些炸药在城外给部队构筑了不少临时隐蔽所。我们试图把爆炸产生的渣土铺设在道路上，但因为爆炸产生的都是大块的冻土而不是粉末状的细沙，这一尝试也失败了。第65装甲师在克林驻扎了24个小时，然后又全部经由斯摩棱斯克—莫斯科的四车道高速公路撤退。

由于苏军部队无法在积雪严重的情况下，把重武器毫发无伤地送上前线，所以即使是数量占优，苏军也无法包抄我后撤部队或歼灭我后卫部队。这就意味着苏军想要包围我军，只能使用骑兵、滑雪部队和使用雪橇的步兵部队，根本无法携带重武器。因此苏军在一线的火力根本不足以撼动我军防御。

苏军未能歼灭中央集团军群的另外一个重要原因，是在其反击开始的时候，苏联空军对后撤德军的空袭规模不大，只有少数飞机而且出动次数不多，对我行军队列实施扫射或者投掷小型爆破弹。在遭到空袭的时候，德军官兵要跑到距离道路至少100米的积雪中隐藏，有些士兵在苏军空袭过后急于起身，结果被延时炸弹所伤，造成了一些伤亡。如果苏军投入强有力的轰炸机部队，那造成的后果将是灾难性的。但事实却是敌军空袭造成的损失相比因为严寒和缺乏衣物造成的减员根本不值一提。

到12月中旬，德军暂时停止了退却，第6装甲师在沙科夫斯卡娅（Shakovskaya）地区集结进行休整补充。在圣诞节前夕，当时已经接收了第一批补充士兵的第4摩托化步兵团，不得不在12月26日在瓦尔登菲尔斯上校的指挥下，在暴风雪中踏上积雪深厚的道路，当时第106步兵师在沃洛科拉姆斯克（Volokolamsk）以西的拉玛河（Lama）的防线被苏军突破，第4团奉命对进攻苏军实施反击。第4摩托化步兵团由于缺乏御寒衣物，不得不在行军途中经过每个村庄时都进入屋中取暖，导致用了两天时间才前进90公里，进入预定进攻出发阵地。

12月28日，在吃了一顿热饭并经过一夜休息之后，第4摩托化步兵团在当地德军预备队的配合下发起进攻。瓦尔登菲尔斯上校得到了炮兵和重武器的有力支援，当天的战果相当可观，当晚就打通了和北边友邻第23步兵师的联系，封闭了战线缺口。部队晚上进入附近的村庄和农舍休息，德军当晚也派出了强大的警戒部队进行警戒，由于严寒天气，每半个小时就得休息取暖。

12月29日德军的计划是恢复第106步兵师此前在拉玛河沿岸的防御阵地，以便包围已经突入德军防线的苏军。第4摩托化步兵团自西向东发起进攻，同时第6摩托车营从南边向弗拉德奇诺（Vladychino）进军。到当天下午苏军突入部队已经被包围。当天晚上气温下降到-30华氏度（约-34摄氏度）到-40华氏度（约-40摄氏度）之间，附近的村庄已经被连日的激战摧毁，拉马河沿岸德军留下的阵地也被大雪掩埋，因此部队根本找不到可以过夜的地方。对于缺乏冬装的德军来说，暴露在无遮无掩的野地过夜无异于自取灭亡，瓦尔登菲尔斯上校被迫命令部队撤退到最近的村庄去。而苏军发现德军撤围，集中兵力发动新的进攻，终于迫使这一地段的德军撤退。由于我军缺乏冬季装备，导致战局逆转反胜为败。

这场战斗失利导致的直接后果，就是在12月底的最后几天，第6装甲师不得不从沙科夫斯卡娅附近的村庄中撤退，推到一大片森林地带中。此时的我面临着两害相权取其轻的抉择。如果我命令部队退过森林地带向更靠西边的一片居民点撤退，就要冒着被包围歼灭的危险。而另一方面，如果我试图在森林地带或者无险可守的村落中建立一条防线，缺乏冬装加之平均-49华氏度（约-45摄氏度）的温度，肯定会让暴露在严寒中的部队被消灭。瓦尔登菲尔斯上校率部在拉玛河附近的短暂战斗证明，如果要在开阔地带停留，那么每日冻伤减员将以惊人的速度递增：截止到1942年1月3日，我们统计由于中度和重度冻伤减员的速度是每天800人。按照这个速度的话一周以后第6装甲师就不复存在了。

如果全师想要生存下去，并且还要固守住阵地，那么迫在眉睫的问题就是马上构筑掩体和地堡（而且还要有基本的取暖设施）。但是由于军属工兵营和两个师的师属工兵营都各只剩下五六十人，且损失掉了全部重装备，我部根本无力构筑防御工事。不过当时我们得到了大量的炸药。因此我鉴于情况紧急，命令工兵营长不顾严寒，在预设的主要防线附近用炸药在冻土上炸出弹坑，为所有战斗部队包括战术预备队提供可供藏身的掩体。这些弹坑以一定的宽度和纵深梯次分布，每一个能容身3—5名士兵。所有可利用的木材都被用于加固掩体。我还命令工兵沿三条关键道路的某些地区布设地雷并布置反坦克障碍。我命令全师尚能战斗的部队和预备队布置在道路两侧的掩体中，同时还要把守住后撤的道路。

第二天一早（1月4日）整个前沿都响起了爆炸声，1万磅炸药发出此起彼伏的爆炸声仿佛是重炮在轰击。一时间土石横飞浓烟蔽天。当面的苏军目睹此景非常惊讶，他们也不知道发生了什么，只是静观其变。到了下午爆破工作大功告成，到了晚上战斗部队进入了铺设顶盖的掩体。很快炮兵们聚集在弹坑里的火堆旁边取暖。这些弹坑形成了一条连续的防御阵地，而我们则在防线之前部署了警戒哨。在警戒哨之前布置了错综复杂的铁丝网，沿着道路布置的反坦克障碍后边则是炮兵阵地，在工兵实施爆破之后的12个小时里，整个第6装甲师的前沿防御阵地准备就绪。在酷寒条件下施工的工兵部队也遭受了40%的冻伤减员，但是他们的牺牲换来了战斗部队的保存并且稳固了战线。到1月5日，全师的冻伤减员从原来的800人/天减少到了只有4人/天，而此后冻伤减员更是彻底消失了。这条防线顶住了苏军接下来的攻势，并且一直坚守了10天，10天之后天气转暖，我部两翼的友邻部队防线被苏军坦克突破，最后我部不得不放弃了这条防线。

在我部用炸药构筑这些阵地之前，双方的战斗主要都集中在可以在严寒中为部队提供御寒住所的村庄周围。村落成为了攻防双方天然形成的战线，苏德两军都不得不暂时忽视其他所有的战术要素。苏军如果在白天未能夺取一个村庄，那他们必须在晚上撤退到本方控制的村子里。即使是装备最为精良的西伯利亚军队也不会在夜间对村落发起攻击。在开阔地段以炸药爆破开设阵地的方法在当时是一种创新，这种手段可谓一举两得，即稳定住了战线，又保留了部队仅存的战斗力。

◎ 1941年秋季的德军

◎ 俄罗斯的泥海中艰难前行的德军

◎ 泥泞的道路上行进的德军

◎ 1941年秋季莫斯科附近多雨的气候大大延缓了德军的推进

◎ 恶劣的气候之下德军的攻势渐渐成为强弩之末

◎ 莫斯科战役期间苏军缴获的武器

◎ 泥泞中艰难前进的德军士兵

◎ 向莫斯科推进的德军

◎ 在苏军的冬季反击之下德军伤亡惨重

◎ 严冬中被俘的德军士兵

◎ 在泥泞中拖曳汽车的德军士兵

◎ 雪野中前进的德军坦克

# 第六章
# 冬季战争

## 第九集团军背后的危机

1942年1月17日在严寒大雪中饱经战火的第6装甲师余部,在卡尔马诺沃(Karmonovo)终于开始进行休整,而这里恰恰是1941年第6装甲师摆脱泥泞困扰开始向莫斯科进攻的起点。此前的战斗中德军在人员和装备上损失特别惨重,德国陆军自此之后再也没有完全恢复,这也证明了德军在莫斯科经历了何种程度的苦战。第6装甲师经历了特别严酷的环境和战斗,损失了80%的步兵和火炮,100%的坦克和重武器,以及大量汽车。所有剩余的战斗部队都合编进入了容勒科普夫(Zollenkopf)战斗群,其兵力如下:

第4摩托化步兵团:2个完整的连

第114摩托化步兵团:2个完整的连

第76装甲炮兵团:4个完整的连(在第76装甲炮兵团第2营营部的指挥下作为步兵参战)

无论是第6摩托车营、第57工兵营、第57装甲工兵营还是第11坦克团,都因为损失惨重而不再作为独立的战斗部队列编。第76装甲炮兵团的剩余人员已经整编为第1营(轻型火炮营)和第3营(重型火炮营),装备全师仅剩的24门野战炮。经过12月的残酷血战之后,在战线后方65公里的地方,剩余的指挥机关人员和后勤供应分队以及后方分队都自觉地组织了起来或者是被第6装甲师动员了起来。每天都有逃脱了血腥屠场的少数坦克手、炮兵和其他官兵进入师集结地域。而一旦收容了这些零散官兵，我们就把他们整编起来投入到守备斯摩棱斯克到维亚济马之间高速公路和铁路的阵地上——而这正是第四集团军和第九集团军的生命线——以抗击深入我军后方地域的苏军骑兵、伞兵和游击队。到2月中旬，在收容了退下了的散兵和得到补充兵员之后，第6装甲师的战斗力量恢复为3000人，并且又有了几辆可用的坦克。

检视一下1942年1月中央集团军群所处的总体态势，足以证明当时的战术形势有多复杂。12月苏军的反击势头有所减弱，德军的战线呈现出一种错综复杂的

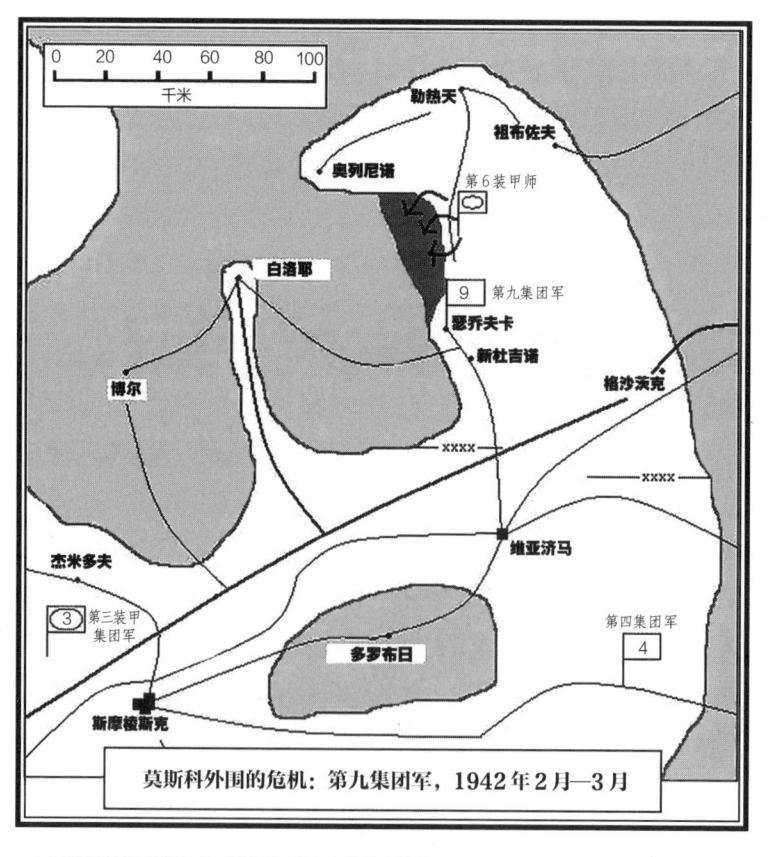

◎ 莫斯科外围的危机：第九集团军，1942年2月—3月

态势。中央集团军群北线的各个集团军（第3装甲集团军、第4集团军和第9集团军）所辖部队分别占领方向各异的多条防线，甚至有些战线所面对的方向完全相反。之所以出现这样的局面，是因为我们手头没有足够的部队去维持一条紧密坚固的防线。由于希特勒断然拒绝德军后退，每支部队都要坚守其后勤补给线，在寒冬中的不断损失让德军很有可能重蹈当年拿破仑大军覆没的覆辙。最后虽然我军的后勤线经常遭到敌军的袭扰，但是仍然保证了弹药和食品的供应。

另一方面，苏军各部源源不断地通过难以通行的茂密树林，试图将后撤中的德军分割包围。到1月中旬为止苏军由于补给断绝，只能分食骡马充饥（有时候甚至只能吃马皮）。苏军炮兵由于极其缺乏弹药，每天每门大炮只能发射5—10枚炮弹。正是因为苏军的后援不继，中央集团军群才能凭借损失惨重且大多为后方勤务人员拼凑的部队，据守从500公里陡然增加到1800公里（相当于维也纳到马德里的距离）的战线达数月之久。另外，后来的战局也证明德军很难毫发无损的从现有阵地撤下来。

红军最开始向南然后转而向东，针对维亚济马—勒热夫的公路展开进攻，意图切断第9集团军的后勤补给线。好几个师的野战医院和车辆调度所都遭到了苏军的攻击，瑟乔夫卡附近的两个关键机场也处在苏军的攻势之下，易手只在瞬息间。在北部战线，德军面对的是苏军一个近卫步兵军的进攻，而在南线则是一个骑兵军。中央集团军群司令官冯·克卢格元帅认为，用于即时反击所组建的快速反应部队，不能从重组中的第6装甲师抽调，目前总体形势不允许抽调任何第6装甲师的下属单位。到1月底，战局更加危急，斯大林认为此时正是歼灭身处有史以来最大包围圈的德军两个集团军的最好时机。

战斗，将会变得越发艰苦。

尽管没有可用的骨干部队，由于快速反应部队必须迅速组织并且马上投入战斗，1月30日第9集团军司令官沃尔特·莫德尔大将向集团军后方地域的所有勤务和供应单位发布命令，包括建筑营和筑路营，向我的司令部报到（第6装甲师经过整补的战斗部队临时配属给了第1装甲师）。莫德尔将军希望我通过拼凑这些部队然后搜罗一些退下来的散兵，以最快的速度在瑟乔夫卡和维亚济马之间构筑一条防线。甚至连在新杜吉诺（Novo-Dugino）机场的德国空军部队也被划归到我的指挥下，用以参加地面战斗。

这些部队最初的战斗序列如下：

第307高级炮兵司令部（仅有指挥部人员）

第189突击炮营（欠2个炮兵连，没有车辆）

第618炮兵观测营（欠2个连，没有车辆）

第2工程训练营（没有车辆）

第17高级建筑指挥部

第9、第42、第104建筑人员指挥部（只有人员）

第532筑路营（没有重武器）

第7旅建筑营（欠2个连，没有车辆）

第91、第208、第408建筑营（没有重武器也没有车辆）

第5、第6、第28、第33、第35、第182、第186、第442、第644、第664架桥分队（没有重武器；车辆被抽走增援主要战线）

德国空军驻防和通信分队，新杜吉诺机场

5辆受损坦克临时组成的一个排

在24小时之内，上述部队的司令部人员必须在各自所属的区域内动员所有可以战斗的官兵，然后以各自不同的兵力及编制纳入快速反应部队。我特别下令要将来自同一个单位的官兵编在一起：根据其兵力的不同编为班、排或连，置于熟悉的军官指挥之下。只要有可能，快速反应部队就会按照前边这种办法，将下属各部编成一个、两个或更多的营。每个部队都允许保留自己带来的武器和物资。我之所以下达这样的命令，是为了避免人力和物力不必要的分散。因为我认为与其为了平均分配部队兵力，打乱各单位建制而破坏其凝聚力，不如就让这些部队以各自不同的兵力和编制投入战斗。当然在分划防御阵地的时候，也要考虑到不同单位的兵力和编制。

这些部队大多数只装备着步枪，每个连有1或2挺机枪，有的营有几门迫击炮和小口径反坦克炮，还都是临时从附近的军械库拉出来的。最开始只有一门刚刚修复的火炮能用，但是修械所不断将修复的装备送返前线，所以我们的武器装备情况每天都在好转。许多伤愈或者销假的官兵也匆匆地上了前线。

1月31日我们这支部队占领着一条宽65公里至关重要的阵地，第二天就填补了战线的缺口，到2月2日为止我军前沿形成了一条薄弱的连续防线。到2月6

日，我部指挥的官兵达35000人，我们还组织了几个排级规模的总预备队，包括5辆受损坦克组成的一个坦克排，这些坦克还有些有限的行动能力。我麾下有许多新组建的部队在刚刚成立之后，就要在前线迎来炮火的洗礼。我尽可能让快速反应部队下辖的部队驻守可以保障其本单位勤务和后方设施的阵地——这是他们唯一乐于执行的任务。因为同样的理由，我指派空军部队守备可以掩护自己机场的防御阵地，快速反应部队的集结地域距离需要填补的空缺位置比较远。德国空军第8航空军通讯营在新杜吉诺就铺设了指挥急需的电话线，并且和机场的交换机相连。

要了解这一任务的重要性，可以回顾一下冬季战役时曾经出现过的危机，当时白天气温一度都在–40华氏度（约–40摄氏度）一下。在开阔地上积雪能够达到一米深，森林中则有半米。我们只能把最重要的后勤道路的积雪清干净。

维亚济马和瑟乔夫卡之间的地形有些起伏，其中三分之二的地区都是森林地带。在开阔地带分布着许多小村落和独立家屋，通常围绕这一个较大的城镇分布。所有的村庄，无论是苏军还是德军控制下的，都挤满了驻军，而前沿附近的村庄则被改造成了防御支撑点。一般来说，会以当地的主要城镇为核心阵地，将周边的多个村庄组织成为一个防御体系。防御工事包括不少雪障（胸墙）和冰雪堆砌的地堡。虽然我们当时用爆破手段在地面上炸出了不少散兵坑，但是冻土上是无法挖掘战壕或构筑土质胸墙的。这些散兵坑本身是作为御寒取暖的场所，只有在紧急情况下才会充当防御工事。交战双方尤其是德军都可以轻易焚毁村庄，不论使用空袭或是炮击的手段，这样可以让敌人失去赖以藏身的地方，但是一般来说，除非战斗特别激烈，否则不会出现这种情况，因为双方都有可能在未来利用这些居民点，所以苏德两军都尽量避免彻底摧毁村落，而且两边都担心遭到对方的报复。

2月9日，我军组织休假和伤愈归队的人员，临时编成了一个齐装满员的摩托车连。同时这个战术机动预备队还接收了几辆装甲汽车，这支部队在瑟乔夫卡至维亚济马公路这条主要补给线沿线，随时准备赶往出现危险的地段。而且这个连的官兵都精于滑雪，也在摩托车上带上了滑雪板，可以在积雪过深的地段越野机动。严重减员的第6摩托车营之营长马丁·温赖因（Martin Unrein）中校被任命为这个连队连长，并且指挥该部参与了一系列局部反击。

第六章：冬季战争 · 101

战局可谓瞬息万变，就在我军组织部队进行整编的时候，苏军对新杜吉诺机场及其以北的毗邻地区发动了数次进攻，而这些攻势都被快速反应部队击退了。在中央战线的塔塔林卡对面，苏军试图抢在快速反应部队赶到之前夺取多个村庄，而在南翼苏军控制着几个距离高速公路仅一公里远的村庄，他们可以用迫击炮不断袭扰公路。苏军滑雪部队会在夜间通过我军防线的空隙渗透到后方，在维亚济马到勒热夫一线的多个地点袭扰第9集团军的后勤供应线。由于气候特别寒冷【夜间气温一度下跌到-60华氏度（约为-51摄氏度）】，我军的防线只能是以村落支撑点为支柱，其中的无人地带只能由部署在独立家屋的警戒哨担任防御，而巡逻队对于道路的保护也很薄弱。尽管遇到了种种困难，我军面对敌军的反复攻击，仍然自至始至终都坚守住了至关重要的防线中央段。

　　这条临时拼凑起来抵御苏军自西向东进攻的防线成功地完成了任务。在几天之内我们不但构筑了一条连续的防线，而且还和北边在勒热夫附近战斗以及南边的第四集团军所部友军建立了联系。但尽管如此，紧邻我主要防线后方的公路和铁路还是不可避免地不断遭到破坏，而快速反应部队在敌军威胁下，即使是稍做战术退却，也将导致第9集团军唯一的后勤大动脉被彻底切断。由于某些地区的森林地带一直延伸到横跨奥苏加河（Osusa）的公路桥及铁路桥附近，成为苏军展开进攻的有利条件。莫德尔将军和我都认为，想要解决这一问题，唯一的办法就是将我军的警戒线向西推进，以便控制一片大约长宽均为10公里的森林地区。我们知道这意味着让那些从未接受过进攻战斗训练且临时拼凑起来的队伍，在极其严酷的低温和积雪条件下发起冬季攻势。但是我军别无选择，最终莫德尔将军批准由我利用经过一定程度整补的容勒科普夫战斗群作为发动攻势的先头部队，这次行动很显然和一般的进攻行动有很大区别，更不用说和闪电战作对比。我军采用的战术必须是非同常规的，而且一定要同当时所处的各种客观条件以及部队本身的战斗力水平相适应。

## 塔塔林卡：首轮进攻

　　我军在2月16日首轮攻击的最初目标是夺取瓦西列夫卡（Vasilevka）—塔塔林卡（Tatarinka）公路两侧河谷底部苏军据守的所有村落。为此容勒科普夫战斗群在纳奇基诺（Natchekino）以东及其毗邻森林地区边缘的两侧集结准备投入战斗。除了前文提到的3个营之外，容勒科普夫上校还为进攻部队加强了少量坦克、高射炮和反坦克炮；有一个步兵营刚刚损失了其营长，上校也任命了新的营长。同时容勒科普夫也将得到第6装甲师的24门火炮的火力支援和第9航空军的空中支援。

西部地区，交战双方爆发了激烈的战斗，以致短兵相接。尽管如此，容勒科普夫战斗群仍然成功地突破了苏军的坚固防御工事，迫使敌军溃败。在扫清了大量地雷和路障之后，德军清除了以往处于无人地带的狭窄公路的路面积雪，从而直逼苏军的后勤线。唯有如此我军坦克才能以小编队、逐次跃进，追击败退的苏军。坦克击溃了沿公路两侧及河谷撤退的苏军，然后向瓦西列夫卡推进，这里是苏军重点设防的地区。我军坦克部队出敌不意发起攻击，敌军来不及动用预备队阻击我步兵的突击。瓦西列夫卡的苏军在我第4摩托化步兵团和第114摩托化步兵团的两个整编营的进攻下，未能抵抗很长时间，阵地即告失守，而当天早上我们就夺取了该地。得手之后两个营立即在坦克的支援下转兵西进，在攻击塔塔林卡的过程中遭遇了顽强地抵抗。容勒科普夫上校指挥所部连续发动了三次进攻，最终夺取了苏军在这一地区的核心支撑点，而在夺取瓦西列夫卡和塔塔林卡之后，该战斗群又迅速肃清了其余村落中的苏军。尽管冬季白天时间较短，但是到日中之时，我军已经占领了所有苏军据守村庄，并且将苏军留下的防御阵地转为己用。

我军需要以反坦克炮、高射炮或者坦克炮直射才能摧毁冰封的地堡。为了击溃盘踞在刺猬防御阵地和村落民居中的苏军，我们不得不用手榴弹和冲锋枪同敌军展开近身苦战。尽管战斗如此激烈，我军的损失却相当小，这在很大程度上要感谢空军的空中支援和师属炮兵的支援火力。只有少数被击溃的苏军得以逃入毗邻的森林地带，那里是其最初的进攻出发阵地，而苏军此时能做的也就是在积雪中构筑新的阵地。苏军遭受惨败的原因，是其无法得到空中支援，而炮兵由于缺乏弹药也很难给步兵以充足的火力支援。其结果就是我军突入苏军防线达50公里深，并且成为我军接下来发起进攻的跳板。

在这次战斗中有一些插曲，值得在此一叙。我军夺取了纳奇基诺的西半边之后，苏军依托该村以南森林边缘的土木结构阵地发起了反击。苏军想趁我步兵向瓦西列夫卡西进之机，打击我部的侧翼和后方。但是苏军步兵刚刚运动到森林边缘和村庄之间的开阔地时，我军坦克（它们紧跟在步兵后方行动）就马上给敌以迎头痛击，并使其遭受了惨重的伤亡。在坦克火力打击之下，幸存的苏军试图退回到林间阵地，以便躲避我军坦克的强大火力。但是他们却突然遭到了从林间阵地方向射来的机枪火力打击，苏军猝不及防顿时惊慌失措。而向他们开火的是容勒科普夫上校的南线分队，他们在纳奇基诺战斗最激烈的时候悄悄潜入森林地区，尾随在苏军之后占领了他们丢弃的阵地。该敌在两面夹击之下顿时瓦解。

苏军之所以在纳奇基诺以南遭遇如此惨败，原因就是他们疏于战斗侦察，未能及时察觉我军坦克的存在，也未能侦知我侧翼分队向森林地区的渗透。如果苏军指挥官认识到其所处态势的危险，那么他很可能就不会发起反击了。另外，苏军指挥官对他部署在谢列达（Sereda）以西森林边缘的警戒部队显然太放心了。这些部队很久以前就被我军侧翼部队消灭了，但是苏军林间阵地同这些警戒部队之间的联络显然并不畅通，所以苏军指挥官对此一无所知。他对这一威胁一无所知，苏军指挥官没有在其他方向采取掩护措施，就指挥部队投入反击，让大批部队穿越积雪覆盖毫无遮掩的开阔地带。而苏军指挥官违反的都是最基本的战术原则，即侦察、警戒和联络，这是他遭到惨败的主要原因。

虽然容勒科普夫上校的先头部队迅速打开了向西前进的道路（他们在开阔地行进期间得到了各种武器的火力支援），但是侧翼分队在穿过森林地带的时候却遇到了越来越多的困难。虽然各个方向的分队都可以利用遭到苏军破坏过的小路，但是他们在接近森林地带出口的地方，却出其不意地遇到了敌人伪装良好的防御阵地，并且配有鹿砦等障碍物。结果就是正面突击不成，而小路两侧都是积雪深厚的灌木丛，也根本绕不过去。另外，担任北线侧翼部队的是得到加强的步兵连，该部在被称为非洲森林的地域中央突然遭到了苏军隐蔽在树上的大量狙击手的袭击，这个连因此被阻击了很长一段时间。南北两翼的部队都未能夺取森林西部边缘的苏军阵地，自然也无法突入到开阔地带。很久之后，战斗群主力派出部队施以援手，从这些苏军阵地后方发起攻击，才最终解决了侧翼部队的困局。

当天下午，配属的步兵营在一位年轻上尉的指挥下，奉命从塔塔林卡向南进攻，以便威胁我军接下来将要进攻的苏军在维亚索夫卡（Vyasovka）的主要防御支撑点。在此之前，这个营必须肃清位于波泰布伦卡（Potebrenka）以及紧靠塔塔林卡以南农场中的残余守军。尽管容勒科普夫上校曾经严令那位代理营长，一定要等待坦克连和一个88毫米高炮连（两个连都是从瓦西列夫卡调来）到达以后再展开进攻，但是该营营长并未遵令而行，因为他判断当面之敌的兵力应该很弱。就在这个营通过塔塔林卡以南的一片高地之时，突然遭到周边多个农庄猛烈的机枪火力打击，德军被迫退了回去。德军只得等待重型反坦克炮和高射炮赶上来才能重新发动进攻，因为只有这些武器能够以直射摧毁苏军的地堡工事。由于这位年轻上尉低估了敌军的战斗力，所以让部队遭到了不必要的损失，向波泰布伦卡的进攻也因此推迟了。不过最终这个营还是在当天傍晚夺取了波泰布伦卡。在抵达森林边缘的时候，这支部队遭遇了一个仍然有苏军据守的大型土木地堡。这个地堡除了供作战使用之外，也充当这一地域红军的营房。到黄昏时分该营发起突击，最终夺取了这个工事。

由于这个地堡的位置不利于我军使用，所以占领之后就被摧毁了。我们摧毁了这些防御工事后，苏军不得不在-12华氏度（-24摄氏度）以下的严寒中战斗和宿营，苏军的战斗力受到严寒的影响被大大削弱。所以不久之后我们就用临时组建更适合担任防御的快速反应部队把进攻部队替换下来，在这些地段担任守备任务。而腾出手来的战斗部队则准备参加下一阶段的进攻。另外我军也可以把这些被夺取的地堡变成陷阱，这种诡计也是我们从苏联人那里学来的。我军预见到当晚苏军可能进入这些地堡，所以巡逻队会提前撤退，不过在撤离之前工兵会在工事中将手榴弹和其他爆炸物掩藏在树枝和稻草之下，只需轻微碰触就会将这些爆炸物引爆，将整个工事及其中的人员全部炸成碎片。

虽然苏军有前文所述的种种不利条件，但是没有理由让苏军承认失败并就此放弃进攻，特别是他们仍然有大量装甲部队，且在政委的督促下斗志正盛。果然苏军就在第二天（2月17日）展开了反击。敌军连夜调来了预备队投入战斗，在没有炮兵支援的情况下，苏军向部署在前沿多个村落的我军工事展开了进攻，而我军的防线得到机枪、火炮和坦克火力的掩护。然而苏军仍然顽强地连续数日发动进攻，屡败而屡战。但是他们除了损失日增之外，连一个村庄都未能占领。另一方面，德军一方面顶住了苏军对诸多独立家屋的进攻，甚至还有余力巩固其防御工事。

## 瓦西列夫卡：一个滑雪旅的惨败

从战术的角度来看，迄今为止苏军的应对并没有多少效果。更麻烦的是——事实上也是相当危险的——如果敌军以强大兵力从毗邻的防御阵地，向纳奇基诺至瓦西列夫卡之间不设防的交通线发动钳形攻势，那么很可能给我们带来巨大的威胁。这条道路两侧都分布着茂密的森林，苏军可以利用森林的掩护悄悄接近公路而不会被发现。而苏军可以用这种方式，趁容勒科普夫上校的先头部队向西进攻的时候切断其后方交通。尽管我事先也考虑到了这种情况，不过我们事先也无法详细了解敌军的后勤问题和指挥部署。苏军在毗邻的另外地区分别部署了一个加强步兵团。我估计该敌可能不会冒着被歼灭的危险展开这么一场钳形攻势。另外，这两个团分属于两个不同的军部。根据我的经验，这两个团如果要想协同行动，必须由这两个军上级的集团军司令部先发布进攻命令，然后才能配合起来。另外，如果要展开进攻，南边的这个步兵团要穿过厚重的积雪，在毫无道路的森林中跋涉10公里远，这将是漫长而艰苦的行军。我军警戒分队已经在森林中构筑了阻击阵地，封锁住了其中唯一一条已经遭到了破坏的道路。因此唯一的威胁只剩下北边的这个团，但是该敌需要得到霍尔缅卡（Kholminka）外围的几个步兵营的加强，攻击才能奏效。然而考虑到当前勒热夫周围的战局，苏军是否会如此部署还要画个问号。虽然苏军展开进攻的可能性并不大，为了以防万一，我还是把战术预备队调到了纳奇基诺—雅布洛泽沃（Yablonzevo）地区。如前文所述，这支由温赖因中校指挥的部队，由1个摩托车—滑雪连、第2工兵教导营的1个工兵—滑雪连，以及第189突击炮营的数辆突击炮，加之8辆装甲侦察车组成。师部也预先制定了为该部实施火力支援的射击计划，同时第76装甲炮兵团第1营的3个轻型榴弹炮连调动到了"瓦西列夫卡"防区，为了保证温赖因中校的部队与"瓦西列夫卡"防区之间的通讯联络，我军事先也采取了相应措施。

2月17—18日夜间天气晴朗，各个防区都风平浪静。入夜之后为了安全原因任何车辆都不得在通向瓦西列夫卡的公路上行驶，虽然我们派出了强大的巡逻队沿着公路不定时巡逻。尽管如此，苏军的一支滑雪部队还是化整为零，偷偷通过我军防线的缝隙渗透过了公路，然后向南运动，切断了通往前方的电话线。而森林中树枝发出的瑟瑟声掩盖住了苏军行动发出的声音。

在拂晓前一个小时，德军一支配备了风雪大衣的步兵—工兵部队使用雪橇，穿越林间小道向瓦西列夫卡以南的村庄前进，他们奉命去当地帮助守军构筑防御工事。而苏军滑雪部队的某些分队恰好也在此时出现在同一个位置，由于苏军的服装和雪橇跟德军工兵非常相似，这些苏军士兵也糊里糊涂的和德国人混在了一起行军。无论是德军还是苏军都没有发现敌我双方服装上的差别，而且一路上大家都默不作声，谁也没有暴露目标。直到双方抵达距离村庄只有几百米的森林边缘，为了准备进攻苏军在这里停下来进行准备，而德国人却对他们莫名其妙地停下来非常疑惑，双方这才发现原来敌人就在眼皮子底下，战斗迅速爆发。双方经历了短暂的近身激战，苏军迅速化整为零消失在森林中，战斗中苏德两军只能依靠语言来分辨敌我。当时我军工兵排还在路上，朝着撤退的敌军用冲锋枪开火，附近所有的警戒分队都立即被吸引了过来。不过警戒分队认为这可能是一场小规模袭击，因此战场很快归于平静，他们后来也认为这场战斗只是个小插曲而已。只有驻守在那个村庄里的连队对这场战斗非常重视，马上集合部队进入防御阵地。很快第一批工兵部队抵达，他们还来不及喘一口气就向友军报告了这场同苏军滑雪部队的遭遇战。同时工兵排的出现加强了这个连的防御阵地。这场在我军外围阵地爆发的小规模战斗证明，苏军滑雪部队当时已经渗透了进来。

在拂晓前不久苏军突然出现在瓦西列夫卡东北方向的阵地前。机枪立即喷吐出火舌，整个东部防线包括以北季申卡（Kishenka）村在内的德军马上投入战斗。苏军士兵跳进了一条同两座地堡相连的壕沟，而当时我军士兵还未能占领所有地堡。容勒肯普夫上校刚刚和突击分队一起抵达，就马上率部和敌人展开了激烈地近身战斗。苏军同时也从我阵地南部发起了进攻，在那里遭遇的是第76装甲炮兵团第1营，3个炮兵营全部火炮向苏军滑雪营的进攻浪潮全力开火。苏军的攻势马上被遏制，苏军士兵们在开始在雪地中挣扎，想要脱掉妨碍战斗的雪橇。此时天色破晓，能见度达到了300—500米，所以我军开始以机枪向苏军猛烈射击。苏军在伤亡惨重之后攻势彻底失败。然而就在此时，苏军的另一支滑雪部队迅速向我阵地北部发动进攻，苏军进攻部队冒着枪林弹雨，在多个地段取得了突破。两支预备突击分队死战不退，夺回了多个失守的阵地。与此同时，德军一个士官率领他的排从季申卡冲了过来，苏军向季申卡的攻击当时刚刚被击退。这位经验丰富的老兵意识到我军防线北段的危险，主动率领一个排从苏军背后发起进攻。苏军在腹背受敌之下被迫撤退。苏军出其不意的进攻所造成的第一次危机就此化解。

就在瓦西列夫卡激战的同时，南边也传来了猛烈地枪炮声，苏军一个滑雪连向一个位于高地的小村庄发起进攻，据守村庄的德军虽然兵力不强，但仍然击退了敌人的进攻。而这个连其实就是晚上和我工兵排遭遇的那支苏军部队。由于这次遭遇战，这个连未能按照计划在天亮以前赶到预定集结地点。

天光再次放亮，随着第一抹阳光洒下来，从瓦西列夫卡到森林地带之间的1000米宽的斜坡上，积雪在太阳的照耀下反射出金光。"非洲森林"的边缘——这个绰号来源于这片森林不同寻常的形态——已经清晰可见，阳光之下沐浴在金光中的森林仿佛飘洒着一片片钻石，苏军又有4个滑雪营从非洲森林的南部边缘（被称为"开普"）赶到战场，向瓦西列夫卡进发。这些部队在天亮之后的进攻目标是此前夜战中未能完成的任务：夺取瓦西列夫卡并且切断我军的后勤线。苏军的目标是夺取我军据守的村庄，这个意图非常明显，而我军阵地前已经躺满了苏军阵亡士兵的尸体。

数百苏军滑着雪橇而来的场面着实壮观，我军士兵最开始恍然以为这是一场滑雪比赛。苏军逼近阵地（实际上其尖兵已经抵达了公路）之后，德国守军在恍然大悟，他们必须要给这些苏军士兵划一条"终点"了。在各种武器的密集火力之下，苏军士兵纷纷被打倒，甚至连此前进攻战友的遗体都没有碰到。数百名勇敢的苏军士兵以闪电般的速度消失，只留下几乎看不到的黑点。尽管苏军试图继续步行发动进攻，但积雪太深根本不可能。我军士兵放眼望去，再也看不到能够吸引机枪致命火力的人形目标了。

这场宏大的冬季运动会最终以一种非常不公平的方式结束：温赖因中校的步兵和工兵从纳奇基诺滑雪赶来，在几辆STG Ⅲ型突击炮和装甲侦察车的支援下，从敌军后方发起进攻。尽管苏军为了抵抗我军的袭击，已经在道路上布设了地雷（并且也确实成功的炸翻了德军的先头车辆），但我军工兵迅速出现扫清了地雷并开辟道路。突击炮从苏军侧翼进攻，与滑雪部队共同迫使敌军后退。为了避免被围歼的命运，苏军滑雪旅不得不在数个方向的火力打击之下，丢弃雪橇穿越积雪匍匐撤退。幸存的苏军士兵用了3个小时才勉强撤退到非洲森林的边缘，我军的24门火炮则一直在对该敌实施炮击。我们后来观察到红军医护兵利用雪橇把许多伤员转移了下去，在这一过程中，我军始终没有加以阻碍。苏军的攻势就此遭到了惨败。

苏军至少在战场上留下了350具尸体，而且还有200多人被俘。这基本相当于苏军投入的进攻兵力的一半。阵亡者中还包括滑雪旅的旅长，他曾经是第39集团军司令部的高级参谋军官，本来负责对滑雪营的训练工作。这位旅长亲自率领精锐部队，也是集团军最后可以投入的预备队投入了战斗。这个旅在经过苦战撤退的过程中，被迫把所有可能阻碍行动的重武器以及装备都丢掉了。不过我军最有价值的收获是在苏军旅长的尸体上找到的一副巨大的军用地图。这种地图详细的标注了截止到2月17日为止苏军第39集团军所处的态势，而我们立即就利用了这一有利的情报。作为第一手情报，这份地图的缴获为我军接下来的行动做出了很大的贡献。

尽管苏军滑雪旅对据守瓦西列夫卡的德军一个营拥有四比一的兵力优势，但是他们最终仍未能夺回该村。苏军失败的原因主要是其各部未能同时发起攻击，而且缺乏重武器的支援。2月18日围绕在瓦西列夫卡周围的一系列战斗中，苏军炮兵未发一炮，虽然距离战场8公里在瓦西列夫卡以北的巴赫列沃（Bacharevo）就有几个炮兵连，而且其中还有重型火炮。另一方面，我军据守在瓦西列夫卡的部队得到了1个炮兵营的12门榴弹炮、数门88毫米高射炮和1个坦克排的支援。另外，我也下达了命令，一旦我军有可能被赶出瓦西列夫卡，就在纳奇基诺投入战术预备队（包括突击火炮和装甲侦察车）实施反击。因此，即使是苏军滑雪旅的进攻战术得当，也会被拥有重武器支援的容勒科普夫上校所击败。

从这场战斗中我们也总结出了滑雪部队的使用原则，那就是没有重武器支援的滑雪部队——而滑雪部队往往是无法携带重武器的——即使是拥有数量优势，但如果敌人可以动用重武器，那么滑雪部队也是难以有所作为的。因此滑雪部队最有利的战术是在夜间发起突然袭击，在夜战的条件下守军的重武器和坦克无法充分发挥优势。

而且我在此也要特别提到，在战斗中那个排长率领部队从纳奇基诺实施反击，拯救了友军的危难。这是我军在战前进行了周密的训练和准备的最好例证。

早在战前我军军官和士兵在接受训练时，只要一有机会就会向他们强调，越是在困难的情况下，只有依靠决心和主动性才能控制住局面。甚至在训练条令中，这种情况下无所作为的行为被认为是"可耻的"。下了错误的决心尚可以原谅，但是不采取任何行动则是不能原谅的。每个军人都知道他应该对自己的直接上级负责，而上级应该认同主动性原则并批评渎职行为。因此特别重要的就是在训练中让官兵们成为独立自主的指挥官和可以自己作出判断的士兵。而其结果就像是瓦西列夫卡的战斗所证明的那样，我军士兵步调一致，最终战胜了苏军，而这也是我军往往能在并不被看好的条件下夺取胜利的原因所在。

另一方面，主动精神并不能和鲁莽画等号，比如说那个年轻的营长在塔塔林卡以南地区的部署。他低估了敌人的兵力，并且不等配属的重武器抵达就匆匆发起进攻，因此才吃到了败仗。更糟糕的是，这位营长太过热心，他违反了上级下达的明确命令，因而自食其果。

苏军之所以无法动用炮兵支援其进攻，正是早期围绕后勤补给线爆发的战斗后果。虽然遭到苏军的反复攻击，我军仍然保持了后勤线的畅通并且得到了足够的补充，苏军则恰恰相反。苏军向这一地区（缺乏生活必需品，而且只能通过一条小路靠雪橇进行运输）调动的兵力越多，他们的后勤情况就越差。第39集团军司令员伊万·马斯连尼科夫（Ivan Maslennikov）中将因此陷入了两难的境地，一方面要抽调足够强大的兵力制衡我军（虽然我军兵力相对较弱，但是后勤供应充足），另一方面要面对后勤短缺的问题。马斯连尼科夫希望切断我军补给线以弥补双方的差距，但是我们一如既往地挫败了苏军的攻势。

## 维亚索夫卡：一次训练场式的诸兵种进攻

为了充分利用2月18日在瓦西列夫卡周边所取得的战果，同时保护所有通向勒热夫的补给线，现在有必要夺取紧邻我军阵地以南的森林地带以及维亚索夫卡周边苏军依托村落设置的坚固支撑点。我们知道向塔塔林卡和瓦西列夫卡周边强大苏军发动攻势取得成功的胜算很大，因为第39集团军此时饱受后勤问题的困扰。现在我打算利用敌军弹药短缺的弱点，向驻守在维亚索夫卡地区，构筑了典型的冬季阵地的苏军加强团发动钳形攻势，并将其彻底歼灭。相比我军向塔塔林卡的进攻，对维亚索夫卡的进攻风险更大，因为采取钳形攻势（想要全歼敌人只能采取这个战术）势必就要将容勒科普夫战斗群（该部事实上只有3个加强营）分成相互独立的突击集群。我之所以决心冒险是基于以下几个因素：（1）在战斗中苏军炮兵和其他重武器都不太可能起到重要的作用；（2）我可以得到空军强大兵力的支援；（3）我军各部斗志旺盛，有着优秀的军官和训练有素的士兵；（4）尽管进攻部队在数量上处于劣势，但是武器精良而且供应充足。

苏军占领的村落以北的一片高地为我们提供了绝佳的观察哨，敌方的部署尽收眼底，我们可以像在演习场上那样策划进攻。另外，这场战斗的组织实施过程可以说既很有趣也是有教导性质的。因此我将这次行动称为一场"训练教范式的诸兵种进攻"，根据莫德尔将军的命令，由我来负责组织实施，而且我用一种"在东线尚无战斗经验的军官"所适应的方式下达了命令。我们试图向这些从其他战区或本土调到苏联的各级军官演示，针对苏军防御体系需要采取的诸兵种协同进攻的模式。这种方式表面上看似乎同和平时期的演习类似，但实际上却有着天壤之别，因为我们的任务可是极其困难而至关重要的：克服严酷的冬季气候同时彻底击败敌军。

本来为了获得战斗经验，且为保证这次不同寻常的进攻取得胜利，应该投入新锐部队以及武器和指挥设备，由于在莫斯科当面整个东线战场的德军的预备队兵力都相当紧张，而中央集团军群由于战线拉得太长，战局相当严重，第6装甲师能够投入进攻的兵力，与此前在塔塔林卡战斗中所投入的部队相同。如同以往一样，进攻部队包括3个整编营，以及少数突击火炮、坦克、高射炮加以支援，同时从一些战斗不太激烈的地区抽调了部分通信设施加以补充。我们所有战斗部队基本都依靠双脚行军，部分配备了雪橇。后勤物资是由800多俄国辅助人员驾驭的马拉雪橇运输的，而这些俄国辅助人员由我军官兵监督与管理（因为大多数德军后勤人员都已经被编入了快速反应部队，直接投入战斗）。有鉴于此，除了德国空军的空中支援增强之外，我们再没有其他可以动用的部队了。我决定在苏军滑雪旅发动进攻的当天下午，就临时组建快速反应部队，将整个容勒科普夫战斗群撤下来。容勒科普夫上校所部立即转移到后方地域休整。我之所以冒险把战斗群撤下来，是因为当时苏军所有的反击都被击溃了。另外，所有炮兵、反坦克炮和高射炮部队都暂时留在瓦西列夫的原有阵地，以便战斗群需要的时候迅速作出反应。

在休整期间我们为官兵们提供了健康而可口的饮食，另外还包括黄油以及1万份巧克力与脂肪。他们有大把的时间，可以写信或者读书阅报。休整期间上级指挥官经常来视察，他们非常关心这些士兵的个人生活，询问他们是否有什么烦恼和抱怨。在自由而轻松的氛围下，士兵们畅所欲言，讨论着他们的所见所闻以及需要解决的抱怨和需要。当时一个比较正式的场合就是授勋，我本人也经常亲自为士兵授勋。在休整期间所有军官也都认为探访伤员并关心他们的情况是自己光荣的职责。

在休整期间，容勒肯普夫战斗群接收了部分伤愈归队士兵，以补充此前战斗中的伤亡，另外还有大量弹药，一些坦克和大批通信器材，而这些都是我军接下来展开进攻所必备的资源。要指挥相对较弱的部队在较大区域展开战斗，改进通信手段是必不可少的，包括数公里的电话线缆，大量的电话机和无线电台，以及炮兵观测排需要的声光测距仪。

我认为想要攻克苏军沿维亚索夫卡到克里斯瓦科沃（Krisvakovo）一带部署的苏军坚固支撑点，必须同时从北边和东边发动钳形攻势。为此我命令北集群（包括第114摩托化步兵团的整编营，6辆突击火炮，1个高射炮连和1个反坦克炮连，由温赖因中校指挥）集结于瓦西列夫卡以南准备展开进攻。同时命令东集群（包括第4摩托化步兵团的整编营，第76装甲炮兵团第2营组成的步兵营，第2工兵教导营的1个工兵营，2个高射炮连和2个反坦克炮连，指挥官为容勒科普夫上校）沿科西米诺（Kosmino）至霍赫洛夫卡（Chochlovka）一线集结待命。

而为了进攻，温赖因中校的北集群可以使用一条苏军清开的雪橇道路以及一条被踩出来的小路，而容勒肯普夫上校的东集群可以使用两条道路，这两条道路一直延伸到无人地带的部分完全被积雪覆盖。有一个从两个集群之间转隶的滑雪连，利用一条被积雪覆盖的林间小路从亚历山德罗夫卡（Alexandrovka）开进到穆里诺（Murino）。

我军炮兵仍然保持在原有阵地，我指示位于瓦西列夫卡的第1（轻型）炮兵营使用其3个105毫米轻型榴弹炮连（12门火炮）为北集群提供火力支援。而位于谢列达的第3（重型）炮兵营使用2个150毫米榴弹炮连（8门火炮，有效射程为18公里）和1个105毫米加农炮连（4门火炮，有效射程为25公里）为东集群提供火力支援。我军的进攻目标都在这两个炮兵营的射程范围之内，而且现有的通信手段能够保证和格伦德赫尔上校（第76装甲炮兵团团长）的有效联络，可以在战况要求的前提下为突击部队集中火力提供炮兵支援。为了保证炮击指挥的统一性，重型炮兵营和轻型炮兵营分别向对方阵地派出了一名联络官。

为了保证支援火器与进攻的步兵之间有效协同，克服通信手段上的技术困难，我命令所有炮兵部队的指挥所都要尽可能地靠近步兵部队指挥官。因此，每一个战术指挥官附近都随时有负责支援的炮兵部队指挥官。这一就近协同的原则一直贯彻到连排一级，其他负责火力支援的重武器（突击炮、坦克、高射炮和反坦克炮）也要遵守这一原则。通常在排一级，派驻一个前沿观测员或采取其他直接通信手段就可以满足需要了。

我的师指挥所有一些直属部队，以就便调动，具体兵力如下：

一名执行特别任务的参谋军官和数名配备雪橇的通迅兵。

一名负责电话和无线电设备的师通讯军官以及必要的操作人员。

第76装甲炮兵团团长（格伦德赫尔上校）及其直属团部人员，以及我炮兵观测营营长。

一名德国空军联络官，负责用无线电与为我部提供空中支援的航空兵部队保持通讯。

两个集群都各自有一个规模不大而编制相似的参谋机构，其中也包括分别为其提供火力支援的炮兵营营长。这些支援火器单位的指挥官要么在温赖因和容勒肯普夫上校身边，或至少在其附近与其有通信手段保持联络。这些支援单位的指挥官也会和步兵连连长直接联系，并且在战术情况需要的前提下，会配合步兵排排长的要求为其直接提供火力支援。每一个集群的指挥所也都配备一名空军联络官。

我在前进指挥所通过电话（由电话线缆连接）经由尼基捷（Nikite，师电话交换机所在地）与瓦西列夫卡的温赖因中校和霍赫洛夫卡的容勒科普夫上校保持联络，同时也方便我和炮兵以及重武器部队的指挥官联系。在两条电话线的终端和谢列达，我们为两个集群设置了电话交换机，以便与所属部队以及充当战术预备队的摩托车—滑雪连的联络。同时这些终端的交换设备位于距离前线不远的地方，随时准备根据战况的变化随同各自所在的集群向前跃进。电话站距离前沿和火线的距离一般为大约4公里，而这段距离的通讯由步兵或坦克无线电台承担。一旦坦克尖兵在步兵突击部队之前行动，我们就特别依赖坦克车载无线电。

而一旦有线通讯终端，从师、集群、营到摩托车连，各级指挥所都会依靠无线电实时沟通。这一整套战术指挥网络依靠层层中继指挥，从我这个师长一直延伸到先头部队。炮兵前沿观察所组成的火控网（其组织原理与指挥网络相同，但是相对独立）也会随着步兵战斗区域的扩大而延伸。战术指挥官同时还负责炮兵火控的指挥，所以这套内部通讯系统的可靠性足以保证。另外还有飞机为炮兵执行目标侦察和火力校正的任务，同时位于森林南部边缘的炮兵观测排也执行同样的任务。

需要指出的是，重型炮兵连早在进攻之前，就根据判读航空照片和侦察机的引导，对位于霍尔缅卡—瓦西列夫卡—维亚索夫卡附近村落的所有苏军坚固支撑点进行了试射。最终格伦德赫尔上校手下的炮兵已经获取了最为关键目标的射击诸元数据。考虑到当时的气候条件比较稳定，到实战爆发的时候对射击诸元不必做太大的调整。不过出于保险起见，在进攻开始之前格伦德赫尔上校会在尖兵出发之前再核实一遍针对目标所标定的诸元。

在战斗进行到决定性的阶段，许多炮兵观测员以及炮兵观测排都在森林边缘和被我军夺取村落的屋顶上开设了观察哨，在这些位置可以清楚地观察到3公里外目标的情况。第76装甲炮兵团第1（轻型）炮兵营在北集群的进攻方向上，不断向5—8公里范围内的目标开火。该营的战线及其进攻方向要求炮兵转移射向25度。在另一个方向上，第76装甲炮兵团第3（重型）炮兵营则连续向9—11公里的目标开火，其火力射击方向同东集群的进攻方向部分呈一定夹角，部分则几乎平行，而东集群也适时要求重炮群转移射向25度。我军炮兵观测员能够非常清楚地看到第3炮兵营发射炮弹的落点。因此，由于炮弹的方向分布小于纵向分布，炮兵可以一直为步兵提供火力掩护，直到其进入目标区域前不久再转移火力，而不会给友军造成误伤。另外，炮兵可以迅速改变炮弹落点的方向分布，因为大多数情况下改变射击诸元只会改变方向分布而非纵向分布。以炮兵进行纵向火力射击会极大地提升士气，特别是对奥地利军队而言。

在这种情况下，远距离有线通讯的缺点（架设电话线需要更多的器材和时间，而且由于距离很远，有线通讯经常会中断）在很大程度上被良好的能见度和灵活的炮击方式所带来的优势弥补了。

在我军向集体农庄以及维亚索夫卡地区进攻的战斗中，两个炮兵营初次证明了自己的威力。格伦德赫尔上校亲自指挥炮击，并且要求射向转移的角度不要超过前文所述的25度。炮击的主要目标是通向各个村庄道路，以及通过侦察照片发现的苏军最主要的支撑点，以及空军发现的苏军集结地域。如果步兵遇到任何遭到顽强抵抗无法攻克的阵地（甚至是经过空袭、炮击和伴随重武器的打击也不奏效），步兵指挥官会用信号火箭弹标定目标，再次由空军实施空袭。在维亚索夫卡地区的战斗进行期间，一旦某地升起红色信号弹，就表面该地我军有暴露在友军火力之下的危险。尽管经过激战村庄很快被笼罩在浓烟之中，这些信号弹还是很好辨认。另外我军飞行员也会克服浓烟的影响，为步兵和炮兵报告大致的战斗情况。

不过制定严密的进攻计划，并不意味着实施程式化的进攻，或者上级会对前沿的战术指挥官施加过多的干涉。我唯一的目的就是想要保证各级指挥官都充分理解任务，对作战行动的预先评估，以及各个兵种的协同。另外我还得考虑要为快速机动部队留下足够的支援，以防苏军为了牵制我军，向此前我们夺取的一些村庄发动反击。不过我很怀疑苏军是否还有这样的能力，因为很显然他们此前在瓦西列夫卡的反击中已经耗尽了最后的预备队，目前看不到敌人可能在这些地区发起攻击的迹象，因为我们已经投入了装备精良的部队，部署在经过巩固的阵地中，并且得到了各种口径的反坦克炮和高射炮的支援。无论如何我都认为这些部队（甚至是那些临时拼凑起来的部队）能够在没有火炮和重型步兵武器的支援下击退苏军的进攻，因为我们已经知道苏军第39集团军严重缺乏弹药，无法获得足够的支援火力。

然而，我仍然要做必要的准备以防万一，如果苏军真的发起了反击，那么势必给北集群造成很大的麻烦，并且危及整个战斗。预防措施包括在保证主攻的前提下，通过增拨支援空军单位和炮兵来完成，而我军的炮兵则要随时准备转移射向，保证原有阵地的防御。因为我们保留了原来向塔塔林卡进攻时构建的一整套战术通讯网，并且没有撤销原来所有的炮兵观察哨。而这就需要从那些快速机动部队所在战区的"步行的炮兵连"中抽调一些训练有素的炮兵,这些士兵都来自同一个团队,已经习惯了在一起战斗。为了在必要的情况下让火力转移90度,我军炮兵因此必须呈梯次布置,并且各门火炮要围绕在基准炮(该炮也在一个独立阵地中)的周围,一边在需要转移射向的时候能够有足够的空间。另外需要将通向射击阵地的道路上的积雪清除,而且火炮的移动需要使用雪橇。炮兵交替转移射击阵地的动作非常熟练,而在战斗开始之前已经标定了目标的射击诸元,包括检查了原有的通信线路以及炮兵观察哨的视野。

而从后文记述的战斗经过可以看到,苏军并未攻击这些村庄,所以也就不需要在战斗进行的过程中转移火力了。

第8航空军的近距离支援和轰炸机联队已经承诺会给我们提供空中支援,而且会不断从附近的机场起飞,在我军的进攻战斗中将起到关键的作用。

我向战斗部队和负责火力支援部队的指挥官介绍了进攻计划中所有的关键问题,并且回答了他们提出的相关问题。简单的部署之后,各个集群的指挥官和营长以及支援单位的指挥官开始了紧张的讨论。我也参加了讨论,探讨了协调行动的各项细节。在根据作战计划发起进攻之前,进行这样的讨论是绝对有必要的,这样就可以把战斗中可能出现的问题和误会减到最少。

此后师部参谋人员下发了书面进攻命令,主要是起到提示与留档的作用。通过对作战细节的讨论,那些在军校各自接受不同科目训练的军官,在了解了进攻作战的预案之后,在指挥各自所在的兵种配合其他部队作战时,就能够慢慢开始了解各种战斗需要注意的细节了。

三天的准备和休息时间过得很快,现在(2月22日)是时候将战斗计划付诸实施了。天气一如既往的平稳而美妙,气温略有下降,低至-12华氏度(约为)以下,这意味着士兵可以不用雪橇在雪地上行动。适合雪橇行走的小路和宽一些的土路已经封冻,甚至可以供坦克行驶。总而言之,天气情况非常适合展开一场"训练式进攻"。

不过当时还有一个障碍:在进攻路线上的道路仍然覆盖着厚厚的积雪,特别是东集群的苏德两军警戒哨之间的地带。积雪的厚度足以让坦克和重武器陷进去。因此必须在2月21—22日夜间清除进攻道路上和前哨地区附近的积雪。由于交战双方每天晚上都会清除各自道路上的积雪,苏军对此习以为常,对我们的行动丝毫没有怀疑。除此之外，在月光明亮的夜间，双方的侦察分队经常爆发小规模战斗，而在这种情况下，两边的前沿警戒分队有可能会撤退到主防线上。因此，苏军对前沿的变化并没有什么特别的关注。

在科西米诺（Kosmino）至霍赫洛夫卡（Chochlovka）通向敌军防线的道路沿线，我军小部队袭击了苏军警戒部队，由于频繁的袭击，苏军不得不退出了克里斯瓦科沃的大多数地堡工事。工兵紧随其后清除道路积雪，使进攻部队可以尽可能地靠近苏军防线。而在后方，我们投入了武装基建营清除后续道路上的积雪。虽然苏军的探照灯在夜间不断照射，但由于基建营的工作集中在通向河谷的山坡反斜面，敌人观察不到，所以并未发现任何疑点。探照灯的光束划过夜空，并未干扰到部队的施工。与此同时，所有突击部队都悄悄进入了集结阵地，而施工部队则乘着夜色又悄悄撤了下来。

各战斗群已准备就绪，只等规定时间一到，就在各进攻方向同时发起突击，整个进攻将在长约60公里的战线上展开。两支部队计划各自展开，并在维亚索夫卡会师，如果一切顺利的话，预计当天下午即可按照计划达成进攻目标。

突然，北边亮起了密集的火光，划破了夜空的黑暗，紧接着响起了各种不同口径的火炮发出的低吼和咆哮，那是我军开始清除克里斯瓦科沃东郊地堡的战斗，经过大约10分钟的猛烈炮击之后，我军炮火开始向村庄的西边延伸。此时（约6：40）各突击部队开始向前运动。村庄中的房屋在炮击之下燃起了熊熊大火，火光之中可以看到德军步兵从三个方向冲进了村子。

不过令人疑惑的是，我们还能看到一些部队紧随在大部队后方，跑向相反的方向。不仅让我们担心他们是否在战斗中遭受了挫折。不过我们的疑虑很快就解除了，村庄西边升起了绿色信号弹，这是我军夺取克里斯瓦科沃的信号。不久之后我们接到了前沿在第一时间打来的电话报告，汇报俘虏了80多名战俘。到日出时分，通向克里斯瓦科沃的道路其余部分的积雪都被清除了，坦克沿着被清开的道路向前推进，成为突击部队的开路先锋，而每辆坦克后边都跟着一个工兵分队，他们的任务是突破奇梅列夫卡（Chemlevka），该村当时已经遭到了猛烈地炮击，工兵准备利用手榴弹和火焰喷射器摧毁仍然屹立不倒的苏军碉堡。而在工兵拔除这些地堡的同时，坦克则一边阻击苏军援兵的运动，一边压制机枪火力点。

我们在位于森林南部边缘的师前进指挥所里，目睹了坦克和工兵熟练的协同动作，滑雪连下属各分队很快夺取了敌军的阵地。那些接受"教导"并同时作为观察员的军官也来到指挥所，周围有滑雪连以及几门反坦克炮担任警戒任务。突然森林中出现了一辆苏军轻型坦克（这辆坦克很快被一门反坦克炮击毁），经过短暂的战斗，"教导课程"以观察和训练的方式继续。由于战场距离指挥所比较近，甚至不用野战望远镜就可以用肉眼看清楚，我军的进攻行动和苏军的防御手段尽收眼底，所以对军官具有很好的学习指导意义。而且这些军官能够听取突入部队的战斗报告，也是殊为难得的机会，同时我们还不失时机地下达了进一步战斗命令。

由于我军使用了烟幕，且以猛烈火力实施压制，苏军的反坦克炮兵无从发挥其战斗力，我军各突击部队及坦克—工兵分队取得了很大的战果。另一方面，在未被摧毁的工事中，苏军顽强的抵抗大大阻碍了我步兵的进攻。幸运的是，其余步兵部队从附近的缺口突入敌后方之后，很快发现了这个问题。因此部分进攻部队马上迂回到守军背后，很快就歼灭了顽强抵抗的苏军。奇梅列夫卡以南地区就这样被我突击营夺取了。在该村北部，第4摩托化步兵团整编营遭到了苏军仍然坚韧的抵抗，该营因为道路积雪而姗姗来迟。我军不得不投入步兵预备队，在坦克的支援下，从奇梅列夫卡南部发起突击，这才击破了苏军的抵抗，完全夺取了这个村庄。

两个突击营以楔形队形沿道路两侧继续展开进攻，而第4摩托化步兵团整编营和第76装甲炮兵团分别从北、南两个方向展开攻势。我军先头装甲部队交替前进，很快进至通往维亚索夫卡的公路半程的某地，他们在该处遭到了敌反坦克炮的侧击，苏军阻击部队依托道路南侧高地上的洼地构筑了坚固的工事，进行顽强的抵抗。苏军的阵地经过严密的伪装，且地形向森林延伸的坡度较缓，视野良好。坦克不得不从开阔地撤退到了附近的农舍旁边。道路两侧的坦克后边是呈松散队形前进的步兵连，坦克只能断续开火，无法压制敌军火力。而且，此时维亚索夫卡中苏军的重迫击炮和机枪火力也压制了我进攻部队，迫使他们无法迅速运动，只能以小分队短促交替跃进。第76装甲炮兵团整编营在向南进攻的时候，也遭到了在高地上依托地堡和堑壕工事防御的苏军的火力压制。

当德国空军的对地攻击机出现之后，才迫使苏军炮兵为了防空而隐蔽，坦克分队成功地解决掉了这些棘手的敌人。这些阻碍我军进攻的地堡，在师指挥所可以一览无余，我们因此动用了负责保卫指挥所的88毫米高炮连，以直射火力打击敌阵地；敌人阵地上的各型火器纷纷被打哑了。而在维亚索夫卡以东阵地的苏军，在遭到我军各炮兵营的毁灭性炮火打击之后，才支持不住败退了下去。红军士兵由于工事被摧毁，损失惨重，不得不向西撤退。但我们在师指挥所用望远镜观察，发现苏军政工军官挥舞着手枪，督促士兵返回阵地。而在此关键时刻，数辆坦克在这个方向用火炮和机枪火力覆盖了进退失据的苏军士兵（他们已经完全暴露在开阔地）。在火力打击之下，第76装甲步兵团整编营重新发起进攻，并夺取了维亚索夫卡前沿的整个中间地带，此后第4摩托化步兵团整编营也突破到了公路以北。

北集群与东集群同时发起进攻，但是炮火准备并没有太大的效果。温赖因中校所部分为两列纵队，以突击火炮和突击分队为先导向南进攻。苏军最初的抵抗如我们所料，并不太激烈，我突击火炮在前进的道路上遭遇苏军前哨分队，敌人立即撤退到森林两侧，用侧射火力打击跟进的步兵部队。但是我军滑雪部队沿森林边缘袭击并孤立该敌，把敌人打了个措手不及。因此我军最初推进了4公里而未受阻碍。只是先头部队进攻到霍尔科瑟（Kolhkose）以及在森林边缘向东推进时，才遭到了敌军的顽强抵抗。苏军依托构筑良好的工事，并得到了重武器的支援。

温赖因中校明白，采取正面突击的办法是很不明智的，因此他命令暂停进攻，召唤炮兵和空中支援，对霍尔科瑟实施火力打击，空中很快出现了一批批俯冲轰炸机，苏军在工事中被空袭完全压制，但仍然有少数轻型榴弹炮不断开火。与此同时，第114摩托化步兵团整编营重新发动进攻，在这个决定性的时刻，重炮不断开火，同时配属给集群的88毫米高炮连也开始纷纷向已经暴露的敌军地堡展开直瞄射击，将其一个个摧毁。而随时等待召唤的轰炸机中队也临空而下，配合正在进行火力支援的火炮和其他重武器，空袭了霍尔科瑟附近的苏军阵地。我军炮击轰炸强度的升级是发起突击，夺取敌坚固支撑点的型号。

突击火炮和突击分队几乎是在炮击和轰炸刚一结束的时候，就立即向敌军阵地发起突击，步兵则迅速跟进，将敌人占据的碉堡一个个肃清，坚持在阵

第六章：冬季战争 · 119

地上的苏军两个步兵连奉命不惜一切代价迟滞我军的攻势，但是激战之后苏军只有少数精疲力竭的士兵幸存下来。我们在师指挥所看不到战斗的场面，但仍然听到激烈的枪炮声。温赖因中校指挥所的参谋不断向我们汇报战斗进程。

我军突击火炮穿过已成一片瓦砾的霍尔科瑟，马不停蹄的向南边的普利比特基（Pribitki）进击。此时空军的俯冲轰炸机（苏军士兵对其相当忌惮）再次临空，在苏军防御阵地上空咆哮着盘旋，又一次压制了苏军守备部队，同时突击炮也纷纷开火。由一个步兵连守备的敌之坚固支撑点在遭到两翼包抄和向心突击之后，被我优势的地空火力所摧毁。

与此同时，位于两个战斗群之间作为衔接的滑雪连终于打开了通往森林的道路，由于在林中无法得到重武器的支援，该连不断遭到阻击，苏军在一处空地的坚固据点在经过正面突击和激烈近战之后才被夺取。这场战斗发生的地点距离师指挥所仅2公里远，因此师部警戒部队和观摩战斗的军官也被紧急动员起来，随时准备投入战斗。幸运的是，滑雪连的胜利让我们不必投入这些部队。

滑雪连绕到了穆里诺（Murino）苏军一个筑垒工事背后，前文曾经提到，温赖因中校下属的一个步兵连在此屯兵不前。两部协同展开行动，在重武器的支援下，一举攻克了这个难缠的阵地。至此除了穆里诺附近一处已经被孤立的阵地之外，其他外围阵地均被夺取或摧毁。接下来我军包围了维亚索夫卡，该地的苏军又如被斩断触手的章鱼，我军将采取向心突击的方式夺取这里。

突然德国空军向我们通报，维亚索夫卡以南突然出现了红军的增援部队，此时各战斗群及其配属的支援部队已经开始向维亚索夫卡展开向心突击。飞行员估计来援苏军大约是一个步兵团，下辖2或3个步兵营，大约两个小时之内就能抵达维亚索夫卡。很明显苏军这个团的企图是为维亚索夫卡解围，要么是直接和被围攻的守军打通联系，要么是攻击我战斗群一部。

战局的突变要求我必须马上做出调整。我根据预定的作战预案，毫不迟疑地通过参谋人员和助理发布一系列命令。而在附近一所房子里观摩的军官们也很快得知了这一最新情报。我没有让人向他们通报我在部署上的调整，而是要求所有人假设自己是指挥官，根据这一情况，提出自己的作战预案。而且所有军官还要写明执行其命令所必要的关键词，这意味着要求他们在亲临战场的情况下解决实际的战术问题。我告诉他们："诸位各显身手吧"【原文为"这里就是罗兹岛，就在这里跳吧"，引用了伊索寓言里的一个故事，一个人自吹曾在罗兹岛上的跳跃足以令许多奥运冠军蒙羞，别人就回应道"就当这里是罗兹岛，就在这里跳吧"（Hic Rhodus hic salta），引申为"让我看看你的能耐！"——译者注】

而这些军官在军校里学到的东西很明显应付不来这种突发状况。同时他们对敌军的精神状态、苏联战区的特点以及这种反常战况的影响也缺乏了解。所以这些军官只能是根据自己学到的理论知识或在其他战区的获得的战斗经验做出判断，而他们提出的解决方案主要有以下三个：

1. 动用空军并以持续攻击歼灭来援苏军。

2. 以部分兵力牵制维亚索夫卡之敌，集中主力攻击敌援兵。

3. 将部队从农庄中撤退到奇梅列夫卡附近森林的森林边缘，采取防御态势。

但是当这些观摩的军官得知我发布的命令之后都被震惊了。我的命令只有短短的几句话，全文如下："暂停攻击；不干扰敌军的开进，待其占领维亚索夫卡之后同时将其消灭"。这一命令立即被传达给我下属部队和空军，并且通知各部发起总攻的时间延迟到下午15∶00。

为了落实我的新命令，最初师部通过电话向两个集群指挥员和空军传达了"停止进攻！"的命令，同时作战参谋向炮兵指挥官和联络官简单通报了战局和新的作战意图。几分钟之后我亲自给容勒科普夫上校和温赖因中校打电话，向他们口头简单下达了如下命令：

在现有战线上停止进攻，敌军正在从南边向维亚索夫卡进发，不得对其进行阻击。只有在敌军直接攻击阵地或试图包抄你部时才可以施以打击。据我判断，如敌进入维亚索夫卡，你部可紧随其后封锁两个集群之间的空隙，阻止敌军的突围行动。我计划仍然按照原定计划，以向心突击的方式将来援之敌与据守维亚索夫卡之敌共同歼灭。炮兵及空军接到了相同的命令，攻击预计将于15∶00开始，具体作战细节稍后通知。

根据德国空军的不断侦察，苏军这个团一路开进到维亚索夫卡，加强了该镇的守备力量。我们利用进攻推迟3个小时的时间，让空军拍摄了不少精确的航空照片，并且以地面侦察报告补充航空侦察未能发现的细节。结合地面和空中侦察获得的情报，制定进攻计划的细节。

我们最终的作战计划修订了两个战斗群的战斗分界线，将沿着维亚索夫卡以西的一条道路南北分割作战地区，因为这条公路在航空照片上非常清晰。新的作战计划还规定了投入摩托车连，和北集群一起协同行动，防止苏军突围向维亚索夫卡以北的大片森林溃逃。我又和容勒肯普夫上校和温赖因中校开了个会，讨论了战斗的一些细节问题，同时又派作战参谋向各支援部队传达必要的战斗命令。

苏军最后一个连进入维亚索夫卡之后不久，德国空军大批飞机很快遮天蔽日而来，不少苏军还没来得及投入战斗就在附近的房屋中被炸成齑（jī）粉。与此同时我军全部的火炮、坦克、突击火炮、反坦克炮、高射炮和步兵重武器向阻碍我军突入维亚索夫卡的苏军坚固支撑点和堑壕全力开火。战争之神将小镇变成了一片地狱，维亚索夫卡很快就变成了充斥着浓烟烈火的世界。我军突击部队从各个方向开始推进，两个战斗群尽量前出，直到彻底包围敌军。

被围苏军根本没有脱身的可能，一些重点地堡已经被坦克摧毁或被工兵夺取，同时工兵开始着手摧毁主干公路上的反坦克障碍，并且肃清雷场。通向维亚索夫卡的公路就此畅通，突击分队和坦克渐渐消失在视野之中，消失在燃烧房屋引起的浓烟里。格伦德赫尔上校将火力转移（同时空军的轰炸也转移了目标）瞄准维亚索夫卡苏军的核心阵地实施炮击，然后将火力缓缓向北延伸。我们在师指挥所能够看到，猛烈地爆炸和被炸飞的土块中间有一道道炮弹的轨迹划过。

与此同时，机枪和冲锋枪的枪声越来越密集，不断传来苏制手榴弹的爆炸声，这说明我军已经开始对敌支撑点展开了突击。战场上的枪炮声紧随空袭和炮击向北慢慢移动，直到夜幕降临。此时只在北边比较远的地方显露出战斗发出的火光，那是穆里诺的苏军支撑点（这里已经成为敌军最后得隐蔽所）正在遭到攻击，并且最终被我军占领。我军俘虏的数百名战俘被看押着向后方走来。当时苏军有一两个损失严重的连队借着夜色，成功突围进了森林。在这场被战俘称为"屠杀"的突围战斗中，这是仅有的成功突围的部队。

苏军第39集团军在维亚索夫卡战斗中损失了两个团，而很多人都目睹了这场战斗的全过程。这些军官还是首次有机会观摩这么有说服力的战斗。这是一堂以生命为教具的教学课，告诉这些军官什么才叫俄国的冬季战斗，而对维亚索夫卡的钳形攻势可谓是经典的战例。

## 蜗牛式进攻

尽管我军在塔塔林卡和维亚索夫卡周围的战斗中大获全胜，苏军的一个近卫步兵军的三个步兵师仍然在维亚济马—瑟乔夫卡—勒热夫公路附近，威胁着关系第9集团军安全的咽喉要道。莫德尔将军和我都认为，为了保证第九集团军的后勤补给线的安全，需要在50公里的正面将苏军击退至少10—15公里，如此一来我军将能有沿着一条易守难攻的防线组织防御，这条防线紧邻一大片森林沼泽地带的边缘，而这一紧挨着我军现有防御地段以东的富饶地带里，其间全部村镇据守的敌军都要被肃清。同时我军的次要目标，是通过夺取这些村庄来剥夺苏军赖以取暖和获得补给的依托，这也是相当重要的目标。如果我军达成这一战斗企图，第39集团军将会遭到沉重打击，因为这样一来该部就只能栖身于沼泽森林地带中贫瘠的狭小村庄中，后勤问题也会日益严重。而当时莫德尔将军向别雷发动了一次成功的装甲兵突击，第39集团军此时除了和后方有一条狭窄的小路相连之外，事实上基本被包围了。

然而第9集团军麾下并没有多余的兵力可以执行这次进攻，只给我调拨了第6装甲师下辖的3个加强营以及曾经负责守备主要交通线、机场和铁路的临时组建的快速反应部队。这些部队击退苏军大约27个营部队的进攻，而苏军在战斗中遭到了不小的伤亡，因此快速反应部队可以就此稳固地守住新的防线，并且有余力执行其他临时赋予的任务。

在维亚索夫卡战斗取胜之后，我召集各条战线的指挥官，向他们解释发动新的进攻的必要性，并且向他们介绍接下来的进攻可能采取的战术。尽管我的最终目标是将敌军击退至少15公里，但是此时我并没有透露这一作战企图。这些快速反应部队的指挥官在听了我的指示之后，对于将其麾下东拼西凑的部队投入进攻战斗有诸多异议，而千言万语只需要一个词就能够表达，那就是

"毫无可能"。我苦口婆心地详细解释了将要采用的战术，并且发明了一个新的名词"蜗牛式进攻"，这才慢慢扭转了这些以传统的军事观点看待问题，颇多异议的军官的固执看法。

首先，我对这些军官指出，在这次进攻中时间并非是非常重要的因素，以蜗牛式的速度推进是可以接受的。在选定的进攻地段，进攻部队可以以蜗牛式的速度推进，只需要在避免危险的情况下，夺取有价值的目标即可。这种进攻方式就像是蜗牛一般地缓缓推进，而且一旦遇到了障碍物，就立即缩回触须或者是改变前进方向。需要避免在战斗中的挫败，以免打击我军这些临时拼凑的部队的士气，并避免被长期牵制，这就像是蜗牛在危险情况下会缩回到壳里去，并且会裹足不前相当一段时间。我要求军官们都必须记住蜗牛的壳，这是在危险情况下保证安全的避难所。尽管有防范措施，但是快速反应部队的指挥官也要时刻牢记，进攻一定要有所收获，这也是蜗牛的行事准则。

这样比喻是为了说明蜗牛式进攻的基本战术概念。幸运的是，在维亚索夫卡战斗中其中很多军官都已经实地观摩过这种战术。这对讨论接下来的进攻行动的基础，从士气的角度来说这也是非常重要的。

维亚索夫卡战斗取胜留下的后果是在新的战线上形成了一个比较深的突出部，其中包括三个被苏军警戒部队占据的小村庄。因此我知道夺取初战的胜利看来不难。和以前的行动一样，除非一切准备妥当，否则我们不会发起进攻，这样才能稳操胜券。我们仍然占据着高地，所以对敌人的部署看得一清二楚，可以从两个角度对敌军实施交叉射击。而苏军兵力最强的部队据守着最关键性的村庄，另外两个靠后的村庄则由相对较弱的部队据守。一名经验丰富的军官率领着一个排的志愿者，趁夜色越过苏军的阵地，渗透到后方，在拂晓发起突袭一举歼灭了敌人。我军用偷袭的方式夺取了两个村庄，将据说较大村庄的敌军的后路切断了。第二天，我军用机枪和重武器遏制了敌军突破防御，重新打开同被围部队联系的企图。当天入夜以后我们加强了驻守在两个小村的部队，消灭了据守在较大村庄中的苏军部队，当时该敌正打算借助夜幕突围。随着我军控制住了全部三个村庄，工兵和建筑部队立即开始着手修筑防御工事。

从这里向南几公里远是苏军的另外一个规模不大的支撑点，由一支小部队驻守。我军在原有的战线上部署拥有重武器的强大掩护部队，以防战斗可能失利。只有在冻土上构筑了新的防御阵地，并且肃清了交通补给线的积雪之后，我军才会将主防线前移。一旦发现敌军有反击的迹象，强力预备队就会出现在危险地段，而且我军接下来一段时间就不会发动进一步攻势。而在其他地域则会开始展开类似的行动，通过局部的协调不定时发动进攻。蜗牛行动在发动之后，一周时间内夺取了14座村庄，俘获了不少苏军士兵，而我们的损失非常轻微。但是最重要的是通过这种战斗，快速反应部队的信心大为增强，对于我们这种集中重武器展开的"有限目标进攻"模式，苏军起了一个恰如其分的绰号："绞肉机"。

最开始快速反应部队同第6装甲师容勒肯普夫上校的加强营紧密配合展开进攻，但渐渐地快速反应部队也自信满满的开始独立完成更为复杂的任务。尽管如此，协同战斗是进攻中最有效的方式，而且可以避免在陷入苦战的情况下夺取预定目标。尽管如此，这一战区的苏军相比临时拼凑的我军快速反应部队来说，仍然是训练有素而装备精良的，他们的后勤供应很有限，而且兵力太弱也无法组织起连续的战线。各个孤立的支撑点有一些前哨阵地加以拱卫，而我下属的各部指挥官很快就发现，克服这些障碍的最好办法，就是在夺取那些前哨阵地所在的村庄，孤立那些坚固设防的据点，对其形成包围之势。这样苏军士兵经常会为避免遭到我军重武器的打击，放弃据点而逃之夭夭。

在我们南侧翼有一个名为博格丹诺沃（Bogdanovo）的村庄，该地能够控制住周边地区，是我军交通线附近苏军的一个最为重要支撑点。苏军以此为依托，不断向北向我军大动脉渗透，经常切断运输。为了肃清这个干扰我军后勤运输的据点，陆军总司令部派来了元首卫队营（Fuehrer Begleit Battalion），这支精锐部队一般是担任希特勒个人警卫任务的，该营得到了重武器和炮兵的加强，对据守博格丹诺沃的苏军发起突击。经过短暂的战情通报和匆忙的准备之后，这个营按照传统的战术从正面发起突击，迫使苏军前哨的警戒部队撤退，接下来元首卫队营差点打到了苏军支撑点核心阵地的边缘。而在这里苏军从各个方向发起反击，给我军造成了惨重的损失，全营被击退，甚至还有一个连被包围。这个连在经过艰难的战斗之后最终被成功地解救了出来，但由于这次进攻损失严重，莫德尔将军禁止该营再次发动攻击。

这次进攻受挫之后，莫德尔将军调整了战区分划，将包括博格丹诺沃的地区划归第6装甲师，命令我夺取这个据点。在经过几天的蜗牛式蚕食攻势之后，我们再次取得了胜利，基本上完全孤立了苏军的核心阵地。而就在容勒科普夫战斗区试图封闭包围圈的时候，苏联守军冒着猛烈的炮火，付出了惨重的代价之后在白天匆匆突围。我们立即占领了这个村庄，并且此后顶住了苏军的一系列反击。

经过一个月的蜗牛式进攻，我军总攻夺取了80座村庄，并且推进了8—13公里。但是最主要的成果，就是将沿着维亚济马—瑟乔夫卡战线部署，不断威胁我军后方公路、铁路和机场的马斯连尼科夫之第39集团军的威胁彻底解除了。与此同时我军将越来越多经过战火磨砺的士兵以及修复的武器投入前线，坦克和火炮的数量明显增加。到3月初，无论是第6装甲师还是快速反应部队，各部队之间的配合已经相当熟练，而且各级指挥官对新的战术已经得心应手。我军的攻势经过精心准备，缜密实施，因此连哪怕一次小败都没有吃到过。

在接下来的进攻中，我已经敢于给下级指挥官更大的自由度。师部方面不再干涉作战的细节。每个区域都划分了一条在最佳情况下一周时间应该推进抵达的战线。没有我的批准不得擅自越过这条线，因为对安全的考虑要多过对进攻速度的追求。一旦快速反应部队在进攻中遇到困难，马上就会通报第6装甲师的容勒肯普夫或温赖因麾下的部队，并且能够得到坦克、突击火炮、重武器和空军的支援。面对我军虽然缓慢但却坚定的进攻步伐，苏军试图阻击我军却未能成功：一旦敌军在某地集结了预备队，我们会暂停进攻，而等敌预备队被抽调到其他危险地段，我军又开始重启进攻。由于第39集团军已经无法在各个地段同时投入相当的部队或弹药，马斯连尼科夫将军所占据的地盘慢慢地越来越少。

到3月中旬，苏军被迫撤退到了沼泽森林地带，放弃了200多个村庄。而继续压迫苏军已不可能，主要原因是我侧翼部队的指挥官未能配合我部同时发起进攻。在我军刚刚夺取的地区，最前沿的部队只能留在出发阵地，以防苏军通过战线的空隙向我后方渗透。

## 临时宣传

2月中旬我军在战场上收容了不少苏军伤员,也收殓了不少阵亡者的遗体,其中就包括一名苏军18岁的女士官薇拉。她在经过几个小时的治疗之后,终于从休克中苏醒了过来,此前她可谓是有着"地狱般"的体验。薇拉原来是苏军一个支撑点营中的医护兵,经过激战之后,这个营除了薇拉,只剩下1名军官和14名士兵幸存下来。

在被俘的最初几天,薇拉的情绪相当紧张,不过对她的讯问得到的情报和其他战俘的供认吻合。薇拉承认自己是一个共青团员,换句话说,一个忠诚的共产主义者。在她和其他战俘被转移以前,这个女孩天真的要求我们把她释放回到自己同团的战友身边。当被问到为什么要提出这样一个不同寻常的要求时,薇拉平静而严肃的回答:"我想要告诉自己的同志们,和武器如此强大的德军对抗是不可能胜利的,而德军会给他们以优待。他们应该会投诚到德军这边来"。当被问及是否还有其他原因时,她承认:"是的,我还想拯救那些仍然在那边的朋友的性命"。而在被问及这是否是想要逃脱的诡计时,薇拉回答:"不,我敢保证我肯定会回来,而且会带着我的朋友"。

由于薇拉应该不会泄露我军的军事机密,而且她应答如流,看上去也像是可信的,我决定满足她的请求。薇拉换上了一身便装,穿过我军战线打算回到当面她所在的团据守的阵地。我军士兵保护着她穿过深厚积雪覆盖的森林,接近敌军的一个前哨阵地。她承诺一旦得手就会回到同一个地点。

但是几天过去了,这个女孩却并未如期返回。12天以后,大多数人都开始怀疑她的真实意图,然而14天之后,我军相应战线发来报告,称又出现了两名红军逃兵,其中一人是女人。这就是薇拉和她的朋友,一名苏军军士,两人在正在消融的雪地中长途跋涉,累了个半死,最终才抵达我军防线。

薇拉接下来讲述的故事非常引人入胜。在她返回苏军战线之后,立即遭到了一名政委的讯问,薇拉声称自己得到了德国人的治疗,此后趁德军看守不备,换上了平民的衣服设法跑了回来,但是这个政委怀疑薇拉说法的真实性。此后薇拉被关在一个连的禁闭室里五天五夜,期间只有面包和清水充饥。当再次被讯问的时候,薇拉仍然一口咬定此前的说法。最终她被批准回到了原来的团,并且又发给她一身军服,继续在前线担任医护兵。这个营此前几乎损失了全部兵力，只剩下1名中尉和少部分士兵，因此急待补充。为了叛逃，薇拉偷走了中尉的地图和罗盘来到前线，她在前线发现一名苏军士官正在阅读我军散发的传单，薇拉的出现吓了他一条，不过薇拉现身说法，用自己的经历说服了这个人和她一起叛逃，此后她又跟另外几个士兵讲了同样的故事，他们都相信了薇拉的说法，并且这个故事迅速在苏军中传播。

在薇拉返回我军战线之后几个小时，那个士官的部下，包括6名士兵和1挺机枪也出现在同一战线向我军投降。这几个人偷听到了薇拉和那个军士的谈话，也决定效仿他们叛逃。因此几天之后，战线上的几个地方都出现了三两成群的苏军逃兵。这些逃兵为师情报官提供了意想不到的情报，使得我军了解了敌军的意图，并且为制定下一步的进攻计划提供了有益的信息。

关于德国空军空投的传单，薇拉告诉我们，普通苏军士兵一旦私藏传单，就有可能被处死，因此很难起到作用。另外，由于苏军政委强大的反宣传，苏军士兵往往也不相信传单的内容。但是薇拉肯定如果是她亲笔写的信，那她以前的同志们肯定是会相信的。我们接受了这个建议，很快全面展开了向苏军投递劝降信的工作。我军巡逻队把薇拉写的信系在战线各处苏军哨所附近的树上；上边有醒目的红色标记。其效果是显著的，很快苏军逃兵就迅速翻倍。另外，我们还录下了薇拉的声音，用扩音器在敌军战线附近播放，以至于在我军展开临时组织的宣传战之后，仅在3周时间里整个战线接纳的苏军逃兵就超过了400人。这个数字比同期第九集团军其他战线接纳的苏军逃兵总和都要多。薇拉提出的建议在宣传战中被证明是卓有成效的。

4天之后，我军某个地段的战线陷入危机，而这一次是几瓶烈酒充当了威力强大的宣传机器。在我军发动了一次有限攻势之后，苏军数次试图反击。当数辆苏军坦克突破我军战线的时候，战局相当紧张，我不得不动用了最后的战术预备队。最后我们终于摧毁了突入的苏军坦克，但是与此同时部分苏军步兵渗入了我军战线。最开始渗透进来的苏军并不多，之后却源源不断而来。在此情况下，当地的快速反应部队指挥官不得不派一个当地平民，让他带了几瓶酒带给渗透进来的红军士兵，请他们品尝。然后这个平民带过去一句话，如果苏军士兵缴械投降，那么这些美酒可以让他们开怀畅饮。这些苏军士兵在喝掉几瓶酒之后，开始有些迟疑，少数士兵扔掉了武器。很快就有一批苏军士兵相信德军应该不会杀掉他们，大约50名士兵开始畅饮，他们很快喝的酩酊大醉，把武器扔得到处都是，更何况现在他们手脚也不听使唤了。同时我军派出一支警戒分队，收集苏军丢弃的武器，阻击后续苏军的渗透。

## 霍尔缅卡：最后的进攻

第6装甲师在3月底被调回法国休整之前展开了最后一次进攻。作战的目标是肃清苏军在森林地区纵深8公里的突出部，夺取其根部的霍尔缅卡。

虽然第6装甲师此时相比1月或2月初的时候实力已经恢复了不少，但目前仍然下辖不少临时编成的部队。目前第6装甲师的序列为师部、1个不满编的通讯营、3个整编步兵营、1个摩托车连、1个坦克连、1个突击炮排、1个装甲侦察排、1个中型火炮营、1个重型火炮营和1个高射炮营。从积极意义上讲，现在第6装甲师的军官和士官不只积累了在苏联境内的丰富战斗经验，同时也在进攻塔塔林卡和瓦西列夫卡的战斗中获得了冬季战斗的经验。另外，后勤供应（包括弹药）的情况还是适合展开有限度的进攻。最后，我们能够得到维亚济马地区德国空军的不间断支援，2月的战斗已经证明空中支援是相当有效的。

在目标地区守备的是得到2个炮兵营支援的苏军2个步兵团，其团部位于霍尔缅卡。2个团下辖的6个营分布在霍尔缅卡以南和以东地区，沿着森林边缘构筑了一系列坚固支撑点，从而拱卫着通往霍尔缅卡的道路。苏军由于后勤供应困难，因此已经无力发动大规模进攻。

对于我们的进攻计划和战斗经过而言，地形和气候是起决定性作用的因素。这个地区的积雪达一米厚，任何运动都会受到限制。尽管地表已经封冻，但是仍不足以承受人体的重量。在森林要想行军尤其艰难，落满积雪的树枝——主要是冷杉树——被压弯触及地面，妨碍攻击者隐蔽接近守敌。而且树林中到处都是不期而遇的树枝、木桩和倒地的大树阻碍着士兵的行动。到3月底天气逐渐转暖晴朗，昼间的气温开始上升到接近零度，但是到了晚上又会迅速下降。

在这种情况下，想要在一个比较广大的地区部署部队确实也没有什么好办法。想要推进只能采取纵队行军的方式，沿着一条没有积雪或比较常走的土路和小路，而这种道路只有坦克和突击火炮以及步兵能走，轮式车辆只能在塔塔林卡到马先基诺（Mashchekino）的一条已经被清开的公路上行驶，而这里只是进攻出发线。在我军的哨所和苏军阵地之间是一片难以通行的雪野，其中只有一条小路，方向向北延，穿过森林形成的突出部，紧邻马先基诺以西。在无人地带的另外一边，苏军也苦于同样的不利因素，德国空军的照相侦察显示，在通向霍尔缅卡的道路上利用雪橇运输的迹象非常之多。

在这种情况下，我认为可能的攻击路线有三条：从波杜希耶（Podukhye）以西；从马西列耶夫卡（Masilyevka）以北；以及穿过森林从马先基诺的西北方向。我认为，如果选择第一个方向，那么全师部队要耗费相当的时间重新集结，因为目前全师集中在马列西耶夫卡—马先基诺方向，这样的话就会令南线地域空虚而可能遭到苏军的反击。

第二条线路距离攻击目标的路程最短，而且只穿过一片很小的森林。但是苏军在这个方向的设防最强，且易于得到援兵的增援。另外，这个地区的森林沼泽地带也有苏军的筑垒工事，如果从南向北发起进攻，那么必须要穿过一片开阔地，将会遭到敌军从正面和侧面的猛烈火力打击。而且上述两条进攻路线都要穿越积雪深厚的开阔地，不但阻碍步兵的运动，而且还会妨碍支援步兵的坦克和突击火炮的行动。

第三条进攻路线，是穿过森林展开攻击，不利条件是进攻要穿过森林地带，另外其距离也是最长的。而这条路也和唯一一条通向霍尔缅卡的交通线相连——一条狭窄的雪橇路，直指向北穿过马先基诺附近延伸出来的森林，然后一条小路从森林的西缘延伸数公里，然后穿过狭窄的森林直抵霍尔缅卡。我同样也认为苏军很可能想不到我们会从这个区域攻击，因此这一地区的设防可能没那么强。因此我决定选择这条路线展开攻击，3月23日我召集预定参加战斗的各部指挥官开会，详细探讨了战斗的细节，征求大家的意见。我特别关心的一个问题，是如何通过隐蔽主攻方向来达成战术的突然性。

我打算以主要进攻力量沿着公路向北推进，同时助攻部队则沿着森林西缘的小路进攻。东纵队包括2个战斗群的步兵营，分别由屈佩尔（Kueper）上尉和黑塞（Hesse）中尉，并且得到了1个工兵连以及能够出动的装甲兵（1辆Ⅳ型坦克、3辆38t坦克和5辆STGⅢ突击火炮）的支援。施米辛（Schmising）

战斗群的任务是前置性的，下辖一个步兵营，主要由新兵组成。另外，我还命令故意在波杜希耶和瓦西列夫卡方向制造进攻的假象。温赖因中校的摩托车连和装甲侦察分队担任预备队。我军炮兵（包括负责地面火力支援的高射炮）的任务是在位于马先基诺地区的阵地上支援战斗。格伦德赫尔上校麾下的炮兵在空中侦察的支援下，在进攻发起前的数日开始炮击所有已经暴露目标的敌坚固支撑点。

进攻时间定于3月31日，我军预先在主要进攻路线上花了两个晚上清扫积雪，从紧邻马先基诺以西的主要高速公路一直到前哨阵地的道路都被扫清，这样负责支援步兵的装甲兵能够从战斗一开始就投入行动。与此同时，在瓦西列夫卡城内外的准备工作也紧锣密鼓，包括故意让装甲汽车和运输车暴露目标，同时炮兵也向穿过狭窄森林直通霍尔缅卡的道路上的防御工事实施炮击。这些行动都是为了迷惑苏军的判断，掩饰我军的真实意图。

我军根据事先制定好的时间表展开行动。为了加强欺敌效果，施米辛战斗群在主攻发起前的两小时，于5：00率先和苏军展开战斗。另外，我军在施米辛战斗群的后方造成了打算向西穿过开阔地发起大规模进攻的迹象。到拂晓时分德国空军展开了空袭，25架斯图卡为先导的编队空袭了森林中和霍尔缅卡村内的苏军防御阵地。

主攻部队于7：00发动进攻，事先以双倍于佯攻的火力进行准备，从紧邻马先基诺以西的阵地发动进攻，经验丰富的突击部队和负责炸毁工事的战斗工兵为先导，紧随其后的是坦克和突击火炮，伴随着清雪队以及更多的工兵和屈佩尔下属的步兵营。在进攻队形的侧翼布置了少数装甲作战车辆，以防苏军的侧翼反击，同时黑塞指挥的步兵营殿后。

施米辛的步兵营最初并未遭到抵抗，因此进攻速度相对较快。而主攻部队则马上遭到了苏军位于森林边缘的地堡的火力打击。不过苏军的火力很快被坦克和突击火炮的炮火压制，这些工事遂被我军夺取。在击破苏军最初的抵抗之后，我进攻部队缓缓前进。坦克和突击火炮前边的积雪被迅速清开，因为这些装甲车辆只能沿着没有积雪的路面前进。另外，在一些道路比较狭窄的地段，需要将路边的树砍掉，才能供履带式车辆通过。

与此同时，施米辛上尉的部队推进了3公里，已经走完了前往霍尔缅卡的一半路程,他在这里首次遭遇横跨道路的苏军坚固支撑点的抵抗。一般来说以侧翼突击就能轻易击溃苏军的抵抗,但是这个防御阵地要坚固得的多,有绵延1公里的铁丝网、鹿砦和拒马作为障碍物。我军的正面进攻失败了,而且发现通向工事的道路上已经被苏军埋设了地雷。苏军的雷场是一个年轻的新兵发现的,我军重新发动进攻以前必须重新调整部署。施米辛上尉决定从苏军侧翼包抄,指挥部队向东钻进树林,然后迅速转向西北。接下来我军一步步穿过毫无道路,几乎无法通行的森林,在灌木丛中跋涉,依靠罗盘辨别方向。

当天下午,施米辛所部的先头部队接近了森林的北部边缘,全营突然遭到了苏军各个方向的步枪和机枪火力射击。全营再次陷入险境,毫无经验的新兵们遭到了不同方向苏军的突然打击,士气迅速下降,我军依赖经验丰富、坚决果断而精力充沛的军官和士官的指挥,稳住了阵脚并且组织还击。在这些骨干的指挥下我军渐渐稳定了下来,那些惊慌失措的新兵也重新恢复了冷静,组织了一个坚固的环形防御阵地。我通过无线电得到了施米辛的战况报告,命令他将坚守阵地,等待主力来援。

与此同时,沿着雪橇通行的道路向东进军的主力步步为营,推进了差不多两公里。坦克和突击火炮曾经联手数次摧毁了路边的敌军工事,且多次击退了敌军对我侧翼的反击。由于敌军侧翼的袭扰,不得不为运送伤员和后勤物资的雪橇增调武装护卫。随着主攻部队在当天下午接近森林北部边缘,师属火炮集中火力对当面敌军最后的阵地实施炮击。苏军炮兵则迅速以猛烈的炮火还击,造成了不小的伤亡。幸运的是德国空军很快响应我的召唤,经过空袭之后位于霍尔缅卡以西约3公里的苏军炮兵彻底沉默。在13∶00,屈佩尔营的先头部队突破了森林边缘苏军最后的防御阵地。

此时苏军在东北方约1.5公里,森林东部边缘和波杜希耶之间的地方仅剩一个仍在抵抗的坚固支撑点,有可能对主攻部队后方造成威胁。一个步兵连在数辆突击火炮的支援下,奉命去肃清这个威胁。屈佩尔不等这次战斗的结果,指挥部队继续向西进攻,希望在天黑以前占领霍尔缅卡,而这意味着他应该利用空军来支援最后的总攻。但是屈佩尔所部的左翼仍然暴露在森林中苏军的火力打击之下,因此不可能穿过开阔地前进。屈佩尔上尉不得不命令黑塞中尉指挥其步兵营沿着森林边缘,肃清这个方向的苏军。在缓缓延伸火力的炮兵支援下，黑塞中尉的步兵营一路攻击，在当天下午和固守待援的施米辛营汇合。

当屈佩尔所部和支援的装甲兵最终接近霍尔缅卡，发动总攻（此前空军已经发动了空袭）的时候，战斗在霍尔缅卡的东半部城区展开。战斗在日终结束，基本上完成了我军的预定目标，我军在经过一天的战斗之后也精疲力竭。4月1日我军重新展开行动，肃清残余苏军并且夺取设防不太坚固的霍尔缅卡西半部。我军在战斗中俘虏了300多苏军士兵，并且总计击毙了150多名敌人。第6装甲师的伤亡为18人阵亡，50人受伤。

就在4月第6装甲师被调往法国休整前，又遭遇了苏军对我军实施的残忍暴行，而这种暴行在苏军方面是司空见惯的。一名上了年纪的俄国木匠来到我们师部，报告说在几公里外自己居住的村子里，出现了被红军卫兵看押的约50名德国战俘。他说这些战俘后来被押往村庄北边，在那里开始挖坑。根据目击报告，这些战俘随后被枪杀并埋葬在这些坑里。几天以后我军夺取了这个村庄，确实发现了被杀害的我军士兵的尸体。

◎ 1941年冬季莫斯科周围的德军行军队列

◎ 德军损失惨重之下将搜罗到的步兵和装甲兵组成了精干的战斗群以应对苏军的反击

◎ 冬季反击中的苏军

◎ 苏军滑雪部队

◎ 轻型坦克牵引的雪橇

◎ 冬季战斗中的德军士兵在坦克掩护下展开行动

◎ 刚刚开始品尝到"冬将军"威力的德军

◎ 积雪覆盖的德军阵地

◎ 激烈战斗后被击毁的苏军坦克

◎ 冒着严寒严阵以待的德军士兵

第六章：冬季战争 · 135

# 第七章
# 在斯大林格勒城外

## 重返苏联

　　1942年11月中旬，经过充分的休整，配齐全部武器，并在西欧经过充分地训练后，第6装甲师——其下属部队再次超过了额定兵力——向东开进，全师搭乘78列火车，每列大概由50节车厢组成。在以法国为起点长达4000公里的旅程中有一些不愉快地事件，因为如此大规模的部队调动——要在两个星期内穿越整个欧洲——不可能完全逃过敌人的眼睛。在普里皮亚季地区广袤的森林沼泽地带，我师将成为游击队多次袭击的目标，尤其针对运载坦克和火炮的列车，因为这两种武器看起来都不怎么危险，还能提供更丰厚的奖励。用来伪装它们的防水帆布并不能骗过潜伏在灌木丛中经过训练的游击队的眼睛，他们一眼就能分辨出重型武器的轮廓。

　　如果我批准全师按照官方部队运输的规定装车，这些火车将毫无防备。那些规章制度的目的是尽可能密集的装载部队、武器、装备和弹药。因为在制定规章时未将部队的战术准备考虑在内，这个过程势必会将各作战单位分割开来（搭载我们装甲部队的列车还带着经过压缩的草料，以便帮助东线的骑兵部队渡过补给困难的冬季）。

　　尽管完全认同这些措施的初衷，基于我个人的经验和苏联的战局，我最关注的是部队运输后立即投入战斗的能力。因此在各种有关准备工作的考量中我优先考虑的，是综合了其他因素并且与民政铁路主管达成协议，在运输期间只要他们不妨碍部队的战备行动即可。因此，不顾例行条例和铁路运输部门主管的坚决反对，我要让全师搭载"武装列车"起运。

这涉及一种迥然相异的人员和装备装载方式，还有不同的命令和多种作战部队的分配。既能够击退游击队的袭击，又能够下车同苏军正规军战斗。还必须考虑在后一种情况下确保每列火车上的人（以及后续列车上的人）可以编组成合成战斗群，其兵力能够坚持到援军抵达。

第6装甲师运输和赶到的目的地的过程证明了这些措施的价值。沿途各处的游击队无论是炸毁铁轨还是设置障碍物，都遭遇了我军准备完善、突然发起的防御性打击行动。我军的防御措施已经设想到了游击队所有可能的破坏手段。铁路线的延伸部分尤其危险，布置在列车两侧和首尾的训练有素的哨兵与他们的武器都做好了战斗准备（同时还配备了手榴弹）。每辆车厢的刹车手位置都布置了人手；夜间只要有必要就会使用探照灯。其圆锥形的光束，在开火的同时映照火车的两侧，令游击队员头昏目眩，让我军士兵有可能发现任何微小的行动并识破他们的意图。因此列车受到了密集火力和手雷的良好保护。

一旦使用了刹车，火车会突然停止。与此同时我军会着手展开行动——攻击——防御措施。此前已经对这套战术进行了反复演练，直至这种反应成为条件反射。机枪从刹车手的车厢开火提供掩护的同时，我军掷弹兵将会迅速肃清森林的边缘，很快火车将再次向东开进。

当铁轨被破坏时，我们就不得不花费更多时间，但这种事情主要发生在铁路设施可能被迅速修复的地点，因为所有的车站、桥梁和其他重要设施一直都有警卫部队保护。为了防止列车出轨并保护火车头不被损坏，火车司机会低速通过游击区，并在车头前面挂两节或三节空车厢。

在大多数情况下，乘坐在各列火车头上的机械师们可以迅速排除机械故障。我们已经为这些工程师提供了工具和设备。如果他们工作时有必要停车的话，要确保火车的各个方向都是安全的，巡逻队会立即对附近展开搜查，坦克乘员在夜间要将帆布从坦克上摘下来并让坦克做好作战准备，事实证明这样做对提升防御水平是非常有效的。我们在火车各处布置了很多活动滑轨，以便在任何必要的时候能够快速卸载装甲车来对付强大的游击队。为了提升对运载火炮列车（它们是游击队最喜爱的目标）的防护，我们经常为这些列车配备20毫米高射炮，因为游击队非常害怕它们发射的曳光弹。

这些预防措施效果良好。得益于这些举措，尽管遭到了游击队的多次袭击，但大多数列车的损失都微不足道，而且按时到达了目的地。只是有一次，由一支极为强大的游击队通过连续破坏多段铁路制造的奇袭中，一列运载火炮的火车损失了一名营长和几个乘员。即便如此，这列火车也还是带着所有的火炮几乎是准时的抵达了车站。另一方面，德军果断有力的防御行动使游击队遭受了严重损失。他们尤其害怕德军实施突然猛烈的反击，即使是实力较强的游击队也会被迫陷入血腥的近战，否则就只能落荒而逃。

## 在列车上突袭

第6装甲师的士兵在他们穿越欧洲大陆的旅途中观察到的景象仍然留在脑海中挥之不去。被隆隆作响的大西洋海浪冲刷着的布列塔尼半岛海岸已经远在身后。同样被抛在身后的还有宁静的城镇、村庄、西欧式的村落与他们的家乡，他们如此迅速地穿过了这一切。凡尔登的草地与旷野反射着明亮的秋阳，教堂和城堡的尖顶与山墙光辉灿烂。巴黎和柏林这两个欧洲伟大的艺术中心，和华沙的废墟一样，给每个见过它的人留下深刻的印象，所有的这一切现在都已成为一个遥不可及的梦。

几个日夜过后部队已经穿过德国东部边境，穿过广阔的森林与沼泽，穿过无边无际的平原，穿过它缓缓流动的小溪与河流。这时军列已经抵达顿河沿岸的罗斯托夫（通往高加索的"入口"）在经过哈尔科夫和斯大林诺后横越吨顿涅茨盆地，穿过亚速海，士兵们几乎已经忘记了游击队的威胁。

然而火车转向了北方，并不是原本要去的高加索方向，我们突然间难以确定目的地到底是哪。没人能说得清楚列车正在向何处驶去。形势仍然捉摸不定，11月26日晚上，首列火车穿过了第4装甲集团军临时司令部所在地济莫夫尼基（Ttsimovniks），集团军指挥机关正在向北运动，列车拥堵在沿途的各个车站，在我们进攻期间缴获的苏联火车头阻塞了所有岔轨。

冷风吹过单调的棕色大草原，吹动着面前难以计数的风滚草团。它们像

第七章：在斯大林格勒城外·139

一群飞速追逐游戏的猎犬，大步跳跃着向前移动。几个骑骆驼的人漫步在铁路边的草原小路上，试图在夜幕降临之前抵达他们孤零零的小屋。大量撤退的列车向南驶去，每次停车我们都询问车上的人可能到达的最后一站是哪里，答案是"今天早上还是科捷利尼科沃"，这是第4装甲集团军指挥官赫尔曼·霍特上将的消息，他已经在临时指挥部里向我简要介绍了情况，为此我离开了自己乘坐的先头列车。

霍特上将透露给我的情况，比我在前往罗斯托夫的路上同"顿河"集团军群司令、陆军元帅曼施泰因第一次会谈时给我的预期还要糟糕。得到坦克加强的苏军骑兵第4军已经突入到顿河以南，它的先锋已经渡过了阿克塞河南岸。敌第51集团军在铁路线的两侧向科捷利尼科沃缓慢推进，情报部门已经发现两个坦克军正在阿克塞河北岸集结。

在顿河以南面对这些强大敌军的，只有刚刚从高加索调来的几个空军高射炮连、罗马尼亚第4军军部及其警卫部队，共计30人。在草原深处，罗马尼亚第5和第8骑兵师的残部共计约1200名士兵正在撤退，因此再没有人能说出德军的前线到底在哪里。事实上，在整个地域内没有一个独立的德军单位能哪怕是短暂的抵抗并阻止苏军的推进。造成这一形势的部分原因，从某种程度上来说，所有德军和配合第4装甲集团军作战的部分罗马尼亚部队都已经被包围在了斯大林格勒。罗马尼亚各师被部署在斯大林格勒以南，沿着卡尔梅克大草原的边缘分布在一条非常宽广的战线上，而且它们的反坦克武器的装备情况一直以来令人感到绝望。因此苏军坦克轻而易举地突破了其防线并将其击溃，罗军少数残部正在瓦解。甚至霍特的指挥部也差点被苏军击溃。我得知疲倦不堪的第23装甲师正在驰援的路上，但这只是聊胜于无，因为该师可堪作战的兵力只有两个虚弱的营，并且只有火炮没有坦克，即使是要投入防御战也不得不先在萨尔河后方紧急休整才行。

正在靠近战场的第6装甲师仍然对严重恶化的局势一无所知，但是他们已经意识到自己将很快投入战斗，而且对他们的实力和能力展现出十足的信心。火车啸叫着全速前进，慢慢地爬上河谷之间起伏和缓的丘陵，然后急速冲进下一个河谷。一个颠簸漆黑的夜晚，在起伏的丘陵间爬上爬下的同时，先头列车已经接近了它的目的地。卫兵和哨兵按照他们一贯的方式履行职责，就像他们通过游击区时已经做过的那样。首列火车上的所有人都在长椅上、行李架上和地板上休息，他们和衣而卧，握枪而眠。

1942年11月27日黎明时分，火车已经爬上萨尔河与阿克赛河谷之间的最后一个高地，当火车进入我们的最终目的地科捷利尼科沃前的最后一站塞姆查尼（Semichnoy）时，一阵早点咖啡的香味从野战厨房传来。漫长的旅行，车轮永无止境的转动和单调乏味的声音，吱吱作响并颠簸不止的车厢生活很快就会结束。车厢中缓缓醒来的士兵们在暗淡的轮廓中搜寻小镇的踪影，在经历几周的铁路运输后，他们都期待着有一个舒适的地方在等待着自己。

就在此时，一长列从科捷利尼科沃撤退的火车轰鸣着开进车站，两个火车头勉强让每小时20千米的火车停了下来。人们带着强烈的好奇心问车上的人科捷利尼科沃的情况如何，他们被告知"那里完全是平静有序的"。

"两列准备撤退的火车正在等待你们的到达，它们将是最后离开这个城镇的列车。除了偶尔飞过几架敌机外，我们没有看到其他苏军。城里再没有别的德国士兵了，只有一些老人看守着车站。小群的、没有武器的罗马尼亚人像绵羊一样从我们身边经过，这就是我们所看到的一切，城郊的俄国农民看见我们撤出村子既惊讶又遗憾，这些人一向彬彬有礼，时刻准备提供帮助，他们将会很高兴看见你们的到来"。

军列指挥官发出一阵短促、尖锐的哨声命令部队返回火车，然后突然停下来询问。随着习以为常的颠簸和减震器的刺耳鸣叫，火车再次开动，很快就接近了它的目的地，地板上的士兵开始打包个人物品并为终于能离开待了好几个星期让人难受的火车而感到高兴。一座坐落于阿克赛河北河湾的美丽小镇已经映入眼帘。在小镇的边缘树立着一座用枯萎花环装饰的凯旋门，从很远的地方就可以看到门上雕刻的巨大文字"欢迎你们的到来！"这是为几个月前通过这里的罗马尼亚军队准备的，现在正与他们的德军战友困在斯大林格勒等待救援。

就在人们还在试图猜测凯旋门上奇怪的文字的含义的时候，火车已经驶入了巨大的车站。突然间随着炮弹雨点般地落下，大地开始震动。地面在颤抖，四面八方的黑土被抛向空中，窗户玻璃被震碎，减震器尖叫着，车轮吱吱作响，突如其来的震动让人员和装备撞成一团，火车停了下来。所有部队都从

第七章：在斯大林格勒城外 · 141

车厢上跳了下来，动作完成得如同他们遭遇游击队时那样流畅。苏军从车站的建筑物里冲出来，高喊着乌拉奔向火车，就在此时我们的机枪和半自动步枪鸣响起来，开始从车厢的顶部向从两旁建筑物涌出的土棕色的身影开火。

然而就在接下来的一分钟里，炮弹爆炸制造的地狱般的鸣响和苏军的叫喊声，被我们步兵震耳欲聋的欢呼声淹没了，在乌尔·赖因中校（第4装甲掷弹兵团团长）的带领下，擎着刺刀和手榴弹冲向他们的敌人。尽管接下来要进行残酷的肉搏，不到一小时我们的掷弹兵便从他们手中夺下了这座车站，然后我们开始扫荡火车车厢，建筑物和该地区的其他铁路设施。

在战斗中苏军火炮早已瞄准火车进入车站的入口和城镇的西侧出口，现在火炮又指向火车站的中心，很显然是想破坏这部分设施，使其无法再卸载部队并摧毁那里停放的满载物资的列车，不难看出苏军很快将达成自己的目标，因为他们显然在使用身着平民服装的当地人作为炮兵观测员，后者总是引导苏军火炮以令人难以置信的精确性炮击造成最大损失的目标。不料突然间苏军及其有效的射击（至少有2个或3个炮兵连）却沉寂了下来。我们估计一旦苏军标定了新的目标，炮击随时有可能再次开始，但实际这并未发生，火炮仍然沉默着，这对我们而言实在是非常幸运，炮火已经造成了非常大的损失以至于要求第4装甲掷弹兵团的工兵排立即开始进行抢修。民政铁路人员从最初的惊慌失措中恢复过来以后也立刻开始协助他们。

铁路部门主管希望尽可能快地将停在车站内的所有车辆送往后方并下令停止列车开进科捷利尼科沃，我不赞成这个意见，相反的，我要求所有向后方转移的行动立即停止，而且第6装甲师的后续部队要以最快的速度进入车站。因此在火炮突袭结束后第二列火车很快就赶到了，卸载这列列车以及后续的列车是可行的，都没有遭到敌军哪怕是最轻微的干扰。苏军骑兵部队在一段距离外便下马，在未被注意的情况下匍匐穿过了河漫滩，然后实施了突袭，在战斗中遭到我军猛烈的反扑并被击溃，而苏军火炮仍旧保持着不可思议的平静。

中午时，我们才发现敌军炮兵不可思议地保持着平静的原因。在这个紧要关头，一名天才掌控了全局。火炮急袭开始时，赫尔穆特·冯·潘维茨（Helmuth von Pannwitz）上校碰巧在科捷利尼科沃东侧的一个坦克维修点中，意识到车站和城镇正面临着巨大的危险，他迅速集合坦克和所有可以投入战斗的装备，任命维修队作为坦克驾驶员和炮手，6辆坦克装甲车辆立即对苏军火炮展开反击。因为他来骑兵部队，策划这类大胆的行动对他而言是自然而然的。

冯·潘维茨迅速做出判断，率领临时拼凑的部队沿着铁路路基树篱背后巧妙地推进并穿越当地的隘路，他得以突然出现在正在开火的火炮射击阵地背后，苏军炮手的惊慌更甚于那些乘车抵达时遭到苏军突袭的我军掷弹兵。冯·潘维茨上校临时招募的坦克手毫不客气的在极近距离上射出了每一发炮弹，数次直接命中目标。与此同时来自坦克的机枪火力在敌军炮手调转火炮反击之前就将其消灭了。这个临时拼凑的坦克排在几分钟之内就消灭了敌军。苏军为发动此次突袭所调来的火炮、弹药和火炮牵引车已经化为成堆的残骸，而众多苏军士兵的尸体环绕旁边，他们为成功发动这次火力急袭付出了高昂的代价。

在对阵亡敌人进行致敬之后——那是每个勇敢的敌人所应得的，这个小小的战斗群毫发无损地返回了维修点，在当天的这次战斗中，这些维修人员已经证明了他们不仅知道如何捶打、装配、钻孔和驾驶，还知道如何去战斗，第6装甲师的官兵们至今仍然难以忘记这些维修工。英勇的冯·潘维茨和他的战士们荣获了他们完全应得的勋章，他们立即成为了第4装甲掷弹兵团士兵们最亲密的朋友，他们在真正意义上成为了战士们生死与共的兄弟，是他们帮助士兵们脱离险境。

开端如此不幸的一天终于以大获全胜而告终，苏军遭遇了一次惨痛的失败，科捷利尼科沃——作为所有预期中向斯大林格勒方向发动攻势的关键阵地——仍旧牢牢掌握在我军手中。夜幕降临时这个小镇已经驻扎了由师部、第4装甲掷弹兵团第2营和第57工兵营的一个连组成的战斗群。与一个仍然坚守岗位的高炮战斗群和勇敢的"受损的坦克排"一起，我们作了充分的准备保卫阵地，以抵御敌军哪怕是最为猛烈的进攻。

已经保障我军运输军列安然穿过游击区的措施再次证明了自己的价值。我坚持以"武装列车"的方式来组织运输使得将第4装甲集团军的集结地域向前延伸至阿克塞河成为可能，从而尽可能地缩短了通向斯大林格勒的距离。

## 波赫勒宾的坎尼之战

在接下来的几天里，第6装甲师的后续下车集结工作没有发生什么意外，11月28日，容勒科普夫上校的第114装甲掷弹兵团的先头单位，包括一部分轻型火炮单位赶到了。这些部队已经于前天在塔特辛斯卡亚地区卸车，通过顿河以北通往斯大林格勒的铁路线行军，然后经由位于塔秦斯塔亚的顿河大桥前往科捷利尼科沃。剩下的梯队经北部和南部的路线紧跟着到达，在科捷利尼科沃周边的集结地安置下来。我不能理解苏军为什么几乎是在首支德军部队出现后就停止了前进，即便他们肯定已经接到了抵达阿克塞河南岸并占领科捷利尼科沃的命令。在接下来的十天当中苏军无所事事地注视着我们在这个小镇的力量不断壮大，而不是在他们仍然具有数量优势的时候继续攻击。我永远也没能解开这个谜题，就如同我无法理解为什么无论是我们已经卸载的部队还是一眼望不到头的车队（白天就在公路上行军）都未遭受过哪怕是一次空袭，尽管它们头顶上没有一架德国空军的战斗机。

如果苏军更加富有进取心的话，他们就能迫使第4装甲集团军将集结地域设置在50公里后的萨尔河后方。这将大大缩小救援行动成功的概率。实际上，尽管附近有强大的敌军，但是我们仍然能够争取一段比较平静的时间集结第6装甲师。但是在此期间我依然意识到陆军元帅曼施泰因和霍特将军走了一步险棋，这实质上是将被削弱的部队送到了狮子口中。

为了预防"致命一击"，我以一种非同寻常的防御模式组织第6装甲师的作战单位，这让第57装甲军军长弗雷德里希·基希纳（Friedrich Kirchner）装甲兵上将非常不满，甚至还惊动了霍特将军。幸运的是我能够鼓起勇气为自己的部署辩解，并坚定的维护这些观点，结果我没有被强令去调整部署。我拒绝了基希纳将军以左侧翼依托顿河，沿阿克塞河左岸设立防线的提议，因为这一地区实在太宽了，甚至在将我们的全部力量集合以后也是如此，并且这样一种部署将使我们的右翼洞开以至于完全无法坚守。相反，我命令利用本地现有的据点组成一个防御网，每个据点都有一个合成战斗群来驻守。这个网覆盖着一块方圆十到十二公里的地域，使以科捷利尼科沃成为防御的中心和进攻的桥头堡。在它后面的塞姆查尼，集结着一支强大的机械化预备队，我可以从任何方向穿过起伏的地形横扫阿克塞河南岸。每个据点都被寄希望于自保的同时支援友邻。因此敌人从任何方向向防御网渗透的行动都要遭受毁灭性的交叉火力和来自数个据点的向心攻击的威胁。通过部署机械化预备队阻止苏军穿过防区与顿河之间的缺口，或是通过向东迂回突破整个阵地是有可能的。

这个常见的防御模式还有一个优势，通过夜间在桥头堡集结机械化预备队并将其编组为突击部队，我们可以在任何时候展开计划中的攻势。只有薄弱的掩护部队保护我们的侧翼。新组建的第6装甲侦察营的20辆SdKfz 233八轮装甲车在弗雷德里希·昆廷（Friedrich Quentin）少校的指挥下已经被派去警戒防线上的渠口，并承担侧翼和后方的侦察工作。

我已经充分讨论了这些战术的优劣并同我所有的下级指挥官共同制定行动计划，以确保所有单位在任何状况下都能为全局利益紧密协同。事实上，尽管和平时期的作战条例坚持将装甲师定义为进攻部队，并不适合执行防御任务，但接下来发生的事情将证明这些决策的必要性。这些条例也警告说坦克绝不能在夜间行军，因为在黑暗中坦克乘员无法对外界环境进行很好的观察，还有可能因为自我暴露而招致严重的损失。这些手册的编纂者忽略了在战争中特殊情况经常迫使指挥官抛弃这些和平时期的教条，并代之以依据实际情况而采取的行动。

当苏军首次尝试从西北方向进攻侧翼以歼灭我们正在科捷利尼科沃地域集结的部队时情况就是如此。在前几天里，SdKfz 233上的乘员已经在多个地点观察到骑着草原矮种马的敌军侦察兵在距顿河15公里的河谷中出没。这些侦察兵一见到德军装甲车辆就闪电般地消失了，他们最感兴趣的地方显然是波赫勒宾（Pokhlkin）和马约尔斯基（Mayorovo）以北的高地地区，侦察兵下马后匍匐穿过阿克塞河谷中高耸的草丛和灌木进入谷地，但是我们的掩护部队放了几枪后他们就立即无影无踪了，因此他们未能穿过我们的屏障。苏军显然大吃一惊，此外他们又发现谷地西侧的高地上没有德军，我们的前沿炮兵观测员已经偶然地在那里发现了他们，12月5日，也就是苏军首次发动进攻的那天清晨，敌军肯定也进行了相同的观察。

当天早晨，苏军一支混编部队（由徒步作战的骑兵和坦克组成）从上库莫亚斯基（Verkhniy-Kurmoyarskiy）出击，攻击了驻扎在顿河沿岸托波列夫（Topolev）的一个摩托化连。他们迅速将该连逼退到库迪诺夫。敌人的进攻

第七章：在斯大林格勒城外 · 145

并没有达成突然性，在过去的几天里苏军侦察兵的活动已经通报了这一切。在托波列夫进行的首次交战验证了这一点，在推进穿过河谷后，要么向西突进进攻我们的后方，要么直接向南移动打击我们的侧翼。

顿河上的敌军进攻部队仍然在库迪诺夫的摩托化连面前，该连已经设法守住了该地，与此同时苏军骑兵第81师的主力在配属其作战的坦克第65旅的伴随下转向南朝波赫勒宾扑去。现在格拉夫（Graf）中校部署在塞姆查尼（Semichnoya）的150mm重炮营将这些敌军置于炮火下，很快格伦德赫尔上校的第76装甲炮兵团的其他单位也加入了战斗。64辆苏军坦克组成的突击部队继续前进，对雨点般落在它们附近的炮弹熟视无睹。不过徒步作战的骑兵部队立刻就消失在了阿克塞河的河漫滩上，虽然他们借此规避我军炮火的措施全然无效，后来还是出现在了波赫勒宾以北并恢复了攻势。

当先头坦克被第114装甲掷弹兵团反坦克排的75毫米反坦克炮摧毁时，正在推进中的长长的苏军坦克纵队突然在波赫勒宾前面停下。几乎在同一时刻，从柯尔特塔特上尉（Kellertat）加强过的第114装甲掷弹兵团第3连阵地上喷吐出机枪的火舌，他们把守着村庄和谷地，迫使徒步作战的骑兵隐蔽起来。尽管遭遇了这些阻力，越来越多的苏军赶上来支援进攻部队，后者希望通过合围行动占领村子。我方反坦克排击退具有压倒性数量优势的苏军坦克的数次进攻，但是反坦克排的战斗力却一个接一个逐步减弱，越来越弱直至最终被击溃。最后先头的苏军坦克攻入了村子。

当两辆先头坦克到达镇中心时，这些苏军显然相信自己已经夺取了胜利，但是它们同样被仅存的反坦克炮的最后一位炮手摧毁了，6个高耸的烟柱表明了敌军所遭受的全部损失，在这场不对等战斗中三个炮组战至最后一人。一出庄严的戏剧就这样落下了帷幕。

这一小队中部分坚定勇敢的士兵的模范英雄主义，使得在敌军坦克旅的进攻下守住这条隘路近两小时成为可能。这样就为从马约尔斯基据点赶来豪希尔德（Hauschildt）上尉的第114装甲掷弹兵团第1营主力争取到了足够的时间，他们对徒步作战的苏军骑兵侧翼发动攻击并在波赫勒宾的隘路上将其拖到了下午。

只有敌军的坦克——利用一段穿过斯波拉齐亚河谷（Siberachnaya）

的沼泽地带——设法向科捷利尼科沃方向推进。既不顾及后方的激战，也不顾及第114装甲掷弹兵团1营反坦克炮造成的损失，他们顽强地渡过了塞姆查尼河（Semichnoyal），由于积雪不久之前刚刚融化，从那里涉水变得非常困难。这些坦克显然是想夺取位于阿克塞一道河湾以东三公里远的萨哈罗夫村（Sakharov）。科赫上尉（Koch）的第114装甲掷弹兵团6连已经被赶出了波赫勒宾，在一个炮兵连的协助下顽强地守卫该村。数辆苏军坦克在推进的过程中沦为穿甲弹和空心装药弹的牺牲品，当掷弹兵们用磁性空心装药反坦克手雷摧毁了第一辆突入村子的坦克后，多数苏军坦克都退缩了。损失惨重的坦克群向西退回开阔地，仍然试图抵达他们的最终目标：科捷利尼科沃。现在在6门反坦克炮的交叉火力之下，前进的苏军坦克进入了真正的杀戮地带，或轻或重的炮弹从2到4公里外的两侧飞来将它们撕成碎片。事实证明暴雨般的炮火是如此有效，以至于更多苏军坦克被击毁，其他的坦克则在试图逃跑时陷入了沼泽地。

此时徒步作战的中亚人组成的骑兵团主力成功地将第114装甲掷弹兵团第1营从波赫勒宾逐退如此之远，以至于他们能够渡过上面提到的两条河。但是在骑兵得以增援坦克之前，在当天下午的早些时候发生了一件始料未及的事。第11装甲团团长瓦尔特·冯·许纳斯多夫（Walther von Huenersdorff）上校已经将前两个连带到了科捷利尼科沃，尽管苏军坦克旅的坦克数量远超于己，冯·许纳斯多夫上校在掌握了关键情况后立即将他的装甲部队投入反攻，在激烈的战斗中双方均蒙受了惨重的损失，我们的坦克设法向穿过塞姆查尼河的苏军坦克开火。与此同时，数目不断增加的苏军骑兵试图穿过这条河向东进攻的企图被我军多个炮兵连挫败，后者同时从南、西、东三个方向的据点中打击敌军，遏制了他们的进攻势头。

夜幕降临后战斗的喧嚣渐渐平息，尽管在当天即将结束的时候这场战斗显然还胜负难分。虽然苏军已经在我们的防御体系上达成了局部突破，我们的部队依然挫败了他们夺取科捷利尼科沃的企图。那支最早发起攻击的苏军部队，那个得到坦克旅支援的徒步骑兵团状况不佳，他们被困在了一条隘路上，被挤在沼泽地与阿克塞河之间动弹不得，这支部队陷入了多个据点的交叉火力网之中。不过第二天（12月6日）早上敌军指挥官可以调遣骑兵第115师和第51集团军（该集团军在前面几天中一直无所事事）从东面发动进攻，如果骑兵部队和步兵集团军可以运用适当的战术相互支援，我军的形势将真正严峻起来。我能够找到的唯一可以真正扭转局势的潜在力量是第11装甲团的主力与屈佩尔上尉的第114掷弹兵团2营和它的装甲运兵车，但这两个单位目前尚未赶到。11月5日日落时，我唯一关注的就是这些能够解决问题的单位能否按时到位。

就像前面提到过的那样，苏联游击队对运输坦克的列车有着特别的兴趣，他们连续不断地突袭已经导致了严重的延误，以至于我们的许多原本位于运输队伍前端的装甲单位反而最后到达。尽管这些军列具有优先权，但是在11月6日到7日抵达并卸载他们基本上是不可能的。这样的话就太晚了。只有采取非常措施才可以保证它们按时到达，首先就是立即停止与这一地区相关的其他铁路运输——这与铁路条例中的安全规定产生了冲突——准许这些火车在彼此的视野内移动。因为几乎没有离科捷利尼科沃足够近的火车站能够让坦克按时到达，也不够卸载数目庞大的装甲车辆，我不得不命令大量列车停在开阔地中，并且让坦克在一片漆黑中利用可用的紧急坡道卸车。而且，与条例背道而驰的是，要在不熟悉的地形中进行持续数小时夜间行军。

虽然有这些紧急措施，直到20时首列坦克运载列车依然没有到达塞姆查尼（Semichnoya）。在前两站卸车的坦克已经开始连夜向塞姆查尼站周边丘陵开进。这些坦克和卡车被迫在列车后面的开阔地卸车。现在该师在冬季战争期间于莫斯科城下获得的经验和在法国进行的长期训练（包括夜间行军）获得了回报：一切进展顺利。截至11月6日凌晨1点，所有单位都赶到了自己的集结地。1小时前，在从我这里领到一份准确的形势简报、一张地图和一个任务目标后，冯·许纳斯多夫上校已经带领装甲团的先头部队出发。由弗雷德里希·昆廷少校的SdKfz 233装甲侦察车带路，它们的乘员熟悉这一地区的地形，截至凌晨4点，坦克与搭乘卡车的步兵组成的合成战斗群已经全部抵达各自的出发阵地，尽管夜色漆黑，仍然于1小时后在114装甲掷弹兵团团部所在地马约尔罗夫（Mayorovo）附近准备好了反攻。

一等天色允许开火，激战的声音就在昨天的战场上再次响起。这片地区位于一条河谷中。我们的坦克和步兵再一次进攻这些徒步作战的骑兵，他们顽强的抵抗并不断将新的预备队投入战斗。并没有觉察到我们的夜间增援，敌人不惜一切代价要保持通向波赫勒宾村隘路的畅通，那是通向科捷利尼科沃的最短路线，尤其是当苏军指挥官决定投入骑兵第115师左右战局的时候。我方观察员可以看到该师的坦克、骑兵和摩托化单位纵队正沿着敌军前天曾经走过的同一条道路向波赫勒宾推进。

大量部队已经匿迹于波赫勒宾与沟壑之中，而当我们的装甲部队组成数个楔形编队沿着白雪覆盖的高地出现时，完全出敌意料。我军穿过积雪缓缓推进，慢慢地朝着自己的目标驶去，后者还对即将到来的灾难一无所知。事实是因为骑兵第4军最近才从阿富汗边境徒步行军至此，在此之前他们仅仅承担巡逻任务，甚至从未经历过战斗。第4骑兵军的指挥官连最基本的警戒条例都不懂，没有派一个人、一辆坦克到高地上进行侦察或提供掩护，如果他们这样做了就不会没注意到德军装甲部队在夜间的调动。他们也没有意识到占据这片高地对于进攻科捷利尼科沃的决定性意义，否则早就这样做了。结果他们很快就蒙受了灭顶之灾。

"惊恐万分的苏军士兵突然看到，200多辆坦克和装甲车辆从山上冲下来突袭他们的纵队，200多辆坦克、火炮和装甲车上的武器在近距离喷吐火舌。黑色的烟柱从被击毁的坦克上冒出来向天空升腾，中弹的卡车侧翻并开始燃烧。300挺机枪在骑手和马匹中间制造了骇人的伤亡，从这个地狱里逃脱的苏军试图穿过冰封的河流，但是薄薄的冰层破碎了，人员、坦克和装备消失在冰冷的河水中。在纵队末尾的人以为他们向相反的方向逃离也许能够逃脱相同的命运，但这样的尝试是徒劳的，20辆Sdkfz 233和第114装甲掷弹兵团2营的机枪封锁了他们逃跑的路线，这些人只好返回波赫勒宾村那个正在通过向心进攻而被迅速收紧的口袋。

截至上午10时，第4骑兵军的骑兵们宿命已定，不再有任何逃跑的机会，尽管德军的为了粉碎他们的抵抗又围攻了好几个小时。苏军坦克和反坦克炮试图对山坡上冲下来的第11装甲团各连进行反击，但是越来越多的炮弹从山上飞来，而山下炮口的闪光却越来越少。齐射的炮弹从重炮群一波接着一波地飞向波赫勒宾村，激起黑色的土柱，城镇开始燃烧，令人毛骨悚然的火海和烟雾遮挡了村子，当德军先头的装甲部队进入波赫勒宾村时，仍然有个别苏军火炮在开火。苏军步兵在每一栋房屋和每一个角落里顽强抵抗，跟随坦克的掷弹兵们不得不用手榴弹来瓦解敌军摩托化步兵的最后一条防线，阵亡士兵的遗体密密麻麻地躺在被摧毁的反坦克炮周围，只有一小部分幸存者逃入沼泽地和灌木丛。到了中午时分，波赫勒宾的敌军已经被肃清。

在村子和前天战线之间的地域，几辆敌军坦克仍然在为支援被困苏军突围的尝试而战斗着。部分苏军试图越过阿克塞河逃跑，但只有一小部分成功逃脱。另一些试图突破或渗透我们据点之间的地域，但是被交叉火力压制后遭到了惨重的损失而被迫放弃。最终，一大股敌军在两条干河床之间找到了漏洞并试图向西逃跑。由于浓烟的遮挡，我们的掩护部队最初没有发现他们，但是最终还是报告说某些东西正在接近，既不是人员、马匹，也不是坦克。当这个神秘的单位从高地顶端涌出并准备突袭马约尔罗夫时，才发现那是一个骆驼旅。该旅一头扎进了为阻止坦克从这条路线上逃跑而备战已久的坦克和反坦克炮当中。莱德维茨上尉（Radzuweits）的第11装甲团第8连和由耐克瑙尔上尉指挥的第41装甲歼击营以猛烈的炮火迎击这些骆驼和他们的骑手，以至于它的先头部队立即就崩溃了，其余的胡乱向后逃跑。我们的装甲兵试图追赶他们，但是没能成功，地面大多太过松软以至于难以支撑坦克的重量。事实证明那些正在逃亡的骆驼可以更快更好地穿过田野，因此赢得了这场至关重要的赛跑。他们中的许多人逃了出去，因为他们能够涉水穿过阿克塞河。

我军包围的口袋在下午早些时候被扫荡干净，两天的战斗也随之结束。不过在接下来几天中，还会陆续在干河床中发现掉队的和零星的骑兵。我们迅及时给处于半饥饿状态的被俘士兵和草原矮种马提供了补给。当地的地形清晰地留下了苏军濒死挣扎的痕迹。骑兵第85师已经在波赫勒宾村地区被击溃，骑兵第115师也遭到了相同的命运。我们在公路以及村子各处清点出了坦克第65旅56辆被烟熏的漆黑，周边满是碎片的坦克残骸。就在几小时前，这些沉默的机器还是骑兵部队引以为傲的中坚。火炮、汽车、弹药和各种武器装备翻倒在地，破碎不堪并燃起熊熊大火。四周夹杂着成堆阵亡的苏军士兵及其坐骑的尸体。道路和草地已经被坦克履带碾压翻犁的面目全非。焖烧的木板和倒塌的掩体阻塞了小村内的街道并加剧了混乱，空气中还弥漫着烧焦的味道。难以计数的战俘和2000多匹马落入我们手中，两个苏军骑兵师长都已经阵亡，军长已经逃过了阿克塞河并从河对岸我们哨兵的枪口下逃脱，不过他们所有的警卫员都被俘虏了。

激战后严重毁坏的波赫勒宾见证了永垂不朽的英雄事迹。12月5日反坦克排牺牲了自己，以阻滞苏军坦克的首次进攻。被敌军炮弹摧毁的火炮翻倒在地，旁边躺着排长弗赖赫尔·冯·普滕贝格中尉（Freiherr von Plettenberg）及其部下。苏军那边也有类似于这种"波赫勒宾的温泉关"的场景，在自己的阵地上战至最后一刻的苏军坦克和反坦克炮中不乏这种"死亡之连"，虽然缺乏经验却十分勇敢的士兵在那里找到了自己的归宿。就这样争夺波赫勒宾村的战斗，以苏军遭受到我军精心策划的坎尼式的歼灭而告终。对于敌人的骑兵军而言，这是一次决定性的失败。但对于第6装甲师的士兵们来说，这只不过是解救斯大林格勒攻势的良好开端。

## 黄金桥

"解救斯大林格勒！"

这次重要行动的执行情况关乎到斯大林格勒30万部队的命运。即将要尝试一个历史性的使命，战役的后续进程将建立在它的成功之上。从军官到下级士兵都充分意识到了这一点。任务艰巨的意识和他们对于自己战友的责任感，他们忧虑的目光无不注视着伏尔加河上的这座城市，各级官兵都已经做好准备竭尽全力去完成这个艰巨的使命。这种态度和不畏牺牲的精神，结合他们非凡的作战技能和与苏军苦战中所获得的战斗经验，将会创造不可思议的奇迹。

帕克赫勒宾一战后，部队焦急地等待着向斯大林格勒进军的命令。但目前仍然有必要等待最关键的补给送到。尤其是第23装甲师的残部正在萨尔河后方整补，必须等它们完成战场补充。在此期间，许多从骑兵部队调到装甲掷弹兵团的士兵骑着缴获的草原矮种马，先前的战斗中我们缴获了数百匹这样的马。皮帽子扣在头上，骑兵刀挎在腰间，他们在这片土地上纵马奔驰。长腿几乎碰到了地面。波赫勒宾村的街道到处是马匹而非坦克，可以想象如果是苏联的中亚骑兵而不是德军的装甲兵赢得了这场战斗，那将会是怎样的场景。

几天之后越来越多的迹象显示敌人准备通过包抄侧翼来动摇第6装甲师的防御。12月9日，德国空军的侦察机和昆廷少校的侦察队发现了一支混成部队，它们似乎打算从遥远地东面绕过科捷利尼科沃地区，该纵队由一个骑兵营（由两到三个连组成）带头，后面远远跟随着两个由数辆坦克加强的步兵营。

这显然是一支强大的苏军侦察部队,其任务是搞清战场形势和德军兵力的集结状况。我有理由推测这个侦察单位后面很可能会有一支来第4机械化军或第13坦克军的强大坦克部队跟随,意将还在为解救斯大林格勒做准备的第四装甲集团军赶回去。

我的首席参谋冯·凯赛尔少校(Kessel)从一开始就预先考虑到相应的对策来对付这部分苏军。12月7日,冯·许纳斯多夫上校的装甲团再次在塞姆查尼车站附近集结。在帕克赫勒宾村一战中16辆坦克受损,几辆损伤较轻的可以进行简单修复,其他的可以用刚刚送来的坦克来补充。因此,凯赛尔少校和我将我们的装甲部队布置在战线后方20公里处,在类似的指挥下,他们曾于12月5日夜间穿过那里的丘陵地带给苏军以决定性的一击。行军中的部队快速通过

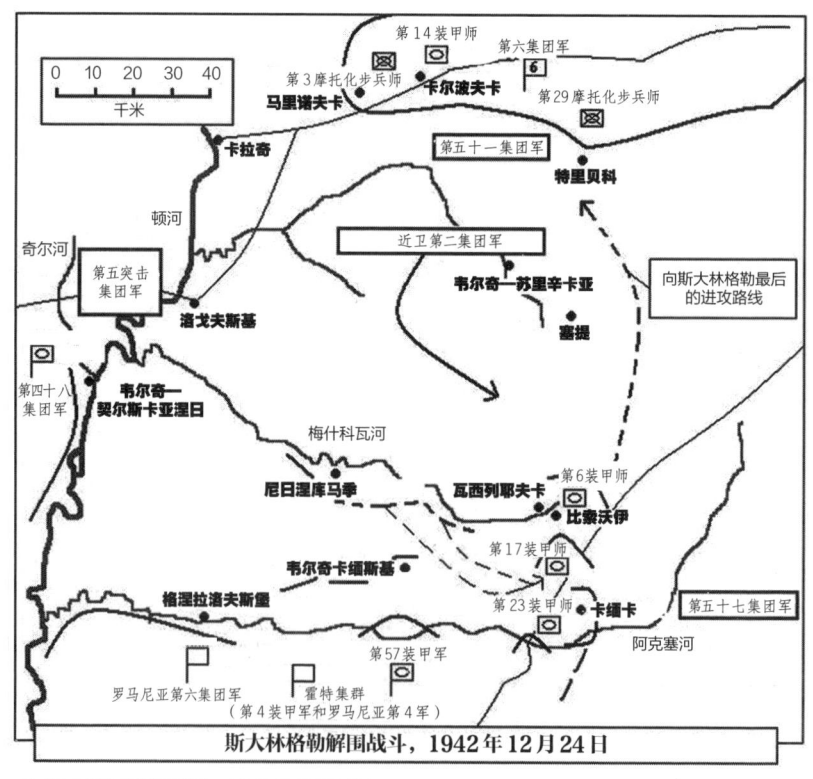

◎ 斯大林格勒解围战斗,1942年12月24日

这种地形的可能性是极大的，无论行军在白天进行还是在夜晚进行，起伏和缓的高地上覆盖着一层薄雪，里面伸出棕色的枯草；无论是雪还是干枯的草都不会阻碍我们的战术行军。我们计划运用与几天前摧毁骑兵军的那种类似的方式，打败从东南方向进攻科捷利尼科沃的敌军。

相反地，苏军越过同一片丘陵地形进入科捷利尼科沃的河谷之后，将会发现他们位于两个绵延数千米，而且非常深的干河床之间。这些河床构成了一个绝佳的反坦克壕。不论是人员还是马匹，没有架桥设备帮助均无法穿过。这些河床在它们侧翼，阿克塞河横跨在它们前进的路线上，一旦我们机械化预备队的坦克和卡车出现在它们的集结地域攻击他们的后方，这些苏军将无路可逃。它们将难逃第二次坎尼之战的命运。

综合以上因素，再考虑到在开始突向斯大林格勒的解救行动开始前，击败这些可能是规模最大的敌军部队的决定性意义，我非常渴望让苏军大规模坦克部队跟在它们的侦察部队后面。不过，为了让它们愿意这样做，我们需要建造一座"黄金桥"来请君入瓮。为了达成目的我们的部署要变得更加松散，给苏军侦察部队让出一条畅通的道路，来诱使它们到科捷利尼科沃"摘取看似熟透的水果"。正如我们所侦察到的那样，苏军先头部队真的选择了那条指向虎口的道路。

截至12月9日，苏军侦察部队已经穿过了布达卡（Budarka），先头骑兵部队已经抵达了波罗兹卡（Pogozhka），但是目之所及没有一个德军士兵。我们之前部署在那里的Sdkfz 233装甲侦察车和其他单位都已经奉命撤回，现在正从伪装良好的隐蔽处观察敌人的行动。当先头侦察部队进入卡里尼（Kalinin）和雷尼（Lenin）的第一个农庄却发现德军无影无踪时，苏军明显地局促不安起来。他们也没有发现塞姆查尼—科米萨洛夫地区仔细伪装过的机械化预备队。另一方面，敌人骑兵看见德军火车从他们身边驶过，距离仅3公里而已，铁轨西侧的公路上也能看到许多卡车。

苏军骑兵在前往内格尼特（Negotnig）外围的路上也观察到了相同的移动，那是昆廷少校的第6装甲师侦察营驻地，事实上士兵和伪装过的卡车已经挤满了村子。他们手中紧握武器并随时准备跳起来抵制敌军进攻，摩托化步兵蹲在农场木屋的地板上。机枪组隐蔽在角落里，等待信号向毫无戒备的敌军开火，我们的侦察兵从天窗上近距离观察他们的移动。但什么也没有发生，只有公鸡在村子里散步，剩下的就是死一般地寂静。犬吠显示敌军侦察骑兵和先头侦察员的靠近，他们中的一些匍匐前进到了外围房屋100米的范围内。这两个步兵营已经谨慎地在布达卡以西的丘陵地带构筑了阵地，当天下午跟随着抵达了波罗兹卡。他们在村庄以北再次挖掘工事，与支援他们的少量坦克保护着侧翼与后方。

在两天的时间里，德国空军没有发现任何苏军大规模坦克部队跟随侦察部队。即使我们不对它们的先头部队进行最为轻微的抵抗，也找不到这样的部队。我决定允许苏军的侦察部队继续深入，直到形势所允许的最大限度。

苏军果然上了当，又将两个步兵营向内格尼特方向推进了8公里，与此同时，卡林尼（Kalinin）的骑兵得到了增援，它的侦察部队在未受干扰的情况下，几乎已经深入到塞姆查尼车站，无论如何这已经是我们的底线了。对我们部署在铁路线和内格尼特据点的部队已经构成了足够大的危险，因此我决定出手，并且对已经落网的这条小鱼还算满意。

就在我做出这个决定时，苏军侦察部队开始后撤，很明显他们已经丧失了继续前进的勇气，赶在夜幕降临之前匆匆撤退了。不会再有突袭到来，紧张的一天却是完全平静地结束了。很明显敌军装甲部队指挥官无心穿过这个我们用心为其打造的"黄金桥"。是什么原因让他拒绝这样做？我只能相信是"帕克赫勒宾的坎尼之战"抑制了苏军指挥官的进取心，他的部队损失太过惨重，以至于他对于再进行一次类似的冒险失去了兴趣，甚至一座"黄金桥"也无法改变他的态度。

## 利用侧击保护侧翼

12月10日我终于接到了向斯大林格勒发动解围攻势的命令。该命令规定第6装甲师将于12月12日在铁路线达成突破并尽快抵达阿克塞河北岸。由汉斯·福尔曼·冯·博内伊堡中将指挥的第23装甲师将伴随进攻，布置于右翼，为第6装甲师的侧翼提供保护。但是对我们至关重要的西翼没有可以动用的掩护部队。第57装甲军的这份进攻计划给我提了一个战术上的难题。

一方面，快速突破掘壕据守的第51集团军需要我们在皮蒙—切尔尼（Pimen-Cherni）和科捷利尼科沃以北的公路之间集中全部力量。但又无法忽视骑兵第4军的残部，因为这些残部已经集结于上雅布洛奇尼和上库莫亚斯基地区，而且现在已经调集了部队对其进行加强。我们最乐观地估计是这些加强过的残部由几支徒步作战的骑兵部队和骆驼部队组成，由14辆坦克加以支援。尽管这样一支混编的部队与一个装甲师无法匹敌，不可否认的是它的存在对于我们的后勤补给意味着严重地威胁，我们的补给线完全依靠铁路线和与铁路线平行的公路线，这条生命线的一旦中断就会给救援行动带来致命的影响。谨慎起见我们必须要面对这个危险。

一支部队保护侧翼的常见方法是分出一个警戒侧翼的巡逻队来伴随主力行动。在目前的情况下，这样一个巡逻队至少应达到营级兵力，并由火炮和装甲部队加以支援。这明显是不可能的，从第6装甲师长时间抽调出这样多的部队——无论是在最初的突破期间还是在进攻的途中——都将极大地削弱我们的突击力量，以至有可能破坏原先的计划。划定一个"固定"的侧翼警戒区也会有相同的缺点。

因此我断定有必要进行一次单独地打击来完全消灭这股敌军。为此我将全师集中在桥头堡掩护部队后方一片非常小的地域，在那里与敌军保持接触，然后沿着铁路线两侧的高地推进，并突入这个骑兵军残部的后方纵深。随后冯·许纳斯多夫上校的第11装甲团与克莱斯上尉的第4装甲掷弹兵团第2营（一旦从掩护桥头堡的任务中释放出来），将奉命对上雅布洛奇尼地域的苏军部队进行一次猛烈地打击以肃清我们的西侧翼，并充分满足掩护侧翼的任何进一步要求。为了在这两次行动中最大限度地使用兵力，这些任务必须要成功地执行。一旦侧击摧毁了骑兵军的残部，随后的大规模突破将尽快开始。

12月12日日出之前，第6装甲师与布置于我们右侧的第23装甲师已经做好了进攻准备。在日出前的最后5个小时里，我们的作战部队已经在黑暗中在科捷利尼科沃以北的桥头堡顺利完成集结，他们离开的地方看起来没什么变化。一个晴朗的冬日即将破晓，军官们核对了他们的手表。每个人都完全意识到这个正在来临的时刻是多么重要。

突然的爆炸声打破了平静，师里的每一门火炮都在射击，看起来这些炮弹仿佛要落到我们的战线上。每个人都不自觉地缩回身子并弯下了腰，但是第一轮齐射的炮弹已经尖叫着落到了格力姆亚奇车站（Gremyachi）。地面在重

第七章：在斯大林格勒城外 · 155

型炮弹的爆炸中颤抖。石头、枕木和铁轨被抛向空中。这轮齐射正中苏军的主要据点。这标志着"女巫安息日"行动即将开始。

在格伦德赫尔上校的火炮持续高速射击的同时，冯·许纳斯多夫少校的装甲兵们发动了引擎，我们的主要装甲车辆开始向前驶去。它们像潮水一样漫过了苏军阵地，以大纵深楔形编队在草原上推进，它们的枪炮给溃逃中的敌军送去了死亡与毁灭。这场灾难给猝不及防的苏军带来的冲击是如此突然和猛烈，以至于他们未能挽救自己的重型作战装备。轻重火炮原封不动地矗立在它们的发射阵地上，还没来得及进行一轮齐射就被我们的装甲部队从后方包围和缴获，苏军炮兵尽可能快地将火炮牵引车带了上来，但是他们未能赶到火炮那里，因为我们的机枪火力打死了牵引它们的马匹。幸存无几的马啃食着冰冻草原上的草，仍然与那些受伤流血而死的拖曳马站在一起。雪地上的鲜血标记出了它们的踪迹。残余的苏军步兵已经四散而逃，像是被风吹走一样消失在了高草丛中。

时至清晨我们已经越过了苏军这个师的师部，紧接着是军部，两者都已经匆忙撤退。致使敌军的行动陷于瘫痪，昆廷少校的第6装甲侦察营在铁路线以东前进，继续与第23装甲师保持联系，该师已经在同一时间展开了进攻，并从库莫亚斯基阿克塞河两岸的高地向前推进18公里抵达了皮蒙—切尔尼。开始时，第23装甲师遭遇苏军一个步兵师的顽强抵抗，但是我们击败第51集团军的主力后，它们的抵抗很快便土崩瓦解。

主要行动在数小时之内就获得了战术上的完全成功，现在是时候排除残留在侧翼上的威胁了，由100多辆坦克组成的第11装甲团主力按计划转向西方，直接影响正在后撤的苏军单位。冯·许纳斯多夫少校的装甲兵遭遇的每一处有价值的目标都无法对坦克构成威胁，因此很快就得以肃清。俘获的苏军火炮和其他重型武器，以及马匹和许多车皮各种物资（甚至包括野战厨房）的数量每个小时都在增长。

几小时前，克莱斯已经准备好了上雅布洛奇尼的剧本，他计划从南面向村子的延长部分发动佯攻。这次进攻将掩盖大量德军进攻部队的存在，并且有可能诱使驻扎在顿河和上雅布洛奇尼的苏军骑兵军残部来防御这个位置暴露的村庄。这个策略的另一个意图是吸引敌军的注意力，掩护我们正在接近的，肩负着完全歼灭敌军任务的装甲部队。

作为该计划执行的第一阶段，第4装甲掷弹兵团2营对它当面的敌军掩护部队进行了一次奇袭，轻而易举地打垮了它们并从不同的方向上驱赶它们的队伍。溃兵进入村庄并夸张地宣称德军大部队正向上雅布洛奇尼方向前进，结果当地以及沿阿克塞河下游与顿河附近所有村庄的守军全面警戒。当天德国空军非常活跃，很快就报告说所有敌军占据的村庄都异常活跃，在上雅布洛奇尼南边的防御阵地还接受了强力增援。

克莱斯上尉迅速展开进攻。他计划制造出这里存在一支强大部队的假象，加上在只有薄雪覆盖的开阔地推进的必要性，需要他的部队组成宽正面大纵深的队形。偶尔有来自一个苏军轻型炮兵连的贫弱火力也无法阻止行动的展开。

当我们的掷弹兵接近村庄时遭到了令人不快的机枪火力射击，因为这样会迫使我军士兵卧倒并不得不使用重武器。而且，这种推进方式可以避免过多的损失。军官们命令部下从头到尾各自单兵推进，而不是整支队伍一起向前冲。从苏军那里学到的渗透战术对我们的老兵而言已经是非常熟悉了，他们非常精通东线战斗中的这种战术。得益于没有被积雪覆盖的草甸，在清晨可以进行侦察，甚至是小规模巡逻抵近村庄边缘。他们报告敌军不断加强守备。根据德国空军和地面侦察的报告，许多苏军小队不断从顿河和阿克塞河赶往上雅布洛奇尼。截至中午克莱斯中尉的整个营都接近至村庄数米范围内。指挥官现在转而开始担心该营脆弱的左翼，敌人可以在那里动用坦克和步兵威胁和攻击。我们的应对措施是以配置于纵深的预备队在一个装甲排的支援下进行了反击。

苏军骑兵第4军残部仍然没有完全从一个星期前遭受的打击中恢复过来，而且无意准备攻势行动。相反，他们仍满足于增援在上雅布洛奇尼受到威胁的同志。因此他们的行动完全在我军的掌握之中，顺理成章地落入我们准备好的陷阱。但是，我仍然担心他们可能会从第51集团军主力的惨败中得出正确的教训，在那时向北或向西匆忙后撤。如果苏军这样做，冯·许纳斯多夫上校的装甲兵们就会扑空，第二天我师将会发现敌军依然在侧翼，结果就是宝贵的时间白白丧失，如果苏军退过顿河，克莱斯上尉的营将不得不对其发起追击，在此期间装甲兵们将不得不鲁莽地向前推进以寻求机会在河流附近歼灭敌军。

迄今为止苏军仍然有时间来避开我们的进攻，但是他们的指挥官显然对自己后方的威胁熟视无睹，要不就是没有接到撤退的命令。于是苏军继续坚定地守卫村庄，抵御着我方掷弹兵对村子的每一次渗透。我们某个巡逻队偶尔攻下一所房子或夺取一道战壕，但苏军常常在坦克的支援下发起反击夺回失地。每个小时似乎都无穷无尽，第4装甲掷弹兵团2营的人不得不摆出志在必得的姿态，直至第11装甲团出现在苏军后方。装甲团耗费了一下午通过村子东侧的沼泽地，然后在高地后面集结，以便进行决定性的打击。它们在日落前仅一小时的时候才完成了集结，装甲兵在狂野地追击中一马当先，与他们侧翼的梯队齐头并进。数不尽的坦克炮塔出现在草原上，很快我们的装甲兵就驶下斜坡。许多炮口发出的闪光和雷鸣般地爆炸声指示出敌军毁灭的范围。它们以寥寥无几地的坦克和防御武器抵抗这支新锐部队的努力（虽然他们的抵抗为大部苏军争取了足够的逃脱时间）被证明已经太晚且注定是徒劳。

一阵短暂而一边倒的战斗之后，14辆苏军坦克中的10辆燃起了烈焰。它们燃烧产生的烟柱和燃烧着的苏军据点将天空染成了深红色。一片由毁坏的房子和武器装备构成的残骸埋葬了这些苏联守军。在完美地执行了他们这部分任务后，第11装甲团的坦克消失得和出现时一样快，继续向北朝我们的主要目标推进。克莱斯上尉的步兵，刚才已经从掩蔽壕中目睹了这场不平等的战斗，当他们肃清该村时几乎没有遭遇任何抵抗，因此很快再次集结以便用于新的任务。残存无几的中亚骑兵成为了战俘，只有4辆坦克和少量残兵杀出一条生路向西逃去。在第二天早晨（12月13日），一个高射炮连从被占领村庄北侧高地的伏击阵地上击毁了最后几辆试图返回第51集团军防线的苏军坦克。现在所有危险都被消除了；在为主要攻势清理第6装甲师左翼的行动中侧路突进战术被证明是完全成功的。

## 旋转的战斗

第11装甲团有理由为它在12月12日取得的战果感到骄傲，在一天的时间里装甲兵们赢得了两场战斗的胜利，与此同时在未受损失的情况下向前推进了将近17公里。这被公认是救援斯大林格勒行动的良好开端。但是胜利之路还很遥远。我们距离目标还很远，每个人都知道后面还有艰难的战斗。对于霍特、基希纳和我而言，击败通往斯大林格勒道路上的苏军坦克阻击的任务，考虑到它们巨大的数量优势，看起来似乎是不可能的。

阿克塞河北岸后面隐藏着坦克第13军和机械化第4军，两支部队进行巧妙的指挥和布置，准备在我们的解围部队穿过河流时发动进攻。这两支部队并没有进入我们为它们提供的科捷利尼科沃"黄金桥"，并远离了12月12日的战斗，从而避免浪费它们的打击力量。另一方面，该部队被分散布置在一大片地

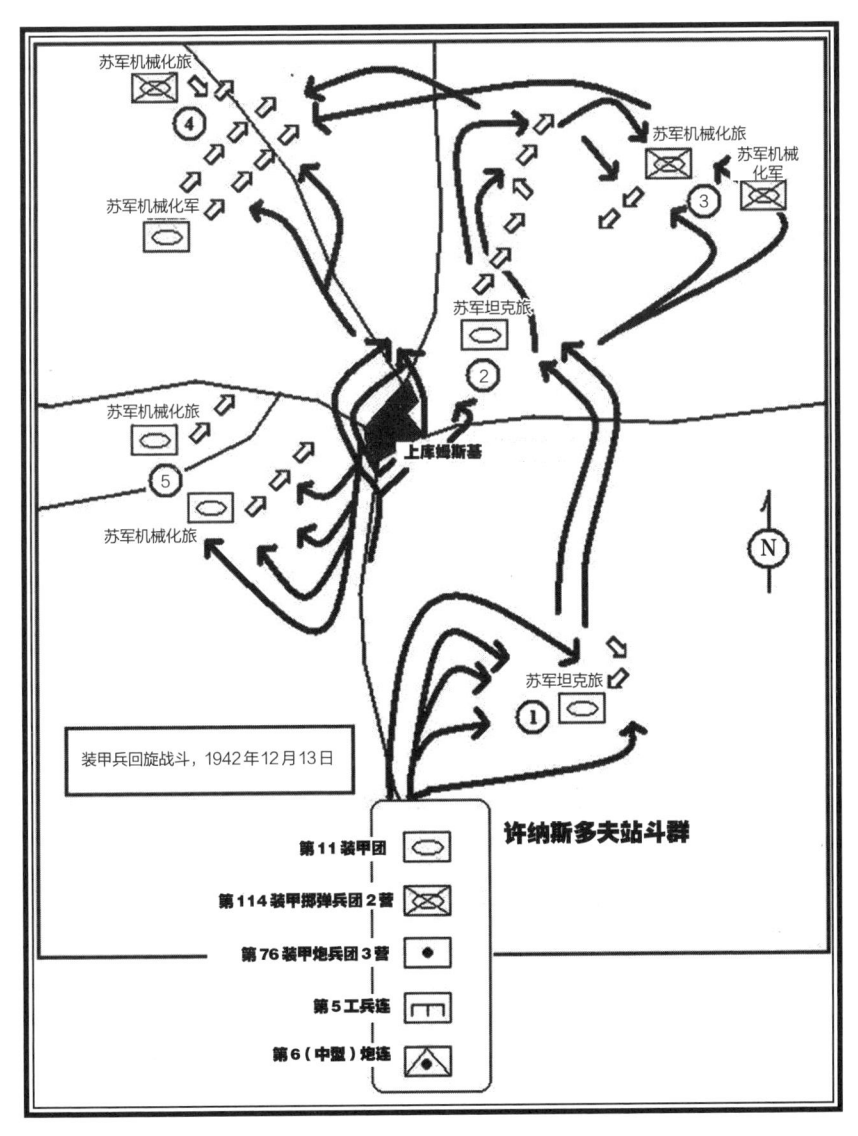

◎ 装甲兵回旋战斗，1942年12月13日

区，因此给了我们机会在局部地区形成优势兵力来将其各个击破。

考虑到这些因素，我决定在12月12日夜间向前推进，穿过阿克塞河北岸，进入环绕上库姆斯基的高地。集中我的全部装甲部队以击败在任何地点发现的敌军坦克部队。如此大规模的机动超出了霍特将军和基希纳将军分配给我的任务，他们只是命令第6装甲师将溃逃的苏军逐退至阿克塞河，并在那里建立桥头堡。然而事实上这一计划中的行动不仅危险，而且可能导致一种非常的战术态势，削弱战斗的效果。总之，我分配给冯·许纳斯多夫上校的任务不是拿下一个村子或者守住一块阵地，正相反，他的任务是削弱苏联人的同时尽可能地使己方的损失降到最小，直到我们的坦克数量胜过敌人，以使决定性的胜利成为可能。相应的，我们的战术包括引诱第13坦克军和机械化第四军各个单位与我们分别交战，而调动另外一个敌人，避免失败，并保持主动权。

考虑到我方装甲兵在12月12日的胜利战斗中损耗严重，我下令日出前进行短暂的休息，在此期间装甲团为坦克进行加油并接受补给。很快，在完全黑暗中只有靠暗淡的星光照明——在近距离上——坦克暗淡的轮廓和它暗淡的履带印穿过雪地，第11装甲团开始向前驶去。坦克履带的声音突然划破平静的草原，苏军反应过来后绝望地尝试封闭我们在齐勒科夫（Chilikovo）北部取得的突破口。因为敌军在前天的战斗中已经失去了反坦克武器。我们的装甲兵没有浪费一点时间就越过了它们的据点，将其留给后面的掷弹兵来对付。日出前我们的先头装甲部队已经抵达阿克塞河北岸并开始寻找渡河点。最后他们在沙利文斯基发现了一个浅滩并开始渡河。里姆林格中尉的第4装甲掷弹兵团第1营立即紧随其后建立桥头堡。与此同时工兵们开始架设桥梁。昆廷少校的第6装甲侦察营击退了齐勒科夫以北的守军并穿过了铁路线。这个行动保障了我们的右翼，因为在阿克塞河南岸已经可以观察到苏军坦克和卡车移动，豪希尔德中尉的第114装甲掷弹兵团第1营将苏军从齐勒科夫以西的高地赶走，现在占领该地区来抵御任何自西而来的进攻。

尽管他们已经在"坐着火箭冲刺"，冯·许纳斯多夫上校的装甲兵向北冲刺。这次突击"击中了敌人的心脏"完全打乱了它们的计划。这最终成为解救斯大林格勒的真正的起点。只有打败兵力两倍于我们的敌军才能打开一条通往第6集团军的救援通道。双方部队的指挥官都知晓这一点并在一次最大的努力中拿出了他们所有的力量、勇气和战斗技巧以确保胜利。意识到他们行动的结果就是上库姆斯基周围的"回旋战斗",在那场战斗中500辆坦克参加了接下来十个小时的激战。

这场"回旋战斗"围绕上库姆斯基展开,在战斗中第6装甲师首先赶到并坚守到最后,一个重要原因是允许战斗群指挥官冯·许纳斯多夫上校完全自由的行动,并充分利用内线作战的优势。所以无论何时何地我们的部队和坦克都能先于敌人到达,对于它们而言所有通向上库姆斯基的道路仍然是堵塞的。此外我们享有一个远比苏军更加灵活的指挥系统带来的优势,主要是因为我们的坦克有着比苏军坦克更加现代化的通信设备。另一方面,苏军需要指挥两倍于我们的坦克,所有这些坦克完全被我们的装甲兵牵着鼻子走。此外,苏联坦克后面都跟着大量步兵,但是这些部队抵达战场相对晚一些,而此时战场胜负已分。

许纳斯多夫战斗群的编成如下:

第11装甲团团部:许纳斯多夫上校

第11装甲团1营:洛维少校(lower)

第11装甲团2营:贝克少校(Baeke)

第114装甲掷弹兵团2营:屈佩尔上尉(Kuper)

第41装甲歼击营1连:杜尔班中尉(Durban)

第57装甲工兵营1连:罗森纳尔中尉(Roessner)

第76装甲炮兵团3营:格拉夫中校(Graf)

第6(中型)炮连:瑙豪斯中尉(Neuhaus)

第8(重型)炮连:霍勒泽尔上尉(Hoelzer)

第9(重型)炮连:普勒希尔中尉(Plecher)

这场战斗的开端与它开始时的局势一样不同寻常。冯·许纳斯多夫战斗群当前的目标是上库姆斯基。阿克塞河谷仍然笼罩在浅雾中,就连清晨的第一缕阳光也无法刺穿它,坦克一辆接一辆的从浅滩涉水过河滚滚向北,队列一眼望不到头。幸运的是,河流与村子之间的旷野和小路都可以通行履带和轮式车辆。

就在纵队的先头单位爬上上库姆斯基南侧高地的时刻,第一缕太阳光线穿透了薄雾。展现在我们部队眼前的是无边草原宁静的假象。静卧在河谷中的上库姆斯基的轮廓现在清晰可辨。我们的轻型侦察坦克已经抵达村子,并用无线电报告那里没有敌军，在位于进军路线西侧的一块被称之为140高地的地方已经布置了掩护部队，并回报说未与敌人发生接触也没有发现敌军活动的迹象。

突然，冯·许纳斯多夫上校接到一条从行军路线以东147高地的装甲侦察单位发来的紧急报告："在高地南侧的宽阔洼地中有大量敌军坦克集结。更多坦克正在赶来"。

形势明朗起来。被突然出现在阿克塞河北岸的德军坦克惊动后，苏军已经动用了它们最近的可用部队来直接对付我们。这是一个苏军坦克旅，其任务是切入我们侧翼并且将我们拖住，当我们应对第一个威胁的同时其他坦克旅——正在从北面接近上库姆斯基——将会打击我们的侧翼和后方。甚至在147高地附近的坦克旅完成集结之前，它就将以可用部队来袭击我们的侧翼。

但是苏军严重低估了德军装甲团的战斗力和灵活性，苏军坦克刚刚进入贝克少校的第2装甲营60门坦克炮的射程，此时冯·许纳斯多夫上校迅速进入了设在一座低矮高地后面的指挥部，德军突然开火。十多辆已经充满瞄准镜视野的敌军坦克燃起了烈焰，其余的为了躲避相同的命运急忙逃出射程。

乘车跟随冯·许纳斯多夫上校的贝克少校在它们身后发起追击，组织他的坦克群轰鸣着冲进洼地开始攻击。尽管敌军竭尽全力向南北方向突围以恢复自由，这个苏军坦克旅最后还是被完全合围。逃脱失败后，敌军坦克在密不透风的口袋内结成了环形防御圈并进行了激烈的抵抗。当第2营的炮弹从各个方向射出并将它们赶回口袋时，另一次向东突围的尝试也被证明是徒劳的。

这场不对等的战斗很快就结束了，苏军坦克旅就在这个地方被消灭，不到一小时前，它们还意气风发地在为发动进攻而集结。超过70辆苏军坦克进至这片地区，它们的炮口仍然指向我们的装甲兵袭来的各个方向。虽然敌人的第一波进攻最终结于一座"坦克坟场"，但它令敌我双方士兵都颇为震撼，苏德双方飞行员还将此地误认为是坦克集结地而反复轰炸。许多士兵——无论来自德军还是红军——当他突然走进这群沉默的坦克时，都会感到恐惧，然后——当他意识到自己的错误时，会深深的感动——举起他的手致以敬意。

就在147高地以南激战正酣时，冯·许纳斯多夫上校最后一部分装甲部队进入了上库姆斯基，它们成功地在苏军赶到之前占领了那里。然而没过多久，洛维少校的第1营就发现自己已经卷入到同苏联坦克旅的战斗中，后者接到了被包围坦克旅请求支援的急切呼救。由于苏军的猛烈进攻，洛维少校不得不将他的装甲部队拉回到村子北侧，在那里可以抵御兵力占据优势的敌军，因为随着战斗群其余部分的陆续赶到，他接收到了持续增援。在第1营坦克提供的掩护下，屈佩尔上尉的掷弹兵接手防御，准备他们的阵地，并承担起了防御该村的职责。

这意味着该装甲营可以再次参加更加灵活的行动。尤其是当苏军试图接近那个损失惨重的苏联坦克旅，并尝试将它们的坦克从两侧绕过上库姆斯基时，这样的行动自由至关重要。一边灵活机动一边不断重新分配自己的部队，洛维少校虽然以寡敌众，却多次成功阻止了苏联人包围他们。

然而就在此时，第三个坦克旅加入战斗，向我们东翼推进，试图切断147高地附近贝克少校的第2营与上库姆斯基部队的联系，形势变得更加危急了。147高地附近战斗的喧嚣突然结束了；显然战局已定。苏军坦克仍然没有退缩。难道敌军会就此取得胜利？

就在冯·许纳斯多夫上校在无线电中通知洛维少校坚持住后，他与第2营立即赶去增援。官兵们的心脏剧烈跳动，因为这个消息对于他们而言就意味着胜利。的确，Ⅲ号、Ⅳ号坦克熟悉的外形已经出现在147高地的两侧，正如士兵们所看到的那样，它们的数量正在增加。就在更多坦克翻越山脊的同时，四个楔形装甲编队以最快的速度冲下斜坡。

苏军开始明显地焦虑起来。因为已经有相当一段时间没有无线电消息从147高地周围的先头坦克旅传来，现在大量德军装甲部队又突然涌入河谷。苏军坦克乘员意识到这意味着已经吃到了第一个败仗，第二次失败的威胁已经迫在眉睫。这种形势要求立即展开行动，不能浪费时间，官兵们，无论是苏联的还是德国的，都立刻明白了这一点，因此所有的无线电通讯都用明语呼叫。上库姆斯基前线的苏联坦克旅反复发出呼救，它们最后得到回复是"机械化旅就在路上，坚持住，坚持住！"

与此同时领头的楔形编队已经抵达了河谷，冯·许纳斯多夫上校可以从他在147高地的观测点报告他们在精确地执行命令。每个军官都知道如果要在敌机械化旅赶到之前锁定战局，那速度是必不可少的。冯·许纳斯多夫上校在这次进攻之后，形成围困苏军坦克双重包围圈，同时坚守该村的计划开始在战场上付诸实行。

苏军指挥官几乎是同样迅速地看破了德军的计划,并为摆脱对它侧翼的包围而徒劳地试图增加它的正面长度。一轮又一轮猛烈的炮火——来自从高地上冲下来的装甲兵或村子里的守军——阻止它们这样做。首个装甲编队已经接触到他的侧翼并开始将他的部队压缩得越来越紧。敌军指挥官仍然在顽强地抵抗,试图通过收缩两翼来解除自己侧翼的威胁。但是我们施加的压力不断增加,随着它的侧翼越来越薄弱,其防御能力也随之减弱。允诺的增援如果不能按时到达又有什么用呢?

这时一些贝克少校的坦克已经出现在敌人后方来切断它们的最后一条退路,一条宽阔的而沉陷的道路。但只有少数坦克在封锁这条路,从后方突围依然是有可能的。敌军指挥官知道机不可失,他的损失已经非常高昂了,继续抵抗可能会让他的旅全军覆没。这些显而易见的因素让他下令撤退,他利用最后的机会逃脱毁灭的厄运并与我们脱离接触。牺牲了他侧翼的掩护部队和后卫部队(最后被我们的左翼追上并歼灭),坦克旅溃散的残部竭尽全力经由这条凹陷的道路向北逃去。

第二个坦克旅已经被击败,损失了35—40辆坦克,这就意味着它已经不再是一个强劲的对手。不过剩下的苏军坦克如果得到正在赶来的机械化旅的增援仍有可能构成威胁。因此虽然这对苏军而言又是一次严重打击,但是冯·许纳斯多夫上校知道他还没有彻底取得胜利。

很快战斗群开始从东、南两个方向拦截连续的无线电信息,从其不断增长的频率来看可以预计这是一次由数量优势极大的苏军部队发动的同步向心进攻。这些单位由坦克单位和摩托化单位组成,对他们而言上库姆斯基已经被列为一个需要尽快抵达并夺取的危险目标。一夜之间在阿克塞河以北挺进20公里,夺取了苏军坦克军的集结地域并重创了两个坦克旅,冯·许纳斯多夫战斗群很快就要面临被消灭的危险。

幸运的是,冯·许纳斯多夫上校在激烈的战斗中仍然习惯性地冷静思考。从德国空军那里接到的侦察报告说,从西方而来的大量苏军部队离这里仍然有两个小时的距离,他迅速决定当机械化旅在中午时分从西北方向赶到时,对其发起进攻。

他首先进攻的是该旅西翼的坦克部队,当它们转而面对他的攻击时,他通过在一片洼地推进来隐藏我方装甲部队,第11装甲团的主力切入敌军后方。在引起的混乱中,苏军摩托化步兵紧紧跟随着他们的先头坦克部队穿过荒郊向西北后撤,以逃脱冯·许纳斯多夫上校"勒死"他们的企图。另一方面,苏军坦克在我军数量更多的坦克的交叉火力下蒙受了沉重损失,但它们只有在进行了英勇的抵抗并掩护步兵撤退后才会撤退,其他苏军部队正从西北方向前来支援这个机械化旅,与我们的侦察部队保持着接触,后者牵制住他们使其无法投入战斗。

不久之后,这个正在接近的机械化旅转向东北以便从后方进攻许纳斯多夫战斗群。不料它突然撞上了一条得到充分掩护的装甲部队构成的防线,它已经在追击其他机械化旅期间从第11装甲团的主力中分离出来,奉命调转180度占领阵地以封锁从东北方向前来的其他苏军,现在一场激烈的坦克决斗开始了,在这场战斗中苏军坦克,毫无掩护地向前推进,蒙受了相当沉重的损失。但是该苏军坦克旅的指挥官,通过牺牲它们来将他的摩托化步兵和一些反坦克炮调至装甲部队的侧翼,从后方对我们的车辆开火。当另一支敌军坦克部队正从西面赶来的报告传来时,形势迅速变得更加危急。即便如此,我们的装甲兵仍然勇敢地守住了他们的阵地,冯·许纳斯多夫上校让他们坚信他将尽可能快的率坦克团的主力前来支援。

第11装甲团的主力现在作180度转弯径直驶过上库姆斯基,领头的苏军坦克已经与防守村庄的屈佩尔上尉的掷弹兵交火。现在苏军炮兵也首次加入了战斗,从西面向村子开炮。负责保卫上库姆斯基的普勒希尔中尉的150毫米榴弹炮连立即予以还击,很快就让敌军火炮沉寂下来。个别莽撞接近村子的苏军坦克在掷弹兵到达之前就被杜尔班中尉的75毫米反坦克炮击毁。

冯·许纳斯多夫上校从他的主力中分出几辆坦克以一次快速的突袭击退了苏军前哨部队,与此同时命令装甲团主力直接穿过村子。切入第二个苏军机械化旅侧翼的行动是如此迅速,以至于后者几乎没有时间来形成一条新的防线。两个装甲编队沿道路两侧发起攻击,同时敌军也遭受到我们一部向北的进攻,敌人发现自己不得不匆忙撤退,在战场上留下了30多辆动弹不得的坦克。

与此同时强大的苏军摩托化部队与他们徒步作战的步兵已经接近了上库姆斯基,并将其置于迫击炮、机枪和步枪的火力之下。在重武器的掩护下,苏军步兵逐步逼近村庄，他们很快从东侧和北侧展开包围。更糟糕的是，苏军坦克已经恢复了它们的攻势并沿通往西侧的道路迅速前进，事实上敌军的一些战斗分队已经进入了村子，不过在激烈的战斗中它们又被消灭或逐出了村子。

当一些T-34坦克攻入并在罗森纳尔中尉工兵连的反坦克小组赶到之前摧毁了数门榴弹炮和反坦克炮时，形势变得更加严峻了。这让屈佩尔上尉的处境更加糟糕；正在从我们的侦察坦克传来的无线电表明强大的敌军坦克部队正在向村子西南侧的140高地推进。显然敌军指挥官意在占领上库姆斯基和南边的高地以截断战斗群的退路并将其消灭。这次攻势反映出了苏军的最终目的，不顾一切地尝试在当天结束前以一次决定性的胜利来抵消它们已经遭受的一系列失败。

冯·许纳斯多夫战斗群在成功击败了第2个苏军机械化旅之后，现在再次迅速转弯180度，通过一次装甲集群突击突破了敌军包围圈。没有丝毫停顿，第11装甲团的2个营径直穿过140高地，它们与苏军坦克部队同时赶到。在那里发生了当天最为激烈的交战，越来越多的苏军坦克赶上来冲击德军牢固的防线，但是每次都被我们协调一致的火力阻止了。即便如此，敌军仍然不愿意放弃攻击并将所有赌注都压在了一张牌上。它们的所有坦克配置成密集的大纵深梯队如同巨浪一般滚滚向前，扑过来要完全吞没第11装甲团。这次集群进攻也失败了，止步于100多辆德军坦克发射的弹雨面前。

冯·许纳斯多夫上校等待着这个时刻来打出他最后的王牌。整场战斗期间他一直保留着一支未部署的装甲预备队，现在它将被用于一次决定性的反击。这次插入苏军侧翼的奇袭几乎是立即就动摇了它们的战线。见此，冯·许纳斯多夫上校命令他的主力前出进行一次常规攻击。尽管进行了猛烈的抵抗，敌军最终被击溃并开始洪水般地退去。难以计数的坦克残骸散布在战斗最为激烈的地域，成为苏军失败程度的有力证据。

与此同时，随着敌军从各个方向发动的进攻，屈佩尔上尉和上库姆斯基勇敢的守军再次被包围并陷入了危难的境地。更多的重武器被摧毁，弹药开始告罄。到目前为止，勇敢的掷弹兵和工兵们依然在用空心装药磁性反坦克手雷摧毁每一辆正在突破的苏军坦克，然而似乎每当有一辆坦克被摧毁时另一辆就会代替它的位置。尽管如此，德军部队并未让苏军摩托化步兵占领一块土地。虽然身处140高地附近的激战中，屈佩尔上尉越来越强烈地呼救声并没有逃过冯·许纳斯多夫上校的耳朵。苏军坦克部队主力刚被击溃，第11装甲团坦克就再次调转路线救出他们的战友。当天第二次，德军坦克集群突破了包围圈并拯救了上库姆斯基。

后来，遭受严重打击却没有败退的守军，在第11装甲团的武器和车辆的两侧护送下与冯·许纳斯多夫战斗群一同开往沙利文斯基桥头堡。在村南面的高地，残余的苏军部队试图封锁冯·许纳斯多夫战斗群的道路，但是我们的装甲兵快速打开了一个向南的出口并组织了后卫部队来防备敌军对撤退活动的袭扰。

第6装甲师出其不意地穿越阿克塞河的突击，诱使双方派出强大的作战飞机单位光顾战场。首先是苏军轰炸机和战斗机赶来增援它们身处困境的坦克单位。为了清晰地分辨目标它们以极低的高度在战场上空盘旋。随着迅速改变的战场态势使得区分敌我几乎不再可能，这种权宜之计也未能奏效。同样的事也发生在德国空军身上。不论是德国飞行员还是苏联飞行员最终都发现自己必须攻击低价值的目标，他们在补给道路和开阔的草原上发现了许多这样的目标。那里落下了很多炸弹，让德军和苏军军官们都十分担心己方的车辆。事实上，这些空袭的破坏力相当有限，还不到表面威力的一半，因为这一时期双方车队的指挥官都已经学会了让他们的车辆之间拉开距离，所以损失十分有限。

尽管存在目标辨认的问题，激烈的装甲战仍然诱使双方战机直接加入战斗，但随着它们各自的力量在战场上空不断增强，它们对彼此的攻击变得越来越猛烈。到了中午这场战斗已经发展成为一场真正的三维立体"回旋战斗"，地面和空中部队都卷了进来。苏军轰炸机数量惊人，但是德国空军的战斗机不断给它们造成严重的损失并最终完全击退了它们，在地面与空中获得了同样的大捷，都运用了一些极为相似的战术。这两场"回旋战斗"交相辉映，它们的结果也是一样的——德国人是获胜者。

当最后一架飞机从天空中消失时，夜幕已经降临。沙利文斯基的桥头堡的守卫者们已经可以看到冯·许纳斯多夫上校的先头坦克。当天桥头堡也击退了敌军的两次进攻，因此当战斗群在上库姆斯基附近交战时，这些受挫的苏军试图将其与桥头堡隔离开来。当第11装甲团到达时第三次进攻正在进行，在最初的几分钟内桥头堡的守卫者惊恐地以为是敌军的增援到了。如果真的是那样，这个桥头堡就将失守。恰恰相反，是我们的装甲兵进行了当天的最后一次进攻，从后方对正在猛烈攻击桥头堡的苏军坦克旅进行了打击。在逐渐降临的夜色中，我部不仅挫败了苏军的计划而且击毁了数辆正在逃跑的苏军坦克。

这场与众不同的"回旋战斗"最终结束了，它的结局与它的开端一样非比寻常。令苏军大吃一惊的是，尽管战事进展较为顺利，但是第6装甲师随后却撤回了阿克塞河。苏军方面并未尾随追击，而是满足于占据上库姆斯基以南的山区，德军后来发现苏军在先前的战斗中已经损失近半，这恐怕就是他们不愿意再次发动进攻的原因所在了。另外一个可能的因素是苏军指挥官无法为德军自愿退回阿克塞河找出一个合理的解释，最后将其视为一个旨在引诱他们进入圈套的诱骗计划，因而拒绝追击。事实上，由于弹药与燃油的短缺，以及第6装甲师主力的情况，让我不可能再允许第11装甲团留在阿克塞河以北。此外，这次非同寻常的突击的主要目的已经达成。这场"回旋战斗"已经打断了敌人的脊梁骨并赢得了——至少是暂时的——坦克数量上的优势。

## 作为坦克圈套的桥头堡

为了保护第6装甲师从阿克塞河向后到科捷利尼科沃地域漫长的交通线，里姆林格上尉的第4装甲掷弹兵团1营已经在河流两岸建立了桥头堡。伍尔夫少校的第57装甲工兵营剩下的两个连【指挥官是普利茨中尉（Prinz）和安德希上尉（Andersch）】已经开始建设一座即使是坦克也可以通行的桥梁，他们在数小时内就完成了这项工作。伍尔夫少校的工兵与装甲歼击教导营（已经由第57师配属给我师）承担了保卫北岸桥头堡的任务。剩下里姆林格上尉的营在一个反坦克排的支援下集中在南岸。

第6装甲师这样非同寻常的部署结果就是，南桥头堡实际上成为最易受到攻击的区域。阿克塞河以北距离最近的苏军部队已经被困在了上库姆斯基附近的"回旋战斗"中。另一方面，在南面分出豪希尔德上尉的114装甲掷弹兵团1营来支援第23装甲师和将剩下的作战单位分散到不同的地区就变得十分有必要了。在那些地区各单位都卷入了同前几天被击败的第51集团军残余部队的战斗。这些单位仍然控制着阿克塞河以南的大片区域。

12月13日早晨，苏军步兵在几辆坦克的伴随下出现在南桥头堡的西侧。他们沿着一条长满高草丛的深深干河床集结，延伸到我们的主要补给线旁侧数公里处，我们缺乏部队对其进行掩护。由于苏军坦克不能穿过河床（有3到4米深，5到10米宽），它们通过灌木丛间隙向我们驶往沙利文斯基的卡车开火。迫使我们所有通往桥头堡的补给车队都向东绕行。

在苏军运用此战术阻断我们补给线失败后，大约在中午时分，他们直接动用两个步兵营在对岸坦克炮火的支援下，穿过干河床进攻桥头堡。里姆林格上尉的掷弹兵们灵活的火力很快遏制了这次进攻，随后迅速发动反击将苏军赶过了河床。敌军在下午重复了这一行动，这次他们收复了干河床的东岸。让德国守军大吃一惊的是，8到10辆坦克突然从河床中冲了出来，通过运用战场应急手段克服了地形。不过这些坦克遭到来自各种武器的猛烈火力并遭受了惨重的损失，没有一辆能够穿过我们的步兵防线并穿过阿克塞河桥头堡进入村子。幸运的是，我军的猛烈火力迫使伴随坦克推进的苏军步兵寻找掩护，就这样将他们从坦克身边分离开来。很快从沙利文斯基就能听见响亮的爆炸声，这些坦克陷入了沉寂，只有6个烟柱和烈焰提示了它们的命运。没有放走一辆苏军坦克，装甲歼击教导营完成了他们的工作。

苏军的第三次尝试发生在黄昏，这次向沙利文斯基的突袭得到了来自河北岸坦克的支援。这是那支从上库姆斯基的"回旋战斗"中返回时不幸遭遇冯·许纳斯多夫战斗群的部队。正如前文所述，随着幸存者仓皇而逃，这场战斗以苏军损失更多的坦克而收场。

不顾这些挫折，苏军又运用新赶到的坦克和步兵部队对南桥头堡发动了三次进攻——两次在12月14日，一次在12月15日。我们的装甲掷弹兵每次在他们狭窄的战壕和深深的掩蔽壕中任由坦克越过而毫发无损。一支东线战斗中的老牌部队，他们很久以来就对这种疾驰的敌军坦克所带来的震慑免疫了。一旦这个黑色巨怪冲过去，德国步兵的脑袋就将再次出现在战壕中，指引毁灭性的机枪火力横扫开阔的战场。压制火力迫使跟在坦克后面的苏军返回他们的出发阵地或隐蔽在沙滩洼地中直至夜幕降临。两种情况都让敌军蒙受惨重的损失。极少苏军分队成功地冒着我们的火力，通过紧紧跟随单辆坦克抵达我们的防御阵地，甚至达成了突破，但是在近战中被击毁或被俘。

每次进攻中都有十几辆坦克攻入沙利文斯基，没有一辆坦克能够活着返回它们的出发线。村子的街道已经被它们的先行者燃烧的残骸封锁，它们需要

第七章：在斯大林格勒城外 · 169

从另一侧穿过房子的间隙进入村庄。无论是怎样的缝隙，只要宽度足够坦克通过。伍尔夫少校就已经系统地部署了他的坦克歼击分队。藏在房子里或是伪装在不会引起苏军坦克手怀疑的洞中，他们等着牺牲品的接近，并且在适当的时候，用空心装药磁性反坦克手雷发动攻击。一声雷鸣般的巨响，常常伴随着喷出的火焰，通常标志着每辆坦克和它的乘员突如其来地结局。即使这些坦克中的一辆或几辆设法从这些坦克猎杀小组手中逃脱并继续前进，也只不过是更加确定地落入了下一个反坦克猎杀小组手中。作为最后的预防措施，伍尔夫少校已经布置了一些经过良好伪装的反坦克炮和高射炮，还埋放了地雷，为它们提供了热情地招待。这些炮也掩护沙利文斯基的北近郊，并给任何试图在这个方向上逃跑的车辆以猛烈地打击。

伍尔夫少校和里姆林格上尉运用这些手段，将沙利文斯基桥头堡变成了一个组织精良的坦克陷阱，进去的20辆苏军坦克没有一辆离开。神出鬼没的坦克猎杀小组成为所有苏军坦克手的噩梦。他们已经养成了驾驶单辆或一小队坦克穿过村庄、森林或灌木丛来躲避苏军反坦克炮、高射炮和战斗机的习惯。第6装甲师解救斯大林格勒的进攻中所摧毁的坦克中有15%由他们所为这一事实就可以衡量坦克猎杀小组的成就。不过，他们最耀眼的成就还是在3天的战斗中维持了我师穿过沙利文斯基的交通线畅通。

## 两个装甲团扑空

在12月14—15日沙利文斯基激战期间，冯·许纳斯多夫战斗群一直谨慎的没有投入战斗。在12月13日惨烈的装甲战之后，第11装甲团的坦克需要在阿克塞河北岸的克留科夫（Klykhov）地区进行短暂的休整。我也将师部移往那里。截至12月16日所有轻伤的坦克都已被修好，在上库姆斯基损坏的30辆坦克中的23辆已经重新投入使用。42辆突击炮在科希少校（Koch）的指挥下刚刚抵达，以便在即将到来的决定性的攻势中增强冯·许纳斯多夫上校的实力。

12月16日我策划了一次出动所有可用部队的集中攻势以对付苏军机械化第4军，后者正在上库姆斯基以南连绵起伏的高地布防。上级禁止进行这样的攻击，取而代之的是霍特将军发布的一道命令，由第6和第23装甲师的装甲团联合进行装甲突击。他策划了一次侧翼进攻，开始于敌军侧翼以南，然后沿着

12公里长的绵延高地席卷苏军部队。因此看不到头的坦克纵队再一次从克留科夫涌出，爬上平缓的阿克塞河谷，隆隆作响地朝着三天前激战过的地方驶去。不管怎么说，从分配给冯·许纳斯多夫上校的任务上来看这次行动难度很大。

第11和第201装甲团的一项任务是扫荡在"回旋战斗"结束后，据守于高地上的敌军摩托化步兵，这些单位到现在为止完全没有动作，突破这些已经像田鼠一样挖洞的苏军步兵，并将其一一逐出高地似乎是个非常容易的任务。这个任务的第二部分由夺取和坚守这些高地的后续任务组成，对于经验丰富的装甲兵军官们而言显然要更困难一些，他们从一开始就知道屈佩尔上尉的第114装甲掷弹兵团2营远不足以应付这个任务。他的掷弹兵充其量只能占领几个据点，他们之间留下的缝隙完全依靠我们坦克灵活的部署来加以保障。

为了达成这样的结果，冯·许纳斯多夫上校有必要将他的加强战斗群分成数个较小的单位，并将其布置在每个缝隙之后，以便拥有一支可以立即反击敌军渗透的部队。这意味着一种令人胆寒的任务，因为苏军一旦成功渗入进无法观察的高草丛就不可能再找到他们了。因此可以理解坦克乘员的不易，尽管他们的出现有望诱使苏军坦克再次投入一场正面决战。在此情况下我们的部队有信心取得一次大捷。

实际上，战事的发展远远超出霍特将军和坦克乘员们的预想，良好伪装的苏联步兵，两个人或四个人一组，隐蔽在散兵坑和狭窄战壕中，放手让两个装甲团的坦克从阵地上穿过。然后，用手中的反坦克枪在近距离开火，给屈佩尔上校的装甲运兵车造成了沉重的损失。掷弹兵们不得不一次又一次在推进过程中下车步行、散开战斗队形来清剿隐藏的苏军，而坦克们只好等待或者掉过头来给予支援。苏军各种各样的隐蔽壕在草原上提供了很好的隐蔽效果，以至于找出他们的办法实际上只有靠碰运气。通常，在找到这些隐蔽位置之前已经有一些不幸的德军士兵死于非命，德国空军也无法处理这些"隐形的幽灵"，坦克乘员们从未感到如此无力，他们能够应对苏军坦克最猛烈的进攻，却对狐狸洞中的步兵束手无策。然而苏军部队已经变得更加谨慎以避免另一次失败。

在下午的早些时候，冯·许纳斯多夫上校报告说他已经达成了目标但是无法清除"隐形的敌人"，我命令他返回出发线。这次扑空带给我们的只有损失，没有胜利。更糟的是，我们已经失去了宝贵的一天。

## 两个步兵营胜过两个装甲团

12月17日，我被授权以前天提议的方式进攻。这次将仅靠徒步作战的掷弹兵以及第6侦察营的摩托化步兵来赢得胜利，没有坦克支援。昆廷少校的摩托化步兵和豪希尔德上尉的第114装甲掷弹兵团1营集结于沙利文斯基桥头堡，为之后的进攻做准备。这片地区在克留科夫附近而且隐藏在洼地中，第11装甲团奉命集结。预备队仍在我个人节制之下。所有调动都在夜间进行并在日出之前就出色地完成了。

日出时分，第6装甲侦察营的第二个突击队穿过一个覆盖着高草的浅谷并择路靠近了第一个目标：140高地上的一个苏军火炮观测点，那里的视野可以覆盖整个地域。弗雷德里希·昆廷少校的所有部队都已经将人员装备进行了深入的伪装，甚至于移动的时候也很难被察觉。

我计划首先瘫痪这个主要的观察点（它位于高地上的一个突出位置），然后在苏军防线进行中央突破，并在突破点的两侧展开。一旦打开足够宽的走廊，我师主力将会扑向上库姆斯基并占领这个据点。第76装甲炮兵团的任务是集中全部火力在突破点支援步兵，然后支援向苏军据点的突击，并且终止敌军的反扑。我们的150mm榴弹炮将与德国空军的俯冲轰炸机协作，摧毁在任何地点发现的苏军火炮并炮击潜在的坦克集结地，工兵突击分队、火焰喷射器小组以及扫雷小组已经被配属给参加进攻的步兵连。进攻期间装甲部队等待时机追击败退之敌或与可能出现的苏军坦克部队交战。最后，第4装甲掷弹兵团的两个营仍然待命，准备在需要时加入战斗。

双方的空中侦察都非常活跃，但地面上没有东西活动。苏军阵地看起来似乎无人据守。无人射击。得益于出色的伪装，集结中的德军突击部队在战斗开始前都没有暴露自己。

8时整，如同晴空霹雳一般，格伦德赫尔上校的全部火炮突然全速射击。冰雹般的炮弹朝着苏军的观察点飞去并将其撕成碎片，燃烧的草原上升起浓烟，当首支突击队到达时，暗红色的尘埃云已经使敌人丧失了所有能见度。几分钟以后，先头部队发出的信号表示他们已经占领了观察点，并切入了敌军阵地。炮火立即转移，突击队最难的工作开始了。第一架德军俯冲轰炸机出现在地平线上，徐徐接近它们的目标。长机将机鼻转向地面向一组被辨别出来的苏军火炮扑去，后面跟着中队里的其他飞机。就在飞机看起来要无可避免地撞向地面时，炸弹在最后时刻被投下，飞机再次拉起。猛烈的爆炸致使周围颤抖起来，烟尘升入空中形成巨大的蘑菇云。一分钟前敌军火炮的阵地现在只剩下几个十米深的弹坑。俯冲轰炸机再次集结，组成楔形编队飞走了。前一个中队的轰炸机还未从视野里完全消失，下一个中队就出现并继续毁灭性的工作。更多的中队依次通过，直至苏军火炮完全陷入沉寂。

黑色的烟团，紧跟着传来高射炮的轰鸣声，宣告着一队苏军轰炸机的到来。在它们到达战场之前，它的护航战斗机与德国空军的梅赛施密特战斗机爆发了一场激烈的空战。期间3架涂有白色标记的苏军I-16战斗机迅速被击落，而第一架战斗机冒出的烟迹尚未散尽，当第二架和第三架便坠落在地。然后这6架德国空军的战斗机扑向苏军的轰炸机，击落了他们中的几架，后者拖着长长的黑烟撞向地面后立即爆炸。其他的飞机立即转向消失得无影无踪，此后一段时间空中再无敌机身影，同样的场景反复在战场上空上演。

无暇关注天上发生的事，我们的突击分队在原有的突破口两侧一步步前进。机枪手和狙击手目不转睛地盯着苏军，每个暴露自己的红军战士都被准确命中。匍匐前进的苏军巡逻队发现自己被笼罩在猛烈的机枪或半自动步枪火力之下。如果（他们）从附近的散兵坑开火，会遭到手榴弹的回敬。苏军的武器开始沉寂下来。

远远的就能看到，火焰喷射小组摧毁了大量暗堡，烈火与浓烟指示出了这些战斗发生的位置，即使最顽固的苏军士兵也不能忍受这些"地狱焰火"。在一些地点喷火器的效果得到了燃烧草原的增强，草原大火将苏军从隐藏处驱逐出来。不论如何，积雪还是在很大程度上阻止了草原火灾的蔓延。单一方向喷射的火焰为火炮和迫击炮标示出了目标的位置，前沿火炮观察员立即将他们炮群的炮火精确引导至每个点上。德军火炮以令人惊讶的准确火力有效地支援了步兵师的推进。

这不是坦克战本身呈现的那种壮丽景象，而是突击队和单个步兵所进行的艰险的小规模战斗，越来越多的小队出现在制高点上，战斗的喧嚣继续沿着高地两侧向前移动。到了中午，昆廷少校的摩托化部队已经在分配给他们的地域内肃清了苏军。一个小时以后第114团1营从阵地上也报告了相同的战况，在苏军防线上已经打开了3公里宽的突破口。

第七章：在斯大林格勒城外·173

我下令让预备队集结准备攻占上库姆斯基，侦察兵报告说该村和该村以北紧邻的高地群已经被强大的苏军部队占据。直到接近村子时这些巡逻队才受到来自各个方向的火力打击。侦察机在村子边缘和高地上辨认出了为数众多的反坦克炮、反坦克壕和伪装良好的阵地，以及正在自西向上库姆斯基移动的数队苏军坦克。

我无意将两个装甲团送向注定的厄运中，也不想让我的装甲掷弹兵们遭受这样的命运，高地下坡的一面缺乏任何掩护，他们将处于苏军的直射火力之下，蒙受与战果极不相称的损失，进而致使向斯大林格勒的突击陷入险境。因此，尽管霍特将军反对，我仍命令终止进攻，直到夜幕降临。我们的步兵已经为夜战进行了很好的训练，将会独自完成任务。

当天下午，根据空中侦察和地面观察报告，格伦德赫尔上校炮击了村子边缘和周围地域发现的苏军重武器。我请求得到俯冲轰炸机的额外支援，后者再次到来，摧毁了苏军坦克集结地、掘壕固守的坦克和反坦克阵地直至日落。第一个中队被前一天在争夺上库姆斯基的战斗留下的坦克墓地所迷惑，将他们的重磅炸弹扔到了它们头上而非伪装得很好的敌军坦克身上。后面的中队接到了警告，攻击了真正的苏联坦克。燃烧的车辆证明这些攻击取得了良好的成果。

夜幕降临后这些装甲掷弹兵和摩托化步兵按计划发起攻击。他们在突击队的带领下，悄无声息的沿着由观察员在白天制定的引导线前进，燃烧的房子废墟刚好提供了足够的亮度来辨认方向。苏联士兵的走动和喧闹声明确表明他们没有料到会有一场夜袭。突击队像幽灵一样爬到村子的边缘，观察着苏军发放补给物资和闲散的活动。展开奇袭的时机已经成熟，我们的部队如同风暴般从三个方向前进，当他们攻入村子时高声呼喊。吃惊的苏军陷入了恐慌并试图逃跑。我们的突击队抓住了大量俘虏接着将剩余的敌军守备部队赶回到高地上。村子里的苏军坦克为了逃脱正在奔向它们的坦克猎杀小组转向北边。几辆坦克陷入逃跑的混乱的人员和卡车之中并被炸毁了。所有的反坦克炮和损坏的坦克，与大量敌军重装备一起，落入了我们手中。

上库姆斯基的关键阵地已经被占领了，几乎没有承受任何损失。我们的步兵在夜间战斗和反坦克方面的加强训练极富成效。两个步兵营已经获得了远超两个装甲团在前一天取得的战果。

## 突向梅什科瓦河

占领上库姆斯基之后，以第11装甲团为先导的第6装甲师主力接到了追击败退的械化第4军的任务，在追击中超越该军，并且在一次急速推进中，接触到斯大林格勒的第6集团军。很快我们的坦克穿过村庄向北择路而去，之后从更高级指挥部传来的命令要求我将它们撤回，并让其在溪谷中转向东面，我们的任务突然发生了变更，第6装甲师的主力被派去支援毗邻的第23装甲师，后者正遭受进攻，新近抵达的近卫步兵第1军在坦克支援下正在将其赶回阿克塞河。

一个又一个第6装甲师的作战单位沿着良好的道路向那个方向急速移动，追击在上库姆斯基战败苏军的任务已经被移交给弗雷德·冯·森格尔·翁德·埃特林少将（Fride von Serger und Etterlin）的第17装甲师，前天晚上它的一个较弱的战斗群已经赶到了战场。这个疲乏的师刚刚完成了一次始于奥缪尔（Orel）地域长达1000公里的长途行军。

12月18日下午早些时候，第11装甲团在上库姆斯基以东12千米遭遇了一个约由20门反坦克炮组成的反坦克阵地，这是近卫步兵第1军布置在接敌路线两旁来保护其右翼的。没有丝毫犹豫，冯·许纳斯多夫上校命令他的坦克从三面包围了苏军火炮并在它们身上倾泻如此密集的弹雨，以至于短短几分钟内所有火炮都被击毁，没有一个人、一匹马、一门炮或者一辆卡车在这场钢铁风暴中幸存。几乎没有停顿，第6装甲师再次滚滚向前。当先头坦克出现时，近卫步兵第1军立即中断了它在阿克塞河的攻势并向东撤退。补给队伍惊慌失措地向后逃去。苏军各军的所有电台都在进行明语喊话，通知所有单位尽快在铁路线以东重新集结。该军指挥官也亲临现场驱策他的人马。

从困境中解脱出来后第23装甲师立即重新渡过阿克塞河。汉斯·冯·博内伊堡·伦斯菲尔德中将（Hans von Beineburg—Lengsfeld）和我渴望立即加入对慌乱敌军的进攻以便给其带来毁灭性的打击，但整体的战略形势迫使我们放弃这样一个计划，以便在一切都变得过晚之前抵达斯大林格勒。我立即命令第11装甲团中断追击并再次转向北方。没有遭受任何损失，冯·许纳斯多夫上校（后面跟着全师主力）在12月18日至19日夜间冲向了梅什科瓦河。这是我们最初计划中与从斯大林格勒突围而出的第6集团军会师的地方。途中第11装甲团只遭遇了微弱的抵抗，很快就取得了突破。事实证明穿过漆黑、单调的草原时导航问题是个更大的麻烦。雪覆盖在残存无几的车印上，只有在指南针和地图的帮助下才有可能保持向目标推进。在一些地点，干河床与孤立的沼泽区导致了严重的拖延，因此勘察绕行路线变得十分必要。那是一次困难的夜间行军。

12月19日日出时分我们的装甲前锋才抵达梅什科瓦河，后者现在正被强大的敌军部队保护着。先头坦克进行了一次大胆的奇袭，仅有的桥梁和瓦西里耶夫卡村中心落入我们手中。在我们师主力赶来增援之前苏军为除掉这个小桥头堡所进行的一切努力都失败了。

大约在中午，第76装甲炮兵团已经进入发射阵地，在火炮和坦克的支援下，我将两个装甲掷弹兵团投入到扩大桥头堡的攻势中。乌尔莱茵上校的第4装甲掷弹兵团向东进攻，与此同时容勒科普夫上校的第114装甲掷弹兵团清理村子的西半部分。激烈的争夺之后我们的掷弹兵占领了（两公里长的）整个村子。

苏军指挥官意识到了来自南面的威胁，为了摧毁第4装甲集团军的前锋，急忙将所有可用部队调至战场。苏军坦克军不再拥有完成这样一个任务的兵力，它们在过去的一周里，已经遭受到了巨大的损失，以至于无法再构成严重威胁。因此苏军使用了一直以来的常用战术，试图以集中的火炮和火箭炮摧毁瓦西里耶夫卡桥头堡，然后以步兵集群攻击来"洗刷"我军阵地。近卫第2集团军已经从围因斯大林格勒的部队中抽调出来并得到了从伏尔加河东岸调来的预备队增援，目前正在北方的高地和瓦西里耶夫卡以东的谷地中集结以便倾巢而出攻击第6装甲师。

数以千计的红军士兵布满了无尽草原上的雪地、斜坡和洼地。没有德国士兵见过如此之多的敌人向他扑来。领头的队伍被一阵高爆弹抛向地面，但是越来越多的士兵跟了上来。由苏军集群所作的每一次抵达我们战线的尝试均被机枪、火炮和重型武器的火力所挫败，正面突击已经被挡住了。

几个小时以后，苏军仿佛一场熔岩风暴从东面涌入瓦西里耶夫斯基，将第4装甲掷弹兵团侧翼向后推了大约100米，不久之后他们穿过了我们与第23装甲师之间的缝隙，向着我们在桥头堡部队的后方滚滚而来。我们失去了村子东半部分和墓地附近的地区，但是第6装甲师的主防御阵地仍然不可动摇，仿佛波涛汹涌大海中的磐石。就在包围圈即将闭合时，一阵突然的、集中了格伦德赫尔上校的所有火炮的炮火放倒了成片苏军步兵。就在炮弹爆炸时，第11装甲团的150辆坦克涌出村子，与此同时柯西少校的42辆Ⅲ号突击炮从后方打击他们。排山倒海一般，即使神经最强韧的敌人也无法承受这等烈火与钢铁的喷发。苏军士兵扔下他们的武器，并试图像疯子一样逃脱地狱般的交叉火力和致命的装甲包围。然后发生了整个二战中都非常稀罕的事：数百名苏军士兵顶着己方火炮和火箭炮的炮弹，向西朝着附近唯一的缺口跑去，向我们部署在那里的部队投降。

战斗激烈地进行着，但是最高潮的部分已经过去，最危急的时刻也已经过去。威胁我们侧翼或后方的集群不是被粉碎就是被俘虏。甚至苏军战法中最后的手段——集群攻击——这种手段经常奏效，这次也失败了。第6师在梅什科瓦河进行的防御战已经以一场重要的胜利而告终。

## 准备最后的突击

12月23日，乌尔莱茵上校的第4装甲掷弹兵团再一次在火炮与坦克的支援下发动反击，重新占领瓦西里耶夫卡的东半部，并重新占领前天被苏军夺取的河流南岸的公墓。最后的行动将完全恢复12月20日的态势。不过更重要的是事实上苏联坦克和大量步兵已经被战胜了，所以在解围部队与斯大林格勒之间不再有任何不可征服的障碍。主动权现在到了德国人手中，部队等待着第6集团军发起他们期望已久的进攻。只有在梅什科瓦河击败大量来自包围圈的部队才能对这样一次突破有所帮助。我们在瓦西里耶夫卡取得胜利后却没有立即下令开始突围，这让每个人都感到难以理解。

12月23日，由霍特将军的司令部下达的命令似乎终于消除了一切疑虑。这些命令为将由第57装甲军全部三个师的合成装甲部队，在圣诞节的早晨发起的33公里的突袭做准备。为了与已经明显无力自行突围的第6集团军建立联系，这支部队会尽可能地靠近被包围的城市。装甲战斗群将会提供一个装甲护卫队来掩护斯大林格勒的部队撤退至梅什科瓦河，在那里第6、第17和第23装甲师的主力将掩护他们通过。这至少意味着一次非同寻常的任务，但鉴于苏军在梅什科瓦河的失败，该任务即便无法确保万无一失也还是出现了某种成功的可能。由于铁路线可以延长至阿克塞河，此外我们还有数千辆卡车可用，补给和撤离这些部队似乎不是不能解决的难题。我们同样假定如果自由和生命安全受到威胁，只被包围了一个月的第6集团军的士兵将会为梅什科瓦河后面的行军拿出必要的力量。

很快所有为最终突袭而做的，将决定斯大林格勒命运的准备工作就都做完了。12月23日下午，由120辆坦克、40辆突击炮、24辆SdKfz 233装甲侦察车、1个乘卡车的掷弹兵营、1个摩托化连、1个工兵连和1个装甲炮兵营组成的战斗群在为最终的突击做准备。在毫无预兆的情况下，让第6装甲师立即撤出的命令下达了。我们在12月23日夜间穿过了位于波特金斯卡亚（Potemkinskaya）的顿河桥，在一次急行军后抵达了莫洛索夫卡（Morosovskaya）。

下至最年轻的士兵也完全清楚这是在斯大林格勒失败的标志。第57装甲军剩下的两个师，第17和第23装甲师不足以对付梅什科瓦河畔的苏军部队，更不要说击退它们。虽然没有人知道这份命令背后的原因，但是官兵们有一种强烈的预感，一定已经发生了险恶的事情。

截至12月24日拂晓，第6装甲师的纵队行军130公里，滚滚驶过浸透鲜血的大草原，在那里他们的作战已经取得了如此巨大的成功，现在他们要面对的是变幻无常的未来。

◎ 德军虎式坦克

◎ 为了解救第六集团军，解围部队不得不冒着风雪严寒出击。

◎ 积雪中艰难行进的突击火炮

◎ 解围战斗中的德军

◎ 解围战斗中的德军装甲部队

◎ 斯大林格勒附近，艰难跋涉的德军马车。

第七章：在斯大林格勒城外 · 179

◎ 斯大林格勒的德军装甲部队

◎ 斯大林格勒苏军反击

# 第八章
# 哈尔科夫与库尔斯克

**防御与恢复态势**

  时至1942年11月23日，苏军已经封闭了斯大林格勒包围圈，并开始了战争中最具威力的冬季攻势。苏军迅速地接连歼灭了齐尔河与顿河沿岸的罗马尼亚、意大利和匈牙利集团军，在德军前线上打开了一条560千米宽的口子。这相当于第一次世界大战中整个西线的长度。最初只有孤立的德国师级部队挡在苏军前进的道路上，它们就像胸衣的支架一样支撑着其他轴心国与仆从国部队。由于盟军入侵北非，大量德军预备队——包括5个齐装满员的装甲师——仍然被束缚在西欧，尽管这些装甲师中的一部分后来出现在了东线。高加索的A集团军群发现自己已经身处后路被切断的危险之中，被迫立即后撤。该集团军群的摩托化部队（主要是第一装甲集团军）为加强"顿河"集团军群的南翼而沿顿涅茨河重新部署。在突破口北侧，随着第二集团军南翼被大幅推回西方，该部已经被迫撤出沃罗涅日（Voronezh）和顿河前线。渐渐的，整个东线的三分之二开始动摇和崩溃。苏军的压力不断增长，唯一的对策就是不断向西撤退

  面对迫在眉睫的威胁，已经在斯大林格勒全军覆没的第11军军部，在一个1943年2月初仓促组建的、暂无部队指挥的军部的基础上重建。该军部组建于哈尔科夫以北的地区，最初由汉斯·克拉默（Hans Cramer）中将和一干碰

巧在当地视察的总参谋部军官组成。军部承担第168、第298和第320步兵师的指挥工作，这几个师都已经被派去掩护从前由匈牙利和罗马尼亚部队驻守的防区。在斯大林格勒前线的德国盟军崩溃后它们缺乏更高一级的指挥部。级别较低的参谋从野战部队挑选，一个匈牙利通讯营（后来被一个小小的德军部队替换）负责通信联络。当我于2月10日接手指挥权的时候，最初的困难已经被逐渐克服，不过该军还是用了6个月的时间进行了多次重新部署和组织变动，才

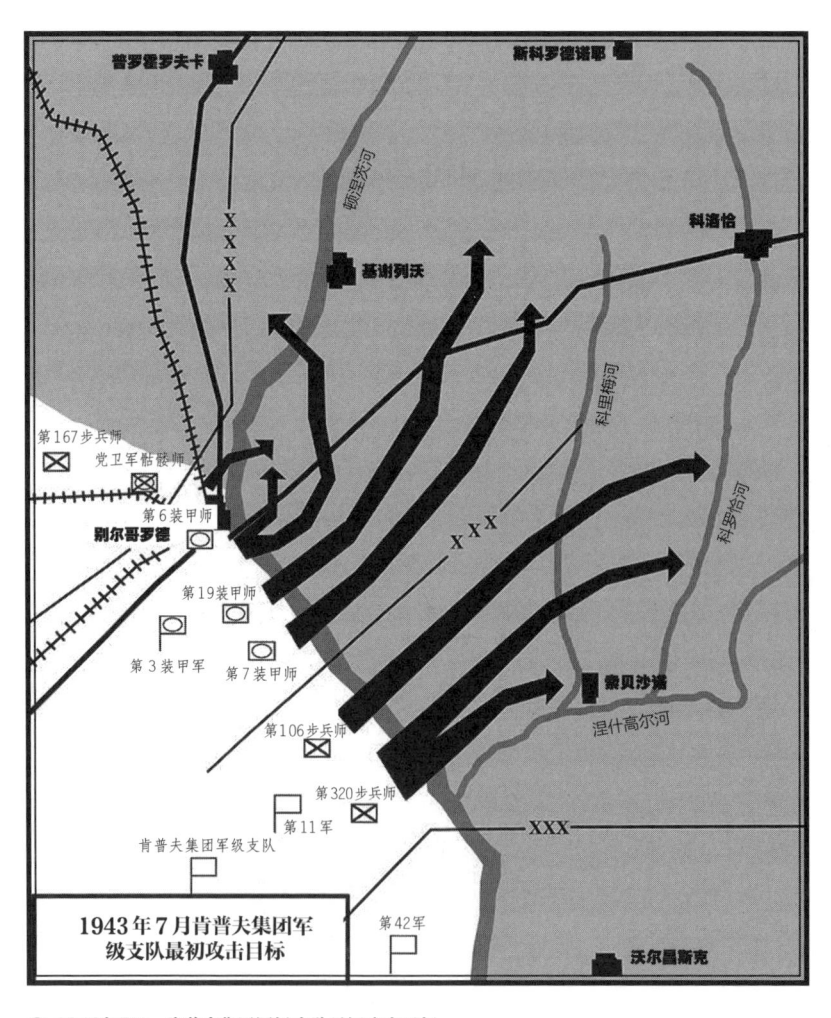

◎ 1943年7月，肯普夫集团军级支队最初攻击目标

从一个临时的军部变更为一个正式的军部。第11军（仲夏之前的正式番号为劳斯暂编军）和武装党卫军第2装甲军被分派给另一个更高级的指挥部，肯普夫集团军级支队。

分配给第11军的一些部队是从法国调来的，但该军其他部队不得不从反复出现的包围圈中杀出一条生路。举例来说，第320步兵师和它侧翼上的意大利师守卫着顿河前线的一块防区，突然间它发现由于我们的盟军部队迅速瓦解，自己已经身处苏军战线之后。师长格奥尔格·波斯特尔少将（Georg Postel）决定打开返回德军战线的道路。途中第320步兵师的所有车辆均因为汽油耗尽而被迫自毁。拖曳骡马和运输队也因作战和过度劳累而损失了大量牲畜。该师的战斗力和行动能力都严重削弱。为了避免与斯大林格勒和顿河沿岸其他许多师同样的命运，波斯特尔将军不得不采取了一些极端的应急举措。该师既要从苏军那里缴获又要就地筹措。

首先，部队征用了数百匹低矮的农用矮种马来牵引轻型车辆。公牛牵引中型火炮，家畜和公牛作为驮畜驮运无线电和通信设备。实际上正是波斯特尔将军本人决定用这样的队伍作为运输的可靠手段。损失的许多机枪、反坦克炮和火炮零件只能从偶尔发动突袭的弱小的苏军分队那里缴获。这些武器的弹药也只能从敌军那里获取。类似的措施也被用来筹集口粮。小型无线电台和其他脆弱的设备必须搭载担架上。步兵也骑着矮种马侦察和放哨。第320步兵师持续了数星期之久的艰难撤退充满了不间断地行军、作战行动和即兴发挥。

当波斯特尔将军的师于2月13日接近哈尔科夫时，突然与守卫该城的武装党卫军第2装甲军取得了无线电联系，并请求对方协助该师返回友军战线的尝试。武装党卫军第2装甲军军长，党卫队全国副总指挥保罗·豪塞尔调集了一支强大的装甲部队，在第320步兵师向西发动进攻的同时冲出己方战线接应。这次进攻达成了战术上的突然性，在计划地点突破了苏军战线，该师得以成功溜回德军战线。

第320步兵师已经与一支德军部队没有多少相似之处了，一片武器、装备、车辆和担架的奇怪组合；高矮不同毛发蓬松的马匹、公牛和奶牛。伴随这一切的所有士兵身着千奇百怪的冬季服装，总的来说给人的印象更像是一个马戏团在游行。波斯特尔将军带入哈尔科夫的是一支以高昂的士气勇敢地打开了自己的道路，并穿越敌军战区的经过实战检验的单位，对集团军级支队而言不失为一支极为宝贵的增援力量。至2月14日，第320步兵师再一次与武装党卫军"阿道夫·希特勒"警卫旗队装甲掷弹兵师、帝国装甲掷弹兵师和大德意志装甲掷弹兵师并肩向东坚守在危在旦夕的哈尔科夫。波斯特尔将军和他的士兵表现出来的顽强的求生意志和巧妙的紧急举措使得该师免于灭顶之灾。

不幸的是，截至2月14日，哈尔科夫已经被苏军3个集团军包围，它的守军奉命在绝望的形势下坚守到底。在最后一次电话汇报中党卫队全国副总指挥豪赛尔徒劳地请求上级注意形势的严重性，并强调只有在丢掉城市或同时丢掉城市与城里的所有守军之间做出选择，答复是："必须哈尔科夫坚守直至最后一人。"次日清晨从电传打字机中传来第二道命令，规定："必须坚守哈尔科夫直至最后一人，但是守军决不能允许自己被包围。"这道模棱两可的命令的后半部分否定了前半部分，在它的效力下已经被包围的武装党卫军第2装甲军、大德意志师和第320步兵师在没有征得集团军级支队同意的情况下，果断采取措施突围到后方地域。在经过两天艰苦的战斗、损失数百辆摩托化车辆后，豪赛尔的部队重新回到了德军战线，此举拯救了5个师。他撤出城市的决定很快将被证明是正确的。

接下来苏军突击的目标是波尔塔瓦，由于苏军部队已经筋疲力尽，它们在距离那座城市不足50公里的地方停止了前进。现在苏军又将所有希望放在了最有能力的坦克专家马基恩·M·波波夫上将（Markian M. Popov）指挥的第三坦克集团军的身上。整个2月中旬，波波夫在未受抵抗的情况下向西北方向的第聂伯罗彼得罗夫斯克（Dnepropetrovsk）挺进，明显是要抵达第聂伯河曲部。他的任务是在德军沿河布防之前就越过第聂伯河。然而很快，他的部队将明显缺乏必要的力量。

在这场战斗期间发生的一件事证明了这样一个事实，那就是女兵在苏军前线单位作战并非个别情况。一辆苏军T-34被直接命中后似乎已经失去了行动能力，但是当德军坦克接近时，它突然重新开火并尝试逃走。它被再次直接命中后停了下来，但是虽然处于绝望的境地，这辆T-34依然顽强抵抗，直至一个坦克歼击小组赶到。最终它被炸药包炸毁冒出烈焰，这时炮塔舱盖才打开。一名身着苏军坦克兵制服的女人爬了出来。她是坦克连连长的妻子兼车组乘员，她的丈夫已经在坦克被首次命中时阵亡，就躺在炮塔中她身边的位置。

与此同时，我们正在为正面反击积蓄力量。从西方赶来的师在第11军建立的防区后面的波尔塔瓦下车。我们用3个步兵师和武装党卫军骷髅装甲掷弹兵师装甲侦察营来防守这条战线。骷髅师其余的摩托化单位、大德意志装甲掷弹兵师和元首护卫装甲掷弹兵营已经移至波尔塔瓦以西的休整地域，但是依然靠近前线。这些部队组成了一支机动预备队，以备苏军试图通过北侧的空隙发动包围攻势占领波尔塔瓦时使用。实际上苏军曾试图从侧翼包围波尔塔瓦，但是我们的步兵师在骷髅师装甲侦察营和德国空军战术单位的支援下排除了这次危机，在这些行动期间敌军已经呈现出明显的疲弱之态，进行一次全面反击的时刻看来已经接近了。

由于积雪已经开始消融，我们接到指示快速行动。一旦地表形成泥泞，所有的机动都将不再可能。但是深层土壤依然冻得很结实。寒冷的夜晚阻止了地面快速融化，在早上的几个小时里非常有利于行军。与此同时，肯普夫集团军级支队久战疲敝的前线部队获得了短暂的休整时间，利用这个机会整合新到达的轮换部队和装备。截至3月10日，集团军级支队的反攻部队已经整装待发，它们的士气极为高昂。

劳斯军的主力被置于其南翼，那里的地形状况适合部署装甲部队。大德意志师已经集结于此并接到任务向瓦尔基（Valki）进攻。左邻的320步兵师在两个师所有火炮以及军直属炮兵进行炮火准备后发起了攻击。该步兵师突破了苏军阵地，消灭了波尔塔瓦—哈尔科夫公路上的苏军据点并将其赶回了瓦尔基另一侧一条泛洪的小河。通常情况下无关紧要的河道已经突然长成了一头狂暴的西班牙公牛，进攻在推进了不到两公里后被其截断。大德意志师的装甲部队尝试克服激流溯游而上，并最终在数小时后成功穿过河流。80多辆坦克突破了河东岸的第二道苏军阵地后扑向瓦尔基。很快我们的工兵就在河上架起了临时桥梁，进攻恢复了势头。

在更北面，第167和168步兵师在激烈的战斗之后也突破了当面的苏军阵地。这几个师占领了几座村庄并试图与集团军级支队左边的第二集团军第51军建立联系。得到加强的骷髅师装甲侦察营部署于第320步兵师和第167步兵师之间，迫近树林中的苏军阵地并突入森林深处。该营的轻型坦克沿平行于树林的铁路线前进。到了下午，第11军全线推进并在行进中不断击溃敌军。

3月11日，第11军将它所有的部队投入到对博戈杜霍夫（Bogoduknov）的向心攻击中。为此进攻正面已经缩小至16公里（在第一天结束时它的宽度已经从95公里缩减到40公里）。博戈杜霍夫的苏联守军无法抵御我们地面部队的猛攻，随后第11军与武装党卫军第2装甲军先头部队建立了联系，后者刚刚进入东南24千米处的奥莎尼（Olshany）。在歼灭了奥沙尼地区的强大苏军部队后，豪赛尔让他的部队转向东，逐步包围哈尔科夫并切断苏军向北的退路。

这时劳斯军的主力奉命向北推进试图与第51军建立联系，以便孤立阿克特卡亚（Akhtyrka）地区的敌军，我命令第320步兵师掩护武装党卫军第2装甲军的迂回行动。正在增长的泥泞和洪水一步一步放慢了攻势。尽管横跨泛滥的瓦尔克拉河（Vorskla）、乌德河（Udy）和洛潘河（Lopan）上的所有桥梁都已经被摧毁，我们的步兵和装甲单位仍然在继续完成它们每日的目标。不过许多摩托化车辆和马拉火炮也陷入沿途的泥沼。另一方面，大量苏军轻型火炮和农用矮种马牵引的炮车四处逃散并摆脱了我们的追击。

作为主力的大德意志师抵达了上瓦尔克拉，第167步兵师紧随其后。由于第二集团军南翼的第五十一军还远远地落在西边，无法与之建立联系，致使阿克特卡亚周边的苏军逃出了包围。为了继续冲向托马罗夫卡（Tomarovka），德军的装甲部队已经转向东方。我用167步兵师的部分单位替换了它们，建立了一条面向北的战线来提供侧翼掩护。向托马罗夫卡的推进由于在向东转的过程中致使侧翼自然地延伸而停滞了，我们有限的部队不太容易对其进行支援。

向托马罗夫卡突击进行到第二天，实力较强的167步兵师几乎全部被拴在侧翼。我决定必须等到第五十一军赶到才能重新开始向东突击。不幸的是，陆军总司令部（它负责协调两个集团军行动）距离战场太远，因此它的决定总是无法赶上前线事态的迅速发展。当陆军总司令部终于命令第51军接替167步兵师的时候，我们继续推进，大德意志师进入了托马罗夫卡。当该师接近该城时，摧毁了数目可观的苏军坦克，与此同时许多陷入泥泞中的完好坦克被回收并用来对付苏军。

这是虎式坦克首次在战斗中遭遇苏军的T-34，效果远远超出我们预期。举例来说，两辆作为前锋的虎式坦克摧毁了一整群T-34。通常苏军坦克会埋伏在这之前1200米的安全距离，然后等到德军坦克离开村子暴露自己。它们将在我们的虎式坦克尚处于射程之外时开火。直到目前为止这个战术一直是非常安全的。不过这次苏军打错算盘了。我们的虎式坦克没有离开村庄，而是占据了伪装良好的阵地，并充分利用了它们的88毫米远程主炮。在短时间内它们击毁了开阔地上的16辆T-34坦克，当其他坦克调头时，虎式坦克对逃跑的苏军坦克发起追击并击毁了另外8辆。我们的88毫米穿甲弹威力如此巨大以至于它们掀掉了许多T-34的炮塔并将其扔出很远。德军士兵目睹此景立即编了个俚语：" T-34无论何时见到老虎都会摘下它的帽子。"新式虎式坦克的表现极大地鼓舞了士气。

再往南，在经历四天的巷战之后，哈尔科夫被武装党卫军阿道夫·希特勒警卫旗队装甲掷弹兵师重新占领，武装党卫军帝国装甲掷弹兵师转向北朝别尔戈罗德挺进，占领了这座城市并且与大德意志师取得联系，后者现在正越过托马罗夫卡继续突进。这两点之间的两个德军步兵师还在泥泞中挣扎着缓慢前进，奋力抵达河西岸。当我们的反攻开始时地面依然有一些积雪，但是就在集团军级支队抵达顿涅茨河上游之前，突然上升的温度造成了严重的泥泞。该地区除了那些位于哈尔科夫—库尔斯克坚硬路面上的车辆之外，所有的车辆都无能为力。我们的步兵仍然可以在泥泞中向前跋涉，但是重武器和火炮都陷入了泥泞，最终只有付出巨大的努力才能将其移出。甚至苏军后卫部队的T-34也陷得如此深，以至于德军直到天气转暖后才得以将其回收。

进入哈尔科夫以北20英里的小城佐洛乔夫（Zolochev）时，一个偶然的机会，我们的部队发现了苏军寻求通过暴力手段恐吓他们自己人民的残暴程度。居民们告诉德军宪兵，苏军内务部队在撤退之前成群地驱赶一群年龄在14到17周岁的本地男孩，在严寒中赤身裸体地穿过街道。随后听说他们消失在了内务人民委员会总部所在的消防站中，再也没有被见到过。在随后的搜索中，所有这些失踪的男孩在该消防站的一个深深的地下室中被发现，颈部被射穿并以马粪覆盖。这些尸体被亲属辨别和认领。几乎所有人的四肢都被冻伤。据推测这种特别残暴的行径目的在于嫁祸于德国占领军。

苏军显然也寻求通过大量直接针对敌军的残暴行径震慑德军部队并削弱他们的士气。其中一例这样的事件发生在数百公里以北的第二装甲集团军防区。3月初在日兹德拉（Zhizdra）村的战斗中，第321步兵师第590掷弹兵团的一个营得到任务去清理一片茂盛的灌木丛。进攻失败了。当3月19日该区域在反攻发起后再次落入我们手中时，发现了40具被挖去双眼或耳朵、鼻子并被切除生殖器的士兵尸体。在该战场的另外一片地区也发现了类似肢解的痕迹。

尽管这样残暴，如此多的苏军部队在跨越顿涅茨河时遭受重创，以至于我们的侦察部队仅受到轻微抵抗就穿过了河流。尽管我们的进攻各师都已经全力维持它们的攻势，但是鉴于总体形势和泛滥的泥泞不宜再做出这样的决定。此外，这场正面反击的目标已经达成。德军战线上洞开长达4个月之久的缺口已经被合上，最为庞大的苏军冬季攻势已经被遏制，德军再一次依靠顿涅茨河守住了一条连续的战线。

## 1943年4月10日态势

在南方集团军群结束了它1943年的春季攻势后，肯普夫集团军级支队的当面之敌目前仍处于防御之中，尽管苏军总体来说比较平静，但是在前线北段，别尔哥罗德和集团军边界之间的地带则要活跃得多。活跃的侦查行动、炮火增援、预备队的抵达和为进行防御而对自然地貌的改造，所有这一切都说明苏军打算尽快在这个新的前线上加强它们的防御。在后方地区，各种活跃交通表明遭受重创的单位正在迅速重组。尽管情报表明前线没有出现新的苏军部队，似乎（远超于日常部队轮换和补给需求的）铁路交通只有可能是在运输至少三个新的步兵师到库尔斯克地域，其中两个投入到瓦卢基（Valuiki）—北奥斯科尔（North Oskol）—奥斯科尔车站（St. Oskol）。除了这一观察以外，我们还接到指示说大量部队已经离开了德国第六集团军和中央集团军群当面的防区进入北奥斯科尔（North Oskol）—科罗恰（Korocha）—奥斯科尔车站（St. Oskol）地域。无法确定集结这些部队是用于进攻还是防御。

肯普夫集团军级支队的主防线和部署大致如下：除了已经位于前线的106、167和320步兵师和武装党卫军骷髅装甲掷弹兵师之外，当时还有以下单位被配属给肯普夫集团军级支队来"就地重组和整训"：第3装甲军部、武装党卫军第2装甲军部、第6装甲师、第7装甲师、大德意志装甲掷弹兵师、武装党卫军帝国装甲掷弹兵师和阿道夫·希特勒警卫旗队装甲掷弹兵师。从4

月末开始以下单位陆续到达：第48装甲军军部、第11装甲师、第168步兵师和集团军直属部队（装甲和自行反坦克炮单位、高射炮、炮兵、工兵、舟桥和公路建设营等）。集团军级支队将正在重组的部队布置在哈尔科夫附近或以西。部署在前线的单位每次轮换三分之一的兵力（一个加强的团级战斗群）以便在前线附近重组。由于最初的进攻日期定于5月4日，各单位竭尽全力前调所需的人员和设备。

集团军级支队意识到苏军已经将额外部队调进别尔哥罗德东北地区后，一个装甲战斗群（由在更后方休整的装甲师轮换单位组成）被布置到哈尔科夫以北警戒。我们准备的这一部署来应对苏军对哈尔科夫发动的突然进攻。

在持续地阵地战期间，别尔哥罗德以南的第106步兵师捕获了大量战俘。这些战俘是在一次正午的突袭中俘虏的，因为从苏军逃兵那里已经查明该地区（可以很容易地从河西岸观察到）只允许在夜间移动，因此在白天睡觉。这些战俘供称他们的许多战友已经心生不满并想要逃亡；不过深深的河流将他们与德军战线相阻隔。（我们）很快就与心生反意的连队取得了联系并进行了必要的布置。在特定的夜晚用不起眼的灯光信号通知该连必要的渡河设备已经准备好，并且已经准备好德军武器掩护他们渡河。已经采取了所有必要的措施以防中了苏军的诡计。与计划中完全一样，该连真的走下河岸，分成几批乘橡皮艇渡过了顿涅茨河。该连指挥官，一名乌兹别克斯坦中尉，第一个抵达我们战线。不幸的是该连的部分人员误入苏军雷区，爆炸的地雷和警醒的敌军炮兵造成了相当大损失。这件事致使已经不再可靠的第15乌兹别克斯坦步兵师立即从前线撤回，进行整肃并另派他处。

## 1943年6月30日前后态势

从5月开始敌军部队进入先前辨明的集结地域的调动已经增长到如此程度，以至于我们必须计划应对科罗恰—沃罗科诺夫卡（Volokonovka）—北奥斯科尔地域和库尔斯克地域苏军预备队的重兵集结。虽然在5月期间，我们没有观察到苏军部队大规模前调，6月份敌军正面，尤其是火炮、重武器、半埋式坦克工事等方面兵力持续增强。但我们得出的结论是苏军试图继续保持防御态势，因为它们无疑惧怕哈尔科夫地区的大量装甲师，同时我们的战线态势也具备了发动一次大规模攻势的条件。另一方面，整个6月敌军不断增长的兵力表明苏军进攻的可能性无法完全排除。

德国空军通过昼间飞行航拍发现苏军加强了力量并修建了规模庞大且规划科学的野战工事。在别尔戈罗德对面，那里将成为德军进攻的重心，苏军的防御系统由三条连续的防御工事地带组成，到6月末已经具备了40千米的纵深，我们记录了以下特征：反斜面阵地、转换阵地、欺骗性目标、预备火炮发射阵地（每个炮兵连多达4个）；以及半埋式坦克预备阵地。地雷不仅埋在道路上还覆盖到了前所未有的纵深。坐落在苏军防御系统内以及后面的城镇（距离60公里）已经进行疏散并改造为实质上的堡垒，还有对应的掩护部队。大部分阵地显然已经被占据，预备队已经露宿在了接近前方地域的防空壕中。

集团军级支队的主战线自4月10日以来就没有发生过变动。在别尔哥罗德以西，第四装甲集团军司令部暂定指挥武装党卫军第2装甲军和第48装甲军，与此同时第3装甲军军部；第6、第7和19装甲师；以及若干军直属部队被配属给集团军级支队。

这些单位接受重组和休整后，集团军级支队集中进行进攻训练，并为下级军官进行战术指导（训练和理论并行）尤其强调预计部队将会执行的任务。在实弹野战训练和示范中，德国空军和其他单位都有参与，为将作战准备提升到一个更高的标准做出了贡献。同期举行了图上推演和地形情况介绍会，开设特别课程讲解舟桥建设和雷场清理。与此同时，为了误导苏军对德军的意图的判断，前线和前方地域修建了新的大规模防御阵地。

与这些训练相关的是，第11军军部制定了周密的方案穿越顿涅茨河东岸广阔的雷场。送工兵分队去清理出一条狭窄的通道来让步兵先头部队推进的常规做法无法令人满意，因为地形无法提供任何掩护，敌军可以通过将它们的炮火集中在这些通道上给工兵和步兵造成沉重损失。因此考虑了几种克服这些障碍的临时措施。

雷区的辨识是先决条件，因为步兵在穿越它之前必须知道其精确位置。这是有可能的，因为德军据守的河西岸与苏军阵地隔河相望。另一个先决条件是步兵应当能够在近距离用肉眼辨识出单个地雷的位置。在许多地方，小土堆或洼地、干草、不同颜色的土地或一些其他的外在标识可以方便定位。在探雷方面工兵已经进行了大量实验。战争初期，有时单个工兵会躺在地雷旁边充当人体标识后让步兵穿过狭窄的雷场，小心翼翼地不要施压将其引爆。虽然无论是工兵还是步兵都没有在这些早期的尝试中蒙受过损失，这个过程依然危险并且只能小规模应用。因此在战争后期价值已经不大了。

再者，标示单个地雷更合适的措施是紧挨着地雷放置小旗或其他简单的标志。这是由工兵或接受过辨别地雷训练的步兵来完成的。该方法被反复应用，结果表明比第一种效果更好，但是大规模应用存在困难。第三种也是最好的办法是彻底向所有步兵教授敌军的布雷技巧，并利用已经占领的敌军雷场作为训练场来找出地雷。这个办法要求所有步兵被轮流送到后方地域，因此更加耗费时间。

这些需求可以赶得上城堡行动，因为进攻时间已经被两次推迟拖延了数星期之久。那些布置在狭窄的进攻区域的师已经将它们三分之二的作战部队送往后方，在那里训练日程中有坦克越过散兵坑和穿越苏军雷场的训练。进行这些训练是因为它能够帮助士兵克服对坦克与地雷的恐惧。

## 肯普夫集团军级支队的任务

进攻计划分配给肯普夫集团军级支队的任务是沿第四装甲集团军东侧翼提供攻势掩护，后者沿马里诺—奥博扬（Malino–Oboyan）一线推进。具体来说，集团军级支队必须守住从第四装甲集团军右边界到纳泽格尔（Nezhegol）河口之间顿涅茨河前线，同时还要推进到纳泽格尔—科罗恰（Nezhegol—Korocha）一线来掩护他自己的装甲部队向斯科罗德诺耶（Skorodnoye）的推进。在突破顿涅茨河阵地后，第3装甲军将接过在科罗恰—谢伊姆（Seim）河地区掩护整场攻势侧翼的重任。

肯普夫集团军级支队预计自己要应对下列苏军部队：

第一日：在纳泽格尔河口至别尔戈罗德一线的4个步兵师

第二日：前线地域其他的师（估计也有4个步兵师）

第三日及之后：从奥斯特罗戈日斯克（Ostrogozhsk）地域赶来的数量可观的坦克和机械化部队。

从别尔哥罗德地域的部队部署和防御体系的扩展来看，苏军最高统帅部

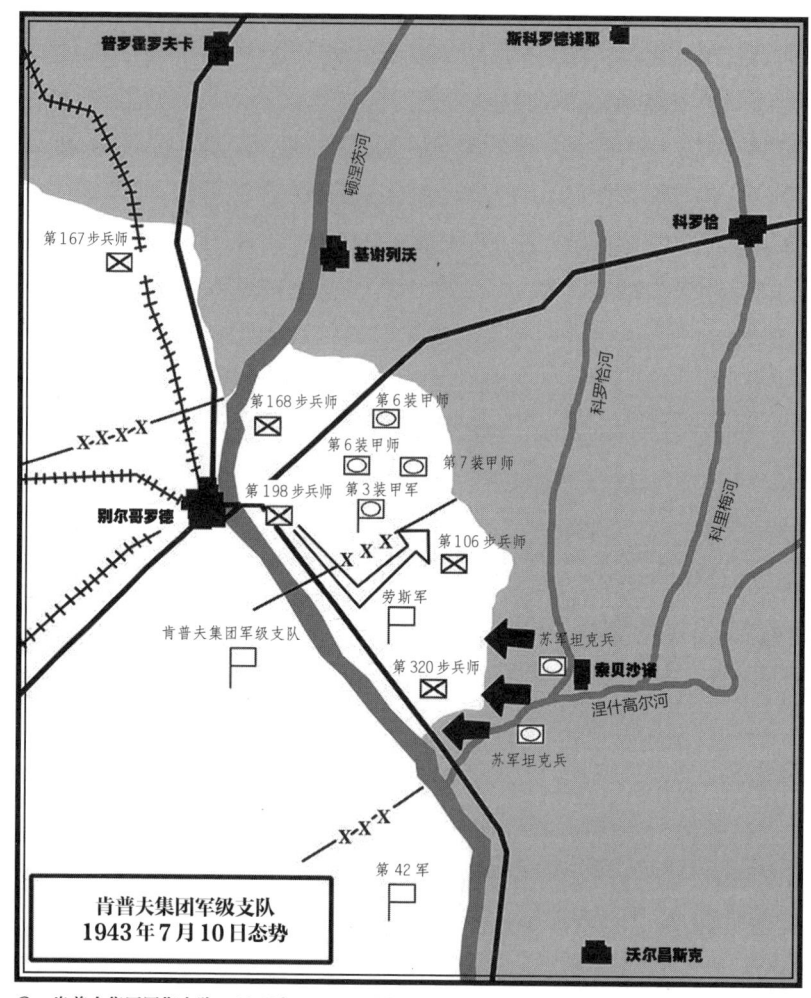

◎ 肯普夫集团军集支队，1943年7月10日态势

打算以所有可用部队守住库尔斯克突出部的肩部的意图愈发明显。我们预计苏军有三个使用它们战略预备队的选择：

1、在防御战中逐步使用（这对我们最有利）

2、一次同步反击（开始于第3或第4天）

3、一次主要方向上的反击

而肯普夫集团军级支队可用的部队有：

1、沿顿涅茨河防御的部队有：第52军，辖有第39、第161和第282步兵师（该师仅由两个步兵团组成却不得不防守145千米长的前线）。

2、集中在纳泽格尔河口—科罗恰一线：第11军（也就是劳斯军）辖有第106和第302步兵师。

3、向斯科罗德诺耶发起装甲进攻的有：第3装甲军，辖有第6、第7、第19装甲师和第168步兵师。

考虑到苏军的部署、防御和地形因素，对于计划中的任务德军现有的兵力只能最低程度的予以满足，行动开始后不能有任何重大损失。

进攻将分为三个阶段：第一阶段，渡过顿涅茨河并突破苏军的第一道防线。由于我军兵力较弱，所以至少一段时间内的战术上的突然性和渡河地点的选择是不可或缺的。第二阶段：集团军级支队必须尽快突破第二条和第三条防线，尽量避免给苏军以足够的时间来动用它们的战略预备队。最后，与敌军战略预备队的会战将在开阔地上进行。随着大量苏军坦克部队准备战斗，我们有理由预测一场装甲战，在此期间我们的装甲师将有机会证明它们在指挥和装备上的优势。

不过早在将装甲师投入我们所希望的将会成为战斗最后的、决定性的阶段之前，它们必须严格地完成这样一个任务才能把常规任务移交给步兵师——穿过一条河流来打击位于纵深的有备之敌。只有在别尔戈罗德西郊才有一座浅浅的，纵深仅有100米的桥头堡可用。

由于集团军级支队的主要任务是在第四装甲集团军推进时保护其东翼，该集团军与第3装甲军之间必须维持尽可能紧密的联系。这就意味着第3装甲军必须不顾其侧翼的威胁，立即实施向东北的突击。对于第11军而言，仅有的两个加强步兵师排列在35公里长的防区里，没有任何装甲部队支援可用。相反，第11军还不得不打入一个狭窄楔子以便沿科里梅耶（Koremye）地域来建立自己的屏障。而苏军从顿涅茨河弯（丘古耶夫（Chuguev）两侧以及横跨丘古耶夫—哈尔科夫高速公路）对哈尔科夫发起的牵制性进攻仍然威胁着行动的全面成功；我们没有任何可用的预备队来应对这样一场进攻。在集团军级支队的再三请求下，南方集团军群最终承诺在这一地域集结一些它自己的预备队。

德军部队开入集结地域的调动必须尽可能地避免被敌军侦测到。通过将集结地区的间隔调远并交错占领它们，集团军级支队试图扰乱敌军关于进攻时间和预计渡河点的判断。装甲师开进集结地的行动不得不在黑暗的几个小时中进行。部队的集结和炮兵阵地的准备工作已经在7月4日之前全部完成。

在丘古耶夫地域采取了大量的欺骗措施，试图使苏军确信我们正在考虑在顿涅茨河弯向伊久姆—库尔扬斯克（Kuryansk）一线进攻。摩托化纵队白天向前线开进，炮兵移入发射阵地并校正火力，伪装成预备队进行渡河训练。

我们不得不考虑到这样一个事实，那就是苏军大量利用平民执行间谍任务。尤其喜欢使用8到14岁的孩子，他们首先接受这种工作的训练，然后被允许潜入适当的前线战区。在攻势展开前不久，单是在别尔哥罗德就抓获了十几名这样的孩子。他们基于所接受的训练和他们自己的方式做出的详细的报告。这些孩子在苏军官员的监督下接受训练，至少持续四个星期，已经有60名参与者。这些年轻人来自战线两侧的前线附近乡村，因此完全熟悉当地地形。许多人同德军占领区的亲戚或熟人住在一起，因此很难发现并加以逮捕。他们在间谍方面观察的天赋和技巧堪称卓越。因此，前线附近的本地居民（距前线6到10公里内）必须疏散，不仅因为敌军炮火危险，同时也是预防间谍活动的一种措施。

## 库尔斯克：突破，7月5日

可能是由于7月4日下午左翼单位的一次冒险，苏军察觉到了进攻日期。从2时到2时20分，苏军在别尔戈罗德附近的疑似渡河点倾泻了毁灭性的炮火，给德军造成了相当大的损失。2时25分，随着短暂而密集的炮火，集团军级支队在一个宽广的正面开始渡河行动。虽然在一些地点发生了激烈的白刃战，所有渡河突击都很快获得了成功。进攻是在没有德国空军的支援下进行的，它们已经全部被派去支援第四装甲集团军。除了原有的师属炮兵以外，还有以下单位投送支援炮火（注意高射炮单位有炮火支援和防空双重任务）

第11军战区的炮兵包括：

第153炮兵指挥部

第77炮营1连（105mm）

第54炮营2连（105mm）

第213炮营1连（105mm）

第4高炮团

第7高炮团

第48高炮团

第905突击炮营

第393自行装甲歼击营

这三个高射炮团，总计保有72门88高射炮和大约900门口径更小的高射炮，已经配属给第11军作为中型火炮的替代品使用。根据德国空军的政策，禁止高射炮军官接受陆军单位指挥，军属炮兵指挥官因此依靠高级高射炮指挥官自愿协同。这导致小摩擦一再出现，但是通常都很好地解决了。

高射炮团的第一个任务是在军属炮兵指挥官的引导下参加炮火准备。为此高射炮团被布置在纵深并分为三个波次。第一梯队在主防线紧后方；它的任务是对敌军重武器和碉堡投送直射火力。此外，它必须为反坦克战斗组成高射炮突击分队，为前进的步兵提供近距离支援。另外两个团与军属炮兵一起，通过投送持续而集中的炮火打击敌军第一道防线，并瘫痪它们的步兵。在此之后，突击分队以外的第一梯队的部分单位以及整个第二梯队将会支援推进中的步兵。第三梯队将会接管整个炮兵阵地的防空任务，也会参加反炮兵任务。

第3装甲军战区的炮兵包括：

第3炮兵司令部：

第612炮兵团部

第228突击炮营

第71炮营2连（150mm）

第875重炮营（210mm）

第62炮营2连（105mm）

第99高炮团

第153高炮团

第3装甲军战区的第6装甲师用它的重武器来支援168步兵师的进攻，在168步兵师成功扩展在别尔戈罗德狭窄的桥头堡后就立即渡河，超越168步兵师向格罗季彻（Gorodische）车站推进。

为了欺骗苏军，第52军穿过顿涅茨河在北翼发动了一次佯攻，事实上它的炮兵已经用来支援第11军的进攻。

苏军情报机关发现了进攻将于7月5日黎明开始。苏军对进攻出发阵地施加了密集的袭扰性炮火，但是德军密集的炮火一开始这种干扰就停止了。第11军地域的这些密集地炮火是如此有效，最初的震撼是如此强烈，以至于首波突击队能够穿过敌军雷场，没有任何拖延就穿过了它们的主防线，并越过了数百码。大量小口径高射炮发射的数千发曳光弹被证明尤其有效。

进攻开始时天色已经放亮所以能够毫不费力地发现敌军地雷。第106和320步兵师的前锋得以很快穿越雷区，实际上几乎未受伤亡。只有一个营未按命令行事，在日出前便发起进攻，营长担心日出后部下在战区内穿过开阔地时会遭到敌军火力打击而蒙受重大伤亡。在黑暗中，该营误入了前几天未探明的雷区，在地雷的爆炸声中蒙受了20人的伤亡。当这个营在白天继续前进时未受更多的伤亡。

由于苏军在集中炮击时已经遗弃了他们的战壕并逃入了更深的掩蔽壕，推进中的步兵让苏军大吃一惊，并毫不费力地将他们拎了出来。但是当步兵抵达过去几个月里准备的2—3英里深的主阵地区域时，他们不得不大量使用手榴弹来肃清迷宫般的战壕与地堡，这些工事有12英尺或更深。与此同时，火炮和高射炮对敌军重型武器的反制任务在后方阵地重新开始，渗透穿过战壕体系的预备队也去对付苏军中型火炮。高射炮团第三梯队完全被防御苏军轰炸机的任务占用了，对第11军地域的空袭不断加强。在进攻的前两个小时它们击落了不少于20架敌机。

强大的敌军部队在它们纵深配置的、广阔的筑垒地域和密布的雷场进行了顽强而又激烈的抵抗。这样的抵抗贯穿于扩展最初的桥头堡以及争夺顿涅茨河和铁路线之间地域的战斗期间，后者也坐落于第一道防线内。整个早上，苏军炮火、自动武器和飞机开始越来越强力地加入这场战斗。前方单位的战术预备队、部分步兵师单位和位于战线后方的独立坦克旅都发起反击以应对我们的突破。到了下午的早些时候，这些零散的努力开始转变为组织的反攻。即便如此，在近距离短兵相接的战斗之后，截至晚间第11军主力还是抵达了铁路线，部分单位甚至已经穿过了铁路线。

突然苏军在40辆坦克的支援下发起了一次猛烈反击，将我们的掩护部队从南侧翼上的森林中赶了回去，并袭击了320步兵师，该师部署于第11军右翼纵深。师炮兵的防御火力和所有中型高射炮的集中火力将敌军的反击挡在了森林的边缘。然后中型高射炮以直射火力打击灌木丛中隐约可见的坦克集群并将其驱散。苏军反复尝试从这一地域发起攻击，无一例外都失败了；高炮很快被交还用于防空任务，威胁消除了。

在这次反击期间步兵第320师有大约150人被俘。不久之后我们监听到了苏军下级和上级指挥部（也许是团级和师级）之间的通信联络，内容如下：

团指挥官："我这有150个弗里茨（德军士兵的蔑称）我该怎样处置他们？"

师指挥官："留下几个审问，其余的清理掉。"

当晚，这个据推测为团长的指挥官报告说命令已经付诸实行，大部分弗里茨已经被处死，剩下的被审讯过后也被处死。

在第3装甲军战区，第7装甲师在索罗米诺（Solomino）穿越了顿涅茨河并且成功的洞穿了敌军纵深防御，尽管只有在激烈的坦克战之后，德军才将突破延伸到克里沃罗格（Krivoy Log）以北的高地。第19装甲师在普什卡诺耶（Pushkarnoye）南部强渡顿涅茨河，在米卡尔洛夫卡（Mikailovka）东南的森林遇到强烈地抵抗和不利地形（沼泽与雷场）。尽管如此，在击退一次猛烈地坦克进攻后，第19装甲师设法穿越了铁路线。不论是第168步兵师还是第6装甲师都未能突破敌军在别尔哥罗德地域的主防御地带，这意味着从东面打开这个堡垒将成为集团军级支队未来几天的任务。

通过利用战术上的突然性这一要素，集团军级支队幸运地触到了顿涅茨河和铁路线之间的第一道防线，在激烈的战斗之后我们甚至突破了这道防线。只有第7装甲师在第2道防线上达成了突破，在所有其他地点敌军仍坚守在阵地上，还在许多地域发动了防御性的局部反击。

当集团军级支队向东北推进时两侧的威胁愈发明显，舍文科诺（Shevekino）西北的大片林地为苏军的反击提供了绝好的出发阵地。任何向科恩耶（Korenye）地域突破的尝试都将面临森林中的短兵相接。在蒙受了首日的损失后（单是第11军就有差不多2000人），在没有额外部队的帮助下这个目标是否能够达成，就显得有些令人生疑。

在接下来的几天中，为了夺取别尔哥罗德堡垒而牵制住了部队主力，由

第八章：哈尔科夫与库尔斯克·197

于集团军级支队继续向科罗恰—斯科罗德诺耶一线推进造成了延展,直到它形成一个向南深入的楔子,刺入了集团军级支队和第四装甲集团军之间。新的苏军部队已经注入了这个楔子,它们对我们左翼的威胁将显著增加。

上级指挥部一直认为只会遭遇敌军微弱的抵抗。这被证明是一个幻想。苏军显然做了极好的准备(良好的补给、装备和武器),并且在思想上为了预防士气崩溃做好了准备(高度爱国主义、必胜的信心,我们引诱敌军部队叛逃的努力失败)。

## 库尔斯克:突破第二和第三道防线,7月6日—7日

首日的胜利要求我们立即发展第7装甲师在克里沃罗格取得的突破。我们的所有部队集中在这一端,集团军级支队甚至放弃了南侧翼上必要性不大且代价高昂的别泽尔多夫卡(Bezlydovka)桥头堡。在顿涅茨河西岸,106步兵师的部分单位接管了当地的防御。为了加强突击力量,第6装甲师从斯塔伊哥罗德(Stary Gorold)重新布置到第7装甲师后面。在与苏军坦克激战后,两个装甲师合成的装甲部队得以突入防御体系纵深,拿下了迈索伊多沃(Myasoyedovo)的高地,继而向梅尔科霍夫(Melekhovo)推进。为了配合第7装甲师的进攻,第11军占领了科雷克(Korek)与顿涅茨河之间的制高点,然后建立了一道面向东方的屏障。集团军级支队同样从南方和西南方发动进攻夺取了别尔哥罗德以东的地区。在该地区的战斗中苏军的抵抗极其强烈,尤其是在克雷达(Kreida)周围的敌军据点屯驻了重兵,并得到了自动武器和炮兵的有力支援。

苏军试图反击我们从科伦(Koren)以西的林区发起数次攻击或突袭所产生的突破,它们已经在那里集结了3个前线步兵师并得到了两个新抵达的步兵师和两个独立坦克旅的增援。敌军将主力集中在第106步兵师的当面。在这次交战中第11军获得了一次可观的防御性胜利,这主要归功于我们表现极为出色的步兵,他们放手让苏军坦克从自己头顶滚滚碾过去(这是一个在训练中被尤其强调过的步骤),这一战术成功地将敌军坦克与他们的步兵分割开来。坦克前进并越过了舍夫基诺(Shevekino)—别尔哥罗德之间的道路,但是苏军步兵的进攻在我们的防线面前被打断了,它们现在寸步难行。

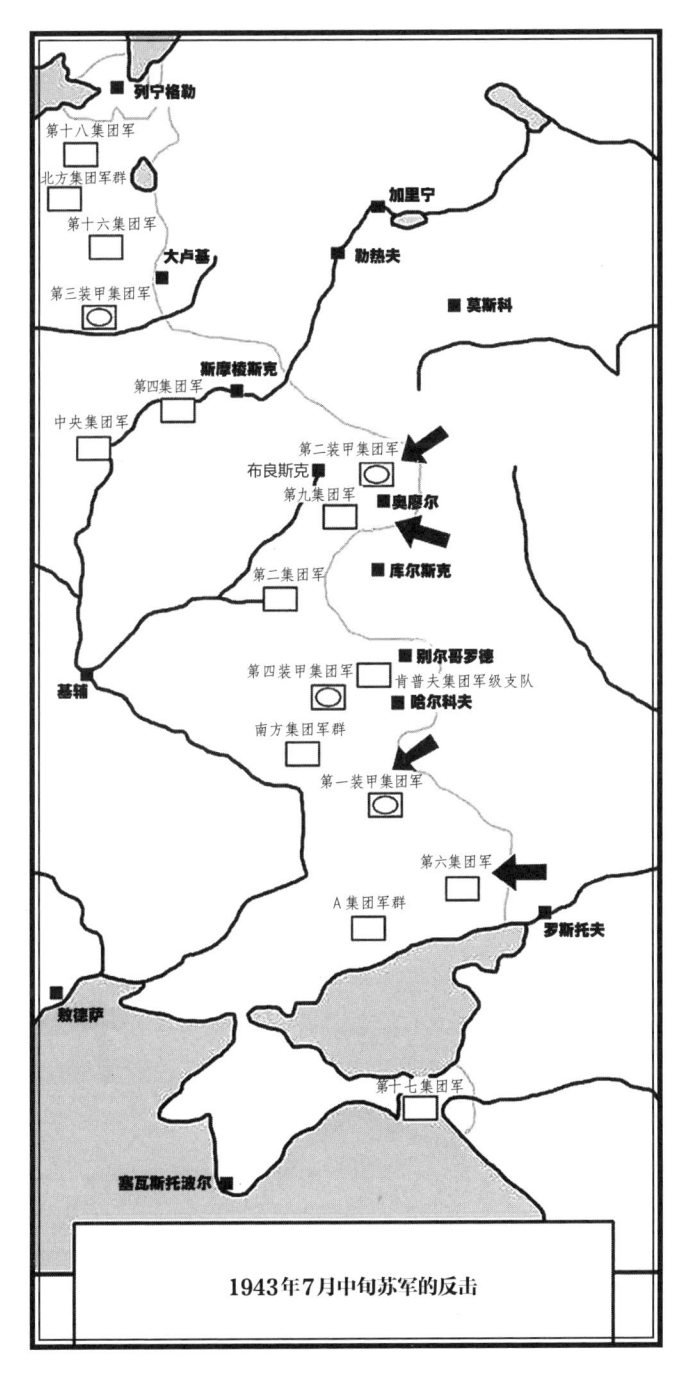

◎ 1943年7月中旬苏军的反击

敌军坦克冲击我军中央防线，在（防线）后面几个高射炮突击分队和若干中型反坦克炮布置为相互支援的阵型。当苏军坦克一头撞进这个反坦克防御网时，我亲自带着106步兵师的预备队在32门突击炮、反坦克炮和高射炮分队的支援下包围并击毁了已经突入该地区的全部60辆苏军坦克。最后一辆苏军坦克已经突入至师指挥所，一个携带汽油罐的突击分队将其点燃。总的来说苏军的攻击缺乏协同，所以它们没能成功。敌军转而集结部队主攻波拉纳（Polyana）与申科洛科沃（Shcholokovo）以东林区之间的地带。即来自丘古耶夫第198步兵师的加强战斗群陆续赶到并在激烈的战斗之后牢牢守住了这道屏障。

苏军试图用两个新赶到的步兵师和坦克第2军的一部来对付第3装甲军，以阻止集团军级支队的装甲部队向东北方向的突击。与此同时苏军在比利斯伊古门卡—波斯特科夫（Blis Igumenka-Hf.Postikov）地区向西侧翼施压。在击退了来自梅尔科霍夫方向猛烈进攻的同时，我们设法包围了西侧翼的当面之敌，击溃了一个步兵师并重创了另外一个；部分苏军部队在遗弃了重武器之后沿谢夫顿涅茨河谷（Syev Donets）向东北撤退。

敌军阵地就这样被突破了30公里深；6个苏军步兵师，2个坦克旅和3个坦克团被击溃。对航拍照片的判读表明沿乌沙科夫（Ushakovo）—谢诺（Sheyno）—索比舍诺（Sobyshno）一线还有最后一条防线。为了继续前进，集团军级支队估计不得不与另外3支苏军部队交手。

1、西侧翼当面有5或6个被打残的步兵师和坦克旅。

2、第六十九集团军旗下的3或4个步兵师（所有这些部队可能从奥斯科尔车站地区接受增援，包括2个坦克军和1个机械化军）。

3、驻扎在由谢夫顿涅茨和利波夫顿涅茨特姆（Lipovy Donetsm）组成的三角形地区的1个坦克军与3个步兵师的部分单位，既可以威胁集团军级支队之西侧翼，也可以威胁第四装甲集团军之东侧翼。

## 库尔斯克：冲向普罗霍洛夫卡，7月11日—16日

为了第3装甲军能够自由地向东北移动来掩护第四装甲集团军的右侧翼，我们必须突破在乌沙科夫和索比舍诺之间的第六十九集团军。在突破拉祖姆诺

耶（Razumnoye）和谢夫顿涅茨之间的最后一个敌军阵地后，冲向斯科罗德诺耶的行动将需要集中第3装甲军的兵力。我们只有在侧翼的顿涅茨三角的敌军（它威胁着我们的侧翼）被赶回去或消灭后才有可能这样做。这些措施中的任何一个都不能妨碍其他措施的执行，既牵制敌军部队同时又在没有第四装甲集团军的协助下清除顿涅茨三角区显然是不可能的。

然而此时此刻，第四装甲集团军与苏军步兵和强大的坦克部队的激烈战斗，只有在白刃战之后才得以夺取普肯尔河（Psel）上的渡口，桥头堡当面的苏军兵力每时每刻都在增长。作为整个行动的关键，向库尔斯克的突破似乎胜负难料，除非第四装甲集团军能及时得到增援，而派遣任何部队去支援消除顿涅茨三角的行动都可能致使武装党卫军第2装甲军右翼的攻势一并陷入停顿。

出于对第四装甲集团军的进攻陷入停顿的关切，陆军元帅冯 曼施坦因考虑接下来的行动路线：中断肯普夫集团军级支队的进攻，将第3装甲军重新部署到第四装甲集团军的东翼。这样一个解决方案成为曼施坦因、霍特和肯普夫7月11日在集团军级支队司令部开会的议题。肯普夫强调集团军级支队日益衰减的作战兵力，东翼现在所受的威胁以及所有预备队都已用完的窘况，倾向于停止进攻。曼施坦因最终决定与第3装甲军的指挥官装甲兵上将赫尔曼·布赖特会晤后再做决定。也许是受到过去几天战术胜利的鼓舞，布赖特向曼施坦因表达了乐观的观点，陆军元帅命令第3装甲军继续进攻。

第3装甲军突破了乌沙科夫和索贝沙诺（Sobyshno）之间的苏军阵地，很快突入了亚历山德洛夫卡（Alexandrovka）地域。与此同时，集团军级支队巩固了在谢夫顿涅茨河上里哈沃尔（Rehavel）两侧的多个桥头堡。"开阔地"在招手：为获得行动自由而对斯科罗德诺耶展开的攻势已经成功，一个冲向普罗霍罗夫卡的出发阵地已经到手，并且与第四装甲集团军侧翼的协同行动也终于有可能实现了。

下一个挑战来自于整体局势，苏军额外增加了坦克部队来对付第四装甲集团军的东侧翼，激烈的防御战终于爆发了，现在集团军级支队接到了关系到整个行动成败的最重要的任务：在普罗霍罗夫卡以南地域抵御苏军坦克部队并清理通往库尔斯克的道路。这仍然需要先清除顿涅茨三角敌军的抵抗。

为了充当冲向普罗霍罗夫卡的跳板，刚刚在亚历山德洛夫卡达成的突破必须坚守，因此第11军不得不沿拉祖姆诺耶向东北延伸，即便如此我们依然要用几个实力急剧衰减的部队守卫着现有的阵地。只有第6装甲师能够用来作为通过积极防御建立起来的向北屏障的掩护部队。归功于第11军沿宽阔防区所进行的英勇防御，第3装甲军的另外两个装甲师可以继续它们的进攻。

虽然遭遇近卫坦克第2军顽强的抵抗和反击，第7和第19装甲师的装甲战斗群还是从它们的桥头堡穿过谢夫顿涅茨河向沙哈罗夫（Shashovo）发动进攻（开始于7月12日）。在顿涅茨三角的4个步兵师试图避开包围向北突围。在第167步兵师（该师已经占据了敌军据点西侧的阵地）的支援下，第3装甲军肃清了戈斯奇科夫（Gostishchevo）以南的林区——这次行动为德军带来了1000名俘虏和大量武器装备。

我们继续冲向伊万诺夫卡（Ivanovka）—迈洛耶塔贝尔伦诺夫（Maloye Tablonovo）一线两侧的高地，与强大苏军坦克部队碰撞。不过德军装甲兵在一系列激烈的装甲战中证明了它们的优势。苏军遭受了沉重地损失后向北退去，我们在塔塔尔维诺（Teterevino）以北与第四装甲集团军东翼建立了联系。大量坦克损失如此彻底的削弱了苏军以至于南方集团军群现在可以着手向普罗霍罗夫卡发起决定性的进攻了，相应的战斗命令立即就下达了。

然而与此同时，苏军沿米乌斯（Mius）河在伊久姆（Izyum）进攻南方集团军群深远的南翼。结果已经配属用于冲向库尔斯克的预备队（下辖武装党卫军维京装甲掷弹兵师和第17装甲师的第24装甲军）永远也没有到达。在中央集团军群南翼，第九集团军的进攻受挫，而苏军已经对奥缪尔突出部发起总攻。同时第48装甲军（在第四装甲集团军西翼）受到敌军强大坦克部队的进攻（至少一个坦克集团军）。南方集团军群试图通过在第四装甲集团军东侧翼临时采取防御态势来粉碎苏军坦克集团军，然后再协同部队冲向库尔斯克。在第7装甲师被调走之后，集团军级支队只剩下虚弱的第167步兵师作为交换来掩护它漫长的东翼（代号"罗兰"）了。整个行动的关键时刻到了，却没有任何可用的预备队可以投入战斗。

终于，苏军沿米乌斯河和在伊久姆的进攻迫使第四装甲集团军向普尔肖—佩纳（Psel-Pena）地域的进攻搁浅。一旦第26装甲军被调到哪里，整个南方集团军群就没有任何战略预备队了，苏军现在掌握了主动权。向库尔斯克的进攻告吹了，早在7月17日党卫军第2装甲军就从突出部调离，另一个装甲师几天之后也将调走。尽管如此，南方集团军群打算只要没有猛烈进攻或新的敌军部队集结出现，就把肯普夫集团军级支队和第四装甲集团军从现在的战线上调离。

虽然已经取得了战术上的巨大胜利，代号为"城堡行动"的大规模进攻还是没有达成它的战略目标。7月5日至7月20日期间，南方集团军群击毁或缴获了412辆坦克、11862名战俘、132门火炮、530门反坦克炮和大量各型重武器。苏军肯定会将这些部队和武器用于这次刚刚展开的大规模攻势。

## 库尔斯克：撤往别尔戈罗德桥头堡，7月18日—22日

受第19装甲师于7月18日被召回的影响，肯普夫集团军级支队被迫收缩到一个中间阵地；苏军紧随其后。7月21日，为了应对南方集团军群西翼上的一次颇具威胁的攻势，被迫将第6装甲师和第167步兵师调往第四装甲集团军。前线再一次收缩，这次是到扩展了的别尔哥德桥头堡。这块阵地已经两次成为旧顿涅茨河阵地的前线了，仅靠第11军余部勉强坚守，自从7月5日以来的沉重损失，已使第11军的战斗力折损过半。

肯普夫集团军级支队多次请求后撤至出发线——这样可以极大地缩短前线——同时也允许我们利用顿涅茨河坚固的筑垒地域带来的优势。这些请求都被拒绝了，因为这样的收缩只有面临苏军总攻时才会"考虑"。在过去的几个星期中，这个决定让第11军卷入到一系列争夺别尔哥罗德桥头堡控制权的白刃战中，很明显防区过于宽阔、战斗力不断衰减、部队已经身心俱疲、缺乏预备队，苏军在人力物力上有巨大优势，以及我们阵地从未构筑过防御工事的事实。第11军最终于7月22日退进别尔哥罗德严密的防御工事体系中。

城堡行动的公开目的是夺取库尔斯克地域，消灭第二集团军当面突出部内的敌军部队，尤其重要的是将我们的战线缩短大约270公里。为了保存德军实力，这次攻势被策划为一次迅速的跟进行动，高潮是春季期间肯普夫集团军级支队和第四装甲集团军在哈尔科夫附近取得的胜利。别尔哥罗德的重新占领已经为这个目的创造了一个理想的出发阵地。4月1日肯普夫集团军级支队为这样一次行动递交了它的首个提议，打算在4月中旬或最晚5月初发起进攻。我们推断泥泞季节迫使战斗终止了四个星期，这将允许我们重组自己的部队，但还

是太过短暂以至于苏军无法进行充分的防御准备。

集团军级支队多次对于行动的拖延表达了严重关切。最后一次，一种急迫地表现证明了这种关切，在一份肯普夫将军给陆军总参谋长蔡茨勒上将的口头报告中。肯普夫提出敌军不仅将利用这段时间重组它们的单位并加固它们纵深的防御，而且还可以通过集结战略预备队击退我们的突击，发动牵制性的进攻，或甚至进行一次有计划的反攻。不过行动还是被反复拖延。给出的原因是事实上新式武器（尤其是豹式和虎式坦克营）将会增强我们的进攻力量来抵消敌军的防御准备。

肯普夫集团军级支队没有收到这样的武器或单位。

这次进攻的反复拖延是导致行动失败的主要原因。我军部队的战斗力可以提高到一个非常高的水平，但是无法赶得上敌军，他们在同一段时间内可以集结远超于我们的兵力，这要归功于其巨大地战争潜力。苏军有时间也有机会将它的防御程度提升到前所未见的水平。在这道屏障后面，战略预备队可以不受干扰地集结。

失败的其他原因包括坚持一个由于其他事件和情况已经被明确预见到的作战计划。该计划规定了一次从别尔哥罗德地区的肩部发起的进攻。在5月和6月我们曾经得知这恰恰是苏军准备进行最顽强抵抗的地区，我们本应修正自己的计划，要么取消这次进攻，要么应在敌军最弱而非最强的点进行打击，例如苏梅（Sumy）以东的前线地段。我们的装甲师将获得行动自由将会容易得多，而不像实际战斗中那样，

我们的计划也出现了关于如何在进攻中使用部队的分歧，这导致行动分裂为一系列单独的战斗，并且合并不同的部队致使我们的指挥失去了行动自由。一次"流畅的行动"退化成为一次"缓慢地进军。"

德军数量上的劣势，尤其是在步兵方面，迫使装甲师从在它们有机会充分利用自己的机动性在开阔地同敌军交战之前，从一开始就在它们不熟悉地任务上耗尽了兵力。

同样，派去保护进攻部队侧翼（它每天都在变长）的德军部队显然是不够的。

行动的失败不能归咎于前线的指挥或部队。我们的士兵持续同顽强、具

有数量优势的敌军战斗并遭受了沉重的损失，但是无论是在进攻时还是防御时都足以证明他们高昂的士气。战斗的艰难至少能够部分从第11军在7月5日—7月20日的作战损失中体现出来：

第106步兵师：3244人（军官46名）

第320步兵师：2839人（军官30名）

第168步兵师：2671人（军官127名）

总计8754人

悲剧性的是这些部队并未取得胜利，但是为它们的失败而指责它们将会是一个历史性的错误。

◎ 被击毁的费迪南德式坦克歼击车

◎ 被击毁的虎式坦克

◎ 德军在库尔斯克

◎ 哈尔科夫市区的德军

◎ 德军装甲部队在库尔斯克集结

◎ 库尔斯克战场

第八章：哈尔科夫与库尔斯克·207

◎ 哈尔科夫战斗中的德军

◎ 库尔斯克战役中的德军

◎ 哈尔科夫战斗中的德军 　　　　　　◎ 哈尔科夫战斗中的德军

◎ 库尔斯克战斗中德军炮兵阵地

◎ 库尔斯克战斗中的德军虎式坦克

◎ 哈尔科夫战斗中的德军

◎ 战斗中的苏军

# 第九章
# 别尔哥罗德和哈尔科夫

## 苏军在别尔哥罗德达成突破：7月23日—8月9日

当7月22日第11军下属的4个师（第106、第168、第198和第320步兵师）精疲力竭的撤退到别尔哥罗德附近构筑良好的出发阵地时，顿涅茨河上游两岸浸透鲜血的战场上仍然是夏日炎炎。在堡垒战役进攻行动中，这些步兵师都先后参加了近一个月的激烈战斗，自然也遭受了惨重的损失。各师的战斗力量已经下降到了编制兵力的40%—50%，而某些步兵团的情况更糟糕。这些步兵师估计一段时间内是得不到任何补充的。

另一方面，我军轻易就和苏军脱离了接触，甚至在别尔哥罗德桥头堡阵地，第11军最后一个在顿涅茨河以东据守的部队也顺利撤了下来。此前曾经遭到打击的红军步兵师并不明白，为什么德军会主动撤退，因此对我军的意图仍留有怀疑。这种怀疑也不能说是错误的，因为此前德军曾经很多次故意撤退，而后发起突然的反击给苏军以重创。不过这一次德军的撤退是实实在在的，毫无诡计可言，这次撤退的意图就是希望依托缩短的筑垒防线，遏制实力尚为雄厚的苏军战略预备队的反击。

1943年8月5日，苏军在经过持续一个小时的猛烈炮击之后，开始沿别尔哥罗德—库尔斯克高速公路展开进攻，苏军的意图很明显，就是企图突破第四装甲集团军和肯普夫战役集群之间的别尔哥罗德突出部，从这个战斗分界线突入我军防线，瓦解整个防御。战斗中苏军取得了完全的胜利，以猛烈的炮火轰击第167步兵师阵地，该师依托苏军留下的一道反坦克壕，后方几公里处是一条精心构筑的防线。很快苏军大批坦克越过了这条反坦克壕，当天下午他们已经逼近了军指挥所，向德军阵地纵深源源不断地突入，自始至终一直在以火力追击我败退部队。第二天早上（8月6日），经过一夜强行军，苏军先头部队突袭了位于博戈杜霍夫（Bogodukhov）的第4装甲集团军司令部。由于集团军司令官赫尔曼·霍特大将手头没有任何预备队可以用于封闭托马洛夫卡（Tomarovka）和别尔哥罗德之间宽10公里的缺口，或者遏制住已经突入达100公里的苏军坦克洪流，苏军先头部队于8月7日抵达波尔塔瓦和阿赫特尔卡（Akhtyrka）。这些情况和其他一些战斗可以解释当时第四装甲集团军在苏军的攻势之下所处的危机局面，而危急的局面也蔓延到了正在东边正面与苏军交战的第11军防区。

就在苏军发起进攻的当天，第11军后方30公里的纵深阵地遭到了敌坦克部队的进攻。苏军坦克部队齐头并进，席卷了我军毫无掩护的左翼。在此危急时刻，第11军不仅要完成自己的任务，同时还要执行刚刚送达的元首令，而这份要求不惜代价坚守别尔哥罗德的命令束缚住了第11军的手脚。

该军前沿现在已经形成了一个深入敌军控制区的突出部，这个突出部恐怕注定要在敌军的围攻之下瓦解。一旦该处守军被歼灭，势必将别尔哥罗德—托马洛夫卡之间已经存在的缺口从25公里扩大到80公里，而且会迅速损失数个师兵力。从第11军的角度来看，该军兵力不足，用扩大军的防御正面来封闭缺口的企图是相当严重的错误，这个计划没有一点可行性，因为苏军一直在整个战线上不断施加压力。相比之下，我军应该将现有部队集中起来，形成一个阻遏数量占据优势的苏军进攻的防波堤。

考虑到以上种种因素，我决定不顾希特勒的严令，指挥部队依托阵地展开迟滞敌军进攻的战斗，交替后退到哈尔科夫并固守该城。第11军因此需要构筑一道面向北方的防线，并且保障起左翼以防苏军的包围，右翼则仍然保持在顿涅茨河沿岸。因为我们必须顶住压力，不能将第11军在顿涅茨河东岸的部队抽调出来，将其沿洛潘河（Lopan）沿岸掩护我军后方地域（这样一来他们的作战方向就有所变化）。顿涅茨河前沿不但非常漫长，而且纵深也很浅，如果从这个战线上抽调任何部队，那么即使是遭遇苏军的佯攻和牵制性进攻，也会造成灾难性的后果。因此继续削弱第11军意味着该部将陷入灭顶之灾，我们只能另寻他法。

我现在手头唯一能够立即调动的是在突破阶段从第四装甲集团军中抽调出来的第167步兵师的残部（只有500多精疲力竭的士兵，没有火炮或重武器）和羸弱的第6装甲师，这个师虽然只剩下了10辆坦克，不过士气倒是相当旺盛。这两个师刚被划归我的指挥之下，我立即命令他们沿洛潘河构筑防御工事。在8月5—6日夜间，我命令第168步兵师（在军左侧翼，并且在别尔哥罗德以北承受了巨大的压力）在别尔哥罗德调转180度。我们经过激烈的巷战之后放弃了别尔哥罗德，并且占领了一条新的防线（位于紧邻别尔哥罗德以南的高地）。第168师进入这条防线，和前文提到的那两个师共同掩护我军后方；我同时还给第168步兵师加强了一个虎式坦克连和一个StG Ⅲ型突击炮连——两个连总共有约25辆战车。靠着手中的反坦克炮和这些坦克，这两个兵力大为削弱的师（同时得到了第167步兵师战斗群的支援）顶住了在大批对地攻击机和至少150辆坦克支援下的苏军步兵接下来的全部进攻。

在洛潘河沿岸漫长而易于受到威胁南线，第11军迅速利用空军地面部队临时拼凑了战斗部队，同军后勤供应单位合编在一起。在空军的第7和第48高射炮团的88毫米高炮连（这是我们手头唯一能够对付苏军坦克的武器）的支援下，我军冒着敌军的空袭顶住了苏军坦克的进攻，从而遏制住了苏军夺取哈尔科夫—别尔哥罗德公路，并且切断我军顿涅茨河沿岸部队后方的企图。但是在8月9日一早，红军仍然成功突破了第168步兵师的防御，并且在洛潘河东岸夺去了一个桥头堡阵地。第6装甲师立即发起反突击，才肃清了敌军造成的威胁。而此时的战局开始微妙变化，向有利于我军的方向转变。

与此同时，苏军坦克部队继续向南猛冲，企图寻找另外一个渡过洛潘河的地点，以便对起到关键性作用的别尔哥罗德—哈尔科夫机场直接发起突击。幸运的是，第905突击炮营此时恰好从哈尔科夫地域赶了过来，以52辆StG Ⅲ型突击炮迎头痛击渡河的苏军坦克集群，将其纷纷摧毁。在这次战斗胜利之后，第905突击炮营成为了第11军仅有的机动战术预备队。

第九章：别尔哥罗德和哈尔科夫·213

# 顿涅茨河沿岸战斗：7月31日—8月9日

格奥尔格·波斯特尔（Georg Postel）少将指挥的第320步兵师下属各团位于别尔哥罗德以南约30公里的丘陵地形的A河河谷两侧，别尔哥罗德—哈尔科夫公路向西延伸出来的一条高速公路穿越其间，而维尔纳·福斯特（Werner Forst）中将指挥的第106步兵师的阵地紧邻该地以北（在写这一章节的时候，劳斯很显然已经忘记了许多村庄和河流的名称，因此文中以专门的字母指代这些地名——原译者注）。苏军对这些河谷的任何进攻都将迅速切断公路交通，因此我军在河谷两侧部署重兵以防范敌军的攻击。

7月22日我军顿涅茨河东岸的战术收缩显然出乎苏军的意料，当面苏军只敢小心翼翼地推进，直到7月23日才抵达河边。顿涅茨河西岸第320步兵师的防区要比东岸高不少，并且地形主要是沼泽和大片的芦苇，特别是在顿涅茨河与A河的交汇处。顿涅茨河从上至下没有一处可以涉渡，很显然苏军在这里要想渡河的话得费一番功夫。他们白天能藏身在东岸迷宫般的堑壕中，这里到处都是苏军此前连续猛攻的阵地和数不清的弹坑，但是苏军不可能躲过对岸德国守军的观察和射击，轻松的运动到开阔地上。

第320步兵师依托位置相当隐蔽的阵地，以火力有效控制着顿涅茨河河谷（在河两岸3—4公里的范围内地形比较平坦），因此敌军根本不可能展开昼间进攻。我军炮兵和重武器布置在位于B村西南的高地上，瞄准了一座桥梁的旧址，并且做好了夜间战斗的准备。675山脊为我们提供了观察东岸的绝佳位置，这里已经被改造成了攻不破的堡垒。构筑有防弹防空壕、隐蔽部和交通壕，保护炮兵免遭苏军的反炮兵火力杀伤。直接面对河岸的堑壕出入口经过了严密的伪装，而且在这些出入口附近的机枪火力点严密控制着河流，以防敌军夜间偷渡。其射程不仅能覆盖原有的桥梁旧址，还能够覆盖苏军可能的集结地域和通向顿涅茨河两岸的道路。这些火器的射击诸元已经经过了精确的计算和反复核对，同时在山脊上还布置了探照灯，可以给外围地带照明。苏军虽然对我军的这些具体措施并不了解，但是也感觉到我军肯定已经不失时机地改善了防御工事。结果就是在7月底夏季漫长的白天里，顿涅茨河东岸只有沉默的在阳光下闪闪发光的沙滩。

但是在不太长的夜间，苏军的行动却相当活跃。一开始是苏军侦察兵在

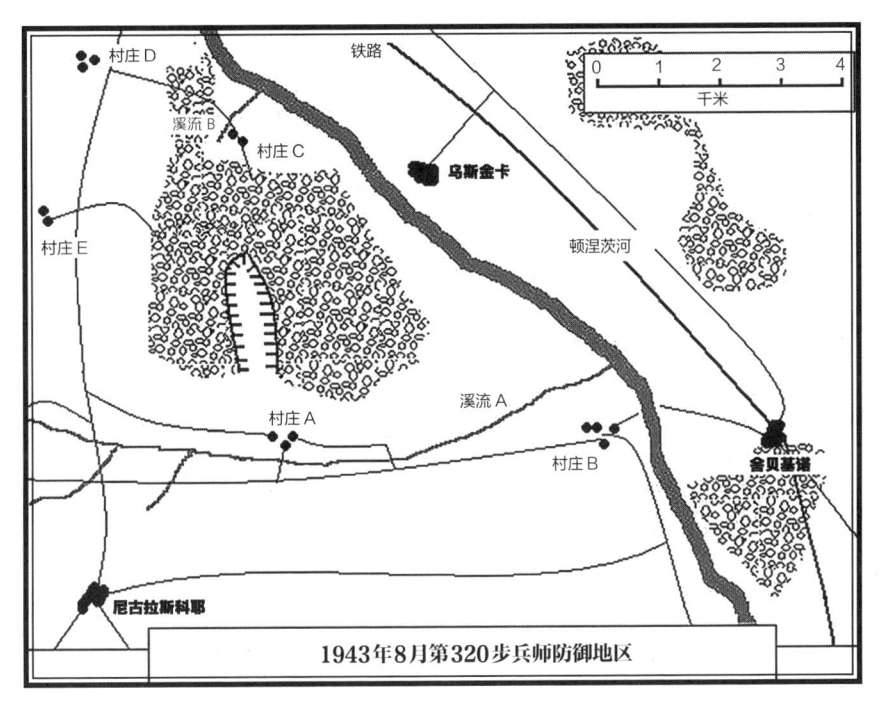

◎ 1943年8月第320步兵师防御地区

河岸寻找合适的渡口。后来是小股敌军出现在西岸，侦察我军防御布置和捕俘。为此苏军使用了一种此前曾经频繁使用而且屡试不爽的战术。暗夜中，苏军侦察兵会潜伏到战壕里的某个德国岗哨旁边，静静地等待时机（一般一次要潜伏几个小时）将其扑倒。而当捕俘成功之后，苏军侦察兵会立即塞住俘虏的嘴，用绳索捆住其手脚，然后在脚踝上打一个结，拖着战俘潜行几百米回到最近的苏军堑壕。这样的捕俘行动从头到尾悄然无声，我们第二天早上只能发现被捕捉战俘被拖走时留下的踪迹。

想要遏制苏军的这种捕俘行动，只能靠一系列手段，包括增加巡逻队和哨兵的数量，要求哨兵提高警惕性，设置有报警设施的障碍物，布设雷场，并且使用训练有素的军犬。这些军犬就像猎犬一样，能立即发现哨兵附近出现的任何异动，并且袭击渗透或潜伏中的苏军侦察兵。尽管我们采取了种种办法，但是红军士兵的坚忍不拔与心灵手巧仍然令人感到惊讶。要是这天晚上没有

第九章：别尔哥罗德和哈尔科夫 · 215

完成捕俘任务，第二天苏军侦察兵会继续展开行动，直到得手为止。如果苏军侦察兵发现了我们的应对措施，那他们会避开这个地点，寻找其他更易于捕俘的地方，直到得手为止。一般来说他们都能抓到一个粗心大意的德国哨兵，然后会立即送到后方进行审讯。苏军就是利用这种奇特而残酷的方式在顿涅茨河沿岸（在其他方向也如是）获得了大量有关我军防线的详细情报。因而苏军判断第320步兵师的防线相当脆弱，而A河以北树木覆盖的高地是其中特别的弱点。

根据获得的情报，苏军选择这一地点作为试探性渡河的地点。幸运的是，驻防在这里的部队警惕性很高。他们判断出了苏军侦察队的行动路线，在道路上布设了地雷，并且调整机枪和迫击炮的火力瞄准渡河点，为夜间战斗也做好了准备。一切准备停当之后，该部在7月31日—8月1日夜间，一直严密监视着河对岸。不出所料，在拂晓之前，苏军数个连出现在此前经过侦察的三个渡口，并开始利用就便器材渡河。苏军第一批士兵刚刚抵达西岸就出乎意料的踩响了地雷，造成了不少伤亡。同时仍在东岸的苏军部队遭到了机枪和迫击炮猛烈地火力打击，损失惨重。我军炮兵也加入了战斗，并且在日出之后摧毁了苏军丢弃的渡河器材。

波斯特尔将军及其部下并未因此而做出错误的判断，认为苏军经此挫折之后就会放弃在这一地段渡河的企图。相反，苏军在8月1日—2日夜间再次展开了攻击，就在同样几个渡口，苏军投入了更强大的兵力和新的装备。波斯特尔将军决定暂时不予阻击，而在苏军渡河最关键的时刻突然给以毁灭性打击。他命令几个炮兵连，等苏军的架桥工作进行到相当程度之后，集中火力轰击架桥地点。根据预定计划，在接近午夜的时候，所有火炮同时向架桥地点开火，然后又突然停止了炮击。观测员在东岸被击中后引发的大火中，依稀可以看到已经严重变形的各种架桥材料。其中能够看到几乎完工但是已经被炸毁的桥梁，还有等待救治的伤员和其间来回穿梭的身影（可能是医护人员）。

仅仅半个小时之后，我军观测员报告苏军重新全面开始了架桥行动。对岸传来了密集的锤击和锯木的声音，激发波斯特尔将军在午夜刚过以后再次下令实施集火射击。这次炮击之后对岸彻底陷入了一片寂静，只有偶尔被引爆的弹药储藏所发出爆炸的声音。但是等炮击结束之后，过不了多久苏军就又开始若无其事的重新展开架桥施工。很显然，河对岸的苏军指挥官严令要在拂晓以前完成架桥工作。

要阻止苏军的行动根本不必浪费弹药，波斯特尔将军命令1个210毫米榴弹炮连向架桥地点继续开火。观测员观察到炮弹基本上都直接命中了目标或者在距离目标非常近的范围内。经过一个小时的骚扰性射击之后，我们基本摸清了苏军的反应。如果一发炮弹直接命中造成了比较严重的创伤，会导致较长时间的停工，但是如果炮弹只是落在附近，那么苏军会立即重新开始建造工作。波斯特尔将军因此作出判断，就算是实施骚扰性射击，按照这样的进度，苏军到黎明时分仍然能完成架桥工作。

因此他决定动用隐蔽的机枪火力点，以较高的射击频率扫射苏军的施工地点。通过对方的惨叫判断是否命中了目标，并且干扰架桥行动，这些火器迅速而精确的射击将带来毁灭性的效果。即使面临如此大的困难，苏军仍然顽强地继续架桥，但是高昂的损失令苏军减缓了施工进度，并最终被迫停工。

接下来，我军重型榴弹炮为了阻碍苏军重新开工，并且彻底摧毁桥梁，会定期实施骚扰性射击。直到天亮之后，我军观测员才能够完全看清一夜夜战取得的战果。渡口呈现出一片可怕的景象。到处都是橡木的碎片，其间横七竖八的是那些勇敢的苏军士兵的尸体，他们为了完成自己的任务曾经不畏生死。而在架桥地点周边更大的范围内，或者炮击造成的满是积水的弹坑中，散落着更多的尸体。车辆的残骸、骡马的尸体和各种弹药以及装备丢的到处都是。看上去这片萧条的场景中没有一个活着的俄国人存在。

但是，仍然有一小股敌军逃脱了火力打击，在西岸的陡坡下坚持着，我军的炮火无法打击到这里。不过在8月2日白天，第320步兵师排出的巡逻队把这批苏军赶进了附近的沼泽，但是虽然沼泽深达胸部，而芦苇荡也基本没什么遮掩，这些红军士兵仍然坚持战斗到了天黑。令德国守军惊讶的是，8月3日拂晓，他们发现这一小股衣衫褴褛的苏军士兵仍然占据着沼泽地中的一小块阵地，并且得到了加强。苏军增调了一到两个"沼泽连"巩固这块阵地。而这是德军或其他欧洲国家军队都做不到的事情。这块沼泽地位于河西岸德军河谷阵地的前沿，背后距离河岸300米。波斯特尔将军麾下的团长和营长之所以选择在现有阵地设防，是因为他们认为当前的沼泽地是绝佳的天然障碍物，能够阻

第九章：别尔哥罗德和哈尔科夫 · 217

止敌军从这里渡河。这些军官中根本没有人（可以说全德军上下所有指挥官）曾经想过，把部队布置在更靠近河流的沼泽地中。

相反，苏军认为这些沼泽地是在西岸夺取一个立足点的机会，因而夺取了这么一块"沼泽地桥头堡"，把部队投入到一块德国守军根本想不到的阵地上。我军步兵真的认为苏军是不可能在沼泽地维持很长时间的。在附近一座水塔上有我军的一名观察员，这里的视野能够覆盖桥头堡阵地的全貌，他难以置信地看着那些苏军士兵戴着钢盔的脑袋——他们的身体隐藏在芦苇荡中——像酒瓶中的软木塞一样忽上忽下起起伏伏。苏军士兵把步枪架在芦苇上，保持随时射击的状态。而在沼泽地里，青蛙在四处嬉戏，整夜发出单调的呱呱声，仿佛是为敌军的行动伴奏，而敌人的这种行为在我们看来简直就是愚不可及。现在我们知道，苏军占据这块角落肯定是计划的一部分，那么他们下一步要怎么办呢？战局的发展将回答这些问题。

很显然，由于渡河行动的失败，苏军改变了自己的行动地点和攻击方法。在我军军官看来，苏军即使在第二次尝试进攻之后，感觉到在沼泽地的进展不利或者他们不会放弃在这个轴线的进攻，这都是非常正常的。而根据苏军的思维特点，一旦某个计划开始实施，就基本不会进行改变或放弃，而现在发生这种情况，我们一般判断敌人可能是感觉本方已经遭受了惨败。

因此敌军接下来在8月3日下午的一轮攻击中，将目标直接对准了紧邻这个营以北的地区。这个区域是一片覆盖着森林的丘陵，地形起伏较大，由于植被茂密，能见度相当有限。这些丘陵的东部边缘（约30～50米高且位于顿涅茨河的西岸）则为守军提供了比较好的视野，并且可以有效地发扬火力。然而，该营官兵根据此前战斗的经验，已经认识到苏军一旦在林地中（这里很难防守）占据立足点，就很难把他们赶走了。

经过两年苏德战场的战斗，我们知道，在这种地形条件下想要把苏军士兵赶跑，有效的手段除了投入大量兵力之外，就只能是采取一些比较极端的方法，比如说用喷火器、喷火坦克或者干脆在树林里放一把火。一般要想包围并歼灭藏身在树林中的苏军，肯定要经过激烈的近战，双方必然都会损失惨重。苏军坚韧苦战的特点，是此前在任何其他战区的敌人身上都不曾具备的。现在和苏军在这些树林中陷入缠斗，对我军的防御将会造成比以往更大的危险，因为我们的兵力现在相当薄弱。在城堡进攻战役结束之后，我军前沿各连队的战斗力量只剩下了原来的一半，而且后方没有预备队可用。这个营最多只能依靠少数训练有素的突击分队和兵力寥寥的团预备队（一个还剩60人的步兵连）来阻击苏军可能的突破。放火烧掉这些挂着嫩叶的树木也不太可能。因此，这一地区的军官们对接下来的战斗表示严重关切。他们明白，必须彻底消灭掉主要防线前方的这股苏军，否则我们一旦丧失了对这片丘陵的控制，苏军将会利用这块条件良好的集结地域，对我军阵地发动一次猛烈突击。只有第320步兵师的师属炮兵（其火力仍然强大而且建制完整）和德国空军能够帮助我们挫败敌军的企图，而他们也会尽其所能的援助我们。

很快苏军就在柳树林和芦苇中准备好了第一批渡河器材，虽然这些器材经过严密伪装，想要躲过我军的侦察，但是仍然在我军的炮击之下被炸毁。侦察机也发现在顿涅茨河附近有大量苏军在堑壕中活动的迹象。很快，第四航空队的轰炸机编队飞抵上空，对敌军的集结地域和部署在前沿的重武器进行了一波波轰炸。在轰炸中甚至苏军炮兵（它们此前已经标定了我军在丘陵边缘沿线的阵地）都因为惧怕我军的轰炸机和配属我前沿部队的第213炮兵团第1营的210毫米榴弹炮兵连而一炮未发。这个炮兵连已经通过声光测距法准确的标定了苏军炮兵的阵地位置，曾经在敌炮兵转移阵地之前压制其火力并准确的进行调整。这次成功的战斗迫使苏军炮兵撤退，并且在接下来的行动中更加小心谨慎（换个说法也许就是胆小），因而事实上减少了行动。

另一方面，苏军的"斯大林管风琴"经常不时给我们来一通突然袭击。这些火箭炮会在炮击之后立即改变阵地，因此在炮击之后第320步兵师的师属炮兵很难抓住对方。只是在我军的炮兵观测员判断出苏军火箭炮兵曾经多次在同一个十字路口（当然行动并不规律）占领阵地，这样德军炮兵就能够设法消灭对方。每一次第320炮兵团的第2、第3和第4营可以动用的炮兵连，加上配属的210毫米榴弹炮兵连都会调整火力，瞄准某个已经被标定的苏军火箭炮射击阵地，以便在苏军火箭炮开火的时候，能够同时打击苏军所有的预备阵地，给敌人以反击。至少一个埋伏好的炮兵连能够直接打击正在射击的敌人，事实上我们用这种方法炸毁了不少敌军的火箭发射器。而在我军的炮火反击中幸存下来的敌火箭炮兵也不再进入开阔地的射击阵地，这样也减轻了我步兵的压力。

这样敌军的火箭炮不再构成威胁，这次的战术情况再次证明了一句老话："需要是发明创造之母"。

在经历了这次插曲之后，我军部队才开始享受一段短暂的安宁，不过这只是风暴来临之前的宁静，因为苏军打算利用其夜战的优势展开行动。波斯特尔将军的炮兵和重型步兵武器徒劳的试图以骚扰射击的方式阻止苏军的进攻，以打乱苏军重启在顿涅茨河的夜间渡河行动。这一次苏军打算同时在两个地点渡河，试试自己的运气。苏军如同以往一样倔强，其中一个渡河地点正是几天前屡吃败仗的地方。虽然观测员并未第一时间发现苏军的动向，但是苏军的伐木行动和南边数公里重型装备发出的声音还是暴露了目标，那里原来有一座横跨顿涅茨河的公路桥。我军迅速判断出了苏军的意图，不只是通过这座大桥渡河，而且这里应该也是苏军的主攻方向。整整一夜，我军官兵都非常疲倦而紧张，大家都知道苏军正在策划投入大量兵力兵器投入战斗，就算只依靠数量上的优势，也要迅速达成目标，接下来必有恶战。

8月4日天光刚一放亮，顿涅茨河对岸已经转移了阵地的苏军炮兵立即开始猛烈炮击，摧毁了丘陵边沿北侧守备营的防御阵地。与此同时苏军大批轻型火炮和数量更多的重型迫击炮也加入了炮击，就好像是参加女巫的安息日聚会。苏军以"地狱般"猛烈地火力集中在这么狭小的地域，摧毁了所有防御设施和阵地上的隐蔽所。地面上到处都是被连根拔起的大树以及支离破碎的树干，德国守军在炮击之下根本动弹不得，只能蜷缩在弹坑里听天由命，等待着苏军步兵的突击。

在经过了将近2个小时的炮击之后，敌军的炮弹终于呼啸着从阵地上空向后方延伸。阵地上的士兵几乎没有意识到，炮火延伸意味着苏军的步兵即将发起突击，但是经历了在炼狱般炮击之下的麻木等待之后，能够有机会抵抗苏军的攻击，也确实是一种令人愉悦的解脱。机枪开始向苏军发出密集的子弹，冲锋枪发出了喋喋不休的响声，手榴弹四处爆炸。但是随着德军的炮兵实施反击，枪声瞬间就被淹没了。第320炮兵团及其配属炮兵开始集中火力，炮弹溅起了污泥和水柱，摧毁了敌军的渡河器材，并且造成了大量的伤亡。

但是，苏军仍然有数个步兵连成功渡河，主要原因是我军的防线并不紧凑。苏军毁灭性的火力在第320步兵师本就已经很薄弱的防线上撕开了很大的缺口。苏军突击部队很快就通过这些缺口渗透了进来，包围了多处防御阵地，虽然这些孤立据点的德军进行了最为顽强的抵抗。战斗中德军甚至能够听到苏军士兵一边向自己的后方深入，一边兴高采烈的欢呼，而他们的命运很显然已经注定了。尽管战况无望，但是被围官兵仍然顽强抵抗，希望邻近阵地的友军或者团预备队能赶来给他们解围。但是在得到援救之前，他们只能依靠自己的力量奋战，每过一个小时就像一辈子那么漫长。

突然在他们后边的森林里响起了德制机枪的响声，其射速相当之高，所以很容易辨认。接下来是特点非常鲜明的冲锋枪的响声，子弹呼啸着从守军阵地上空飞过去。然后传来了手榴弹的爆炸声，还有高亢的"乌拉"声，回荡在激烈交战的树林中。

"我们的预备队正在进攻"被围官兵们激动地奔走相告："他们正在赶来，正在赶来！"很快他们看到一小批苏军士兵在树林中跑掉，而紧随其后的溃逃苏军越来越多。四面八方再次爆发近距离的战斗，但是战火又瞬间戛然而止。包围我孤立阵地的敌军士兵在迅速减少，因为他们也被迫匆匆撤退。

紧跟在解围部队后边的，是装备精良的战斗部队，到当天下午为止，所有阵地又都回到了德军手中。这一次我们又投入了仅有的预备队，阻止了苏军的突破，从而避免了灾难的发生。不过苏军尽管在战斗中伤亡惨重，但仍然在西岸保留了一小块阵地。苏军几乎是完全依靠炮兵的支援才得以保存这么一块狭窄的立足点，苏军炮兵为西岸苏军部队提供了炽烈的火力以庇护其阵地。这一行动表明敌军很显然接下来要向该处增调援兵并重新发动进攻。

就在当天下午，苏军向德军经过调整的阵地发起了突击，这一次苏军在该处和南边更远的地段同时发起进攻，以便分散我军炮兵和空军的支援兵力。面对新的攻势，我们已经没有预备队可用了，苏军企图在森林地带达成纵深突破。我军在投入了师预备队（大约十几辆突击炮，还有1个100人的战斗工兵连）之后，才在横贯森林南北的谷底西侧阻击了苏军的突破。幸运的是，森林中的各种小路和狭窄的土路有利于突击炮的运动，加上和工兵连的配合，师预备队为已经迭经苦战，被打得支离破碎的步兵营下属各部队提供了关键性的支援。我军撤下来的部队迅速在谷地边缘重新集结，这条谷底大约有几米深，非常适合作为一条临时的防御阵地。因此全营将这里作为了固守的立脚点，并且

第九章：别尔哥罗德和哈尔科夫・221

在突击炮和工兵的援助下，挫败了苏军数次企图越过该处的进攻。苏军的机枪只要出现在山谷对面，我军观测员就会迅速报告，引导突击炮立即以精确的火力将其摧毁。随着战斗的持续，德军拼凑了一批休假归来和伤愈归队的士兵，加之在师后方地域和后勤单位搜罗的士兵，将这些士兵加强到前线，德军的防线因而越发稳固——德军一般会把这些后方单位拼凑起来的部队送到关键的地段解燃眉之急。另外，工兵迅速在谷底埋设了地雷，同时还设置了木制障碍物和报警装置。这些手段也大大加强了我军防线的稳固，因此在日落之前消除了苏军进一步突破的威胁。

然而与此同时，该营以南战线的局势却急转直下，如前所述，该营北侧翼已被敌军切断，守军被迫撤退到一条薄弱的山坡防线。苏军并未部署重兵从该营控制的高地阵地（这块阵地必然会削弱苏军向山谷发起的攻势）以南发动进攻，从而迫使该部撤退，而是绕过了这条薄弱的防线，希望从守军后方发起进攻，并企图接下来动摇我军的整个河谷防线。但是这个营的英勇奋战却挫败了苏军的企图，冒着被包围的危险，坚守住了风雨飘摇的阵地。

然而此时战场上突然出现了一个始料未及的情况。在山谷和高地据守的两个营阵地之间，突然出现了一批身穿德军制服，手持德军武器的士兵，他们操着流利的德语，自称奉命前来增援我部，及时为正在遭到威胁的友军施以援手。这也是顺理成章的，我军守备部队听到友军来援自然兴高采烈，这个好消息迅速传遍了全营。但是营长还来不及检验一下这支似乎来得恰到好处的援兵的兵力和来源，苏军就对这个营的前沿再次发起进攻。阵地再次陷入了危险，营长不得不把所有人都投入一线。

但是就在此时，这些刚刚从森林中钻出来增援到阵地上的"德国"士兵，却突然从侧翼和后方向我守备营猛烈开火，瞬间就造成了巨大的混乱，到处都传来了这样的喊叫："我们是德国人！""不要打了！""停止射击！""疯了吗！""到底什么情况"。宝贵的几分钟过去了，而守军却压根没弄明白到底发生了什么。突然，这些刚刚赶来的"德国"士兵停止了射击，而守军已经陷入了无可挽回的一片混乱。现在那些"德国"士兵发出了嘹亮高亢的呼声"乌拉！乌拉！乌拉！"然后扑了上来。战况如此混乱，根本不可能分清敌我，森林中德军士兵简直是和自己身边的人捉对厮杀。似乎没人能帮助别人，也没谁能从混乱中摆脱出来。

营长这才恍然大悟，明白了苏军化装攻击的意图，并且瞬间作出判断，找到了拯救这个营和防止整个阵地被苏军全面突破的唯一办法。他马上大喊着命令部队立即撤向北侧的A村，这个命令起到了点燃火种的效果。我军士兵虽然在混战中，但还是听出了这是营长的声音，然后纷纷自行传达命令；很快全营官兵都了解了接下来该如何行动。这条命令执行起来并不容易，除非是全营一致行动，并且要损失部分装备。但是营长相信他麾下的军官和经验丰富的老兵们能够做到这一点。

营长匆匆召集了一些军官和在身边的士兵，把他们编成一支突击分队，由他本人亲自率领。这支突击分队的官兵们或者手持冲锋枪和步枪随时开火，或者手握匕首和手榴弹，一路上通过辨认脸上的蒙古人种特点，识破了遇到的伪装的苏军士兵将其消灭。这个营长及其部下用这种方法杀开了一条血路，抵达了不远处的森林边缘，他们在这里找到了几条冲沟和几块洼地，这里通向小村，相对安全一些。其他一些军官和士官效仿营长的做法，也带领着一批士兵突围退往小村子。随着突围部队先后退下来，营长立即把他们临时派往防御阵地，同时还把当时在村子里的所有后方勤务人员都给拉了上来。当时营长根本没有给各部指定专门的任务，根本没那个时间。与此同时，团部已经得知这个营遭受的灾难，派了一个连乘坐师里提供的卡车，加上几辆突击炮赶到了这个村子。

这个地方的地形对我军比较有利，通往村庄的山坡为隐藏提供了很好的掩护，营长在当天傍晚集中残部组织了一条连贯的防御阵地。当苏军此后从森林边缘现身的时候，我军以密集的机枪火力回应，迫使他们返回林间藏身。而当苏军重新组织进攻试图冲进村子的时候，又遭到了炮兵和突击炮的打击，攻势因而受挫。守军一次次凭借火力挫败了苏军的进攻，迫使他们在损失惨重之下退回到树林中。夜幕逐渐降临，而大批掉队的士兵从各个不同的小路纷纷退回到小村子归队。到午夜时分这个营又基本恢复了自己的实力，而考虑到刚刚遭遇的危机，令人惊讶的是这个营的损失其实很小。这名营长在混乱的局面下仍然保持着冷静的思考和稳健的指挥，同时他手下的军官和士官也都具备出色的主动精神，这些都是拯救全营免遭灭顶之灾的关键原因。红军粗暴地违反了国际法，虽然他们夺取了我军的一个重要的防御阵地，但是瓦解顿涅茨河沿岸德军防线的企图却遭到了失败。

这个营迅速地从遭受打击的状态中恢复了过来,因此营长基于这个事实,自信的认为他有能力(就在当天晚上)制定计划夺回当天上午失去的阵地。而营长也向自己的官兵们展示了坚定的信心,这些官兵跟随他撑过了黑暗的一天。在8月4日拂晓,营长打算给敌人(他们确实也在准备再次进攻)痛击,出其不意的进攻很有可能夺回此前丢掉的高地上的阵地。

破晓之后,苏军火炮和重型迫击炮开始炮击村庄,苏军的炮击迅速升级。树林中到处可以听到震耳欲聋的轰鸣,炮弹咆哮着飞来,在村庄里和道路两侧爆炸。在火力的掩护下,一批批苏军士兵从森林中涌了出来,穿过一片草地冲到德军阵地前方。

当苏军先头部队接近的时候,德军的反击也开始了。对地攻击机和轰炸机连队出现在空中,开始对苏军的纵深发动连续的空袭。突击炮(前天晚上我军又抽调了大批突击炮)冲到苏军进攻阵线之前,猛烈开炮。战壕、散兵坑和房屋之间到处都有火炮和机枪猛烈开火,同时火炮、反坦克炮和高射炮也加入了战斗,扫荡着苏军的进攻队形,其攻势随之瓦解。这片地方毫无遮掩,苏军士兵想要在密集的火力下保命,就只能马上撤回到森林里去。

然而就在苏军攻势受挫,开始纷纷向森林撤退的时候,第320炮兵团却开始向森林边缘实施炮击,炮击给苏军造成了惨重的损失,将其炸得溃不成军。苏军士兵惊慌地四处逃窜,寻找可以藏身的地方,但是只有少数士兵在森林中找到了藏身所。甚至在树林中也是不安全的,而此时已经没有时间重整部队了,营长指挥部队立即发起了勇敢的反击。他手下的部队前天下午还在苏军的化装突袭之下惊魂未定,此时却紧追溃逃敌军的脚步,冲进了森林,并且以迅速的追击迫使苏军放弃了在高地阵地重新组织防御的企图。在反击之后,经过将近2个小时的时间,德军先头部队收复了前一天丢掉的阵地,并且在这里立即转入防御。

苏军在8月3日化装成德军发动的突袭确实给我军造成了危险,但是8月4日的反击彻底夺回了苏军以阴谋诡计夺取的战果。苏军在人员和武器装备方面损失惨重,大批阵亡苏军士兵的尸体上甚至还穿着德军军服。但不幸的是,我军由于连日激战,精疲力竭而损失严重,尽管第320步兵师所部仍然把守着这个关键的高地阵地南侧和通向北边谷底的阵地,但这个营已经无力将敌军赶回到顿涅茨河对岸了。

虽然在南侧架桥的企图反复失败且损失严重,苏军还是在8月4—5日夜间继续展开行动。虽然当时我们没有预料到敌军会在此时重新开始架桥,但是我防御体系还是保持着完整,因此根据此前的战斗经验对敌实施骚扰性射击。榴弹炮和机枪开始向此前同样的目标开火。机枪再次成为对敌人最具杀伤力的武器,而同时炮兵火力则直接威胁敌车辆和装备。如同以前一样,苏军并不气馁,顽强地继续架桥,直到午夜时分,苏军似乎才开始停止施工。顿涅茨河东岸传来了履带式车辆发出的声音,这可能是苏军正在将损坏的车辆、囤积的物资以及架桥器材运走。

我们基于此点得出了完全错误的判断。令大家吃惊的是,拂晓来临之际,这些履带式车辆的声音并未减少,相反声音越来越大也越来越近。哨兵们利用探照灯照明,这才发现原来并不是苏军的拖拉机,而是苏军坦克,而且在夜幕的掩护下不知怎么居然渡过了河。在天色破晓之后,苏军的先头坦克已经抵达了B村村外,并且在那里从西边用火力打击我防御阵地。而这显然是苏军事先约定好的总攻信号,苏军炮兵开始从东岸向村庄开火。顿时A村附近的山脊和高地上,我军阵地弹如雨下,苏军很明显企图彻底摧毁这些扼守要点的高地阵地。

我军炮兵立即瞄准河谷和A村以东的苏军实施炮击。这次炮击,加之此前我军布设的障碍以及雷场,迟滞了苏军的进攻,直到天色放亮,能见度更佳,我军可以进行更为准确的射击。天亮之后我军发现苏军坦克已经清除了村庄东部的路障,后边还有大批步兵呈梯队布置,已经突入到了村子的中央。其他坦克则突入突破口,然后分别向南北两个方向包抄,开始同时压缩我防御阵地。阵地上的这个营在战斗中已经筋疲力尽(突击炮和工兵连已经被调到了其他阵地)被完全打了个措手不及,重压之下该营别无选择,只能迅速通过河谷顺着A河撤退,放弃了此前在A村据守的阵地。

苏军目前突破到的位置,既可以向北包抄山谷中的守军,也可以向前直接突入师属炮兵的射击阵地,此时战况可谓危急。波斯特尔将军立即召回突击炮和工兵,对敌先头部队实施反击,而我军顶着洛潘河沿岸以西全线激战的巨

第九章:别尔哥罗德和哈尔科夫 · 225

大压力，抽调了第1重型迫击炮团第2营（配备了多管火箭发射器）以支援波斯特尔的反击。这些部队在临近中午时集结完毕，经过激战遏制了苏军的攻势，并且将其击退到A村以东的边缘地带。

在当天早上苏军的攻击中，其部署在河岸附近沼泽地带的苏军一部再次试图显示自己的存在。苏军凭借着难以想象的顽强坚守在沼泽中，而且他们不仅仅是立足于现有阵地，而是得到了几个连队的增援。当苏军在坦克支援下直插河谷之时，这些坚守在沿岸的苏军也试图通过奇袭夺取我军可以俯瞰顿涅茨河的坚固据点。为此他们不惜从河岸阵地出击，从南边向高地发起进攻。幸运的是，守在阵地上的德军并未放松警惕，用机枪火力挫败了敌军的攻势。此外，第320炮兵团第3营的一个炮兵连此前一直埋伏在林间的一个洼地中，这个从未暴露目标的炮兵连在战斗中突然从敌进攻部队的后方施以准确的打击。结果苏军的这个营尽管坚忍耐战，但在遭到了两面夹击之下战斗力也迅速瓦解。

到当天下午，苏军的进攻全线停顿，并且被包围在我军纵深的一个狭小口袋之中，被围苏军进退失据，无论是继续突击还是后退都难免遭受惨重损失。此后苏军试图抽调预备队达成新的突破，但在遭到德军强大炮兵火力从侧翼和后方的攻击之后而失败，被围苏军的态势因此更加糟糕。不过苏军在夜幕降临之后很有可能投入新的部队，以维系接下来进攻的势头。波斯特尔将军及其麾下的指挥官对此忧心忡忡，为了阻止苏军此前的攻势，他们已经把最后一兵一卒一枪一弹都压了上去。我军指挥官对将苏军牵制在这里并不满意，而是希望设法在入夜以前将突入苏军赶回到顿涅茨河对岸去。

尽管敌我兵力存在差距，波斯特尔将军还是决心投入仅剩的9辆突击炮和工兵连，沿着通向村中央的道路两侧实施正面突击。战斗工兵斗志正盛，"随时准备痛击这些来自地狱的魔鬼"，同时他们和突击炮的协同动作也相当熟练。我军支援火器（机枪、反坦克炮和高射炮）在苏军突入部队侧翼以密集火力打击敌阵地，毫不夸张地说，这座村庄已经变成了一片火海。突击部队和火力支援部队之间的配合可谓达到了理想状态，此外德国空军第4航空队还有为数不少的对地攻击机可供随时调配。我军的反击在午后一小时正式开始。

需要指出的是，工兵对于打回到顿涅茨河岸边的斗志是最高昂的，他们特别想知道，在我军千方百计破坏敌架桥行动的情况下，苏军是怎么把那么多坦克运过河的。我军官兵都对这个问题迷惑不解，上至军部也是如此，因为我们在这条河岸边已经坚守了数个月。我军已经对整个防御地段前沿的河流水深进行了测绘，认为这绝对是天然的防坦克障碍，而且在城堡攻势战役期间，即使是我军的虎式坦克和StG Ⅲ型突击炮都无法渡河，需要依靠工兵架设的一座70吨桥梁渡河。而在高地（据守在此的守军成功的顶住了盘踞在沼泽的苏军的攻击）以南地区，我军观测员清楚地看到河东岸留下了苏军坦克履带的痕迹，然后履带痕迹又出现在我们这一边。许多在战场的军官都认为这些突然出现的坦克肯定是两栖坦克。

作为当时在场唯一曾经目睹过苏军两栖坦克的人，我对此观点表示反对。1941年7月，我当时还是第6装甲师第6摩托化旅旅长，曾经在诺沃谢利耶以南的希利尼耶（Szilinia）河通往列宁格勒的公路附近遭遇并击毁了6辆苏军轻型两栖坦克。我当时只是匆匆看了这些坦克一眼，认为是美国制造的坦克。而事实上此后我在战斗中又再次遇到了这种坦克，而且也知道了当时美国并未生产过这种武器，现在我认为那6辆两栖坦克可能是苏联生产的试验型号。不过无论其产自哪国，关键的问题是它的尺寸。这种轻型坦克和顿涅茨河沿岸苏军投入进攻的T–34坦克相比，简直就是大卫和歌利亚。因为我的结论就是，苏军坦克渡过顿涅茨河肯定要依靠桥梁，而根本不存在什么两栖坦克。

实际上我们对于T–34的性能是比较熟悉的，那么现在问题来了，这些坦克是怎么渡过水深三米的顿涅茨河的呢？尽管T–34的地形通过能力比其他任何坦克都优秀，而且经常创造惊人的战绩，但是大家都一直认为T–34也是无法直接渡过顿涅茨河的。但战场上苏军的T–34却又是实实在在地出现在河西岸。

经过数个小时的激烈战斗之后，我们才最终解开了谜底。首先，我们冒着猛烈地侧翼火力，一步步压缩顽强抵抗的苏军，才抵达河边。双方展开了逐屋逐巷的战斗，经常爆发近距离的肉搏。苏军步兵甚至在我军火炮和苏军坦克的炮击之后留下的瓦砾中顽强苦战。这些T–34现在成为了苏军的防御骨干，就如同早上在进攻战斗中一样表现抢眼。我们把所有能拉出来的武器都用上了，从各个方向猛烈射击，但是对T–34几乎造不成什么伤害，除非穿甲弹直接命中，才有可能将其击毁。我军的突击炮是能够给T–34造成最大威胁的武器，但是它们也很难直接命中目标，占据数量优势的敌军坦克顽强的坚守着阵地，迫使我军的StGⅢ不得不靠上来进行近距离射击。许多突击炮经过加强的正面装甲都被敌军的炮弹直接命中，经过近距离射击才能击毁T-34。一旦任何一辆StGⅢ的附加装甲被击毁，那么必须要撤到其他装甲还完整的突击炮的后方。

虽然战况激烈，遇到了种种困难，但是突击炮还是步步为营向前推进，一个小时之后5辆T-34被击中起火燃烧，而我方的Ⅲ型突击炮只有几辆受了轻伤，都能够继续战斗。讽刺意味的是，随着我军进攻到村庄中心，苏军虽然损失惨重，但是双方的兵力反而达成了某种平衡。被困在山谷中的敌军步兵抵抗非常顽强，因为苏军越来越多的部队遭到直射火力的打击，侧翼被我进攻部队包抄，因而汇聚到了山谷中。而在对地攻击机出现之后，开始不断向苏军展开空袭。我军炮兵从侧翼和后方的炮击给敌人造成了难以承受的伤亡，苏军曾经高昂的斗志此时也明显动摇了。但是T-34的抵抗仍然非常顽强。苏军坦克兵明白，稍有退却就一定会招致惨败和惨重的伤亡。苏军的死战不退虽然无补于大局，但确实也迟滞了我军的攻势。直到到傍晚的时候，最后1辆T-34被我军剩余的突击炮击毁，敌军的抵抗才最终宣告崩溃。

夜幕降临之际，德军突击分队终于最终越过村庄，我军炮兵观测员也回到了当天早上他们被迫放弃的"鹰巢"，也就是教堂的塔顶。借着黄昏的最后一抹余光，突击炮在工兵部队的配合下，紧追败退的苏军直扑河岸，这里也是早上T-34出现的地方。即使是在这么近的距离下，也看不到任何大桥的痕迹，而困惑的工兵在测量了水深之后才恍然大悟。原来在距离水面半米的地方，工兵发现了一座水下桥。苏军为了躲开德国空军的侦察而架设水下桥其实并不罕见，但令我们惊讶的是苏军在我军的毁灭性的炮击之下，仍然在如此之短的时间内架设了一座水下桥。我们在这么近的距离下观察才解开了谜底。我们还在水下发现了2排完好无损的T-34，用以作为水下桥的桥墩。桥板被直接铺设在T-34车顶，用绳索和坦克相连。让其他坦克开过这些淹没进水下的T-34车顶铺设的桥板确实是个大胆的冒险。对苏军来说，把这么几辆坦克开进河里实在不值一提，他们的主要目标（也就是在保证战术突然性的前提下将主力渡过顿涅茨河）还是完成了。只是在我军突击炮的威胁之下，这些坦克才有必要重新经过这座奇怪的水下桥返回河对岸。

很显然，苏军打算在成功达成突破之后，把这些坦克从水里打捞出来重新使用。不过以现在的情况看，我们的战斗工兵则要把它们炸毁，这些T-34将会和陆地上的那些同班一样，变成"坦克坟场"里的一员。在完成爆破之后，一整天的激战才最终告一段落。而现在，寂静的夜空罩上了"安宁祥和的面纱"。

在这次战斗中，苏军再次采用出人意料的战术，结果给我军防线带来了灾难性的后果。唯有战场指挥官采取果断的反击措施，以及波斯特尔将军所部的英勇奋战，才最终击破了苏军的进攻企图。在这些战斗中，我军的小规模反击部队——9辆StG III突击炮和大约80名工兵，击败了数量占优势的敌人，而我军取胜的主要原因是使用了大量的自动武器，以准确的精度和密集的火力给苏军以毁灭性打击。这次小规模战斗的结果，是一小批训练有素的士兵在最为有效的武器支援下的结果。

由于第11军东侧翼的局势不断恶化，可以理解的是，苏军甚至在8月5日进攻受挫之后，仍然不屈不挠的在顿涅茨河沿岸寻求突破。这一次苏军仅仅保留了一座水面桥，周边沿线都是植被茂密的高地和谷底，我军戏称这片地域为"死亡峡谷"。在8月5日的战斗过后，河谷东端的敌军活动还不太频繁，但是大家都知道，虽然苏军屡遭挫折，但是其下一轮大规模攻势必然仍指向这条死亡峡谷。

不知道是巧合还是有意为之，8月6日苏军开始进攻的时候，第11军的左翼恰恰在面临最危险的挑战，苏军坦克和步兵部队在洛潘河沿线已经攻入了德军的深远后方。事实上，如果苏军同时向我军后方突破，并且强行在顿涅茨河突破的话，5个师的德军很可能就此被围歼。第106和第320步兵师都必须靠自己固守现有阵地，根本不可能指望军部能增派援兵。

波斯特尔将军不得不自己用尽手段，拼凑出哪怕一支兵力不多的预备队。他从自己比较远的南翼相对平静的地段抽掉了2个营，而接替这些老兵防线的是来自师野战补充营的征召兵和补充兵，他们组成的防线简直弱不禁风。把这些毫无战斗经验的菜鸟撒到防线上，而且后方还没有预备队，这简直就是极大的冒险，但是8月6日的战斗表明，被这些菜鸟替换下来的部队所起到的作用，证明这个险是值得冒的。

在数次突击受挫之后，苏军开始试图用一种残酷而野蛮的方式驱使士兵穿过布满地雷的山谷。其方法非常简单粗暴：一个个连队先后进入敌军阵线前密布地雷的峡谷，直到所有地雷都被引爆，结果就是雷场变成了"屠场"。而苏军后续进攻部队就踩着战友留下的尸体爬上了山谷的西侧。

德军机枪几个小时以来一直以猛烈地火力挫败试图攻上来的苏军。苏军伤亡惨重，可谓血流漂杵，最终大批苏军的尸体密密麻麻的躺在山谷的尽头。许多勇敢的苏军士兵在头部被子弹击中的时候，仍然保持着持枪战斗的姿态。敌军指挥官看来是不惜代价，志在必得，反复派后续部队投入这个死亡的地狱送死，直到德军的抵抗由于损失惨重加之弹药告罄而宣告瓦解。

在死亡峡谷的这场持续了几个小时的战斗结束后，我军步兵不得不且战且退。在激战中我军还是设法守住了森林的西部边缘，直到晚上后方的援兵赶上来。而苏军虽然付出了可怕的代价，还是稳固地扩大了自己的桥头堡阵地，但是突破我防线的企图还是失败了。不过苏军并未停顿，而是命令后续部队赶上来，争取在8月7日取得彻底的胜利。

此时德军的援兵也赶了上来，准备开始实施反击。从第320步兵师的南线抽调了2个营，从第106步兵师抽调了1个营，以及少量突击炮，奉命夺回森林地带，向苏军实施向心突击，将其赶过河。我军动用了所有可以使用的火炮，并且加强了火箭发射营和数个88毫米高射炮，在进攻前展开了大规模炮击。不幸的是，我们无法获得空中支援，因为当时第四航空队的全部兵力都要为正在抵御苏军主力进攻的第四装甲集团军提供支援，该部的大量坦克已经被摧毁。不过尽管德国空军无法为我们提供支援，但是苏军占数量优势的航空兵力也要集中打击第四装甲集团军，所以弥补了我军的劣势。

反击部队的集结相当顺利，而在进攻时间来临时，火箭炮和集中起来的炮兵开始猛烈开火，炮声震耳欲聋，炮弹落在正在进攻的苏军密集队形中间，把他们撕成碎片。重型榴弹炮的炮弹直接落进了死亡峡谷中间，里边到处是苏军官兵。我军在炮击开始前几分钟有秩序的将前沿部队撤了下来，以免炮弹落到森林的前沿阵地误伤友军。这次迅速的撤退行动在时间上卡的非常精确，而在森林西部边缘，立即出现了伴装进攻的步兵火力。

在对苏军前沿实施突然性炮击的同时，步兵的攻击也展开了。炮兵火力逐渐向东延伸，一直延伸到死亡峡谷，在各个方向的火力打击之下，这里不但成为大批苏军士兵的葬身之所，也埋葬了苏军进攻取得胜利的希望。如此猛烈地炮火准备不但大大振奋了部队的士气，而且也狠狠削弱了敌军的实力，从而令进攻更加迅速。波斯特尔将军以突击炮和强劲的战斗分队为先锋，在下午之前抵达死亡峡谷，并在此后迅速从中穿越而出。峡谷中尸横遍野的惨状，甚至是老兵都为之震惊。

第106步兵师的那个营在突击炮的支援下，从北边发起进攻。他们的进展也很迅速，在苏军侧翼取得的进展甚至更大。而甚至在南部高地据守的那个营，虽然几天以来迭经苦战损失颇大，现在居然也投入了火力和战斗分队，加入了反击。苏军现在显然已经陷入了全线溃退，到下午时，从各个方向发起向心突击的各营已经和友军会师了，而且套在敌军脖子上的绞索也越来越近。波斯特尔将军决心在苏军部队突向河边以前就将其包围并歼灭。到午后时分，由于苏军的防线被压缩得很小，我军反击部队有许多部队，包括大多数突击炮都因为前沿没地方展开而撤了下去。现在大家都非常肯定，用不了几个小时顿涅茨河西岸就会彻底回到我军手中。

但是风云突变，苏军的抵抗再次变得顽强起来。我军先头部队出乎意料的遭遇了敌军布设的密集雷场，以及木制障碍物和铁丝网，根本无法前进。在清楚这些障碍物的过程中，我们发现在前沿障碍的后边还有一排排地雷，而且由于得到了敌防御火力的严密保护而根本无法清除。苏军此时也首次对我军展开了强有力的炮击，加上来自战壕的猛烈地迫击炮火力，我军根本无法继续推进。情况迅速明朗化，在过去的几天时间里，苏军已经将顿涅茨河西岸的阵地改造成了坚固设防地域。而且红军指挥官根据此前一周战斗积累的经验，预先保留了一支战术预备队，这支预备队需要一块在任何情况下都要坚守的阵地，这个阵地某种意义上是一个"备用桥头堡"或者"桥头堡中的桥头堡"，苏军的意图是如果战局恶化，那么留下这么一块落脚点，可以在关键时刻挽救代价惨重的渡河行动。

确实，德军屡次试图肃清西岸苏军但都遭到了失败。在高低起伏且植被茂密的地形上，突击炮无法保持和友军的协同动作。而炮兵甚至是火箭炮，都无力"软化"这么一块方圆几百米的弹丸之地，尽管我军冰雹般的炮火炸毁了大量木制障碍物，在雷场中清出了空隙，而且炸毁了大片森林，但是没有一支德军战斗分队能够突入苏军阵地。甚至使用火焰喷射器也无济于事，因为苏军藏身在体积很小的掩蔽所和地堡中，这种可怕的武器也无法奏效。虽然我军也摧毁了不少地堡，焚毁了大批掩蔽所，但是后边仍然有苏军据守的大量工事在阻击我军的攻势。

通过审问战俘，我们得知据守这个坚固桥头堡阵地的是一支"内卫安全部队"，这支由精挑细选的士兵组成的部队由政委指挥，没有参加此前的战斗。这些士兵要么坚守阵地一直打到最后一个人，要么就会被枪毙。而他们的另外一项任务（虽然并未完成）是阻止任何在顿涅茨河西岸的苏军部队撤退。但是这些苏军部队在遭到连续的打击之后，受到我军炮火准备以及凶猛攻击的震慑，仍然不顾上级指挥官的严令而纷纷溃败。而由于这片地域的能见度非常有限，因此无论是苏军军官的严酷手段，还是政治委员，或者是桥头堡阵地上的卫戍部队以火力进行拦截，都挡不住苏军的溃退。以火力拦截撤退的手段，反而是加剧了苏军的惊慌失措，造成了更大的损失。

不过，苏军这种不同寻常的手段，亦即在一个较大的"进攻性桥头堡"中构筑一个面积较小且坚固设防的"防御性桥头堡"，仍然起到了相当的作用。正因为如此，虽然自8月3日苏军所有的预备队都损失严重，但是敌人仍然在顿涅茨河西岸保留着一个立足点。另外，这个"桥头堡中的桥头堡"不但是我军防线上的眼中钉，同时也为苏军接下来的行动保留了一线希望（而且保留了这么一块阵地，至少红军指挥官在向上级汇报西岸战斗惨败的时候，多少还能挽回些颜面）。最后，波斯特尔将军决定封锁这块桥头堡阵地，为了避免不必要的伤亡而停止了攻击。由于苏军在遭受了如此惨败之后也需要时间整补，他们也没有继续发动攻击，因此交战双方暂时息兵，各自获得了难得的喘息之机。

与此同时，顿涅茨河防线后方的战局，由于我西侧翼的第四装甲集团军迅速撤退而逐渐恶化，详情可见下文所述。突入洛潘河沿岸的红军坦克部队则继续深入包抄第11军，因为我被迫下令部队向哈尔科夫暂时撤退，因此也被迫放弃了顿涅茨河沿岸的大部分防线。而在我军撤退的最后时刻，苏军企图从桥头堡阵地出发打击第11军的后方。他们再次抵达无数战友曾经葬身的死亡峡谷。但是几个小时之后，当苏军穿过峡谷开始发动猛烈进攻的时候，却发现当面只剩下了德军少数后卫部队。我军后卫部队成功的迷惑了敌人，使其误以为我军仍然据守着一条坚固的防线，而后后卫部队撤出阵地，跟随第320师其他部队撤退，后者未受到阻碍就从沿河防线上撤了下来，向新的阵地转移。苏军切断别尔哥罗德—哈尔科夫高速公路（第11军的后勤动脉）的企图彻底落空了。

## 撤向哈尔科夫：8月9日—12日

我军在别尔哥罗德以南的北线阵地据守了一天，在苏军增兵之后又放弃了这里。在一块阵地上恋战只会招致惨重的损失，令孤立无援的第11军招来灭顶之灾。苏军不停地企图包抄我左翼，部队的精神高度紧张，而体力消耗也特别巨大。但不管付出多么大的牺牲，我军还是避免了更大的惨败。但是在8月9日，我军似乎再也支持不住了，经过一整夜的撤退之后，我军在黎明时未能抵达预定的防御阵地。敌军先头部队沿公路突破，而当时第168步兵师的位置也不知道在哪。从顿涅茨河和洛潘河沿线也传来了令人担忧的消息。苏军坦克已经突破了顿涅茨河桥头堡，另外苏军部队也渡过了洛潘河，从哈尔科夫赶来的突击炮营还没有到。敌军的对地攻击机低空掠过，对我军行军队列反复轰炸扫射。我军官兵在遭受了惨重的伤亡之后不免惊慌失措。

几名师长来到位于前线附近的军指挥所，要求得到我的授权，允许他们在情况危急且士气低落的情况下可以指挥部队迅速向哈尔科夫撤退。这时候突然公路有几辆装载着士兵的卡车急速驶来，无视任何停车信号。当这些卡车最终停下来的时候，车上的士兵解释，他们和第168步兵师主力失散了，在公路远处由于遭到苏军坦克的袭击而惊慌不已。他们打算一路开到当时位于我军防线后方60公里的哈尔科夫去。这些士兵汇报第168师全师都被歼灭了，负责封锁公路的88毫米高炮连也不知去向。

每一个经验丰富的作战指挥官都对这种恐慌情绪很熟悉，在危急情况下，这种情绪可能会笼罩整个部队。想要镇住这种集体歇斯底里的情绪，只能依靠果断的行动和镇静的表现。一个真正的领军人物以身作则，往往能够带来不可思议的结果。他必须与部下共进退，保持冷静，下达明确的命令，并且靠自己的行为举止鼓舞部下的信心。出色的士兵绝不会丢下这样的指挥官逃命。上级指挥官现身的消息会在前线飞快地传递，鼓舞所有人的斗志。这意味着一

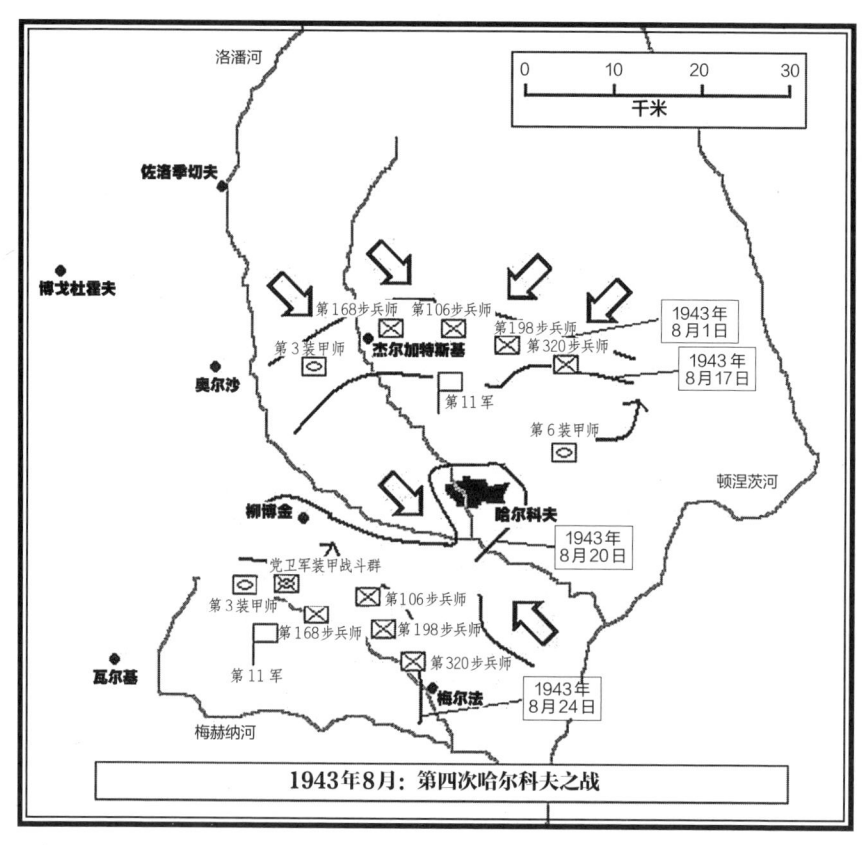

◎ 1943年8月：第四次哈尔科夫之战

切都瞬间改变，阴郁变为希望，失败将被扭转为胜利。

而此时的情况就是如此。我亲自前往公路上战况危急的地点，招来部队指挥官并向他们下达命令，我打算在这里临时组织一个新的防御体系。而这个时候有几辆自行反坦克炮偶然经过，我立即命令它们封锁公路，防止敌军坦克的突破，命令他们做好战斗准备，向步步逼近的苏军坦克开炮。此后我迅速赶到新建立的防线上，想看看这里是不是此前高炮部队据守的防线。而就在附近转悠的时候，我突然看到被我军临时组织的反坦克防线击毁的苏军坦克，我数了数至少有11辆坦克被击毁，并且目睹剩下的苏军坦克直接开进了雷场，在那里一辆接一辆触雷爆炸。

此后不久，德国空军战斗机也出现在空中，击落了十几架苏军飞机，肃清了第11军阵地的上空。而当苏军步兵师攻到前线的时候，我军重武器和炮兵火力将他们彻底压制在地上。苏军沿着公路突破的危险就此解除，而我军的防线也守住了。

同时，第6装甲师在军左翼也面临着困难的局面，该师除了原来的防区之外，还被迫接管了不知所踪的第168步兵师的防线。苏军向这个方向施加了强大的压力，第6装甲师向我提出需要立即得到反坦克兵力的支援。我派出了12门反坦克炮并且准备召唤空中支援，空袭洛潘河以东的苏军坦克纵队。在使用了如上手段之后，我终于避免了第11军的侧翼立即崩溃的后果。

由于交通阻塞，直到中午突击炮营才姗姗来迟。突击炮营在灌木丛掩盖的冲沟中加油之后，奉命对仍威胁我军左翼的苏军坦克部队实施反突击。这次大规模反击中我军投入了52辆突击炮，措手不及的苏军遭到重创。突击炮营击毁了洛潘河以东苏军的全部坦克和反坦克炮，粉碎了苏军桥头堡，并且把敌军赶回了河对岸。到接近下午的时候，我军重新控制住了战局。顿涅茨河方向的我军报告表明，由于遭到第320步兵师及支援该部的突击炮的顽强抵抗，敌军已经无力扩大桥头堡阵地。

尽管整个第168步兵师不知所踪，第11军在防御战最初阶段还是取得了胜利。苏军企图从三个方向实施向心突击一举歼灭我军的计划破灭了。苏军的兵力和兵器都遭到了惨重的损失，一天的激战中就被击毁60辆坦克。

在8月9日—10日夜间，第11军隐蔽向南撤退10公里，进入了一处匆忙准备的阵地，此前第11军的先头部队已经进入了这块防御阵地的顶端。少量后卫部队仍然留在原有的阵地上，以迷惑苏军使之相信第11军主力仍然在防线上据守。第二天一早，在大规模炮击之后苏军步兵展开攻击，但他们发现当面只剩下少数后卫部队。而在经过此前一天的战斗和夜间行军之后，精疲力竭的我军官兵抓紧早上的时间获得了休息。到中午时分，敌军先头部队才开始小心翼翼地接近新的防线。阵地上的火炮射击阵地和坚固支撑点都经过了严密的伪装；苏军地空侦察都未能发现这些工事。第106、第198和第320步兵师在这条防线上固守，其中第320步兵师已经从顿涅茨河沿岸阵地上撤了下来，重新归还第11军建制。

苏军在下午重新开始进攻，强度渐渐增大。此时苏军最具威胁的兵种并非是遭到重创的坦克部队或者近距离支援攻击机，而是强有力的炮兵。幸运的是，在这次战斗中苏军的炮兵火力并不是那么有毁灭性的，原因是德军阵地的伪装相当出色，迫使苏军只能实施平射。不过一旦我军机枪或重武器在开阔地形上开火而暴露了目标，那么就会被迅速歼灭。为了避免遭到敌火力打击，我军炮兵不得不选择严格隐蔽，并且使用多个备用射击阵地以及假射击阵地。

到8月10日傍晚，苏军的攻势失去了以往的势头。他们吸取了前几日的经验，在入夜之后也以不断地试探性攻击，保持和我军的接触，以免我军再次趁夜色掩护撤退。而我军以猛烈地火力应对苏军的试探性进攻（在所有的类似攻势被击退之后）再次有秩序的撤退到下一道预设阵地上。而等到我军步兵部队撤退到新的防线之后，那里已经有大批炮兵和反坦克炮兵就位，做好了战斗准备。第11军再次在此地固守，在苏军重新展开的猛攻之下岿然不动。

在此后的几天战斗中，我们一直在使用这种迟滞战术，精疲力竭的部队步步为营且战且退，但是伤亡率比较低。而苏军则遭受了不成比例的惨重损失，迫使他们逐渐放松了对德军防线的猛攻。而当第11军的阵地逐渐缩短，而且得到了其他部队的加强，不再需要保障侧翼的安全时，我重新组建了军预备队。已经失踪多日的第168步兵师被发现位于一块难以被发现的地方。我亲自前往哈尔科夫以北视察。师长沃尔特·查尔斯·德·博利厄（Walter Chales de Beaulieu）少将向我解释，他认为第168步兵师的任务是担任军预备队，因此撤退到了前线后方50公里的森林里。尽管我认为这位将军可能已经精神崩溃了，但是现在容不得浪费时间。我直截了当的严厉批评了他的行为，然后命令他指挥第168师作为掩护部队进入下一道阵地。这样就可以将第6装甲师从现有防线上换下来，作为军预备队，并且进入森林地区，完成该师早就应该得到的休整。

弗朗茨·马滕克洛特（Franz Mattenklott）将军指挥的第42军位于我们右翼，该军由于其顿涅茨河防线成为深入苏军控制区的突出部，不得不在8月11—12日夜加入了第11军的撤退。第42军左翼的第282步兵师陷入了和敌强大坦克部队的战斗，该师在苏军坦克的进攻之下几乎没做什么有效抵抗，敌军轻易达成突破，突然出现在我军后方的哈尔科夫的外围。而随着刚刚调来的由新兵组成的第848掷弹兵团在苏军坦克的攻击之下因惊慌而溃败，局势变得更加糟糕，苏军坦克高歌猛进，直冲到哈尔科夫郊外的大桥边才停了下来。紧随其后的苏军步兵部队则充分利用先头坦克部队的战果，进一步撕开了我军的防线。第6装甲师不得不立即停止休整，其先头部队在哈尔科夫东南郊截住了苏军，苏军当时在该处占据了一个大型拖拉机厂为阵地。第6装甲师立即发起反击，经过激烈的战斗，击毁了大批苏军坦克，驱散了苏军步兵，将其赶出了工厂并封闭了突破口。由于第6装甲师的反击，加上第3装甲师赶来巩固了我部侧翼，苏军在哈尔科夫达成突破的危险被及时解除了。

由于新来的步兵师缺乏反坦克防御训练，所以往往在遭遇苏军坦克时惊慌失措。因此必须要和坦克或突击炮部队展开多兵种联合训练，让每个士兵都获得躲在散兵坑里让坦克从上边开过去的经验，并且要熟悉反坦克武器的使用。

## 哈尔科夫之战：8月13日—25日

哈尔科夫现在成为了德军一个向东延伸的突出部，因此苏军无法利用这一关键的交通和后勤枢纽。苏军此前夺取哈尔科夫的行动都宣告失败了。无论是坦克突击还是步兵大规模进攻都攻不下哈尔科夫。苏联广播曾经自负的宣布哈尔科夫已经落入苏军之手——同时某些德国空军飞行员也做出了这样的汇报，不过当时第11军阵地正在动摇之中，但是苏军却是并未攻下该城。当最高统帅部发现这个捷报不实的时候，斯大林元帅亲自下令要求苏军必须立即攻克哈尔科夫。

重建后的近卫坦克第五集团军承担了这一任务。很显然苏军并不打算从哈尔科夫突出部的正面实施突击，而是打算从该城以西第11军防线上最狭窄的地段（也就是所谓的瓶颈处）实施突破，从而包围哈尔科夫。我们在这个最狭窄阵地的北部边缘部署了全部能够动用的反坦克炮，将这里变成了坚固的堡垒，同时开在纵深的高地上部署了不少88毫米高射炮。但是这条反坦克防御阵地并不足以击退苏军的大规模坦克进攻，而我们一直以来反复要求的援兵（党卫军"帝国"装甲掷弹兵师）在最后时刻赶到，加强了我军的装甲兵力量；我立即将他们部署到最危险的地段。

8月19日，总共96辆豹式坦克、35辆虎式坦克和25辆StG Ⅲ型突击炮进入了指定阵地，而此时苏军近卫坦克第五集团军的攻势已经展开了。德军趁苏军还在村庄和一条河滩上仍在集结的机会，果断出击给敌人以迎头一击。在德国空军的掩护之下，空中一段时间内没有苏联飞机出现，大批斯图卡俯冲轰炸机成楔形编队飞来，恰在此时赶到敌坦克的集结地域上空轰炸。一时间浓烟蔽日，地动山摇。第四航空队为了遏制苏军的攻击，在空袭中使用了设计用于打击战列舰的重达2吨的炸弹。一批批轰炸机排着密集的队列飞来，在不受干扰的情况下完成轰炸。很快苏军坦克战局的村庄纷纷燃起大火。整个河谷上空也笼罩在一片烟尘浓雾之中，而燃烧的坦克——空袭中我军的打击目标——也冒出滚滚出浓烟。在我军空袭之后留下的就是这么一副充满死亡和毁灭的可怕场景，而遭到重创之后的苏军在当天也无力继续发动进攻，即使是斯大林的严令也无济于事。而我军空袭重创了苏军进攻部队，也为第11军争取到了宝贵的时间。

8月20日我向第八集团军司令部发去了如下电报：

敌军的进攻方向已经转移到我军左翼。敌军在该处的攻击得到了猛烈的炮火和大批坦克支援，几乎毫不停顿……毋庸置疑，敌人的企图是突破我军正面，并从西方和西北方包围哈尔科夫……

在如此猛烈地火炮、迫击炮、火箭炮和坦克火力攻击之下，以及主要抵抗线昼夜不停地遭到敌机的空袭，且防御力量在敌军的进攻之下不断削弱，一线各团已经在不间断的战斗状态下坚持了6周，特别是第198师、第168师和第3装甲师，几乎已经流干了血。这几个师在现有阵地已经无法抵御敌军进一步的攻势了。

如果敌军发动一次总攻，我军阵地将会被突破，而哈尔科夫的西侧翼势必被撕碎，而该城也将被包围……

第11军军长

作战处 第440/43号电报 绝密

劳斯

8月20日苏军没有使用大规模坦克集群，从多个地点跨越河谷，消失在我军防线正面广袤的玉米田里，这片玉米田一直延伸到距离我军主要防线前方数百米的东西走向的公路旁边。当天夜间，苏军摩托化步兵在多个地点渗透突入我军防线后方，在柳博京（Lyubotin）出其不意的突入我军炮兵阵地。由于我军步兵部队兵力严重下降，苏军的这种渗透是非常频繁的；我军炮兵阵地因此不得不加强攻势，改造成防线纵深地区的坚固支撑点。炮兵部队此前接受过步兵训练，而且后来还为他们增调了额外的机枪和手榴弹以防万一。尽管如此，炮兵虽然顽强抵抗，但是12门榴弹炮（当然炮闩已经被炮兵卸掉了）落入敌手。渗透苏军的先头部队开始向第11军指挥所附近森林中的警戒部队射击。

苏军坦克整个上午都在沿着洼地向玉米田的南部边缘前进，然后在众目睽睽之下冲过公路展开进攻。"帝国"师的豹式坦克以凶猛的防御火力阻击苏军先头T-34坦克无法接近我军主防线。但是一波波苏军坦克仍然沿着洼地源源不断地冲过来，冲击我军防线。我军以反坦克炮和高射炮、"犀牛"88毫米坦克歼击车和"胡蜂"105毫米自行野战榴弹炮以火力伏击T-34，将它们分割成一个个小群，然后被一辆接一辆的击毁。最后一批T-34仍然试图集中兵力突破我军阵地，但是战线作为我军机动预备队的虎式坦克和StG Ⅲ型自行火炮适时赶到，击退了苏军坦克并给其造成重大损失。近卫坦克第五集团军的大规模进攻以损失184辆T-34坦克的高昂代价而结束。

与此同时，德军步兵预备队在第3装甲师的突击炮部队的支援下夺回了丢掉的炮兵阵地，以及全部12门榴弹炮，并且击退了渗透到柳博京以西我军阵地后方的苏军步兵。被困的苏军顽强抵抗，通过无线电请求并等待上级的支援。

近卫坦克第五集团军于8月21日改变战术，在更靠东的位置实施突破，同时投入了数百辆坦克。但是就在苏军坦克沿着铁路穿过开阔地的时候，大批T-34被虎式和犀牛的主炮在3000米的距离上击中起火。直到临近中午敌军也没有开始发动大规模进攻，而当苏军坦克从玉米田里露头的时候，他们遭到了虎式、犀牛、豹式、Ⅲ型突击炮、88毫米高射炮和反坦克炮集中火力的猛烈打击。苏军的进攻很快就崩溃了，又损失了154辆坦克。被削弱的步兵部队跟在坦克兵之后，撞进了我军步兵和炮兵的火力网里。

与此同时，在我军战线后方被包围的苏军摩托化步兵还在徒劳的等待友军的援助。尽管苏军在战斗中表现出令人难以置信的顽强，但是到当天午后为止，该部的无线电宣告战斗彻底失败，此后陷入了沉寂。经过了58个小时的英勇防御之后，被围苏军战斗到最后最后一个人，包括无线电报务员。

苏军在战斗中的总损失更大，近卫坦克第五集团军损失了超过100辆坦克，但是根据以往的战斗经验我们认为苏军将会继续发动攻击，虽然面对如此坚固的防御，接下来的进攻注定也会遭到惨败。少数被俘的坦克兵也意识到死亡或者——如果他们够幸运的话——被俘的命运也等待着自己的同志。

但是与我们的预期判断相反的是，8月22日前线却经历着可怕的平静。几辆苏军坦克偷偷从玉米田那里溜出来，拖走了几辆受伤的坦克，以便补充损失。经过几天战斗之后，浸透了鲜血的战场上高悬着炽热的太阳。随着最后一抹阳光的消失，平静的一天结束了。也许俄国人放弃了他们的计划，或者甚至拒绝服从严酷的攻击命令？

近卫坦克第五集团军事实上也确实在策划重新展开进攻，并且在当天就投入了行动。在午夜之间，坦克发出的震耳欲聋的噪音暴露了对方的企图。敌军打算在夜间重启攻势，以夺取白天的攻势没有达成的目标。

我军早就严阵以待了，在苏军坦克抵达高地脚下的时候，黑夜中闪过了一道道射击的火光，将近卫坦克第五集团军的进攻正面照耀的一片通明。在近距离被击毁的坦克像火炬一样燃烧，横陈在战场上。我军的反坦克炮没有适时开火，因为暗夜中很难分辨敌我，帝国师的豹式和虎式坦克已经投入了战斗，以反突击阻止苏军坦克，或者为了避免其形成突破而实施远距离开火。坦克、反坦克炮和高射炮发出的火光与咆哮逐渐密集起来，可以判断出在午夜之后我军坦克部队主力发起了协同反击。许多坦克和农舍起火燃烧，战场被它们照亮了。因此我军可以在100米以上的距离上辨认出T-34的外形轮廓并且加以打击。

两支坦克部队陷入激战，猛烈地炮声就像是密集的鼓点一样响个不停。整个战场上到处都是炮弹划过留下的闪光，四面八方到处是高速飞行的穿甲弹。随着战斗的进行，战场逐渐向北转移，不过射击发出的闪光却在我军战线后方越来越远的地方出现，炽烈的闪光撕碎了夜空。大概两到三个小时之后，第11军的防御纵深地带恢复了平静。整个战场上的战斗也逐渐平息了。

在8月23日破晓之后，虽然苏军坦克和步兵仍然在我军防线前沿和后方，但我们确信已经夺取了战斗的胜利，不过阵地上到处都是需要封闭的缺口。突入最深直抵哈尔科夫西郊，和一个师部发生接触的苏军坦克部队已经被消灭，不少苏军被俘。我军在整个上午都在忙于战场的收尾工作，到下午阵地就回到了我军手中，第11军恢复了以前的防御态势。

只有我军防线后方的一小块林地仍然被苏军步兵一部占据着，并且得到了部分坦克和反坦克炮的支援。我军多次试图夺回这块阵地，但是都遭到了失败且损失严重。甚至是以强大的炮兵实施猛烈炮击也未能迫使苏军屈服。最终我军还是投入了喷火坦克，将这片森林烧成了白地，才最终瓦解了苏军的抵抗。

近卫坦克第五集团军试图通过大规模夜间进攻的手段夺取哈尔科夫的企图失败了。苏军损失了至少80辆坦克，数百人阵亡，数千人受伤，并且在夜战中付出了相当数量的装备损失。近卫坦克第五集团军在进攻哈尔科夫的三天战斗中总共损失了420辆坦克；该集团军已经暂时丧失了战斗力，而哈尔科夫仍在我军手中。

近卫坦克第五集团军的进攻失败，苏方指挥人员只应承担部分责任，当然战斗中红军官兵的表现特别英勇。我对整场战斗中苏军步兵和炮兵兵力较弱且空军完全没有出现这一事实相当震惊。要知道坦克部队缺乏这些兵种的有效援助，即使取得战术胜利也无法顺利发展。我怀疑近卫坦克第五集团军之所以被迫匆匆投入进攻，是因为最高统帅部高调下达的命令的缘故。

虽然我军取得了防御战的胜利，但是由于整个南线局势的进一步恶化，我军仍有必要从哈尔科夫撤退。我军在8月23—24日间的撤退并没有遇到问题，第11军占领了以西数英里的一块预设阵地。这块阵地位于高地上，由一块密布沼泽，有几条小路通行的河谷拱卫，新的阵地比哈尔科夫外围的防御阵地要短，因此可以稳固地守住。

在撤退过程中，我军后卫部队经过一座跨越沼泽的桥梁，但是几辆犀牛式坦克歼击车的重量压塌了这座桥，一个营和8辆犀牛被隔断在东岸。苏军试图歼灭这支部队，但是我军在西岸桥头堡阵地的部队提供支援，挫败了敌军的企图。在坚守了24小时之后桥梁修复，后卫部队趁着夜幕的掩护在8月24—25日夜间撤了下来。

◎ 被击毁的苏军坦克

◎ 别尔哥罗德附近的德军

◎ 渡河中的德军

◎ 乌克兰战场上的党卫军

◎ 苏军乘胜追击

◎ 别尔哥罗德前线的德军

# 第十章
# 乌克兰战役

## 退向第聂伯河

在哈尔科夫以西的新防御阵地上，第11军必须要顶住苏军的多次凶猛进攻，而同时敌人企图从两翼包抄我军。我们通过投入装甲兵实施反突击遏制了苏军的几次局部突破，但在不久之后，由于毗邻阵地的第八集团军所部被迫撤退，我部据守的这个阵地虽然坚固，却就此形成了一个向东突出的危险的突出部，因此也不得不放弃现有阵地。接下来全军不得不在毫无遮掩的平坦地形上撤退，而我军不得不在科洛马克（Kolomak）河和别列斯托瓦（Berestova）河之间65公里的路线上展开侧翼掩护部队。

与此同时，整个南方集团军群的作战态势全面恶化，因此曼施坦因元帅命令全军向第聂伯河以西实施总撤退。在撤退的过程中，我们继续沿用在别尔哥罗德到哈尔科夫一路撤退时屡试不爽的迟滞战术。多次迫使苏军耗费时间精心准备其进攻战斗，并且使其遭受了惨重的伤亡，消耗着苏军各部的有生力量。俄国人发现了我军撤退的企图，每天都试图以装甲兵突破来阻止我军的撤退。但总的来说，苏军的企图是夺取主要城市，以利用公路网来加快部队运动速度。考虑到当时正是多雨的季节，泥泞会影响部队的机动，因此硬质路面的高速公路对交战双方的行动都是一个关键条件。我们考虑到了这点，因此在重点城市周围集中部署反坦克防御阵地。在这一阶段，城市争夺战的重要性要远高于在哈尔科夫以北地区作战期间。

苏军唯一的突破性进展是在8月22日，在卡尔洛夫卡（Karlovka）附近阻止我军渡过奥尔奇科（Orchik）河。渡河时由于水流、泥泞和西岸的险峻地形，造成我军的行动进一步拖延，使得战况更加危急。对我军来说最大的危险是在我军主力尚未过河，西岸防御空虚的时候，苏军坦克有可能抢先渡河，这样的话我军就不得不被迫绕路而行。在卡尔洛夫卡地域的河畔，敌军炮兵的火力相当猛烈，对我军的渡河行动造成了进一步的阻碍。南方集团群军根据希特勒制订的"焦土政策"，命令在这一带炸毁工厂、铁路设施、仓库和各种物资，更拖延了撤退的速度。而此时苏军的大规模突破已经无法阻止，但是苏军坦克部队也陷入了泥泞之中，因而暂时缓解了我军所面临的危险。

随着气候变化，地面干燥，各步兵师的运动速度加快，每天的撤退距离达到了30—50公里。而第11军在克列缅丘格桥头堡停顿数日之后，追击的苏军坦克部队才开始压上来。在此前持续数周的迟滞作战中，我军在交替撤退中一直在消耗苏军的打击力量，追击之敌也逐渐变成了强弩之末。

## 克列缅丘格

9月20日第11军抵达第聂伯河沿岸之后，南方集团军群向我下达了命令，要求我组织并掩护第八集团军十余个师在克列缅丘格西渡第聂伯河的行动。渡河（第聂伯河在这一地区的宽度为800—1200米不等）行动要通过几座大桥同时完成。而第1装甲集团军和第四装甲集团军以及第八集团军的区域内分别只有一座完整的桥梁可用。第八集团军区域内仅有的渡河设施包括一座承重25吨，拥有5米宽铁路桥和辅桥的木质桥梁，以及一座单向铁路桥（这两座桥都在克列缅丘格），另外在切尔卡瑟的科洛别雷达（Koloberda）和卡涅夫（Kanev）附近分别有承重12吨的渡船。架设新的渡河桥梁至少需要2个月的时间；这些渡轮虽然也能为渡河行动提供一些帮助，但是根本不可能指望靠它让整个集团军过河。在克列缅丘格的木质桥梁只能供6个装甲掷弹兵师（第6、第7和第11装甲师，第20、党卫军"骷髅"和党卫军"大德意志"装甲掷弹兵师）和7个兵力各异的步兵师（第39、第106、第167、第168、第198、第282和第320步兵师）渡河。由于某些渡河点已经处于苏军进攻部队的威胁之下，因此我军用尽各种手段以图迟滞对方的攻势，同时加快我军的行动速度，从尚在我军掌握中的桥上迅速过河。

在9月20日之前，克列缅丘格的渡桥的部分运力被用于通过铁路和公路向后方转运各种后勤物资。但令人惊讶的是，直到第11军军部抵达第聂伯河边的时候，转运物资的行动还没有完成。另外，德军被打散的各部散兵游勇此时也乱糟糟的涌向河边，需要在基洛夫格勒以西地区对这些官兵重新加以整理并恢复编制。大批各式各样的汽车此时也拥挤在第聂伯河东岸，特别是在通向克列缅丘格渡河点的道路沿线。

战术态势此时越发错综复杂，苏军伞兵已经在第聂伯河对岸的卡涅夫附近空降，而其地面部队则开始在克列缅丘格的第聂伯河上游渡河。而我军只有机械化部队能及时赶到两座桥梁之间的第聂伯河南岸地区，恢复原有态势。为了让装甲师能够优先行动，不受其他部队的阻碍，我们不得不下令停止一切交通运输，为坦克和装甲人员输送车让开道路。在几天时间里，各军兵种混杂的队伍在附近绵延几公里的地方露营或者一直待在路边——虽然由于遍地沼泽，往往路边无法露营——并且等待着允许他们继续行进的命令。德军的散兵坑旁边升起了一堆堆营火。在德军队伍的附近——有时候在队伍中间——是一群群难民和他们携带的家畜。面对各种交通违章行为，只能采取最严厉的措施，才能保证装甲师越过拥挤路段迅速前出。

为了协调这些事务，第八集团军任命了一名将官，负责全权指挥克列缅丘格渡河点的交通。他把中央交通指挥部设在第聂伯河西岸克列缅丘格郊区的克留科沃（Kryukov）。这个交通指挥部下设两个特设部门和第10高射炮师（第4、第7、第48、第77、第99、第124、第153高射炮团和德国空军第130通讯营）。

东部交通指挥官所属部队如下：

东部交通指挥部 25人

旅部 25人

铁路运输指挥部 10人

2个宪兵分队 总计100人

第十章：乌克兰战役·245

应急排（预防出现混乱） 50人

车辆修理排 30人

维修排 40人

医护排 40人

两个工兵连 总计300人

电话排和无线电班 40人

总计660人

  道路指挥官依靠这些部队来控制各部，调节沿着5条道路向克列缅丘格前进的各部的行动，同时组织和协助各部在渡河点的准备工作（救护车和其他有特别通行证的车辆可以优先渡河）。道路的各个方向都被封锁，行军队列组织完毕之后，要根据交通指挥的指示和导向，从集结地域向中央交通指挥部分配的制定桥梁前进。坦克和其他履带车辆则被单独划分出来，转移到铁路桥渡河，而渡河顺序要根据事先执行的铁路交通时间表执行。配属的维修和修理单位负责修理或迅速移走无法行驶的车辆，以保证不阻碍交通（每隔2个小时，允许救护车和修理车向着部队撤退相反的方向行驶10分钟）。桥梁需要随时的维护和修理，特别是在遭到空袭之后，桥梁指挥官负责桥梁的维护工作，并且有权在必要的时候组织劳工。最后，宪兵必须始终严格将行进速度限制在20公里/小时。

  西部交通指挥官所属部队如下：

西部交通指挥部 25人

宪兵分队 50人

应急排（预防出现混乱） 50人

修理排 30人

维修排 40人

医护排 40人

电话排和无线电班 40人

总计 275人

  交通指挥官依靠这些部队指示并向导所有从东向西进入第聂伯河西岸预定集结地域的部队的行动。交通指挥部的工作是避免在部队渡河离开桥梁的时候出现交通阻塞，因为司机在抵达西岸的安全地域之后往往会放慢行进的速度，或者停下来，打听自己上级单位的去向。这种行为必然会拖延行进速度，造成交通阻塞。形形色色的车队在渡河之后，会为了寻找正确的路线和转弯的路口造成更大的堵塞。已经渡河的司机往往会忘记他们后边还有数以千计的车辆还在等待渡河。为了克服这些困难，各部都接到了命令，在渡河之后要沿着公路向南行进30—35公里，而且是直线距离，不考虑到绕路的因素。为了贯彻这一命令德军采取了一些严厉的手段，同时设置了许多控制点——甚至是飞机——实时监视交通流量。所有返回的车辆（如前文所述，有救护车和维修车辆）会被组织起来，以便让它们再次渡河在东部指挥官的协调下行动。

尽管两个交通指挥部合起来下属部队总共约1000人，但是这些官兵不得不连续工作10天而得不到休息。

9月20日，我军集中精力组织交通，并且把杂七杂八的后勤部队和散兵游勇组织起来，在指定地域集结待命。这些部队后来为了给装甲师让路，让它们赶快渡河，不得不让开路面。到8月21日早上，2个装甲师和4个步兵师，以及人数几乎相当于一个步兵师的后勤纵队，已经在待机地域按顺序集结待命，队伍一直排到各个道路尽头的警戒线为止。估计每个师级部队行军队伍的渡河时间大约是6个小时，这还是在各师兵力都不满编的前提下，虽然行进过程中会吸引大量不属于这些部队的车辆拥挤到道路上来。由于各师的行军队形组织的相对比较密集，而且要定时放行向相反方向行驶，所以交通指挥部门安排了相应的时间表。9月21日，7个纵队中有4个渡过了第聂伯河，另外3个则在东岸等到第2天。

与此同时，我军在波尔塔瓦阻击苏军追击的后卫部队坚持的时间已经大大超过了第八集团军预先的命令。尽管如此，由于苏军坦克已经切断了波尔塔瓦通向克列缅丘格的铁路，我军不得不准备将12列装载坦克和其他各种宝贵装备的军列炸毁。9月21日党卫军"骷髅"装甲掷弹兵师所部对苏军进行了反击，重新打通了铁路线，保障全部12列军列通过受到威胁的地段，及时安全抵达克列缅丘格。

到9月22日早上，另外8个师（4个装甲师和4个步兵师）的行军队列，外加规模基本也相当于一个师的后勤单位进入了集结地域。这9个行军纵队，加上前一天没渡河的3个行军纵队，总共有12个行军纵队。而当天只有4个纵队能过桥，剩下8个纵队还留在东岸。

9月22日，虽然当天发生了很多意外事件，而交通指挥部门立即加以处理，避免了对撤退行动造成影响，但是4个行军队列还是成功渡河。当天早上我得知，我军坦克兵在克列缅丘格防线外围由于技术故障丢弃了25辆虎式坦克。我立即派出了约30辆坦克拖车和牵引车，加上配属的工兵，重新渡过第聂伯河去修复这些重型坦克。修理纵队的指挥官在克留科沃直接向西部交通指挥官报告。由于此前没有预先计划允许这些重型牵引车向东过桥，因此向西撤退的交通不得不临时中断，而当天的交通安排也相应调整，弥补由此带来的延误。而同样重要的是，25辆虎式坦克都被成功的修复了，我军工兵用线缆系留在几辆坦克车身上，用牵引车把它们拖过了河。

9月23日4个行军纵队渡河，24日最后4个纵队最终也过了河。而留在第聂伯河东岸的只剩下比较强的后卫部队，包括第320步兵师、党卫军"骷髅"和党卫军"大德意志"装甲掷弹兵师，这几支部队奉命掩护军和集团军后勤部队以及平民及其家畜的撤退。此时我军后卫部队仍然坚守着距离克列缅丘格15—25公里的防线，使该城位于苏军炮兵的炮兵有效射程之外。而后卫部队于9月24—25日夜间开始撤退进入最后的桥头堡防御阵地。

德军用了整整4天时间，组织相当于16个机械化师的部队通过2座大桥渡河。2个交通指挥官在此期间通力合作，在最初几天时间里每天要指挥5000—7000辆车辆渡过第聂伯河。后来他们又将这一数字增加到平均每天8000—10000辆车辆。总共有70000辆汽车通过公路桥过河：即6个装甲师和5个步兵师。

3个步兵师加上他们的骡马拖曳车辆，以及2个庞大的后勤纵队通过铺设了木板的铁路桥渡河。另外在平行于铁路桥的河面上，我军工兵临时架设了一座浮桥，供同一时期随第八集团军经由克列缅丘格退下来的30000辆民用车辆渡河。交通指挥官也规定了通过这两座临时桥梁的渡河计划。要保证在这种情况下保证行军队列不会发生交叉，或者是在交叉不可避免的情况下，严密控制交叉点的交通，尽可能减少对撤退造成的影响，想保证这点是非常困难的。

两个较大的后勤纵队不得不从距离克列缅丘格25公里的第聂伯河下游，

位于乌斯片斯科耶（Uspenskoye）东北的另外一座桥梁渡河，这座大桥由维尔纳·福斯特（Werner Forst）中将的第106步兵师守备。有部分难民及其驱赶的牲畜也跟着来到这个渡河点。这里没有工兵部队，因此没有标准的军用架桥器材、摩托艇、冲锋舟或者是民用渡船。这样两个行军纵队不得不临时寻找可以渡河的办法。最后拼凑了一批渔船，用原木和没有轮子的货车搭建浮桥，又找了一些锚泊在岸边的小船充当渡轮。

我军士兵和跟随的难民就是依靠这么一座临时搭建的浮桥，携带者全部装备和家当过了河。无法装上渡船的货车被拆开，从河上直接顺流漂过去然后在南岸重新装好。马匹拖带着这些临时打造的小船毫不费力的渡过了河。一群群牲畜被主人向河里赶，但是它们固执的在800米宽的第聂伯河之前逡巡不前。只有前边的头牛下水之后后边的牲畜才敢纷纷下河，两岸边不断回荡着农民划船时发出的大喊。伴随着震耳的大喊，这些牲畜慢慢前进到200—350米的浅滩。然后它们突然没入河中的航道，开始小心翼翼地在深水中游泳——这一段大约350米宽——直到四蹄能够再次够到浅滩为止，然后再走上大约100—175米才能上岸。每群大约800—1000头牲畜就这么先后渡过了水流较缓的第聂伯河。虽然有些牲畜到这了以前已经跋涉了一个月，距离200—300公里，但是渡河过程中并没有损失。大约64000匹骡马和至少80000头各种牲畜渡过了第聂伯河。在大群牲畜后边落单的幼崽可以乘船过河。在这个渡河点临时搭建浮桥的办法大大缓解了克列缅丘格附近桥梁的通行压力，而且也证明这么渡河是行之有效的。

第11军之所以能够克服如此的困难最终渡河，事实上是因为我作为身处一线的军长，在渡河中对遇到的行动和技术问题负最高责任。所有的战术和技术手段都通过我进行协调。但是起到最大作用的是特设的渡河交通指挥机构以及增设的渡河设施——而这两者很大程度上都是临时组织和使用的。

但是即使是有上述如此之多的工作，如果苏军在此时投入强大的空军实施空袭，那么一切都将化为泡影，因此颇具讽刺意味的是，渡河行动的成功很大程度上是拜苏军所赐。在行动中苏军突然不再投入作战飞机，直到我军90%的人员、车辆和装备渡河之后，空中才出现苏军飞机。当时有6架苏军轰炸机临空，对方冒着第10高射炮师所部猛烈的防空火力，迅速俯冲实施轰炸，一枚炸弹命中了公路桥上安装的爆破装置，当时我军已经准备好炸毁这座桥梁。炸药被引爆，而公路桥被炸毁，不过这次空袭的后果不是非常严重，因为后卫部队的坦克和突击炮可以通过尚完好的铁路桥过河。而在此次空袭之前，苏军飞机的行动可谓是微不足道，只有一次在空袭中一枚轻型炸弹直接命中公路桥，桥面损伤轻微，而桥梁的主要结构丝毫未受到损伤。在接下来的一个小时中，过桥的车辆只需要绕过那个弹坑即可，之后工兵赶到修补了桥面，而在此期间交通从未中断。

但是苏军渡过第聂伯河的能力却是令我们相当吃惊的。南方集团军群动用了各种人力资源和手段，在大约500公里宽的地段上设法控制了7座现存的桥梁，并且甚至还成功地搭建了一座浮桥并新建了一个临时渡河点（都在第11军的战区内），原因是当时普遍缺乏各种渡河器材。而在另一方面，在德军渡过第聂伯河占领西岸阵地之前，一路紧追的苏军已经在一块320公里宽的地区内空投了数千伞兵，在多个区域开设了桥头堡阵地，并且此后迅速开始着手修建57座桥梁、9座人行桥，并且在第聂伯河沿岸搜集了大批各种渡河器材。结果就是，南方集团军群在第聂伯河沿岸平均55公里控制一个渡河点，但是苏军则平均6公里就有一个渡河点。

在克列缅丘格下游大约50公里的一个渡河点，苏军草原方面军先头部队渡河构建了一个小型桥头堡，并且昼夜不停地利用筏子将坦克渡过第聂伯河。虽然我军炮兵迅速做出了反应，对苏军的渡河行动实施炮击，并且有部分运载坦克的筏子被击中沉没，但是苏军仍然不顾干扰，毫不停顿的迅速扩大了桥头堡阵地。当天晚上，苏军在进攻时驱使大批被裹挟的平民在其进攻队形之前，结果我军步兵很快就将本就不多的弹药消耗殆尽。在一处长4公里，宽300—500米的浅水湖地带，成为我军后卫部队侧翼的一个支撑点。这片湖泊的西岸只有兵力薄弱的警戒部队守卫。我军警戒部队在某日夜间突然遭到了600—800名苏军的攻击并被击溃。在夜幕的掩护下，苏军士兵一丝不挂的涉水从一片沼泽地过湖，并且——仅携带了轻武器和弹药——打了我军一个措手不及。而随后机动预备队迅速赶到，这才包围了苏军并迫使其投降。

苏军还频繁使用工兵用木筏架设的浮桥。这种浮桥只能在水流比较缓的河段使用，并且使用树干紧密拼接构筑。根据需要，浮桥可以铺设两层甚至三层原木，每一层原木都和下一层呈直角交错铺设。最上边一层作为桥面，而按照铺设原木层数的不同，这种浮桥的承载能力几乎可以满足任何渡河要求。苏军10月初在基辅附近搭建了一座铁路浮桥，其承重能力甚至超过100吨，所以在苏军解放基辅后仅4天时间就打通了铁路交通。

## 基辅突出部

骚扰性进攻——即突然对苏军的进攻准备实施突击——是非常有效的，虽然这种行动很少采取，而骚扰性进攻的目的是破坏苏军的集结，延缓并削弱其攻势，或者至少迫使苏军在不那么危险的时间发动攻击。防御一方实施骚扰性攻击要满足一些特定的条件。苏军的集结地域必须易于遭到突袭，并且手头要掌握比较强的装甲预备队用于攻击。地形和道路网络能够适合在夜间快速机动。而进攻行动必须严格保密，或者是迷惑苏军使其误解我军真实意图。而苏军的状态满足这种条件的情况很少，但是我在12月初刚刚被任命为第四装甲集团军司令官之后不久，就发现了一次完美的机会，可以对苏军实施突袭。

红军已经突破了基辅以北的防线，这一行动意味着苏军的意图是包抄南方集团军群的整个北翼，但是乌克兰第一方面军投入的部队无力完成这一任务。苏军向西推进了75公里，夺取了法斯托夫的重要铁路枢纽，孤立了日托米尔，并且包围了位于科罗斯坚（Korosten）的库尔特·冯·切瓦勒里（Kurt von der Chevallerie）步兵上将指挥的第59军，但是赫尔曼·巴尔克（Hermann Balck）装甲兵上将指挥第48装甲军从侧翼向苏军反击，迫使苏军后退渡过了捷捷列夫（Teterev）河。尽管解除了日托米尔的危机，但是法斯托夫仍在苏军手中，而科罗斯坚仍被苏军包围。第四装甲集团军向东的防线遭到了猛烈地进攻，不得不向后撤退到一条面向北的防线，因此造成了一种不同寻常的态势，即苏德两军的西部侧翼都门户洞开。

由于我军没有封闭防线的缺口，实际上是在邀请苏军继续进攻，在已经取得的战果的基础上发展胜利。很显然苏军也认为现在有一个千载难逢的机会，可以在乌克兰第一方面军集结地域以北的日托米尔实施宽大正面的包抄行动。苏军战线后方频繁的部队集结和道路整理活动预示着苏军正在重新准备发起进攻，第四装甲集团军首当其冲，而接下来苏军的攻势必将蔓延到整个集团军群。

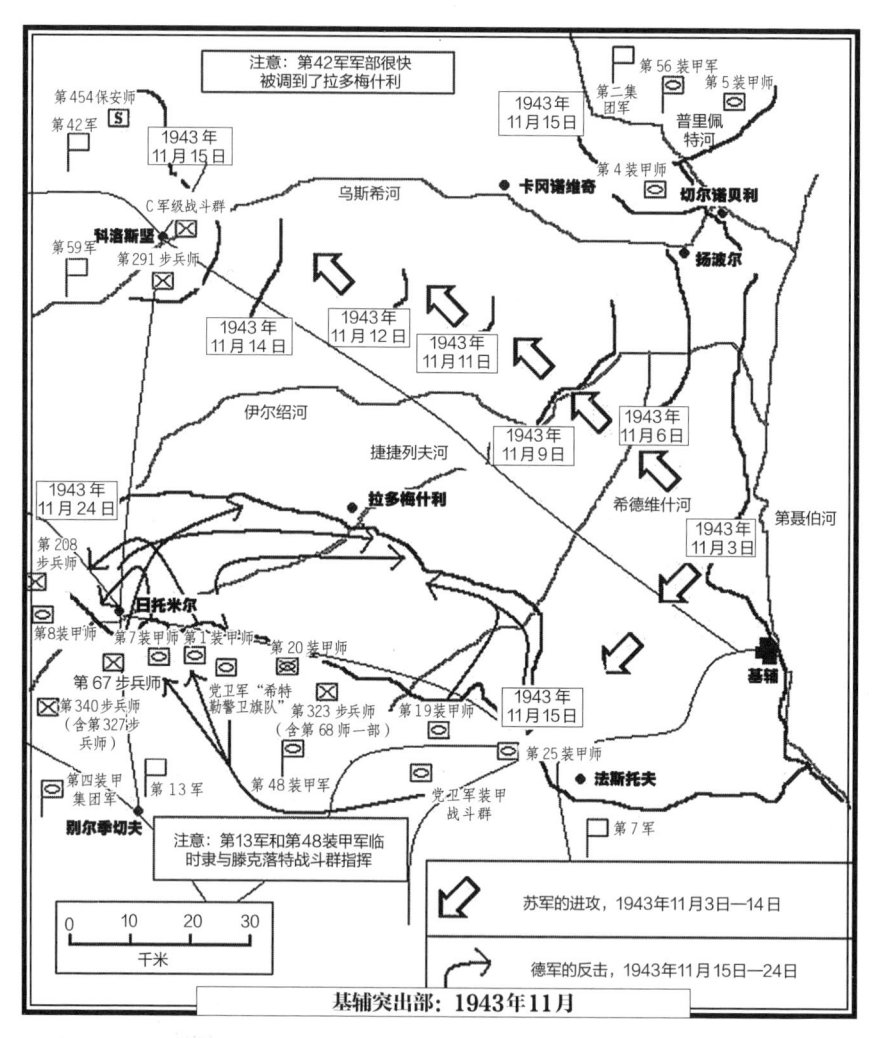

◎ 基辅突出部：1943年11月

    战局危急，因此我军必须迅速采取行动，曼施坦因元帅和我决定，通过投入强大装甲部队侧击苏军进行进攻准备的部队，以化解即将到来的危机。巴尔克上将的第48装甲军，以及党卫军第1"元首警卫旗队"师、第1和第7装甲师被从前线撤了下来，在第四装甲集团军防区后方集结待命。与此同时，我军开始着手侦察开进路线——有些道路横穿沼泽和森林——同时修复桥梁，同时负责这一地区行动的亚历山大·格申（Alexander Goeschen）中将指挥的第213保安师负责肃清在森林中活动猖獗的苏联游击队。而在此之后，全部三个装甲师的战斗部队开始在白天大摇大摆的行动，沿着通向日托米尔的主要高速公路开进，以图迷惑苏军，使其误判我军将强大的部队转移到战线的另一个区域。

但无论如何，为进攻进行必要的准备是无可避免的，因为这些部队要进行必要的运动，以便第48装甲军深入打击苏军敞开的侧翼。如果没有这些行动，那预先的准备工作可能需要两个晚上，因为如此规模的装甲军团的开进和集结一个晚上是无法完成的。在白天进行佯动之后，我军部队在入夜以后要花一些时间沿着公路向真正的方向前进。而此时已经走了一半的路程，且开进过程中畅通无阻。苏军因此不可能观察到我军开进方向的变化，一开始是向北，然后转向东。

巴尔克将军根据计划在未受对方阻碍的情况下完成了部队的开进和集结。12月6日6∶00，全部三个装甲师已经做好了沿日托米尔—科罗斯坚高速公路进攻的准备。与此同时，集团军全部可以动用的炮兵营、1个火箭发射旅（其火箭发射器口径各异，最大的达320毫米），以及一辆装甲列车均进入位于我军侧翼最远端的步兵上将阿图尔·豪费（Arthur Hauffe）指挥的第13军的左翼阵地。我军进行的所有准备，包括在第8军侧翼背后集结强大的预备队，意图是诱使苏军相信我军将在这个区域展开进攻，而这里恰恰就是上个月苏军曾经吃亏的地方。苏军很轻易地就上当了，因为他们自己也处在类似的态势之下。拂晓时分我军在该区域实施了猛烈炮击，汉斯·皮肯博尔克（Hans Piekenbrock）少将指挥的第208步兵师紧随其后开始发动正面攻击，而苏军此时更是完全相信了此前的判断。他们将强大的预备队调动到该区域实施反击，但是苏军的反击却被我军300门火箭炮的集火射击所阻止。

苏军完全没有察觉到我军即将开始的侧翼攻击。而此后乌克兰第一方面军集结了全部可以出动的预备队和重武器，封闭了德军2个军下辖5个师的部队打开了的突破口，同时向我军右翼反击。巴尔克将军第48装甲军的3个师实施主要突击，向东直指捷捷列夫河。党卫队旅队长提奥多尔·维施（Theodor

第十章：乌克兰战役 · 253

Wisch）指挥的党卫军第1装甲师转移到南线从苏军后方实施攻击，同时哈索·冯·曼陀菲尔（Hasso von Manteuffel）少将的第7装甲师奉命掩护军之左翼，并且和第59军【第291步兵师和C军级战斗群（Korpsabteilung）】保持联系，后者负责突破苏军对科罗斯坚的包围。

我军的侧翼突击完全打了苏军一个措手不及，苏军在12月6日的抵抗相当微弱。德国空军非常轻易地就侦察到了苏军为了掩护开放的侧翼而布设的雷场，并且引导我军绕了过去。在几个小时的时间内，德军先头坦克部队已经突入苏军纵深，直击苏军炮兵阵地，在薄雾的掩护下攻击苏军炮兵并摧毁其火炮。由于封冻的地面上只有一层薄薄的积雪，因此坦克的行动非常迅速，并且按照预定计划实施突破。到12月6日日终之时，巴尔克将军所属的各装甲师已经在乌克兰第一方面军侧翼突入了25—30公里，抓获了大批战俘，并且缴获或摧毁了相当数量的火炮。冯·德·切瓦勒里将军的第59军已经达成了突破，并且和第48装甲军所部建立了联系，同时第四装甲集团军再次控制住了日托米尔—科罗斯坚的高速公路和铁路。我军的战术突然性保证了进攻行动初期取得了完胜，而苏军前沿的少数残兵纷纷向后溃逃。

但是到12月7日，由于大雾弥漫，加上党卫军第1装甲师后勤不济，我军的攻击势头大为减弱。但尽管党卫军第1装甲师由于弹药和燃料的匮乏而退出了进攻，第1和第7装甲师面对苏军的微弱抵抗，仍然各自进攻了大约20公里。在进攻过程中，豪费将军的第13军所部逐渐加入了巴尔克将军在这一地区的突击，德军最初的攻击可谓是所向披靡。但是从此方向向北，第59军却和苏军陷入激战，进展缓慢。

直到12月8日我们才遭到了苏军的第一波反击，但是苏军从捷捷列夫河下游渡河的少数坦克及步兵部队，很显然根本无力遏制巴尔克将军三个装甲师的齐头并进。巴尔克将军指挥部队迅速击破了苏军新组建的防线，摧毁了数辆坦克；沃尔特·克卢格中将（Walter Krueger）指挥的第1装甲师之先头部队攻抵捷捷列夫河以南的铁路桥。布鲁诺·奥特纳（Bruno Ortner）中将的第69步兵师作为第13军的右翼部队，在拉多梅什利（Radomyshl）渡过捷捷列夫河并且加入了第48装甲军的进攻。另一方面，在伊尔沙（Irsha）河附近的沼泽森林地带坚守的苏军一直在顽强抵抗，第59军的两个步兵师合力都无法将其消灭。我军压缩了苏军位于捷捷列夫河以西的多个桥头堡阵地,但是在12月8—9日夜间,苏军为这些桥头堡阵地增调了兵力和兵器。苏军第16集团军的意图是不惜代价也要扭转战局。

在12月9日这一天,德第8军和第48装甲军都发动了猛烈地攻击。德军的攻势基本上都被遏制住了,而装甲兵的反击取得了一定的战果,但到当日日终时,豪费将军指挥的第8军阵地中央却有被苏军突破的危险。我认为现在的重点是必须肃清苏军在捷捷列夫西岸的桥头堡阵地,而在12月5日(原文如此,似乎有误),巴尔克将军曾经指挥第1装甲师和党卫军第1装甲师,试图以钳形攻势消灭捷捷列夫河以西坚守的苏军,而兵力较弱的第7装甲师则负责保障进攻部队北翼。尽管苏军在德军200辆坦克的猛攻之下顽强抵抗,但2个装甲师的强大兵力还是一个个摧毁或压缩了苏军的桥头堡阵地。到当天下午,我军先头装甲部队已经开始和苏军第5个,也是最后一个桥头堡阵地展开了战斗。48装甲军最终攻克了苏军的阵地,并且俘虏了大批战俘,缴获了不少武器装备。第13军投入了全部可以动用的坦克和强大部队向此前几天突入阵地,形成展现突出部的苏军展开了全力进攻,这一天的战斗因此达到了最高潮。最终苏军这些部队被包围并歼灭。

反击的初期目标就此完成:我们从防御状态突然实施反突击,突入苏军纵深72公里,完全击溃了苏军的一个集团军,并且对另一个集团军造成了重创,使其暂时失去了战斗力。数以千计的苏军士兵阵亡、受伤或被俘,超过200辆坦克被击毁,约800门火炮被我军缴获。我军的损失相当轻微。战线缩短后其方向再次面向东方,而且现有战线只需要步兵师固守就可以了,这意味着第48装甲军可以脱身出来执行其他的任务。

在反击的第二阶段,我们计划固守现有防线。为了肃清坚守在伊尔沙河畔沼泽森林地区的苏军部队,并且建立第59军和第13军之间的联系,第48装甲军转移到科罗斯坚地区,于12月16日对沼泽地带的苏军发动了钳形攻势。第1装甲师和党卫军第1装甲师,以及沃尔夫冈·朗(Wolfgang Lang)少将的C军级战斗群(Korpsabteilung,德军暂编单位,兵力相当于师,由3个不满编,分别只有1个团的步兵师组成)从科罗斯坚出发,从伊尔沙河以北向西南方向攻击,同时第7装甲师和特奥巴尔德·利布(Theobald Lieb)中将的第112步兵师

第十章:乌克兰战役 · 255

伊尔沙河以南的从现有阵地向东北方向进攻。北线突击的先头部队沿着通往基辅的铁路在平坦的地形上展开进攻，最初进展顺利，而南线突击部队则森林中和苏军陷入激战，因而推进缓慢。到12月17日为止，2个突击集团的装甲尖兵终于会师。但是就在我军仍然在伊尔沙河沿岸的沼泽地带与苏军激战的时候，苏军突然以强大的坦克部队从北线对我军发动侧击。我军侦察部队报告从基辅方向有苏军坦克和摩托化步兵援军赶来。根据对战俘的审问，苏军判断德军的大规模攻势是为了夺回基辅，因此在这一地域投入了全部可以投入的部队。

由于我军兵力有限，无论是曼施坦因元帅还是我都没有应对如此大规模攻势的计划，更何况我们也没有预料到在捷捷列夫河与第聂伯河之间的沼泽森林地带会陷入缠斗。事实上，这次骚扰性进攻的目的已经达到了，而我军也正在构建一条连续的防线。虽然苏军投入了新锐的坦克和步兵部队发动了鲁莽的反击，但效果甚微。虽然战斗相当激烈，但是我们最终还是击退了苏军的多次进攻。12月17日，苏军损失了至少80辆坦克，而在接下来的两天中苏军在进攻中又损失了150辆坦克。而苏军对第13军防线的策应性攻势，虽然也有坦克的支援，但也遭到了失败。

这一阶段我军巩固了通过突然进攻取得的战果。苏军又有2个集团军遭到了重创而丧失进攻能力，因而在日托米尔以北的威胁就此解除。大约过了一周多的时间，苏军向我军前沿不太容易遭到攻击的地段展开攻势，这证明我军迫使苏军改变了其作战计划。

## 化解圣诞攻势

甚至在捷捷列夫河—伊尔沙河战斗还在进行期间，德国空军就开始报告在西北的基辅方向铁路运输逐渐频繁起来。苏军部队——包括数百辆坦克——开始昼夜不停地渡过第聂伯河大桥向西运动。毫无疑问苏联最高统帅部向基辅地区增调了强大的坦克和步兵部队，而我们能够肯定的是，苏军的意图无非就是恢复原有态势，夺回日托米尔东北丢失的地区，或者是计划实施新的战役。由于在捷捷列夫河沿岸还没有发现新的苏军番号出现，所有迹象都表明苏军正在准备新的攻势。在圣诞节前夕的一周中，苏军在基辅—日托米尔高速公路及其以南地区不断发动试探性攻击，以便寻找我军防线上的薄弱点，并且寻求进攻出发阵地。昼间侦察照片显示苏军的炮兵部队在不断增加，而其所占领的阵地并无部队活动迹象。这些新锐炮兵部队进入阵地，并且开始校射，很显然是在准备即将开始的进攻。与此同时在第四装甲集团军右翼卡涅夫附近第聂伯河沿岸，也出现了苏军坦克活动的迹象，但是苏军在这里的活动太过突兀，而且十分笨拙，我们立即识破了这是苏军的佯动。尽管我军没有从无线电监听中发现苏军的部署变化，但是从12月20日以后每天晚上苏军重型卡车的活动越来越频繁，毫无疑问是进攻即将发起的型号。德国空军侦察机在此后连续几天夜间发现从基辅到前沿有2000—3000辆载重卡车在开动，而返回的时候都是空车，而这是苏军即将发动突击的最有力证据。所以在12月23日苏军突然发起进攻的时候，德军方面一点也不惊讶。而在另一方面，苏军发动进攻的迹象非常明显，特别是苏军在圣诞节前夕进行了大规模的准备，很显然是打算在圣诞节这天打我们一个措手不及。

为了顶住苏军对我军防线的突击和此后对纵深的突破，我军采取了一系列措施。卡尔·托霍尔特（Karl Tholte）少将指挥的第18炮兵师在两周以前刚刚抵达，此前该师依照希特勒亲自下达的命令在一个比较平静的地段驻扎，而现在运动到了日托米尔。这个师是以被解散的第18装甲师的人员为基础组成的，包括第88、第288和第388炮兵团（总共下辖9个炮兵营和1个步兵营），并且装备了60门轻型火炮和50门重型火炮，外加24门突击炮；这个炮兵师可以粉碎苏军的大规模攻击。另外，巴尔克将军的第48装甲军被调到后方，集结于科罗斯坚附近，而奥古斯特·施密特（August Schmidt）中将手下已经损兵折将的第10装甲掷弹兵师——该师当时正在别尔季切夫（Berdichev）以西进行整补——奉命将全部可以动用的战斗部队都集中起来，组成一个团级战斗群。这个战斗群下辖2个摩托化步兵营，1个轻型炮兵营和1个通讯连。我们调集了50辆坦克和突击火炮，加强了基辅—日托米尔公路附近兵力薄弱的预备队。日托米尔附近的武装党卫军训练营（约3000—4000人）被编为连为单位的部队，迅速组织起来负责当地的守备。尽管获得了这些预备队的有力加强，第四装甲集团军的战线还是太长了，我们不可能减轻所有部队的压力。由于南方集团军群当时不可能为我们抽调任何增援，我们只能指望这些非常有限的预备队来顶住苏军的突击。

我命令在主要防线后放大约15公里的地方挖掘防坦克壕，而其东段前方有一条无法徒涉的溪流。我们将日托米尔、别尔季切夫和卡扎金（Kazatin）这三个重要的铁路枢纽改造成了防御要塞，但是戍守的只有用勤务部队拼凑起来的快速反应部队。所有不必要的车辆和物资都被疏散到了西方。

不出所料，乌克兰第一方面军在圣诞节这天于基辅—日托米尔公路以南地区展开进攻。在经过一个小时的猛烈炮火准备之后，瓦尔特·内林（Walter Nehring）装甲兵上将第24装甲军下辖的两个不满编的师，第8装甲师和第19装甲师的阵地被苏军打开缺口，但是这些部队即使是在被完全包围的情况下，也顽强的据守着防线。当天下午苏军部队就前出到了防坦克壕，并且在多处突过了这条壕沟。当天早上，另外一支强大的苏军坦克部队也突破了恩斯特—埃伯哈德·黑尔（Ernst-Eberhard Hell）炮兵上将的第7军第25装甲师的阵地，该军据守着一条处处漏风的漫长防线。数百辆苏军坦克轻易击溃了守军的阻击，向别尔季切夫蜂拥而去。而这里的防坦克壕也由于守军缺乏足够的兵力而被苏军迅速突破。到12月24日为止，苏军主力已经前出到基辅—日托米尔铁路线。

而在偏北的日托米尔方向苏军也发动了进攻，最初由于安东·道斯特勒（Anton Dostler）步兵上将第42军所部顽强的反坦克防御，苏军在公路以南的森林沼泽地带进展缓慢。在12月24—25日夜间，戈特弗里德·弗勒利希（Gottfried Froelich）少将的第8装甲师和汉斯·卡尔纳（Hans Kaellner）少将的第19装甲师得到了允许向西突围的命令，并且要求他们攻击苏军的后方，打乱其进攻部署，使其无法在12月25日继续进攻。

由于我军北翼的苏军尚未从此前遭到的重创中恢复，因此其活动相对较少，第48装甲军到了科罗斯坚，并且在捷捷列夫河以南投入反击。巴尔克将军命令所部在卡扎金和别尔季切夫之间的丘陵地带部署阵地，尽可能拖延苏军的攻势。我们当时发现苏军约有600辆坦克进入这一地域。当12月25日拂晓第48装甲军所部抵达捷捷列夫河以南的时候，我军突然发现了绵延达数里长的苏军坦克纵队。巴尔克将军按捺不住斗志，立即下达命令，要求所部迅速向苏军暴露的侧翼发动突然袭击。不幸的是侧翼突击收效甚微，因为面对迅速增加到近千辆坦克的苏军，区区150辆德军坦克根本不可能与其匹敌，连稍挫其锋芒都不可能。不出所料的是，苏军迅速从被突袭的惊慌中恢复了过来，用其大约

1/4的坦克和部分反坦克炮顶住了第48装甲军的攻击。尽管巴尔克将军的部下击毁了大约78辆苏军坦克，但是仍然无法逾越苏军的防线。

苏军坦克第一集团军和近卫坦克第三集团军的大批坦克向卡扎金以北猛扑过去，而这里只有莫蒂默·冯·科塞尔（Mortimer von Kessel）中将第20装甲师的一个团级战斗群，第18炮兵师的24辆突击炮和市区里少数的快速反应部队。如果此前我军预见到了这一威胁，那么为了阻止苏军的纵深突破，第18炮兵师刚刚被调到日托米尔的其他部队本应该立即返回卡扎金。但是由于此时在同一方向的日托米尔—卡扎金公路上，还拥挤着第48装甲军的部队，造成了不可避免的交通阻塞。幸运的是，由于道路状况良好，加之托霍尔特将军灵活的指挥，守军终于支撑到了援兵（主要是第18炮兵师所部）赶到的最后时刻，从而顶住了苏军的猛攻。

与此同时我军还试图阻止苏军其他部队在别尔季切夫地区和日托米尔以东地区的突击，以便争取时间让第48装甲军能够恢复建制，并且占领卡扎金和别尔季切夫之间的阵地。巴尔克将军于12月26日抵达，而恰在此时他目睹了苏军对卡扎金的猛攻。很显然苏军接下来的目标是切断日托米尔—文尼察（Vinnitsa）公路。巴尔克将军所部击退了苏军先头部队，并且夺回了公路以东的山脊。苏军的对策是将攻击部队分开部署，试图在我军阵地上找到薄弱点以达成向西的突破，但是第1、第7和党卫军第1装甲师充分利用良好的道路交通网这一优势，调动部队在关键时刻赶到局势危急的阵地击退苏军的攻势。我军坦克借助地形和植被的良好掩护，故意让苏军坦克接近，然后在伏击状态下向对方开火。仅在12月26日，我军就依靠这种战术击毁了200多辆苏军的坦克。到当日日终，坦克第1集团军和近卫坦克第3集团军的突破地域已经被第48装甲军完全封闭，现在我军的步兵增援部队源源不断赶来。在12月26日至31日间，苏军多次试图突破巴尔克将军所部的防线，但是苏军损失了大批坦克之外只能无功而返。

当乌克兰第一方面军最终意识到在别尔季切夫—卡扎金地区的战局毫无进展之后，苏军开始调整主攻方向，试图包抄我阻击部队两翼，以第48集团军通过从日托米尔以北，而坦克第1集团军和近卫坦克第3集团军一部从文尼察附近迂回卡扎金以南。为了应对苏军的包抄，我将冯·德·切瓦勒里将军的第59

军从科罗斯坚撤到了诺夫哥罗德—沃伦斯基（Volynskiy）地区，同时将豪费将军的第13军撤出日托米尔，转移到捷捷列夫河沿岸沼泽森林地带以南的新阵地。此外，另外两个师的所有部队（第42军的第25装甲师和第168步兵师）都调到了卡扎金更近的地方，以便展开阻击部队的阵地。为了保证卡扎金附近坦克战的指挥力量，第42军军部人员（他们基本没有接受过这种战斗的训练）被第24装甲军军部人员替换，而这个军当时还在第聂伯河畔卡涅夫附近比较平静的战线。第48装甲军进行了局部撤退，以便完成调动且构建了一条完整的全新防御体系。

另一方面，希特勒坚决不允许第四装甲集团军右翼的两个军从沿第聂伯河畔的阵地上撤退，甚至无视这两个军有被苏军立即切断的危险。在第7军和第42军（原第24军）之间和陷入激战的我军兵团后方，只有很少的掩护部队。此时苏军并未发现侦知这些掩护部队的兵力，因此还没有意识到战机，但是不久之后第7军正面的压力骤增，突出部阵地战线过长，而前线则被苏军突破。苏军在乌曼以北的突破口未受到任何抵抗，源源不断地向其中投入部队。此时尽管这两个军的身后受到了严重的威胁，但是把这两个军从苏军日益收紧的绞索中拯救出来的机会仍然存在。不管是绕道撤退还是突围，这两个部队本来都可以重新和第四装甲集团军重新建立联系，并且和我军的第二道阻击阵地合兵一处。但是希特勒不顾下级的疾呼，仍命令第7军和第42军保持在现有阵地。等到希特勒发现局势的危险时，苏军已经在乌曼以北集结了一个集团军，而紧随其后还有另外一个集团军。汉斯·胡贝（Hans Hube）装甲兵上将的第1装甲集团军所部——连同第3装甲军和消耗不小的第16和第17装甲师——被迅速从其他方向抽调到乌曼，同时胡贝奉命指挥这两个被包围在第聂伯河畔的军。

此时第四装甲集团军前沿已经展开了持续数周的激烈战斗。在战线中央，第8军在撤退经过日托米尔以南沼泽森林地带的过程中，由于武器装备损失惨重而实力大为削弱。苏军发现了第13军的这个弱点，马上集中坦克猛攻豪费将军所部防线，希望在这个迄今为止率吃败仗的防区取得突破。在战斗中苏军曾经多次取得过有限的突破，都被赶来增援的第48装甲军击败，但是第8军下属各师（第68、第208和第340步兵师，第213保安师、第7装甲师和"南方"

骑兵团）却在战斗中损兵折将而被压垮。各师残部配合装甲兵继续坚守，并且为了统一指挥，这些部队都转隶给第48装甲军，而第8军的军部则被撤了下去。最后，苏军集中所有坦克发起了不顾一切地攻击，还是突破了我军防线。不过在此后的激战中，苏军损失了70辆坦克，因此直到1月底，苏军在这一地区仍然无力继续发起进攻。

而苏军坦克部队向文尼察的攻击也遭到了同样的失败，当时苏军先头部队已经接近了日梅林卡（Zhmerinka），该地是一个特别重要的铁路枢纽，还有一条铁路通往敖德萨。第3装甲军和第46装甲军和第16装甲师以及3个兵力雄厚的步兵师发起了强大的反击，击退了苏军坦克第一集团军，并且切断了部分深入到日梅林卡的苏军部队。苏坦克第一集团军所部一度被包围在文尼察东南地区，但是该部在当天晚上就突出了包围。

让我们惊讶的是，整个坦克第一集团军此后彻底消失了。虽然积雪很厚而且天气晴朗，但是我们却对苏军突围的方向一无所知。考虑到当时的总体战术形势，我们认为苏军坦克可能成群结队的隐蔽在附近不远的地方，不一定是比较大的村落，而是毗邻的园林。由于我军坦克部队不久前曾经从这些村庄经过，所以坦克履带痕迹不能证明苏军坦克隐蔽在附近。德国空军用了两天一夜的时间搜索苏军坦克第一集团军的踪迹，对这些村庄拍摄了非常清晰的航拍照片。但是无论是空中侦察还是航空照片都没有发现任何蛛丝马迹。直到第三天，我军派出一支强劲的装甲部队直扑怀疑苏军坦克兵团可能隐藏的地域。原来苏军用谷仓、秸秆、甘草和树枝等对坦克和其他车辆进行严密的伪装，而且严格禁止白天行动，所以我军根本无从发现苏军的存在。

苏军在第四装甲集团军暴露的西侧翼的最后一次大规模突击直指舍佩托夫卡（Shepetovka）火车站。兵力不足的第112步兵师坚守在舍佩托夫卡，面对兵力占绝对优势的苏军部队，但是苏军的攻击还是失败了。此后苏军试图经由波隆内耶（Polonnoye）切断第59军和第48装甲军之间的联系，但也未能成功。当时从北方集团军群调到这里的一个步兵师刚好在舍佩托夫卡下火车，立即发动了一次反击。这个师夺回了波隆内耶，封闭了突破口，并且重新和第48装甲军建立了联系。

这次行动令苏军的圣诞攻势就此结束。在经过持续五周的激烈战斗之后，第四装甲集团军以下辖的4个军和区区200辆坦克，顶住了苏军6个集团军1200辆坦克的猛攻，取得了防御战的胜利。尽管苏军迫使我军后撤了大约100公里，但是他们未能达成向我军纵深目标取得战略突破的目标。苏军的计划是歼灭第四装甲集团军，切断南方集团军群和A集团军群的联系，然后在黑海沿岸将我军重兵集团歼灭或赶到罗马尼亚。苏军的企图最终失败，而考虑到苏联本身的幅员，战役中收复的土地实际上无关紧要。第4装甲集团军仍然屹立不倒，据守着一条防线，甚至为乌曼地区的第1装甲集团军提供了2个装甲师的援兵，后者当时的战线上也是危机四伏。

我军的防御战之所以能够取得成功，原因在于苏军发动进攻后的第三天（12月26日），巴尔克将军指挥强大的第48装甲军负责阻击苏军的进攻。当时我军战线的中央已经被突破，形成了一个向两翼扩张达150公里的突破口。但是巴尔克将军指挥阻击部队如同钉子一般牢牢守住了阵地，不但挽救了被孤立的步兵军，同时也避免了整个集团军的崩溃。苏军面对12个师组成的坚固防线毫无办法，在组织了三次成功的迟滞战斗之后，巴尔克将军阻止了苏军达成战略突破的企图，稳定住了战线，使得我军能够形成连续的战线。

## 加利西亚之战

南方集团军群其他防区的部队没有面对苏军如此规模的圣诞节攻势，苏军接下来的进攻要到3月冰雪消融之时才重新开始。苏军在此期间的战果主要包括歼灭了切尔卡瑟口袋中的两个军，包围了捷尔诺波尔和第1装甲集团军，同时迫使我军在普里皮亚季沼泽到黑海一线向西撤退到了斯坦尼斯拉夫（Stanislaw）—利沃夫—科韦利一线。到2月的时候，普里皮亚季河畔南方集团军群和中央集团军群之间有大片的空隙，苏军在泥泞时期出动14个师穿过了这一大片沼泽地带，直扑科韦利。其中数个师转兵向南，经由罗夫诺（Rowne）攻击利沃夫。苏军被第四装甲集团军所部阻止在伊科瓦（Ikwa）河的杜布诺（Dubno）附近，苏军曾经多次徒劳的试图集中兵力，越过河两岸的大片沼泽地带而渡河。尽管遭到了多次失败，在某天早上，杜布诺后方突然出现了苏军的一个营。这支部队立即被我军装甲兵包围歼灭。经过审问俘虏我们才得知，原来这个营是在夜间匍匐通过封冻的沼泽地，这片沼泽地大约600米宽而且根本无法步行通过，苏军士兵在穿越沼泽之后精疲力竭且浑身泥泞。通过这个插曲可以看到，无论是沼泽还是湖泊，在苏联红军面前都不是真正的障碍。

希特勒在三月份首次提出通过指定某地为"要塞化区域"而扭转战局，这种武断的指挥在后来的战争中将频繁出现。面临苏军即将来临的进攻，许多村镇突然被临时改造成了要塞，并且通过系统的工事构筑以及储备供数年使用的物资，这些要塞成为了坚固支撑点，将要面对苏军的围攻。每个要塞都会任命一名指挥官，他拥有绝对的指挥权，而且还要专门立下誓言。要塞的指挥官对于麾下的所有人握有生杀大权，可以根据自己的判断命令他们执行任何任务，甚至是过路的部队也不例外。很多时候过路的部队及其武器装备是这些要塞指挥官唯一能够获得的援兵，所以他很多时候不得不在街道上拦住这些士兵。

有些要塞所在的位置不是很适合防守，所以他们的命运从一开始就几乎是绝望的。尽管提出了多次抗议，但是希特勒仍然严令连这些地方也要不惜代价的死守。比如说，布罗迪（Brody）是加利西亚东部一个被森林完全包围的小镇，位于一条河谷之中，根本无法观察到外围。而附近的高地则由苏军控制，镇中德军的一举一动都在苏军的监视之下，而且也处于苏军炮火射程之内。甚至小镇就挨在森林边上。由于这里缺乏足够的空间，甚至第13军都无法在这里找到合适的炮兵阵地，以便在遭到围攻时提供支援。为了避免可能的灾难，我绕开了希特勒的命令（后文将对此详细描述）并且采用了必要的战术，避免布罗迪遭到包围。但是几个月之后我们就没那么幸运了。

捷尔诺波尔的情况也是类似的，该城守军由埃贡·冯·奈因多夫（Egon von Neindorff）少将指挥，守军勇敢的坚守了一个月，只是在试图突围，陷入泥沼之后，才由于缺乏供应和弹药被最终击败。

在4月初，第四装甲集团军发动了一次侧翼反击，有效地扭转了不利的战局。经过在东加利西亚和波多利亚（Podolia）激烈的冬季战斗之后，我军的三个军（第42军、第13军和第48装甲军）据守着一条北起科韦利，经由布罗迪，南到杰尔日（Derezhany）的防线。苏军即将包围布罗迪：在该镇和第四装甲集团军左翼之间存在着防线的缺口。我军右翼完全暴露。而被称为捷尔诺波尔要塞的支撑点距离我军南翼为29公里，该城已经包围了10天。胡贝将军的第1装甲集团军形成了一个运动的口袋阵，向德涅斯特河北进，准备封闭第4装甲集团军南翼的缺口，而苏军强大兵力则向西，从德涅斯特河两岸穿过第1装甲集团军的队形。

虽然整个战场态势很难令人满意，但是第四装甲集团军毕竟遏制住了后撤的势头。该集团军在经过了多次激烈的战斗之后建制仍基本完整，并且在冬季战役中给对方以沉重的打击。苏军虽然屡经战斗消耗，却仍然企图夺取布罗迪，从而打开通往利沃夫的道路。他们多次成功的包围了布罗迪，但是每一次都被临时编成的弗里贝（Friebe）装甲战斗群解围，这个战斗群有一个虎式坦克营和一个豹式坦克营。

激烈的战斗之后战场几乎变成了一个巨大的坟场。目力所及之处，到处都可以看到尸体、武器的残骸和光秃秃的木桩，大地一片狼藉，令人胆寒。曾经茂密的森林现在被德军变成了一片白地。这是整个集团军在狂怒的战争中留下的痕迹。而苏军面对德军的这种前所未见的战术，只能放弃了对布罗迪的包围，用新调来的部队组成了一条连续的战线，与第四装甲集团军中央防线相对峙。豪费将军的第13军也效仿此战术，同弗朗茨·马滕克洛特（Franz Mattenklott）步兵上将的第42军北翼紧密相连，至少暂时封闭了布罗迪以北的缺口。

第四装甲集团军暴露的右翼仍然不断遭到苏军的小规模攻击。苏军夺取了一些村庄，但是当地的预备队在一个虎式坦克营的支援下，迅速收复了这些村庄。整个集团军的战线仍然保持了完整，而且南翼——虽然是暴露的——也相对安全。

苏军部队仍然持续迂回胡贝将军所部的阵地而向西推进。德涅斯特河以南的苏军先头坦克部队进入了斯坦尼斯拉夫，同时在德涅斯特河以北逼近了加利奇（Galich）桥头堡附近的"要塞化地域"。德军迅速集结步兵部队，协同匈牙利第一集团军之先头部队【该集团军当时正在斯坦尼斯拉夫—纳多夫纳亚（Nadvornaya）】。通过激烈的巷战将苏军赶出了斯坦尼斯拉夫。而在德涅斯特河以北，除了泥泞的地形之外，苏军并未受到多少阻碍，迅速抵达兹沃塔—利帕（Zlota Lipa）河谷，而苏军在这个方向的兵锋直指德罗霍贝奇（Drohobycz）油田。

第1装甲集团军的先头部队现在抵达乔尔特基夫（Chortkuv）地区，而第4

装甲集团军通过侧击来缓解第1装甲集团军的压力。进攻的德军遭到了苏军的顽强抵抗，第4装甲集团军的侧击从别列扎内（Berezhany）东南方向发起，同时还向德涅斯特河发起牵制性攻击，我军的意图是切断并歼灭突入加利奇地区深远纵深的苏军步兵师。

在战斗准备阶段，维利巴尔德·乌茨（Willibald Utz）中将第100猎兵师的先头部队乘火车抵达集团军后方地域，该部奉命夺取别尔扎内以南地区。格奥尔格·兹沃德（Georg Zwad）少将第367步兵师一部占领罗加金（Rogatin）以南地区，这两支部队的行动目的都是为了保证当时正在乘火车赶来的党卫队全国副总指挥保罗·豪塞尔（Paul Hausser）的党卫军第二装甲军的安全，该部下辖的党卫军第9"霍亨斯陶芬"装甲师【师长为党卫军旅队长维利·毕特里希（Willi Bittrich）】和党卫军第10 "弗伦茨贝格"装甲师【师长为党卫军地区总队长卡尔·特伦菲尔德（Karl Truenfeld）】刚刚从意大利调到东线。这个军在乘火车抵达后几天就做好了战斗准备。苏军意识到这个军是对他们的全新威胁，因此调动了全部可以出动的飞机，反复袭扰我军集结地域，另外这一地域只有两条道路可以使用。但是相比泥泞地形给我军造成的影响，苏军的袭扰其实是微不足道的。

第100猎兵师奉命在进攻方向上为主力开路，而党卫军第9和第10装甲师紧随其后。当时唯一一条可以在全天候条件下供机械化兵团运动的道路是从波德加伊策（Podgaytse）到布恰奇（Buczacz）的公路。我军步兵的任务是在4月5日夺取苏军坚固设防的波德加伊策，为豪塞尔的装甲军打开前进的道路。当茨将军所部步兵在厚重的积雪中艰难前进，一段200—500米长的道路覆盖着至少1米深的积雪，我军经过激烈战斗在赶走了在别列扎内以南高地的苏军掩护部队。我军步兵只能沿着道路两侧崎岖不平、积雪深厚的地面绕过障碍。我军战斗部队开始用各种挖掘工具和当地找到的铁锹清理积雪，同时还设置了掩护部队保障他们的安全。在经过几个小时的艰苦努力之后，我军终于清开了一条车道，大约到下午的时候，为进攻波德加伊策所必需的火炮和坦克才能沿着公路向前开进。

尽管遇到了不少困难，但是第100猎兵师还是在这一天于波德加伊策前沿的高地建立了组织了坚固的防御阵地。配属给该师的虎式坦克营消灭了守备在

第十章：乌克兰战役·265

进入波德加伊策道路附近的苏军T-34和反坦克阵地，但是经过这些战斗德军也把本方继续前进的道路堵上了。现在在路上横陈着16辆苏军坦克的残骸，而步兵部队则经过艰苦的逐屋争夺，最终将才所有残骸拖走、清开或者炸毁。到当天晚上，我军的虎式坦克已经突入该镇，在进攻的过程中击毁了36辆苏军坦克。在夜战中步兵借助燃烧的房屋和坦克火光突入镇中，到4月6日早上，第100猎兵师已经向东前出到斯特雷帕（Strypa）河沿岸，保障党卫军第二装甲军的左翼，并且为坦克的前进打开通道。

现在德军由党卫军第10"弗伦茨贝格"装甲师打头阵，由该师党卫军第10坦克团的59辆豹式坦克和52辆Ⅲ型突击炮为先锋。在波德加伊策的南部边缘，该师遭到了隐蔽良好的苏军反坦克炮的顽强抵抗，苏军利用道路两侧积水的沟渠、沟壑和沼泽地设置防御阵地，德军只能正面进攻而无法迂回。经过缜密的侦察，我军集中坦克和炮兵火力，将这些暗藏的苏军反坦克炮一个个消灭掉。道路清开之后，坦克部队继续滚滚向前，为了避免在此后的战斗中再拖延时间，师长特伦菲尔德决定不走公路，通过越野机动直抵布恰奇，但是结果他选择的这条捷径其实是一片沼泽。只有特伦菲尔德本人率领5辆得以通过。虽然特伦菲尔德和第1装甲集团军的先头部队建立了联系，但是这其实并没有什么实际意义，因为苏军仍然把守着波德加伊策到布恰奇之间的公路。特伦菲尔德轻率地决定离开公路反而造成部队裹足不前，而且他本人还和主力分隔开来。这个师的坦克陷入泥沼，结果坦克兵们不得不作为步兵投入战斗，在豪塞尔的亲自指挥之下奉命肃清公路两侧的苏军。但是苏军以猛烈地反坦克火力实施阻击，在道路沿线的每一个村庄都进行顽强的防御战斗。不过两个党卫军装甲师和从加利奇赶来的第367步兵师一道，面对苏军越来越顽强的抵抗，却仍然勇猛前进，击破了苏军的防线。到当天晚上，沿德涅斯特河向东撤退的苏军步兵师被拦截在布恰奇以西公路附近，两个装甲师在兹沃德将军第367步兵师的协助下，歼灭了背水作战的苏军。毕特里希则重新组织自己的攻击部队，转兵向东，于4月6日抵达布恰奇，为胡贝将军的被围部队打通了撤退的道路。但是苏军绝不甘心让煮熟的鸭子就这么飞走。苏军发起了猛烈地追击，试图渡过河水暴涨的斯特雷帕河切断我军撤退部队的归路，但是接下来的战斗表明他们并非解围部队的对手。苏军无论从斯特雷帕河沿岸哪里渡河，党卫军第二装甲军的部队就立即把他们赶回去。

到4月中旬,第四装甲集团军的右翼部队已经部署在斯特雷帕河之后,而这条战线——固守着通向南边德涅斯特河的阵地——包括斯特雷帕河对岸的布恰奇。我军在这一条战线上构筑了稳固的阵地。而我军发起侧击的作战意图——稳定东加利西亚的战线——也因为第1装甲集团军脱围而出,同时北乌克兰集团军群(南方集团军群于4月5日更名为北乌克兰集团军群)的战线经过整合而最终完成。

不幸的是,不久之后捷尔诺波尔守军很快被苏军歼灭,因为负责解围的第48装甲军之先头部队,即弗里贝战斗群和党卫军第9"霍亨斯陶芬"装甲师在为捷尔诺波尔解围的路上为泥泞所阻。我军渡过了斯特雷帕河,并且击破了苏军强大的反坦克防线,但是在距离捷尔诺波尔不到10公里的路上由于泥泞而放弃了继续进攻。而为了修复道路和桥梁供装甲部队行进,需要数千工时的施工才能完成。

不久之后,冯·奈因多夫将军阵亡,在经过四周的坚守之后,苏军攻陷了捷尔诺波尔。而这个"堡垒化地区"里的6000官兵和大批武器装备落入对方手中。又一个"堡垒化地区"在没有为战争进程做出任何重大贡献的情况下,就以悲剧性的结局结束了自己的使命。

◎ 乌克兰战斗中的德军

◎ 追击而来的苏军

◎ 苏军解放基辅后德军战俘被看押着走过街道

◎ 德军在乌克兰

◎ 解放乌克兰的苏军

第十章：乌克兰战役 · 269

◎ 苏军在克列缅丘格附近战斗

◎ 撤退中的德军

◎ 匆忙撤退中的德军

# 第十一章
# 利沃夫之战

**苏军战术的变化**

在过去的一年中苏军的进攻战术获得了一些进步。集中火力实施炮击的手段越来越频繁，而且经常以大规模的迫击炮射击加以补充。苏军不断地试图通过德军防线上的薄弱点进行渗透。而战术指挥官更喜欢选择通过森林或洼地完成渗透。如果苏军通过这种手段成功地完成渗透，那么会马上挖掘战壕，埋设地雷。接下来的一段时间渗透部队还处于立足未稳的阶段，因为火炮和重武器的运动速度比较慢，而且重武器和先头部队之间的协同会中断一段时间。

苏军为了突破我军防御而展开的进攻战术，和一战时期沙俄军队曾经取得成功的战术别无两样。这种战术和现代战术条令基本没什么共同点，只是依靠兵力和兵器的巨大数量优势。通过几个星期的后勤运输，苏军慢慢积累了数量非常巨大，足以满足要求的弹药，在数个小时的火炮、迫击炮和火箭炮集中射击之后，苏军将会在我军防线上打开突破口。在大批步兵部队突破之后，装甲兵部队会实施纵深突击，以图获得机动的自由。而1944年苏军组建了大批装甲部队之后，其进攻模式就略有变化，会以大批坦克为先导，其后紧跟着形成纵深队形的步兵。

虽然苏军炮兵在进攻初期能够提供出色的火力支援，但是随着先头部队突入得越来越远，炮兵和先头部队的通讯联络经常中断。即使是在战争临近结束的时候，苏军也很难协调火力与机动之间的关系。装甲部队会向纵深突击，而且一般都是沿着一条线路。接着会停下来等待数量更多的步兵在夜间赶上来，步兵部队会在先头部队夺取的重要居民点周围迅速构筑工事。其他重武器和后勤保障单位则在坦克后边紧跟着上来。

苏军的这套进攻体系，如果不会遭到我军的袭扰，是绝对安全的。而苏军采用这种进攻战术的前提，是德国守军要在受到威胁的地段坚守不退，直到遭到大规模攻击。在1943-1945年的东线，德国军队不得不根据希特勒"不放弃一寸土地"的严令，极不情愿的采用死板的坚守战术。到战争结束为止，从师级到集团军群级的指挥官无一例外都不得不接受这种僵化的战术。由于德国国防军在数量上处于劣势，而且惨重的伤亡造成了战斗力的下降，希特勒可能对德军采取弹性的主动防御战术的能力产生了怀疑，因而要求我军在预设阵地上采取死板的坚守战术。

但是这种战术根本不可能阻止苏军的突破，更不用说阻止苏军获得胜利了。尽管在战斗中苏军所遭受的伤亡，往往比他们给我们造成的损失要多，或者这么说，单个苏军士兵的战斗力要比我军士兵差得多，但是我们根本无法克服的关键问题，是苏军拥有兵力和兵器上的绝对数量优势。除了德军士兵高超的单兵战斗力之外，我们只能使用更灵活的战术来抵消数量上的劣势。如果我军高层领导人对国防军在质量和战术上的优势丧失了信心，或者我军由于武器装备上的短缺而无法充分发挥质量和战术优势，那么我们对二战结局所期待的最好结果，也不过是重蹈一战的覆辙。

认识到这些问题，并且做出必要的判断，是最高统帅，也就是阿道夫·希特勒的责任。直到当时为止，战场指挥官的职责是尽最大可能避免战线的崩溃，到1944年为止，东线战场最迫在眉睫的威胁就是苏军的大规模进攻，以及接下来的突破。由于我军缺乏防御战所必需的预备队，因此必须竭力避免前线部队在苏军的炮击、轰炸和大规模坦克突击下被歼灭。我们别无选择，只能尽可能维持剩下这些几成空壳的师的战斗力。

## 区域防御战术

在1944年春夏之际,我的参谋长卡尔·魏格纳(Karl Wagener)上校,我的首席参谋阿德里安·格拉夫·冯·皮希勒(Adrian Graf von Puechler)上校和我一起,将区域防御战术作为一个临时的应急措施,在第一装甲集团军推广。我们通过详细分析苏军取得突破的种种原因,得出了以下几条主要因素:

通过在战线的某个点上击中兵力歼灭我一线部队。

通过猛烈地炮击和持续的空袭压制或摧毁我炮兵部队。

通过对上至集团级级别的前沿指挥所进行空袭和突然炮击,以消灭我军指挥机关。

通过炮击和空袭扰乱在集结地域的预备队。

切断通往前沿的交通,迟滞预备队的运动,切断我军的供应。

向纵深实施大规模装甲突击,以便获得机动的自由。

很显然,我军的任务是让苏军的战术失去效果,或者至少减少其取得的战果。

我们有两种办法避免前沿部队被苏军歼灭:构筑防空和防炮阵地,或者在遭到毁灭性炮击的时候及时把前沿部队撤下来。由于我们没有构筑防炮工事所需的时间和材料,因此采纳躲避战术才是唯一的可行之道。在第一次世界大战末期这种战术就曾经广泛使用。前沿阵地的部队在大规模进攻前不久会被撤下来,防御部队会撤到后放一个足够远而更加坚固的阵地,迫使苏军不得不重新整理其突击部队,这往往会浪费很长的时间。而苏军重新再发动进攻的时候,很可能遇到的问题是进攻前方地带已经遭到了破坏。这种规避战术,首先在1918年的西线战场和南线战场出现,德军在法国境内向兴登堡防线撤退,以及在意大利战线沿皮亚韦河撤退的时候都曾经用过这种战术。应用这种战术必然要放弃一部分土地,这是值得付出的代价,不过要求就是新的防线一定要能够被稳固的坚守住。避免遭到火力集中轰击和战线被突破的另一个方法,就是采用弹性防御战术,在纵深梯次布置机枪火力点,但是这种战术在面对苏军的主攻时往往缺乏必要的弹性。

我们可以用击剑战术来和这种弹性防御战术做一对比。剑手面对对方的砍杀,警觉地突然后退,然后迅速的反击以夺回原来的阵地。而我军在受到进攻威胁地区的防御部队就像击剑手一样,在遭到打击前的最后一刻突然撤退,向后方撤退足够的距离躲开苏军的重击,击退苏军的追击,然后以迅捷的反击夺回原有的阵地。为了满足实施这一战术的要求,必须精心选择截击追击苏军的地点,同时进行系统的准备,这样后撤的防御部队可以在几个小时的时间内重新组织防御。因此将前沿部队后撤到苏军炮兵射程以外的后方地域,既不可能,也不必要。

根据以往的战斗经验,苏军只会将火力集中在我军防御阵地的主要防线以及预先标定的坚固支撑点上。因此需要将这一区域的部队全部撤走,不过根据地形和工事情况,一般将前沿部队后撤900—2200米就足够了。我们这样就可以组织下一道防御阵地,充分利用地形方面的各种特点。在这些阵地上部署了大量的支撑点和预备队,而且阵地一直延伸到后方的炮兵阵地甚至是炮阵地的后方。在炮兵后方的隐蔽地域部署着军和集团军的预备队。通过这些手段,苏军可能打击的目标已经被分散在一片很大的区域,即使是1000门火炮直接实施炮击,也只能造成很有限的损失,而整个防御部队则不会受到重创。

与此同时,若我军炮兵没有被压制和歼灭,那么炮兵要在关键的时刻转移到预设阵地(同时观察哨的位置也要转移)。这些预设阵地要事先准备好,储备弹药,并且配备能够保障有效通讯的有线和无线系统。事先要对纵深的预设阵地和观察哨进行侦察和组织,以备在紧急情况下能够保证部队迅速进入阵地并投入战斗。设置预备阵地时为了保证炮兵能够为步兵部队步兵提供不间断的炮火支援,甚至起到战术预备队的作用,因为只有采用灵活战术的炮兵部队保持完整才能够保证防御战斗的胜利。另外,每个炮兵连还要构筑两到三个备用阵地,一到两个假阵地,而且需要用一门火炮从这些预备阵地上进行试射,以确定射击诸元。这样每个炮兵连需要开设五到八个阵地,不过由于苏军在发动大规模攻势前的准备时间很长,因此为我军部队进行准备提供了充裕的时间。

我军采取了各种必要的手段,避免指挥机关及其通信手段被苏军的炮兵准备以及伺候的总攻所破坏。因此我军禁止从营级到集团军级的指挥人员在苏军进攻开始前进入前沿指挥所。每个指挥机关都要开设一个严密伪装的防炮指挥所,要求远离居民点,并且要在一个独立的地堡中安置一台电话交换机。指挥所和下级部队之间的通信手段包括有线通讯、无线通信、可视信号通讯、骑摩托车或步行的交通员，在紧急情况下，可能使用上述某一种或全部的手段进行通讯。埋设电话线的方式要保证不会轻易在炮火轰击或履带碾压之下被切断。我军通讯部队在条件许可的地点，往往会把电话线布设在壕沟和沼泽里，或者系在书上。我们还会在比较隐蔽的位置布置无线电卡车，保证其免遭炮击，同时在进攻前进行严密伪装。而这些无线电车将隐蔽在初始位置，在苏军进攻开始之前都要保持严格的无线电静默。

在总攻开始之前，所有预备队都要离开宿营地，进入经过严密伪装的预设战斗阵地宿营，这些阵地设置在居民点外围，而且做好准备随时可以投入使用。这些阵地也需要提前准备好电话、无线电和其他各种通信手段。

通向前线的交通是极其重要的，因此在任何情况下都要保持畅通。要避免交通上的瓶颈路段，要保证情况不佳的道路即使在最恶劣的天气下也能通行，同时严格控制双向交通。在离现有桥梁有一定距离的地方要建设备用桥梁，并且开辟相应的道路。在每个重要的村镇都至少要有两条备选道路，保证行军队伍在遭到空袭的时候不会拥挤在狭窄的街道上。

我军面临的一个最关键的问题是如何阻止苏军的大规模坦克攻击和突破。由于我军在数量上居于很大的劣势，因此我军的应对措施只能是通过防御体系来逐渐遏制和延缓苏军的攻击。

首先，我军在所有适合坦克部队突破的地方都布设了密度远大于正常标准的地雷。对于有经验的装甲兵军官来说，根据苏军的战术条令判断苏军可能发动进攻的区域并且布雷，并不是很困难的事情。雷场的纵深和宽度要以棋盘型的方式布设，以便我军装甲师能够根据雷场的布设情况绕过去。同时在苏军发起攻击之前，我军要清除所有的雷场标志。我们不会在前沿部队的前方布设地雷，因为这些地雷会被苏军扫除，甚至是在进攻发起之前为对方所用。在主阵地到后方25公里的纵深地带布设了雷场。在乌克兰第一方面军于夏季在利沃夫地区发动大规模攻势之前，第一装甲集团军在苏军可能发动进攻的防区布设了大约16万枚人员杀伤地雷和20万枚反坦克地雷。而这是德军集团军级别的兵团首次采用区域防御战术。

最前沿的师属反坦克炮部队会在主防线后方放大约1.5公里的位置占领射

击阵地。而我们会集中大部分火炮，以及一批中型反坦克炮和高射炮在前沿炮兵阵地后方纵深大约20公里的地域。纵深所有适合坦克实施突破的道路上都设置了反坦克障碍，同时在后方50公里的纵深范围部署固定阵地的反坦克炮和高射炮。而在战局比较危险的情况下，会调动自行反坦克炮加强关键位置。为了隐蔽这些兵器的位置，我军在适当位置挖掘了坦克隐蔽壕，并且修造了相应的道路。

同时我军要保持相对实力较强的集团军预备队，在苏军突然转移主攻方向并且在没有区域防御准备的毗邻区域投入坦克的时候，能够投入预备队阻击苏军的突破。由于预计到苏军有可能在利沃夫方向发动攻击，我将赫尔曼·布雷特（Hermann Breith）装甲兵上将的第三装甲军作为预备队，该军下辖第1和第8装甲师，第20装甲掷弹兵师和第531虎式坦克营。第1和第8装甲师负责支撑战线中央的防御，而第20装甲掷弹兵师和第531营负责随时驰援任何出现危机的阵地，以防苏军临时改变其主攻力量的方向。而在中央方向的2个装甲师也有可能随时变更部署，为友军提供适时的支援。另外布雷特将军也组建了一个机动战斗群，尽可能为其配备了不少反坦克炮和突击火炮，以便为遭到苏军突然攻击的战线立即提供火力支援。在大部分情况下这种战斗群一般下辖侦察营和加强的反坦克炮或突击炮营，保持随时出动的状态和编制，担任各自所属师的先遣分队。

仅仅给下属的指挥官下达机动防御的任务是远远不够的。必须通过任务简报、图上作业和实地的视察，让他们不仅理解战术概念，同时还要相信区域防御计划的优点和可行性，从而让他们有执行这一任务的热情。在防线上的最基层单位也要对战术进行讨论和训练。

接下来的步骤就是将这些防御措施落到实处，并且进行实际操作的训练和检验。一开始是对单个兵种进行训练，接下来是针对较大的单位。最后，第一装甲集团军下辖的各个军和师都采纳并落实了区域防御战术。而进行这些准备工作所付出的巨大努力是必要的。

击剑手要想获得主动权，就要抢在对手出招的时候打乱对手的节奏，因为这个时候进攻者往往会暴露出自己的弱点。而袭扰性反击同样也是区域防御战术的一部分。由于苏军在进攻开始前会把部队集中在接近进攻出发阵地的地方，并在突击开始前集结，因此就暴露在我军炮兵和火箭炮的突然火力打击之下。而我军的炮兵和火箭炮兵部队都会留出必要的弹药基数，准备实施突然地炮火反击。

第一装甲集团军在利沃夫面临的最困难也最重要的问题，是判断将前沿部队后撤到预备防线的正确时间。如果撤退的太晚，有限的战斗部队就会暴露在苏军的炮火准备之下，那此前准备的防御工事就没用了。前沿各军和各师无从掌握苏军进攻的任何蛛丝马迹，而集团军司令部也无从判断苏军进攻的具体时间。这种情况也很好理解，因为前沿部队也只能观察到苏军最前沿的各种行动。不过参谋长魏格纳上校和我亲自综合了作战情报、航空侦察以及无线电侦听等资料，这些情报提供了有关苏军进攻准备和乌克兰第一方面军后方地域的大量信息，我们通过分析，基本上准确的判断出了苏军的主攻方向以及攻击开始的时间。我们得到的最可靠的情报来自无线电侦听，70%最可信的情报都是通过这种手段搜集的。

第一装甲集团军作战序列：

第13军

步兵上将阿图尔·豪费

第361步兵师

格哈德·林德曼（Gerhard Lindemann）少将

C军级战斗群

沃尔夫冈·朗格（Wolfgang Lange）中将

第454保安师

约翰内斯·尼特维格（Johannes Nedtwig）少将

党卫军第14"加利西亚"掷弹兵师

党卫军旅队长弗里茨·弗赖塔格（Fritz Freitag）

第48装甲军

赫尔曼·巴尔克装甲兵上将

第96步兵师

理查德·维尔茨（Richard Wirtz）中将

第349步兵师

第十一章：利沃夫之战·277

奥托·拉施（Otto Lasch）中将

第357步兵师

沃尔夫冈·冯·克卢格（Wolfgang von Kluge）中将

第359步兵师

卡尔·阿恩特（Karl Arndt）中将

### 第24装甲军

瓦尔特·内林（Walter Nehring）装甲兵上将

第75步兵师

赫尔穆特·伯克曼（Helmuth Beukemann）中将

第254步兵师

阿尔弗雷德·蒂尔曼（Alfred Thielmann）中将

第371步兵师

赫尔曼·尼霍夫（Hermann Niehoff）中将

第100猎兵师

维利巴尔德·乌茨中将

### 第59军

埃德加·勒里希特（Edgar Roehricht）中将

第208步兵师

汉斯·皮肯博尔克（Hans Piekenbrock）中将

匈牙利第20步兵师

### 第46装甲军

弗里德里希·舒尔茨（Friedrich Schulz）步兵上将

第1步兵师

恩斯特-安东·冯·克罗希克（Ernst-Anton von Krosigk）中将

第168步兵师

维尔纳·施密特-哈默（Werner Schmidt-Hammer）中将

### 第三装甲军（集团军预备队）

赫尔曼·布雷特装甲兵上将

第1装甲师

维尔纳·马克斯（Werner Marcks）少将

第8装甲师

戈特弗里德·弗勒利希（Gottfried Froelich）少将

第20装甲掷弹兵师

格奥尔格·尧尔（Georg Jauer）中将

**匈牙利第一集团军（配属）**

卡罗利·拜赖格菲（Karoly Beregfy）中将

匈牙利第7军

伊斯特万·基什（Istvan Kiss）少将

第68步兵师

保罗·朔伊尔普夫卢格（Paul Scheuerpflug）少将

匈牙利第16步兵师

匈牙利第11军

第101猎兵师

沃尔特·阿斯曼（Walter Assmann）上校

匈牙利第18后备师

匈牙利第24步兵师

匈牙利第25步兵师

匈牙利第6军

费仑茨·法尔卡斯（Ferenc Farkas）中将

匈牙利第1步兵师

匈牙利第27轻步兵师

**集团军预备队**

匈牙利第7步兵师

匈牙利第19后备师

匈牙利第2装甲师

## 利沃夫之战

7月14日苏军开始发动进攻，而其主攻方向也确实并不出我们所料，进攻的时间也仅仅比我们预测的时间晚了两天。根据俘虏的供称，苏军的攻击延迟了48个小时。之所以推迟进攻，是为了避免连续三天晚上都调动部队进行运动。在7月11-12日夜间，苏军并未注意到我军防御主力的撤退，因为我军留在前沿阵地的后卫部队对苏军实施了干扰射击，同时对方也没有时间和战术灵活性对我军的突然变化做出应对。在7月12-13日夜间，苏军在多处我军已经撤出的阵地以团级兵力实施攻击，并且击退了我后卫部队。

虽然战局有所变化，但是并未超出我们预期的判断。我军炮兵在预设阵地上以猛烈的火力支援强有力的反击，阻止了苏军的进一步突破，同时在7月13-14日夜间，我军步兵再次占领了前沿阵地。不出我们所料，苏军在当天夜间决定不论我军是否继续占领这些阵地，都要重新发起进攻。而当天苏军在整条战线的夜间进攻都被击退了，苏军因此判断当面我军阵地的兵力相当雄厚，因而停止了战斗，整个战场也就此平静了下来。在午夜过后我军部队第三次从前沿阵地撤了下来，而此时乌克兰第一方面军在夜间向已经空无一人的我军防线展开了猛烈地集中炮击。已经撤下去的各师基本上没有遭受什么损失，而且在突击炮和第531坦克营的虎式坦克支援下，趁着苏军进攻部队越过空空如也的一线阵地时杀个回马枪。我军炮兵在此期间一直保持静默，因为苏军的炮击和空袭都是针对空无一人的阵地，它们起到了假阵地的作用。没有一门火炮也没有一处指挥所被击中。从集团军司令部到团指挥所的电话通讯也没有中断。原有的阵地已经撤退一空，相反那些村镇却在空袭之下遭到了毁灭性打击，炸弹炸毁了房屋，而废墟则堵住了横穿村庄的道路。尽管如此，我军的通过之前的备用道路仍然保持畅通，只是在苏联飞机空袭某个车队的时候才会暂时中断。

我军预备队没有暴露在苏军的空袭之下，因为预备队会借助夜幕掩护转移到苏军没有侦知的地点。另一方面，苏军步兵的进攻遭到我军毫发未伤且弹药充足的火炮和火箭炮部队的火力打击。苏军步兵在猛烈地炮火打击之下，不得不四下分散寻找掩护，但反而一头闯进了我军事先布设在主要防线后方的雷场。苏军最初的进攻势头就此被化解，而其步兵也无法集中在一个进攻方向

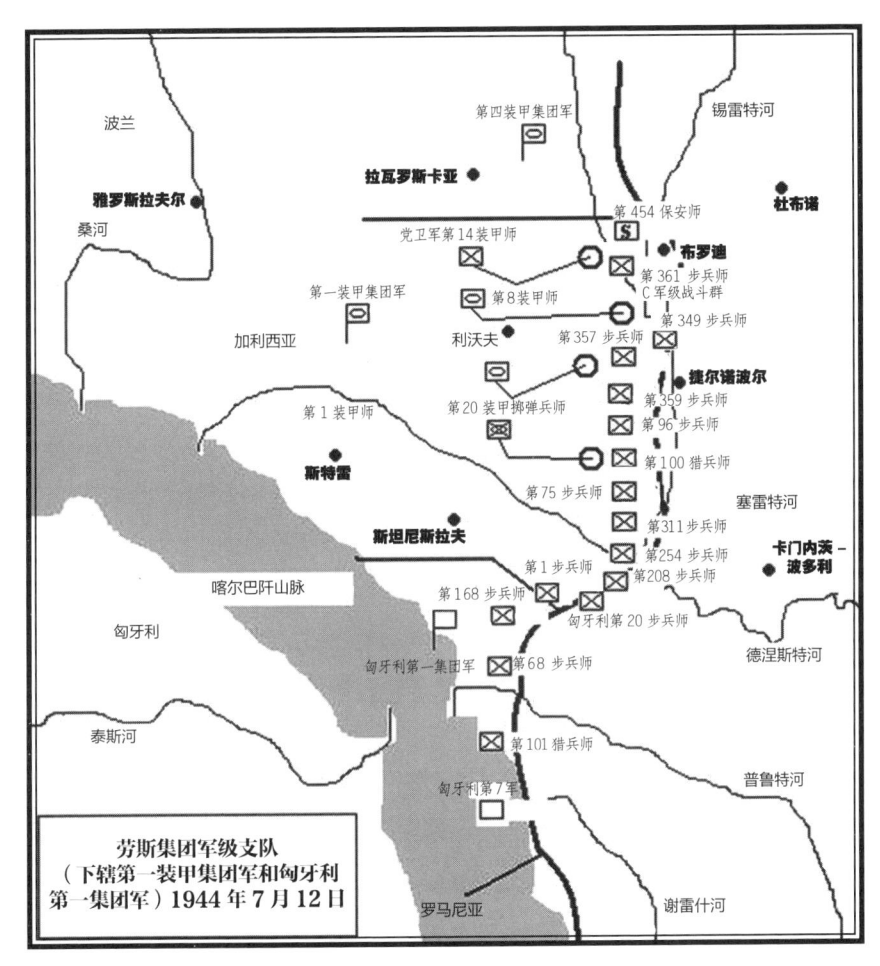

◎ 劳斯集团军级支队（下辖第一装甲集团军和匈牙利第1集团军），1944年7月12日

上。乌克兰第一方面军的进攻速度就此减缓，到当天下午的时候，我军开始向此前为了躲避炮火准备而放弃的阵地发动进攻，最终夺回了此前主动让出的阵地。

被围苏军发出求救信号，召唤坦克部队前来解围，苏军的坦克洪流就像是大坝打开了水闸一样，汹涌的渡过了赛雷特（Seret）河，进入有着深厚历史意义的雅罗斯拉维奇（Yaroslavichi）战场，就在整整三十年前的1914年夏

第十一章：利沃夫之战 · 281

天，奥匈帝国和沙俄帝国两支骑兵部队再次上演了战争史上最后一次大规模骑兵会战。而历史再次重演，俄国人又一次投入了数量占据优势的部队，而双方也再次平分秋色。在1914年，防守一方依靠使用新式的机枪和炮兵战术取得了平局，到了1944年，我们则是采用区域防御战术来弥补数量上的劣势。仅在7月14日，乌克兰第一方面军就在雷场中损失了85辆坦克，丧失战斗力的坦克数量迅速增加，苏军的坦克部队在进入我军精心布置的反坦克炮和高射炮阵地射程之内时，其攻势被迅速瓦解。当7月15日，布雷特将军指挥第1和第8装甲师发动反击，应该给苏军造成了相当大的损失。

在1944年，如同1914年的战绩一样，决定利沃夫战役结局的并不是雅罗斯拉维奇附近的骑兵会战或者是坦克突击，而是俄军/苏军在利沃夫以北实施的大规模突击，苏军转移了其主攻方向针对我军友邻的集团军。对我们来说，不幸的是苏军将主攻方向转移到了第四装甲集团军右翼的布罗迪附近，而当时原本在该地区党卫军第二装甲军（这个军下辖两个兵强马壮的装甲师）由于盟军发动了诺曼底登陆，被紧急调往西线。因此，北乌克兰集团军再没有足够的部队组织苏军坦克在这一战区的突破。苏军的坦克和机动部队在热利科瓦（Zhelkva）附近源源不断而来，兵锋直指维斯瓦河，进攻的苏军并未遭遇任何值得一提的抵抗，而是直接冲过了巴拉诺夫（Baranov）。

苏军从拉施将军第349步兵师当前的坦克集群中抽调了一个坦克军，第349步兵师在利沃夫东北部森林有一段基本没有道路的防线，相对比较平静，且没有部署足够的反坦克炮。苏军这个坦克军在科尔托夫（Koltov）附近，冒着我军侧翼的猛烈炮击和火箭炮的轰击，在我军防线上打开了一个狭窄的突破口。苏军投入了KV-1和KV-2这样的重型坦克，像攻城锤一样碾压着林木。在进攻中，苏军步兵在一些无法通行的沼泽地带铺设急造公路，这样跟随在坦克后方的步兵和炮兵部队就可以跟上先头部队的脚步。而就在战斗爆发前不久，第1装甲师和第8装甲师的师长都曾经向我保证过，苏军坦克根本不可能通过这片森林。但是苏联红军却凭借用最为原始的手段构筑的急造公路，通过了这片森林，苏军甚至行军时还有军乐队伴奏。

当苏军逼近通往利沃夫的主要公路时，布雷特将军指挥麾下的两个装甲师展开钳形攻击，并且将苏军的突破口压缩到了只剩下4公里宽，但是并未将其封闭。第1和第8装甲师共同在利沃夫和科尔托夫附近拼凑了一条二线阵地，依托这道阵地遏制住了苏军最初的攻击，但是苏军却克服了地形条件的困难，慢慢迂回包抄了我军临时拼凑的二线阵地（这道阵地依托一条陡峭的河岸）的两翼，占领了普热梅希尔（Przemyzl），从而切断了第一装甲集团军的后勤大动脉。苏军坦克军在后方留下了一支分队占领普热梅希尔，然后继续经由博布克拉（Bobkra）向利沃夫突击，迅速占领了利沃夫机场，并且向利沃夫南部城区进击。

不过利沃夫城防司令官仍然依靠第68步兵师的一个掷弹兵团，当地的卫戍营和几支勤务部队守住了利沃夫大部分城区（还包括火车站和城市中心附近的制高点）。与此同时，一支由突击炮和炮兵部队组成的战斗群，在我集团军司令部参谋军官的指挥下，夺回了普热梅希尔和博布克拉，而这两个地方恰恰是苏军坦克军的后勤供应线。这次反击的结果就是苏军这个坦克军将会迅速丧失进攻能力。利沃夫周围的战斗很快趋于平静，该城北部城区的生活甚至仍然保持正常。被临时拼凑起来守备苏军进攻的卫戍和勤务部队现在又开始马放南山了，因为苏军现在的弹药只够勉强自保。

我们通过无线电监听发现，苏军坦克集团军司令不断通过无线电警告坦克军军长，前者对后者的无所作为表示不满，并且威胁要让他"窒息"（也就是绞死）。但是威胁性的语言无法改变这个坦克军被包围在我军战线后方70公里，毗邻第一装甲集团军供应中心的地方达两周之久的事实，这个军已经完全丧失了战斗力。甚至后来第一装甲集团军撤退经过利沃夫的时候，这个坦克军仍然无力干扰我军经由利沃夫到德涅斯特河上游的行动，当然由于缺乏足够的部队我们也无法歼灭这个坦克军，只能满足于通过切断其后勤线而瘫痪其战斗力。

在苏军的突破被遏制之后，我军主要防线上爆发了激烈的步兵战斗，面对击破第四装甲集团军侧翼汹涌而来的苏军坦克部队洪流，第一装甲集团军在热利科瓦附近的北翼（第46装甲军）面临着被切断和冲破的危险。舒尔茨将军的第46装甲军侧翼毫无选择只能后撤数公里。该军占领了热利科瓦西南地区的新阵地，成功地击退了苏军试图包抄的攻击，坚守住了阵地。不幸的是，格奥尔格·尧尔将军指挥强大的第20装甲掷弹兵师试图通过在卡里翁卡（Karionka）—斯特鲁米洛瓦（Strumilova）一线通过侧击行动封锁布格河渡口，但却遭到了失败。

该师的100辆突击炮给苏军坦克部队造成了严重的干扰，但是打到最后却发现被苏军坦克包围了。该师的突击火炮立即转向突出了苏军的包围，7月20日第20装甲掷弹兵师重新夺回了以前的防线。这场战斗证明了我们以前的战斗经验，即强大的装甲部队如果行动迅速坚决的话，往往能够突破苏军的包围，或者在其他困难的情况下取得胜利。

## 布罗迪灾难

豪费将军的第13军在布罗迪地区的阵地（这个地区在第四装甲集团军控制下）情况持续恶化。其下辖的5个师（第178和第349步兵师；C军级集群；党卫军第14掷弹兵师；第454保安师；还有一个兵力贫弱的警察分队）遭到了苏军一个步兵军的迂回，而苏军还得到了坦克部队的加强。其坦克部队直扑布罗迪附近，通过森林地带越过了布斯克（Busk），同时在第13军的另外一个侧翼苏军也通过了科尔托夫以北的突破口。第13军逐渐聚集在科尔托夫以北的高地地域，第13军再次转隶第一装甲集团军指挥。我立即向豪费将军下令，要求他尽可能向南运动，7月23日在科尔托夫以南集结，准备沿着公路向西突围，而第48装甲军第8装甲师将从南边向这里突破。在解围成功之后，第13军将在第48装甲军背后的某个地域重新集结。所有无法携带到南边公路上的武器、装备和车辆都要被炸毁，特别是火炮和机动车辆这样的重型装备。

在这段时间里，第一装甲集团军的整个战线也遭到了苏军的猛烈进攻。埃德加·勒里希特将军的第59军的第208步兵师和匈牙利第20步兵师在德涅斯特河北岸战斗，这两个师被迫在苏军的压力下且战且退。而对于仍然在主防线上坚守的第24装甲军和第48装甲军则意味着也要撤退，否则有落入苏军包围的危险。然而由于豪费将军的第13军在布罗迪附近陷入危机，我不得不命令第48军暂停撤退，第二天再向科尔托夫东南撤退，并且命令巴尔克将军（虽然该部正在激战中）从他的战线上调出第8装甲师，参与第13军向西突围的解围战斗。大家都知道，为了解救第13军，整个集团军都要冒很大的风险。7月18日我在电话中亲自向豪费将军介绍了目前整个集团军所处的局势，并且命令他不论如何都要立即向公路方向突围，因为作为防御屏障的第48装甲军此时已经快顶不住了，再打下去会全军崩溃，伤亡惨重。但是豪费将军提出了反对意见，他说自己需要再等一天时间，否则就必须丢弃全部重装备，我下达了最后的命令："现在只能先把人救出来了。"此后电话通讯就中断了，原因是苏军飞机炸毁了高频电话发射机，而这是我们和第13军最后的通信手段。

当第二天（7月19日）晨光初现之时，弗勒利希将军的第8装甲师开始奉命投入为第13军解围的行动。该师击退了顽强阻击的苏军，而在中午时分抵达了科尔托夫以西的公路，这里是最后一道苏军阻击阵地。豪费将军所部和解围部队相距仅4公里，两部几乎能够相望却无法汇合。后来我们才知道，朗格将军和C集团军群并不知道我给豪费将军下达的命令。直到当天下午，只有最前沿的两个营，发现了第8装甲师及其配属的虎式坦克营正在一直沿着公路向前突击，这两个营在没有接到任何命令的情况下投入了战斗，这些幸运的部队抵达了高速公路，携带着所有能够携带的武器，并且在没有遭受重大伤亡的情况下，安全的突围到第48装甲军后方地域。

与此同时，苏军各个方向调来援兵，到当天晚上击退了第8装甲师以及48装甲军主力，该军当时已经从主防线后撤了数公里。豪费将军没有及时抓住时机，却一直在整顿部队，直到第二天早上（7月20日），在实施炮火准备之后指挥各部展开突击。第13军各师的数千官兵跳出了战壕，发出震耳欲聋的怒吼"冲啊！万岁！"，而苏军步兵被德军官兵的士气所震慑。攻击部队很快就打到了高速公路，而这里恰恰是昨天第8装甲师的豹式和虎式坦克激战的地方。红军迅速从惊慌中恢复了过来，整顿部队恢复态势，从各个方向以火炮、坦克、反坦克炮、迫击炮和机枪向一群群突围的士兵猛烈射击。在猛烈地炮火之下德军士兵只有一个目标：跑到公路附近的高地和森林逃生。在突围队伍的最前列，能够看到军长和军部人员身先士卒，和战场上的几千德国官兵一样亲冒弹雨。豪费将军和他的参谋长最后陈尸于铁道路基旁边，周围到处都是德军士兵密密麻麻的尸体。突围部队不得不退了下去，最终大部被俘。

只有6000官兵从这个地狱中逃命，他们精疲力竭的逃到了利沃夫公路以南的森林里。这些,逃到了友军防线后方的安全地域，但是他们只来得及喘口气，就遭到了紧急集结起来的苏军步兵军的突然袭击。这时候这些德军散兵才如梦初醒，原来自己还在苏军战线后方，德军经过反击之后，俘虏的苏军士兵也证明了这一点。这些德军官兵不得不分成小股，在既没有地图，也没有指南针的情况下，经过四天的跋涉，穿过高山河谷，沼泽森林，经过苏军的后方和运输车队，历经艰险才抵达我军战线。在第五天，德军战线附近仍然有猛烈的炮声传来。在当天晚上入夜之后，第13军大多数逃脱出来的士兵安全抵达格尼拉—利帕河西岸，这里也是第一装甲集团军的前沿——当时该集团军暂时以此为防线——突围终于结束。这些英勇的战士如今赤着双脚，但仍然戴着钢盔，手持武器，然后重新集结和整编。他们目睹了整个第13军的彻底毁灭，这个军丧失了最后一线突围的生机。豪费将军手下的5个师仅仅拖延了24个小时，就最终遭受了毁灭的命运。

## 从利沃夫撤退

在第13军被歼灭之后，第一装甲集团军的态势也越发紧张，但还不到特别危急的情况。第48装甲军和其右翼的第三装甲军之间建立了直接联系，后者撤退到了利沃夫之后的二线阵地，从而形成了一条由5个军的强大兵力组成的严密防线。然而，总的战局却在持续恶化，苏军已经在集团军北翼直抵维斯瓦河，并且开始渡河。苏军强大兵力直指喀尔巴阡山脉，其先头部队已经兵临桑博尔（Sambor）和普热梅希尔以南。而南线的匈牙利第一集团军防线已经支离破碎，苏军从科洛姆亚（Kolomea）发起突击令匈军的防线摇摇欲坠。第一装甲集团军一直在坚守防线，因此该集团军的阵地形成了一个向东凸出的突出部，因而又被包围在喀尔巴阡山麓的危险。考虑到部队所处的危险和总的态势，我提议应该和苏军脱离接触，将防线撤退到德涅斯特河上游的沼泽地后方地域，这里比较易于防守，早在一战期间奥匈帝国的军队就曾经依托该地域进行防御战。而我之所以做出这个决定，一个主要的诱因是我们撤到这条新的防线之后能够节省出5个装甲师。希特勒本人最初拒绝接受后撤的建议，但是几天以后（战况更加危急）还是批准了这个命令。

新的命令允许放弃利沃夫，且第一装甲集团军右翼也可以后撤。我军左翼部队被包围，连续的暴雨以及利沃夫西南地区几乎无法通行的森林和山脉地形，都对我军的行动造成了很大的阻碍。由于被切断的苏军坦克军仍然在利沃夫以南阵地，以及毗邻的山脉地带，我军不得不在撤退之初分成两个部分。更糟糕的是，苏军已经封锁了利沃夫以南20公里的主要撤退路线，我军要撤退必须杀开一条通道。虽然有上述不利因素，第一装甲集团军仍然分成了两支部队实施撤退。

在苏军夺取桑博尔的时候，我军仅仅在德涅斯特河沿岸的沼泽地占领了部分阵地，由利沃夫城防司令官指挥下的一支七拼八凑的小部队防守。苏军此时已经深入了我军新阵地的侧翼，而且还能够随意从我军背后发起攻击，而且还有可能实施各种破坏活动。我军必须迅速夺取被苏军占领的村庄，才能解除后方的威胁。因此，此前奉命执行其他任务的马克斯将军的第1装甲师被临时叫停，抽调到这个方向来作战。该师迅速以装甲兵和装甲掷弹兵发起突击，击破了苏军的顽强抵抗，并且在同一天夺回了桑博尔。

现在交通线似乎已经被打通，我终于可以将第三装甲军（下辖第1、第7和第16装甲师，以及第20装甲掷弹兵师）解放出来，向西调动执行其他的任务。我将第三军调往森林繁茂的喀尔巴阡山北麓的最后一道防线，据守着通向克拉科夫地区萨诺克（Sanok）的道路，但是苏军似乎早就预见到了这一计划，以强大兵力切断了通往萨诺克周边的直接道路（以及我军的侧翼交通）。布雷特将军的第三装甲军只能指挥各师逐次跃进，强行突破苏军的阻击，即付出了相当的代价也浪费了时间。希特勒拖延了第一装甲集团军从利沃夫撤退（本来计划7月24日撤退，但实际是7月26日撤退）的后果如今也慢慢显现了出来。

## 喀尔巴阡之战

在八月初，集团军南翼出现了新的危机。匈牙利第一集团军面对强大的苏军无力守住斯坦尼斯拉夫（Stanislau）—纳沃纳（Navorna）地域，被打得支离破碎。拜赖格菲（Beregfy）将军的南翼部队被迫撤过普鲁特河谷上游，进入亚布洛尼察山口（Jablonica Pass），而其北翼部队已经溃不成军，2个师（包括德军第1步兵师）在斯坦尼斯拉夫以西被包抄。苏军除了不断向西猛攻之外，已经有威胁第一装甲集团军后方，切断我军补给线的危险。我军只有立即派出强大的解围部队，并且从德涅斯特河沿岸撤退到喀尔巴阡山北麓，才能避免被包围的危险。苏军先头部队已经突入了我的司令部后方15公里的地方，并且切断了多利纳（Dolina）到韦斯科夫山脊（Vyskov ridge）之间的道路，但此时我军先头的两个师及时赶到，包围了苏军先头部队大部并将其消灭。我军收复了多利纳，但是苏军仍然把守着该城以南的公路，且不断被向西压迫。匈牙利军队的退路被切断之后，他们不断经过博列霍沃（Bolekhovo）向斯特鲁日（Struj）撤退，经过韦赖茨基山口（Verecky Pass）逃回自己的祖国。这些败兵堵塞了我军撤退的道路，从而延缓了德军的行动，我曾经命令部队阻止苏军突入通向韦赖茨基山口的铁路和公路，并解救被包围在斯坦尼斯拉夫的部队。而在此地的德军军官立即展开积极的行动，发挥了我军官兵的主动精神，阻止了匈牙利人的溃退，并且将他们赶回到前线的方向，避免了更严重的灾难。士气低落的匈牙利士兵被裹进了德军的队伍里，他们别无选择只能继续战斗，而匈牙利军队的炮兵，以及匈牙利第2装甲师的残部仍然在勇敢的和苏军战斗。鲁道夫·冯·比瑙（Rudolf von Buenau）步兵上将指挥的第11军经由博尔舍沃（Bolshevo）向东攻击苏军的后方。经过三天的战斗，斯坦尼斯拉夫口袋中的我军向西攻击，解围部队向东攻击，腹背夹击之下苏军终于被击溃。两个被包围的师成功归建，其残部作为骨干力量补充到了其他的团。

现在的问题是要摆脱最后的危险，苏军的先头部队直指我军在斯科莱（Skole）的补给线。在这种情况下很难和苏军先头部队重新接触，因为其大部分都已经消失在了喀尔巴阡山脉的森林和峡谷中。为了捕捉苏军突入我军深远后方的部队，并且临时构建一条防线，为遭到重创的第一装甲集团军重新集结赢得时间，从布罗迪口袋中突围出来的第13军残部的一个师被从前线调到后方，部署到这条后备防线。这支下辖6个营的部队在坦克的支援下从图赫拉（Tuchla）前出到斯科莱地区的茂密森林地区。在前进了几公里之后，这几个营和苏军遭遇，结果双方在森林中爆发了战斗，并且不得不缓缓后撤。第一批援军此时迅速赶来，顶住了苏军的进攻，并且将其牵制在森林地带。与此同时，我军主力从博尔舍沃南下，直击苏军侧背和后方。斯科莱当面的苏军开始撤退，但是已经太迟了。我军以一个师从正面进攻，三个师从后面进攻，苏军拥挤在一块越来越狭窄的地区，虽然他们猛烈的火炮和反坦克炮火力进行抵抗。苏军顽强的坚守着最后的通道，其兵力和装备可以从这里撤出，但是苏军最终还是被击败了。第8装甲师突入包围圈，切断了苏军最后的撤退道路，该师在虎式坦克的支援下击败了苏军的抵抗。数千苏军被俘虏。苏军对斯科莱的突击，最终以数不清的人和马陈尸沙场，火炮被炸的支离破碎，汽车仰面朝天，各种物资熊熊燃烧而告终。还有很多苏军官兵突围到了森林中，加入了游击队。

这次行动为我军在德涅斯特河和喀尔巴阡山森林地带之间的行动树立了一道屏障。第一装甲集团军已经战胜了各种摩擦、危险和困难。布罗科比奇（Brokobycz）和博里斯拉夫（Boryslav）的两座油田即使是在遭到美军空袭的情况下仍然坚持生产，到最后一刻才疏散了所有物资。从斯科莱到匈牙利国境的一路上，挤满了运载着满满油罐的列车，形成了一条长达35公里的黑色巨蛇。沉重的德国车头可以把这些油罐列车迅速拉到斯特雷河上游，但是却无法经过承重能力不高的铁路桥进入匈牙利。因此不得不将列车分开，用轻一些的匈牙利车头牵引。

考虑到匈牙利第一集团军在沃洛奇塔（Vorochta）和亚布洛尼察（Jablonica）以及斯洛伐克军队在杜克拉山口的战术态势不佳，都有可能对第一装甲集团军造成进一步的威胁，我决定将部队继续后撤到喀尔巴阡山脉附近。这样的部署可以让我军的盟军在后方与我部形成梯队，依托友军的支援我们可以抽调其他部队参加波兰和东普鲁士的战斗。最终上级批准了撤退，而在过程中也平安无事，苏军则小心谨慎地跟在我军后方。被从前线撤下来的部队集结于蒙卡扎（Munkacz）—乌格瓦尔（Ungvar）地域，并且在那里乘火车。巴尔克将军的第48装甲军被调到了波兰，而第1步兵师重新返回了正在遭受威胁的东普鲁士。

匈牙利第一集团军和斯洛伐克军队转隶给第一装甲集团军指挥，组成了劳斯集团军级支队。第一装甲集团军的前沿阵地仍然在加利西亚的喀尔巴阡山脉以东地区，我军在那里的左翼第24装甲军多次击退了苏军对杜克拉的猛攻。而第4山地师到达了匈牙利军队右翼的亚布洛尼察之后，也巩固了这里的阵地。一段时期以来苏军通过喀尔巴阡山口突入匈牙利的企图暂时被挫败了。

就此到8月15日，劳斯集团军级支队的350公里前沿阵地恢复了平静。但是两天之后，我突然接到了电话传达的命令，要求我一个小时之后立即担任当时驻扎在立陶宛和东普鲁士的第三装甲集团军的司令官。

◎ 乌克兰境内的泥泞给德军造成了巨大的困难

◎ 手持铁拳的德军士兵走过一辆被击毁的坦克

◎ 乌克兰境内的德军士兵，正在惴惴不安的等待苏军的进攻。

◎ 随着双方实力的此消彼长，德军的损失越来越惨重，图为正在救治战友的德军士兵。

◎ 利沃夫战斗中被击毁的德军自行火炮

第十一章：利沃夫之战·291

◎ 喀尔巴阡山脉的匈牙利士兵

◎ 被苏军缴获的坦克

# 第十二章
# 东普鲁士

## 波罗的海沿岸的绝望形势

在苏军1944年的夏季攻势中，北方集团军群被击退到波罗的海沿岸地区，并且在里加的德军部队遭到了苏军的包抄。第三装甲军（在南翼）归北方集团军群指挥，并且奉命以投入强大的装甲部队（第4、第5、第7、第12和第14装甲师，"大德意志"装甲掷弹兵师和冯·施特拉赫维茨（von Strachwitz）战斗群）为友军解围。为了完成这一任务，我奉命担任第三装甲集团军司令官，并且指挥部队从米陶（Mitau）河畔的施奥伦（Schaulen，希奥利艾）—奥采（Auce）以西地区发起攻势，孤立外围苏军，然后重新打开被围部队和北方集团军群的联系。

解围路线上的最初突击地域（130公里纵深）最开始要穿过一片沼泽、森林，然后要穿过一片被数条河流分割的略有起伏的开阔地带，然后再次遇到一片森林沼泽地带。而紧挨这一地域以北的就是被包围的多布伦（Doblen）和图库姆（Tukum），这里是比较有利于装甲兵展开攻击的通道。在北方集团军群的地域内还有条件更好距离更短的道路（大约40公里）。但是如果从这个方向发起攻击的话，几个装甲师要在南线进行集结。而选择北线攻击的理由，是这里的一个负责掩护的师（集团军群的教导师）和波罗的海国家的军队

（Schutzmannschaftt，波罗的海国家伪保安队）已经无法顶住苏军接下来的攻击了。另一方面，在南线地域刚刚抵达的国民掷弹兵师（第548、第549和第551师）已经集结了更强大的守备力量。另外，柯尼斯堡—里加公路和铁路线都在这一地区，能够保证攻击部队迅速前进。最后，陆军总司令部希望解围部队能够迅速击破苏军的战线，这样他们可以尽快把一些部队抽调到其他方向。

上述种种因素导致这次行动的部署比较分散。奥托·冯·克诺贝尔斯多夫（Otto von Knobelsdorff）装甲兵上将的第40装甲军（第7和第14装甲师；"大德意志"装甲掷弹兵师）从南翼攻击。第39装甲军【军长迪特里希·冯·绍肯（Dietrich von Saucken）装甲兵上将】以第5装甲师在中央突击，而北线为第4和第12装甲师。在最北翼的（Frauenberg area）地区，冯·施特拉赫维茨少将的装甲战斗群（包括第101装甲旅和党卫军格罗斯旅，包括大约80辆装甲人员输送车）适时经由图库姆突破苏军的防线，然后作为北方集团军的增援进入里加。因此德军以4支先头部队在大约100公里的战线上分别展开攻击。为了挫败这一计划，苏军白俄罗斯第三方面军和波罗的海沿岸第一方面军立即从后方调来了强大的预备队，可以在几个小时之内，就调上来展开反击。在这种情况下我军攻击部队很难完成任务。

我被从匈牙利调过来指挥这次解围行动，而我面对的就是这么一个情况。8月17日我抵达东普鲁士的时候，不可能对这次进攻行动的计划和实施施加什么影响。可以预见，这次攻击将在展开几天之后迅速失败。第40装甲军的第7装甲师【师长卡尔·毛斯（Karl Mauss）少将】沿着主要公路进攻，经过激烈的战斗夺取了小镇凯尔米（Kelmi），并且渡过了杜比萨大桥。第7装甲师的右翼由哈索·冯·曼陀菲尔（Hasso von Manteuffel）中将指挥的"大德意志"装甲掷弹兵师负责掩护，该师的装甲团一直推进到毗邻希奥利艾以南的森林，在该镇前方的沼泽地带停顿了下来。毛斯将军的左翼由马丁·温赖因中将的第14装甲师掩护，而该部也在森林中陷入了苦战。冯·克诺贝尔斯多夫（von Knobelsdorff）中将的第5装甲师在中路，穿越森林地带突破20公里，此后又穿越一片沙地。该师先头部队被苏军包围，但是随后赶到的主力打开了包围，且战且退回到了我方防线。尽管如此，第5装甲师的进攻仍然举步维艰。冯·邵肯将军的第39装甲军残部——第4装甲师【师长克莱门斯·贝策尔（Clemens Betzel）少将】和第12装甲师【师长是少将埃波·冯·博登豪森（Erpo Freiherr von Bodenhausen）男爵】——遇到了实力强劲的苏军，不得不面对困难的局面。这两个师仅仅推进了6—10公里就不得不停了下来。

整个计划在取得了有限的战果之后，就因为战线拉得太长而失败，而有限的战果对其他行动也毫无影响，更不用说取得全面的胜利。然而这些行动还是牵制了不少的苏军部队，使得施特拉赫维茨的战斗群在"欧根亲王"号巡洋舰的支援下夺取了图库姆，并且打穿了苏军北端的薄弱部队进入里加。当然，这次行动无法保证北方集团军群摆脱困难。

这次以多个先头部队发起的进攻战果乏善可陈，因此第三装甲集团军参谋长奥托·海德肯普尔（Otto Heidkaemper）上校或者其首席参谋汉斯–约阿希姆·鲁登道夫（Hans-Joachim Ludendorff）中校都不太满意，他们都曾经参与过反击计划的制定工作。他们打算从南线撤出"大德意志"师调到北线，加强给在此前的攻击中同样未能改善战局的第12装甲师，协助第39装甲军重启北线攻击。尽管冯·曼陀菲尔将军麾下的装甲掷弹兵前进了数公里进入森林地带，但是仍无助于第39装甲军继续攻击。另外，"大德意志"师漫长的南翼遭到苏军第1坦克军的反复攻击，遭到了压制而无法完成任务。

苏军现在加强了整条防线的兵力，而我军的攻势恐怕注定要失败。就在这个紧要关头，希特勒本人亲自干预，表示希望我军重新从拉塞尼艾（Rossenie）向米陶发起反击，因此有必要从第三装甲集团军前沿的其他地段抽调部队。但是这个决定根本不合理，米陶到拉塞尼艾的距离是原来攻击计划中距离的三倍，而且地形比多少还取得了一些战果的北线更加恶劣。另外，我们发现苏军在希奥利艾地区部署了强大的坦克预备队，能够迅速对我军的反击实施拦截。

所以我决定不冒这个风险，而是在保守秘密的情况下，把能够动用的装甲师都集结到了奥采以北的森林中去，以便能够集中兵力突击多布伦。而如果我军控制了多布伦附近的高地，那么对于接下来对苏军走廊地带就会占据决定性的优势。如果能夺取这个要点，那么为北方集团军群解围的概率就会大大增加。为了迷惑对方，掩饰我军的目标并且达成战术突然性，"大德意志"师刚刚夺取的地区（大约纵深6公里的地带）被放弃了。我军退回到了进攻出发阵地，在大德意志师的后方和其他地方，准备投入多布伦攻击的装甲师已经秘密集结了。苏军收复这些地区的只有步兵，把坦克军和机械化军转移到了南线的其他战场。

我军的欺诈战术相当成功，苏军完全没有意识到我军正在进行兵力集结。在稍微后撤之后，我军5个装甲师出敌不意的发起了突然袭击，我军坦克迅速突破了苏军在森林地带开设的阵地，在第二天就席卷了多布伦的高地。苏军根本就没想到，我军会选在此前不久刚刚放弃的地方发起攻击，完全被打了个措手不及，而因此在战斗的第一天，虽然苏军局势相当危险，但却没有一架作战飞机出现。北方集团军群的右翼是第十六集团军的克勒费尔（Kleffel）军级支队，这支部队南下和第三装甲集团军建立了联系，此后转隶归我指挥。我军根据事先制定的计划撤出了在里加周围被包围的部队，从而成功化解了危机。

## 从立陶宛撤退

在北方集团军群的救援通道被打开之后，陆军总司令部就把第三装甲集团军从中央集团军群划给了北方集团军群。而该集团军群的司令官费迪南德·舍尔纳（Ferdinand Schoerner）大将，立即调走了第39装甲军以及全部装甲师。到8月初第三装甲集团军只剩下第548、第549和第551国民掷弹兵师，以及集团军群教导师和几个爱沙尼亚保安营。现在我手头上一辆坦克也没有。但是舍尔纳却希望我靠这么一批孱弱的部队守备一条160公里宽的防线，而其中北部的一半地区都是茂密的森林。用这么点部队防守这么大的一片防区，几乎是不可能的，甚至当时我们很清楚，北方集团军群是苏军波罗的海沿岸第一方面军下一阶段在希奥利艾地区的主攻目标。

但是舍尔纳将军很显然受到了此前被切断在波罗的海沿岸地区的经历影响，反而判断苏军将会在更靠北的地方发起进攻，经由图库姆展开攻击，从而阻止北方集团军群从里加撤退然后再次将其包围。但是与他的判断相反的是，苏军将主力集结在了南线，而且苏军指挥官一经发现北线的地域不利于展开攻击，一是太过于狭窄，而且集结了德军大批装甲部队，无法取得决定性的突破。综上所述，整个波罗的海地区的战略态势与舍尔纳的判断可谓南辕北辙。波罗的海沿岸第一方面军面前的德军侧翼拉得非常长，苏军可以利用这个优势从希奥利艾在库尔舍斯潟湖（Kurisches Haff）向西突击，这样可以迅速夺取图库姆以北的波罗的海沿岸地区。苏军攻击抵达海岸的距离大约120公里，但是向西攻击的话，只会遇到在漫长的战线上据守的毫无战斗经验的国民掷弹兵师，在他们后方既没有坦克也没有预备队。对苏军来说达成突破轻而易举，然后还可以迅速转向梅梅尔方向，对于苏军来说这可能取得巨大的胜利，因为这样的话可能将包括第三装甲集团军在内的整个北方集团军群同东普鲁士孤立开来。这样的话四个集团军（第三装甲集团军、第十六和第十八集团军，以及纳尔瓦集团军级支队）都会被包围在库尔兰，被孤立于主战场之外。波罗的海沿岸第一方面军正在准备向西突击的迹象越来越明显。我的集团军司令部和我本人【9月1日布克哈特·穆勒–希勒布兰德（Burkhardt Mueller–Hillebrand）上校接替海德肯普尔上校成为我的参谋长】预料到苏军的攻击可能在9月底开始，苏军的攻击时间有可能最早是在9月5日，最迟则是在10月10日。

直到10月4日，舍尔纳将军才开始相信苏军可能会向西进攻，这才把第5装甲师调给了第三装甲集团军，从此前数周开始，我就一直在要求获得装甲兵增援。直到10月5日早上，波罗的海沿岸第一方面军在猛烈地炮击之后，开始展开攻击（苏军在10月4日就已经在我军左翼的教导团阵地投入了1个加强步兵团的兵力展开攻击，取得了可观的突破，为第二天的攻击打下了基础）的时候，德克尔（Decker）将军的第5装甲师在狭窄的道路上冒着大雨连夜开进，也仍然没来得及开进100公里进入第三装甲集团军的后方。而苏军的主攻方向不出希勒布兰德上校和我的预料，就在北线直指库尔舍斯潟湖的希奥利艾—蒂尔西特（Tilsit）公路方向。苏军的攻击全都压在了卡尔·扬克（Karl Jank）少将的第549国民掷弹兵师（第28军）和左翼埃里希·祖道（Erich Sudau）少将的第548国民掷弹兵师（第9军）阵地上，两个师的阵地被打得支离破碎。这两个师的士兵未经战阵，在苏军凶猛的炮击和大规模坦克突击之下溃不成军。苏军很快就在通往陶罗根（Tauroggen）的公路上取得了突破，第548国民掷弹兵师左翼的步兵团在这个地方面对苏军坦克的门贡战斗的非常勇敢，但也渐渐顶不住了。幸运的是，第5装甲师终于及时赶到，该师击退了苏军，挽救了危局。

在北翼，约翰·普夫卢格拜尔（Johann Pflugbeil）中将的"北方"教导师被迫退入第十六集团军的防区。然而苏军向西的攻势还是被赶到的第7装甲师一部所延缓，也没有达成突破。

但是在二十八军战线中央的战局却相当糟糕，波罗的海沿岸第一方面军已经向梅梅尔实施了重点突破。扬克将军的第549国民掷弹兵师基本上被击溃，而大德意志装甲掷弹兵师【现在的师长时卡尔·洛伦茨（Karl Lorenz）少将】已经被北方集团军群派来支援我部，现在这个师也只有几辆坦克刚刚赶到。这些坦克（以及整个师）虽然屹立不退，但是却缺乏油料。而扬克将军搜集第549师残部，拼凑了一些炮兵和反坦克炮部队，固守村庄，封锁公路，试图恢复一条临时防线，希望至少能延缓苏军的攻势。而很快大德意志的坦克由于缺乏燃料无法行动，被苏军包围，有被苏军歼灭的危险。然而国民掷弹兵师很快就发现自己仅有的坦克部队有被歼灭的危险，因而动员起来（虽然他们本身兵力也很薄弱）发动了反击，并且凭借着大无畏的牺牲精神成功地解救了剩余的坦克。国民掷弹兵师守住了阵地，击退了苏军接下来的攻势，直到坦克兵从其他不太重要的车辆上把油料吸出来，坦克重新能够开动为止。

我军固守村落支撑点肯定不能封闭前线的缺口或者阻止苏军的进攻，但至少组成了一条松散的防线，一定程度上遏制苏军的攻势，给对方制造更大的困难以及更多的伤亡。而北方集团军群既不可能为第三装甲集团军组织或调动预备队，我们把军械学校、梅梅尔的潜艇学校、各式各样的参谋人员，以及所有能够动用的运输和勤务单位，以及所有辅助组织都动员上了防线。这些临时拼凑的部队巩固并加强了这些坚固支撑点，特别是在一些关键的隘口和突破点。我军以此构建了一个密集的防御网络，苏军想要突破或迂回的话必须集结相当强的兵力，从而大大增加了其所需时间。居民点可能在白天阻止苏军的推进，但是在夜间不是被绕过去就是遭到向心突击。因此为了避免被迂回和歼灭，不得不在夜间从其间撤出。但是我军仍然要在预先计划好的地点组织新的防线。到凌晨的时候我军部队就会占领新的防线，双方再次发生接触，而战斗的模式与以前也是相似的。我军采用了种种迟滞、防御和局部反击战术，波罗的海沿岸第一方面军用了两周时间才抵达库尔舍斯潟湖和梅梅尔河畔。甚至在这一地区我军也只能采用支撑点防御战术，而苏军则仍然采用重点突破战术，我们的顽强抵抗使得苏军每天只能推进6—10公里，从而避免了整个防线被突破或陷入无法挽回的崩溃。而苏军本可能只用两三天之间就达成其目标。

在梅梅尔河，我军同样靠那些临时拼凑起来的部队顶住了苏军的进攻，并且成功的顶住了苏军为了夺取梅梅尔或者渡河的反复突击。

就在我部激战的同时，北方集团军群也遭到了猛烈地攻击，由于第三装甲集团军的不断转进，其右翼更加暴露。因而北方集团军群的战线也向南延伸得越来越长，最终战线【在利巴瓦（Libau）和梅梅尔之间】停止在了波罗的海沿岸。而现在的态势正如苏军所愿，舍尔纳将军麾下的几个集团军被迫背海作战，并再次被包围。舍尔纳将军麾下的是32个德军最出色的师，从此之后被包围在这一地区，无力对苏军向第三帝国心腹地带的战略进攻造成任何干扰。而这一战术显然是希特勒本人亲自制订，而由他下属的整个权力机构执行的。结果造成了整个北方集团军群被彻底孤立，直到最后被彻底消灭，不剩一兵一卒。

如果我按照舍尔纳将军最初的命令向西北方向而不是向西南方向撤退，那第三装甲集团军很可能也会遭到同样被消灭的命运。如果我按此命令行动，那么东普鲁士将会陷入无兵可守的地步，那么苏军经由柯尼斯堡向柏林进攻的道路就会畅通无阻了。经过一系列战斗，第三装甲集团军仍保持着和中央集团军群的联系，并在苏军对梅梅尔地区以及梅梅尔周边地区的攻势下岿然不动，从而避免了更大的灾难。

## 梅梅尔

在立陶宛的战斗平息之后，北方集团军群（现在已经更名为库尔兰集团军群）到10月底时已经被压缩到了波罗的海沿岸和里加湾，以及温道（Windau）以南，利巴瓦以南的西侧地区。

为了配合在立陶宛境内的战斗，苏军投入了坦克军实施追击，渡过梅梅尔河企图进犯东普鲁士。但是苏军的反复攻击只留下了遍野的尸体和负伤的坦克兵。第5装甲师以巧妙而高超的防御战术挫败了苏军的反复攻击。德克尔将军充分利用了手头所有的兵力和数量有限的坦克，在梅梅尔河东岸组成了一道阻止苏军坦克进击的屏障，给对方造成了不小的伤亡。德克尔将军并没有消极防御，而是不失时机地集中第31坦克团的坦克和突击火炮展开反突击，将苏军队形割裂开或扰乱其队形，乃至歼灭无法及时撤退的小股苏军。此后，第5装甲师在威廉·舒马尔茨（Wilhelm Schmalz）中将指挥的赫尔曼·戈林伞兵装甲军的支援下，在蒂尔西特向苏军步兵和坦克兵发动了攻击，并将其击退。这次攻势成功的清除了苏军侵入东普鲁士的危险，并且让第三装甲集团军得以有秩序将梅梅尔河北岸的全部部队扯下来。现在的局势非常明显，苏军波罗的海沿岸第一方面军已经放弃了渡过梅梅尔河的企图，而是就地转入防御。

直到一个月以后的11月底，苏军才重新准备再次渡河。根据情报的判断，苏军的意图是在帕格涅特（Pagnit）渡河。我们发现苏军调了一个工兵旅到前沿，准备了许多架桥器材，并且展开了渡河所需的一切准备工作。第三装甲集团军此前所有的装甲部队，包括突击炮旅，以及重型反坦克炮和许多其他重型武器都被调走了，不得不再次使用临时拼凑的部队和许多勤务单位守备宽大的正面。苏军在我方前沿实施突破的危机非常明显。在此仅举一例，在前沿某个关键地段的阵地上，守备该地的部队仅包括一个由耳部感染（其中包括几个癫痫患者）的士兵组成的营，一个患有牙病的士兵组成的营，一个人民冲锋队（民兵）营，一个民防营，还有一个拉脱维亚营，且他们后方没有炮兵的支援。我部几乎所有的调动（包括仅有的预备队）都是为了支援第四集团军，我军高层怀疑苏军可能正在罗明特·海德（Rominter Heide）地区大规模集结兵力。而第三装甲集团军所据守的区域比较狭小，似乎苏军不会由此渡过梅梅尔河直扑柯尼斯堡。尽管我们多次希望让上级对这里的危机引起注意，但无论是第三装甲集团军还是北方集团军群都没有再得到任何增援。

尽管北方集团军群司令官汉斯-格奥尔格·莱因哈特大将做出了诸多努力，但是我部仍然无法通过军方的渠道再获得什么支援，因此最后的办法只能是通过其他一些渠道争取帮助，虽然此前我们并没用过这样的办法，那就是通过德国的东普鲁士地方长官埃里希·科赫（Erich Koch）。科赫有随时面见希特勒本人的机会，而鉴于东普鲁士的情况摇摇欲坠，这个问题也不能不引起科赫的重视。12月初，我在科赫的柯尼斯堡官邸，在严格保密的情况下，借助地图向他介绍了现在的态势，给科赫留下了深刻的印象。而科赫在第二天就赶赴希特勒的大本营，向后者当面汇报，希特勒也很快认识到了东普鲁士的危局，并且也开始和我们一样为东普鲁士的命运感到担忧。他最初打算从库尔兰集团军群抽调部队，增调给梅梅尔前沿的第三装甲集团军。但是做出这个决定之前，希特勒认为有必要和库尔兰集团军群司令官舍尔纳将军进行磋商。但是磋商的结果是希特勒改变了主意，他再次乐观起来，宣称舍尔纳将军麾下的强大部队，会在苏军渡过梅梅尔河的同时，从波罗的海沿岸第一方面军后方发起致命一击并将其歼灭。此后科赫带着这个消息以及增援给梅梅尔前沿一个炮兵团的许诺，来到了位于利本菲尔德（Liebenfelde）的第三装甲集团军司令部。

从北方集团军群后方地域再搜刮一些增援的想法，连微薄的希望都没有，根本就是幻想。此前和此后的战斗都将证明，莱因哈特将军后方的部队根本不足以为前沿提供支援。仅有的慰藉是好歹还有一个炮兵团的援兵。但实际上这点援兵只能是聊胜于无，因为这个炮兵团抵达之后我们才知道，该团几经转战缺编严重，只有两个炮兵连，而且每个连只有一门炮。

幸运的是，梅梅尔河前沿的紧张态势竟出人意料的有所缓和，对方首先调走了突击部队，然后连工兵旅也调走了。而此时在第26军右翼的贡比嫩（Gumbinnen）地区，态势还是非常严重的，苏军在该地仍然保持着强大的部队，而且有相当多的增援部队已经进入这一地区。苏军的炮兵和迫击炮阵地每天都在不断增加，同时苏军还在集结空军兵力，毫无疑问，波罗的海沿岸第一方面军正在准备再次向东普鲁士发起进攻，而其选择的地点正是上次被我军挫败的地区，这里的地形非常适合展开进攻。苏军的进攻准备到12月中旬的进展非常迅速，我军的判断是苏军很可能如以往一样，展开一场盛大攻势。就在圣诞节前几天，苏军在整条战线上大张旗鼓的宣传，宣称他们会和我们一起和平的庆祝圣诞，不过苏军之所以在圣诞佳节进行这样的宣传，并非出于战术考虑。苏军之所以摆出一副骑士风范的姿态，其原因可能在于此时的气候还比较温暖，不适合展开冬季攻势。直到一月的温度下降到预期水平，而河流、湖泊和沼泽已经封冻成了厚厚的冰层（柯尼斯堡附近的两个海湾也如此）苏军可以凭借这样的条件迅速突入东普鲁士。尽管如此，虽然苏军曾经做出了承诺，不过还是小心为妙，但是这一次我们有理由相信，苏联人可能会信守诺言。

此时第三装甲集团军最精锐的三个师在柯尼斯堡要塞，两个师在梅梅尔要塞，只有最弱的两个师能够作为野战机动兵力。第三装甲集团军手里的兵力大为分散，有必要预防苏军在库尔舍斯潟湖西岸登陆。不过穆勒–希勒布兰德上校和我都没有预料到苏军可能展开大规模登陆，因为苏军并没有为登陆行动

第十二章：东普鲁士 · 301

进行准备，但是苏军很有可能派出破坏或袭击分队、间谍、特工或突击队，在夜幕的掩护下上岸。负责海岸守备的包括一些勤务部队、志愿者组织和人民冲锋队，支援他们的只有柯尼斯堡的少数预备队，我们认为这些部队已经足够应付这里的情况了。

我们知道潟湖在冬季会封冻，也知道封冻后的冰面能承载人员和车辆。苏军可能打算利用这样的条件包抄第三装甲集团军暴露的侧翼，切断我军和梅梅尔连通的唯一补给线，或者展开其他大规模行动。因此我们拟定了封锁库尔舍斯潟湖的作战方案，整个潟湖的宽度至少为15公里。

所以我军在秋末为守备潟湖，修筑了不少加装了取暖设备的木结构工事。每座地堡大约2米高，可以容纳3—5名士兵及其武器。地堡修筑在木筏上，并且配备了雪橇，在保证士兵机动性的同时防止他们因为冰面开裂而落水。由于东普鲁士的气温经常发生变化，所以我们必须考虑这种可能性。到12月底为止，第一批地堡已经被拖曳到了冰封的潟湖湖面，湖面边缘的冰层足够厚，可以承载其重量。大约150座木制地堡以棋盘型布置在两条平行的防线上，可以互相提供火力支援。地堡外部用冰块加固，以积雪进行伪装。在地堡之间设置了连绵的铁丝网并配以报警装置，以防苏军渗透，而防线后方还有随时准备出动的预备队。如果配备了冰上小艇和摩托雪橇的预备队不能及时到位，那么组建冰上小艇和摩托雪橇混成旅的计划可能就要放弃了。而炮兵可以为两岸的部队提供火力支援。

由于苏军缺乏能够在冰上迅速机动的交通工具，他们只能在潟湖冰面上靠双脚行走。而这可能是苏军在整个12月和1月大部分时间都未展开攻击的原因。然而到1月底苏军却开始试图越过冰面孤立我军侧翼。他们曾经三次渗透了第三装甲集团军的防线，最远甚至直逼拉比傲（Labiau），但是我们每一次都在临时构筑工事的支援下，经过激烈的战斗击退了渗透进来的苏军。

1944-1945年的连续空袭耗尽了德国的燃料储备，大大限制了我军的交通运输，迫使我们采取最严格的措施节约燃料。火车要把各种补给物资运送到尽可能靠近前沿的地方，甚至要使用少年兵搬运物资。在蒂尔西特地区，各种供应物资和弹药能运送到前沿后方500米的地方。而在梅梅尔河下游，第三装甲集团军的工兵修筑了一条窄轨支线铁路，延伸到前线后方500米的地方。每辆卡车后边都要拖着一辆空车，而除了少数军官用车之外，不允许任何客运车辆空载行驶。即使在部队转移的时候，客运车辆也要由卡车拖曳着行驶。这些措施以及其他手段都是当时军队中的标准措施，同时还有严格的监督。这些方法自然无法缓解汽油和燃料的短缺，但唯有如此，我军才能最大限度地保证最基本的交通运输。

铁路油罐车的惨重损失导致了难以通过铁路运输手段补充汽车燃料。为了支援在东普鲁士的行动，我军向梅梅尔调拨了70节油罐车，但不幸的是由于苏军包围了该城，我们无法把这些油罐车再运出去，而我们也缺乏合适的舰艇把它们运出去。穆勒-希勒布兰德上校和我认为有许多简便的临时措施可以解决目前的这种困境，但是谁也无法保证肯定成功。最后，第三装甲集团军的一个工兵军官指出，这些油罐车如果是完全密封的，那么可以在海上漂浮。通过现场试验证明了这一理论是可行的，然后当地的海军部队立即奉命，把所有油罐从梅梅尔拖带到波罗的海沿岸最近的有铁路设施的港口。尽管海军方面对此仍相当的怀疑，但是我还是坚持要执行这一命令。

第一艘拖带着5节油罐车的船只在秋末经过175公里的夜间航行之后，抵达皮劳（柯尼斯堡以西）。这些油罐车抵达的时候完好无损，并且可以立即使用。此后我军继续采用这种隐秘航行的方式，夜复一夜的进行偷运，而每次可以拖带8—10节油罐车。运输计划一切如常，只是在最后阶段，由于海浪太过汹涌，部分油罐车被打坏，或者是被冲走。

油罐车在沿海运输过程中的雷达反射信号很强烈，结果初次发现他们的海军官兵还以为是苏军的潜艇。海军立即派出飞机和小艇出海，以便近距离观察这些不同寻常的苏军威胁。但是等靠近了才发现，这些所谓露出海面的潜艇指挥塔，实际上是此前夜间运输丢掉的油罐车，它们正在波涛中起伏，大家这才松了口气。然后我军舰艇把这些油罐车又拖回了港口。

## 在苏军突击之下苦撑的东普鲁士

随着在1944年年底，苏军突入德国本土的威胁越来越大，德国军事当局和纳粹党动员了数以千计的平民，在东普鲁士构筑了一系列防御工事。到处可以看到正在挖掘战壕和防御阵地的平民。另外，我们还依靠劳工修筑了十二道主要防线和预备阵地，这些劳工很多都配备了很好的设备。不过他们最大的贡献可能是构筑了临时机枪火力点，这种火力阵地非常实用，结构就是两个大型的混凝土圆柱体。一个圆柱体垂直于地面，作为机枪阵地，而另一个圆柱体则平行于地面，位于垂直结构的底部，作为人员掩体。这种掩体可以抵御苏军坦克的攻击，而且构筑时间相当短，易于运输，非常高效。

除了这些防御阵地之外，我军还挖掘了各种连绵的反坦克壕，切断了所有道路，在上边修筑了临时桥梁，可以在必要的时候马上炸毁，且每条反坦克壕都横跨道路。仅挖掘反坦克壕的工程就动员了18000名劳工，虽然野战防御地区的工事构筑也非常缺乏劳动力。为了能在最主要的地区构筑野战工事，所有属于预备队、勤务、供应或司令部的直属单位都被动员了起来，每个人都分配了每天的施工量（以土方计算）。当然，部队在夜间要停止施工。为了让这些阵地能够在冬季气候下可以居住，后方梯队和人民冲锋队进入阵地负责居住设施的建设。在道路两侧和反坦克或机枪阵地等要点附近都挖掘了掩壕。而在各个村庄和居民点周围则构筑了环形防御工事。

通过采取上述种种措施，我军在德国东北部最容易遭到攻击的地区东普鲁士，构筑了一整套防御体系，将其化作了一大片筑垒地域，可以立即利用区域防御战术展开战斗。尽管有些防御阵地在后来的战斗中并未经历战火，而其他的阵地在东普鲁士实战中的表现是卓有成效的，甚至可以说是关键性的。即使东普鲁士最终仍不能摆脱被苏军攻陷的命运，但那主要是因为我军在防线上集结的兵力和兵器上的劣势。

与此同时，纳粹党开始了野心勃勃的军事计划：动员组织人民冲锋队。其最初目的是从德国人民中征集所有的人力资源，组织最后的抵抗力量。但是其中的一些概念，也是有些党务官员利用了一直以来对1813年战争历史的误解和曲解而造成的（1813年2月5日，东普鲁士地方议会不顾国王旨意，同意了关于建立后备军和国民军的法令，即《关于维斯瓦河右岸立陶宛、东普鲁士和西普鲁士各省后备军的规定》："所有18岁到40岁的男子一律编入后备军……除后备军以外还要建立国民军，所有未编入后备军或正规军服役的18岁至60岁的男子一律编入国民军"——译者注）。

人民冲锋队的兵员包括了年龄达到服役上限但是还没有入伍的一批人。

广泛动员这些人力资源本来可以成功的挖掘这些作战力量，但是这些部队非常缺乏武器、被服和装备。而国防军也没有多余的资源可供分配，这样整个计划从一开始就成了武装全民动员（Levée en masse）。

然而人民冲锋队在东普鲁士却发挥了比其他地方更大的作用，可能是因为人民冲锋队的概念最初就是因为东普鲁士遭受苏军的直接威胁而催生出来的。人民冲锋队的组织和编制进展迅速，很快就组成了32个营。即便是11月份东普鲁士北部地区的平民已经完成疏散了，这些部队还是留在该地区。此后，大多数人民冲锋队单位都被部署在后方地域的预备作战阵地，这些阵地是为可能撤下来的战斗部队准备的（这些正规军将轮流担任人民冲锋队营的训练人员）。经过几个月的不间断训练，人民冲锋队许多营的训练标准已经达到了可以执行有限的战斗任务的程度。

其中许多被称为特别作战单位的部队接收了现代化的武器，比如最新式的75毫米反坦克炮、最新式的机关枪和一些型号比较老的小口径高射炮。其中有些部队甚至装备了汽车。这些人民冲锋队营中有些人是经历过一战的老兵，还有不少是十六七岁的少年，而比较老的士兵的年纪在六十五到七十岁之间。有一些曾经参加过上次大战，但是如今受到各种伤残折磨的前参谋军官负责指挥这些营。不过大多数人民冲锋队营普遍缺乏武器、装备和训练，而且把这些部队投入实战基本不可能。我们计划仅在向后方实施总撤退的时候，用他们填补野战部队之间的空隙。

我从此时开始意识到整体态势相当不利，但是由于第三装甲集团军也无法指挥这些部队，所以无能为力。我们曾经多次要求立即把这些营解散，挑选人民冲锋队中适合战斗的人编入正规军各师。但是每次纳粹党的党务官员都断然拒绝。因此，在一月下旬，当战线开始动摇时，东普鲁士的大多数人民冲锋队营在各个地方都表现得毫无用处。

即使是没有彻底瓦解，也遭到了惨重的伤亡。需要特别指出的是，和此前的命令所不同的是，少数人民冲锋队营在数周以前就被部署到了战斗经验比较丰富的部队附近，而他们的表现就相对出色。特别应该提到在拉比傲隶属于第607特别师部指挥的人民冲锋队营，这个师是由勤务单位拼凑的，这个营的阵地曾经先后三次失守，但是他们每次都发动反击将阵地夺了回来。而在这场残酷的战斗中，营长和全营大部分官兵都英勇阵亡了。

在另外一场战斗中，人民冲锋队的表现就不那么好了。东普鲁士的纳粹党务机构表现出了对军事问题的过分热心，生产了铁制炮轮的75毫米反坦克炮，但是人民冲锋队士兵对这种武器的训练时间不长，还不够熟悉。到1月底的时候，柯尼斯堡以东的塔皮奥（Tapiau）战场可谓犬牙交错。一个军械学校的学员组成的部队和进攻的苏军坦克展开了激烈的战斗，这支部队的指挥官在战斗中阵亡了，而塔皮奥也数度易手，虽然此时由德军控制。有谣言声称苏军坦克已经突破了防线直奔柯尼斯堡而去。结果纳粹党的官员就临时拼凑了一个反坦克营，从训练学校里拉出来20门崭新的75毫米反坦克炮，部署到了柯尼斯堡以东（而且是在集团军司令部不知情的情况下）占领了拱卫该城的阵地。日落时分一支强大的装甲部队突然出现在反坦克炮阵地前方。突然出现的场面让这些毫无战斗经验的炮兵们惊恐万分，他们纷纷丢掉了火炮四散奔逃。他们的指挥官，一位年轻的中尉试图阻止部下的逃亡。在部分教官的协助下，他成功地把一些炮手们抓了回来，但是正当一切就绪准备开火的时候，这个中尉却惊讶的发现，当面的居然是德国坦克。第5装甲师在塔皮奥以东经过激烈的坦克战之后成功突破了苏军防线，现在正奉命在这一地域重新集结。不过这一次这些临时拼凑的乌合之众未能发挥战斗力，反倒歪打正着，不过也仅此一次而已。

## 东普鲁士区域防守

对我来说，在12月底最担忧的问题就是北方集团军群指挥官未能听取我对于苏军主攻方向判断的意见。无论是莱因哈特将军还是他的参谋长奥托·海德肯普尔（我以前的第三装甲集团军参谋长）中将却坚持固有的观点，认为南翼弗里德里希·霍斯巴赫（Friedrich Hossbach）步兵上将的第四集团军阵地是最为危险的地区。甚至是1945年1月，莱因哈特将军和我本人在奥特尔斯堡（Ortelsburg）的会面也未能消除我们两人在战略上的分歧。结果就是第三装甲集团军此前被调到友邻集团军的各师没有一个归建还要将一个师，也是唯一的预备队调到匈牙利去，就是冯·奥珀伦-布罗尼科夫斯基（von Oppeln-Bronikowsk）少将的第20装甲师。而我们在苏军发动进攻前仅三天的时间，才收回了第5装甲师【现在的师长是京特·冯·霍夫曼–舍恩博恩（Guenther von Hoffmann–Schoenborn）少将】，毫无疑问第5装甲师是一支优秀的部队，但是隶属第四集团军时曾经参加进攻作战，该师的坦克从100辆减少到了50辆，而且并不了解第三装甲集团军此前曾经使用的区域防御战术。而且莱茵哈特将军也明白无误地告诉我，在接下来的苏军攻势中，我根本无法依靠任何上级增派的援兵，只能依靠手头不多的兵力和兵器。在经过激战之后，我手下大多数师级部队都在整编和补充的过程中。而在他们后方的所谓援兵不过是少数人民冲锋队营或新兵组成的部队。戈尔尼克（Gollnick）将军的第28军驻防在梅梅尔，该军离主要防区很远，由于其阵地位置比较暴露，我无法下决心削弱其两个相对较强的师的兵力。因此我决定承担一定风险，加强最有可能遭到苏军下一步攻击的地区。我将马茨基（Matzky）将军的第26军的四个师部署在这一地区，他们在此前击退苏军对东普鲁士的第一轮进攻的战斗中表现得很勇敢。在这条长仅20公里的防线上，我把集团军能够动用的全部火炮（除了一个连，这是用于支援第9军的）都加强给了马茨基将军，配属给他全部集团军直属炮兵，一个高炮团和一个迫击炮旅。除此之外，我还把集团军预备队第5装甲师布置在这一防区后方。在整个第三装甲集团军的其他140公里战线上，只剩下第9军（以及后来的第27军）下辖的四个兵力薄弱的师，而且还没有集团军直属部队或预备队的支援。

第1装甲集团军曾经在利沃夫成功使用的区域防御战术此时并未被其他指挥官所效仿，原因是使用这种战术的先决条件并不具备，而且大多数集团军司令官对这一战术的实用性与效果仍保持怀疑态度。除此之外，由于整体战略态势的恶化，各指挥官都不太愿意采取实验性的战术。到1944年下半年，我们几乎没有足够的时间构筑大批工事，或者对部队进行指导和训练。只有对这种战术最为热衷的人才能克服种种困难，并最终取得胜利，而我所指挥的两个集团军，无论是在利沃夫还是东普鲁士，都可以使用这种临时采用的区域防御战术，这种战术帮助我麾下的部队保存了实力，即使是在遭到苏军最猛烈的炮击时也没有遭受重大的损失，而且阻止了苏军的突破。苏军两次都在这种战术面前损失惨重，且被迫转移主攻方向。

在1945年1月的东普鲁士，第三装甲集团军只有50辆坦克和400门火炮，

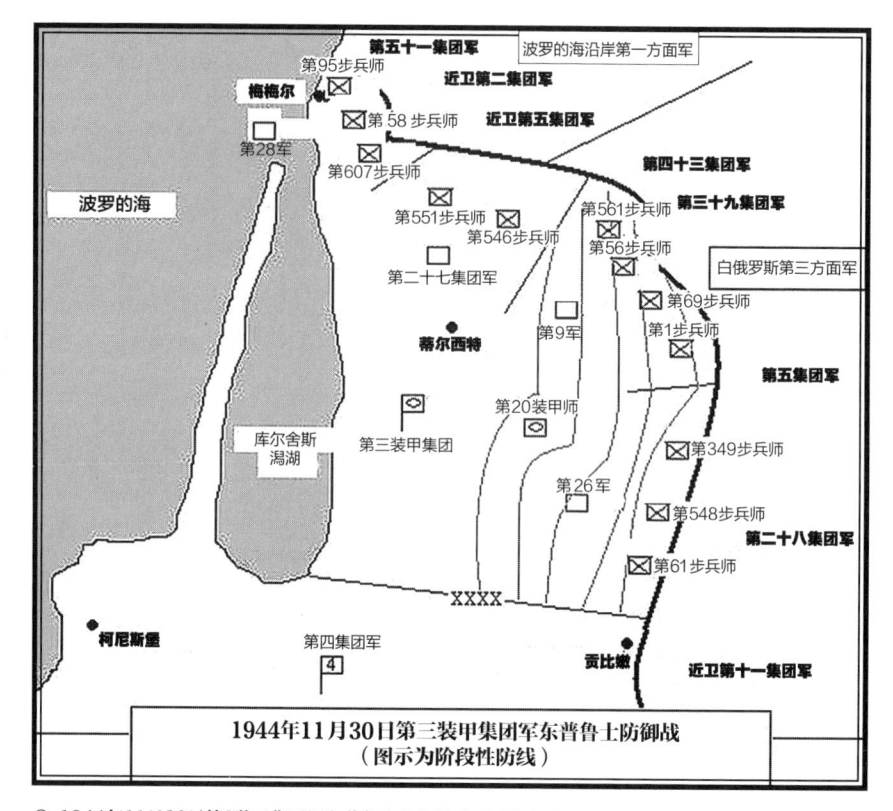

◎ 1944年11月30日第3装甲集团军东普鲁士防御战（图示中为阶段性防御）

且几乎没有空中支援，其编制序列如下：

梅梅尔地区：

第28军

汉斯·戈尔尼克（Hans Gollnick）步兵上将

第58步兵师

库尔特·西韦特（Curt Siewert）中将

第95步兵师

约阿希姆–弗里德里希·郎（Joachim-Friedrich Lang）少将

库尔舍斯潟湖

　第607特别师部

马克斯·霍恩（Max Horn）中将

库尔舍斯潟湖和因斯特河（Inster River）之间：

第9军

罗尔夫·武特曼（Rolf Wuthmann）炮兵上将

第286保安师

威廉·托马斯（Wilhelm Thomas）中将

第548国民掷弹兵师

埃里希·祖道（Erich Sudau）少将

第551国民掷弹兵师

齐格菲里德·费海因（Siegfried Verhein）少将

第561国民掷弹兵师

沃尔特·戈恩（Walter Gorn）少将

因斯特河和贡比嫩之间（主攻方向轴线）：

第26军

格布哈特·马茨基（Gerhard Matzky）步兵上将

第56步兵师

埃德蒙·布劳罗克（Edmund Blaurock）少将

第69步兵师

齐格菲里德·赖因（Siegfried Rein）中将

第349国民掷弹兵师

卡尔·柯伊茨（Karl Koetz）少将

第549国民掷弹兵师

卡尔·扬克（Karl Jank）中将

集团军预备队：

第5装甲师

京特·冯·霍夫曼-舍恩博恩少将

而我们当面的苏军白俄罗斯第三方面军下辖44个师，800辆坦克，3000门火炮和强大的空中力量。在12月我军专门演练了区域防御战术，第26军的指挥机关和部队都积极参与其中。该军的军官和士兵都接受了区域防御的概念，并且全身心地投入到训练中去。我军工兵和基建单位监督第一军区（Wehrkreis I，东普鲁士）的地方部队，24个人民冲锋队营，18000名劳工和集团军司令部所属的全部直属单位修筑了多处阵地，反坦克障碍、雷场和支撑点体系，以及火力阵地，整个防线纵深达80公里。最核心的25公里筑垒防御地带是参考利沃夫的经验构筑的。上至马茨基将军下到普通士兵，每个人都被动员起来，努力改善防御态势。我军利用支撑点和地堡最大限度的保存有生力量和防线上的防御力量，以保证守军不至于处于险地。事实上，整个东普鲁士已经成为一个巨大的要塞，以因斯特堡和贡比嫩这两个最坚固的碉堡为核心形成了区域防御地幅，我军对坚固的前哨阵地、战术细节和技术上的应急措施进行了缜密的计划，以防出现棘手的意外情况。部队清楚地意识到了这一点，且最终全体官兵的士气非常高昂，信心满满的准备迎接苏军接下来的进攻。

在圣诞节乃至新年当天，战线上仍然保持着难得的平静。苏军信守了此前的诺言，但是此后他们却展开了心理攻势，先后三次宣布要发动进攻，并且故意显示其进攻准备。我们并没有把苏军的恐吓当回事，而且在苏军前沿出现的坦克也吓不倒我们。

我真正关注的事苏军在一条铁路路堤旁边的作战准备，位于我军在埃本罗德（Ebenrode）以西前沿几百米的地方，苏军在这里部署了反坦克炮，并且穿过路堤挖掘了8条通道，以供坦克通行。苏军的这些准备离第26军的前沿非常近，不可能躲过我军的观察，虽然苏军在夜间用猛烈地迫击炮火力掩盖爆破路堤的爆炸声，并且用木板和植被伪装这些通道。白俄罗斯第三方面军在这条战线上靠前部署了不少重武器，目的是在坦克向路堤的通道前进的时候，以火力压制我军可能的干扰性射击。而苏军在这一地域的其他进攻迹象还包括挖掘了供步兵先头部队使用的坑道，以及连接各个阵地以掩护第一批突击部队集结的交通壕。根据德国空军每天的航拍照片，可以发现苏军新构筑的阵地，以及通向弹药库和炮兵阵地的履带痕迹。我军特工提供了苏军新调来师级部队的情报，以及通过分析一些无线电信号（尽管苏军采取了异乎寻常严格的无线电静默）我们掌握了不少苏军前沿指挥所的位置。这些迹象明白无误的表明，白俄罗斯第三方面军正在准备发动大规模进攻，问题就是进攻的时间以及苏军计划投入的兵力。但是苏军的进攻准备是相当粗糙的：红军炮兵观测员进入了刚刚构筑的观察哨，中型火炮进行试射，苏军战斗机突然出现截击德国空军的侦察机，而且对地攻击机也开始频频出现，轰炸扫射我军后方的指挥所以及村镇。

根据苏军在前沿地带的频繁活动——特别是1月8-9日和9-10日夜间的活动——结合诸多情报的分析，我适时以密电的形式下达了部队后撤到主防御阵地的命令。根据在利沃夫作战的命令，下这样的决心需要有强大的神经，而且准确判断作战情报，既不能因为让部队过早后撤，也不能因为过晚撤退而在苏军的猛烈炮击下招致严重的伤亡。在1月11日，苏军的作战行动和活动明显减少。第三装甲集团军的前沿部队正在紧张地等待命令，随时准备后撤避开苏军攻击的锋芒，但是命令久久未能下达。反而这个时候一批德国空军学院的毕业生来到集团军的战区进行考察，这些年轻的后备军官亲眼看见了刚刚抵达的第5装甲师的阵容，并且观察了战斗阵地的工事。由于此时前沿还算平静，所以可以满足他们的愿望，让这些年轻的军校生到前沿哨所去观察苏军的阵地和行动。偶尔会有苏军的机枪射击划破宁静的午后。突然，在某些地段从空中传来了嗡嗡声，而在一个十字路口附近的地面也开始震颤。数发迫击炮弹在哨所附近爆炸，排长大喊："卧倒！"来访的军校生被苏联人发现了，前者立即钻进防炮掩体中隐蔽起来。在经过一阵炮击之后，我军的两处炮兵阵地开始向苏军的观察所实施反炮击，过了一阵战线上又恢复了平静。此后这些军校生自豪地带着所谓"前线"经验毫发无损地回到了后方。

第二天（1月12日）的前沿甚至更加平静。我军的观察哨没有发现苏军可能发动攻击的蛛丝马迹。另一方面，根据无线电监听和夜航侦察的情报显示，毫无疑问苏军不断有大部队进入集结地域，且有炮兵进入了阵地，同时坦克部队也进入了前沿后方纵深的集结地域。因此在1月12日22:00下达了"冬至"暗语命令，悄悄将两个前沿防线的部队都撤了下来，并且命令主力进入作战阵地。3个小时之后马茨基将军向我汇报，部队部署已经完成，并且进入了新的指挥所，同时各部之间的通讯也恢复了。

和以往苏军发动大规模攻势之前的情况类似，有好几个苏军逃兵跑到了我军哨所，他们供认：在6点左右苏军已经集中了大批炮兵，准备在1月13日以前发起攻击。我立即命令第三装甲集团军的炮兵在5：30完成准备，集中向两个预先标定苏军步兵集结地域实施炮击。德军的猛烈炮击拉开了东普鲁士第二次大战的序幕。白俄罗斯第三方面军在6：00以超过3000门火炮展开了凶猛的火力准备，各种口径的火炮向我军在几个小时以前已经撤出的两道前沿阵地倾泻火力。而我军步兵和炮兵则占领了作战阵地，这是我军第三道筑垒防线的前沿。

苏军的炮击区域大约只有5公里的纵深，只击中了一些比较显著的目标，已经疏散过的村镇和原来的指挥所。我军预备队隐藏在树林中，在炮击中未受损失。到8：00，苏军在对前沿的空阵地炮击结束后，开始向第二道阵地延伸火力，其火力密度明显减小。大约8：30左右，苏军开始向纵深的战斗阵地延伸火力，但火力密度已经大为减弱，或者没有明显的目标，只有骚扰性射击。

在经过最初的炮击之后，大批苏军步兵发起进攻，他们在浓雾的掩护下小心翼翼地前进，直到11：00才通过了前沿地带。期间只有我军留在前沿第一道阵地的后卫部队对他们的进攻进行干扰，苏军很快冲破了阻碍。但是苏军步兵在抵达第二道阵地之前，却遭到了我军炮兵和火箭炮的火力压制。突击部队向白俄罗斯第三方面军汇报已经夺取了我军的第一和第二道阵地，但是并未提及他们既没有抓获俘虏也没有缴获什么装备。马茨基将军所部的炮兵，加上一个火箭炮旅实施梯级射加以支援，苏军的进攻遭到压制，很快就被迫停止。苏军步兵指挥官发出信号，要求立即得到坦克支援。他们在通讯中大声叫嚷需要"盒子"，也就是坦克的暗语——支援。由于战场能见度不佳，苏军无法发扬其火力和作战飞机的优势。然而，苏军步兵还是成功地在第26军的孤立支撑点位置取得了突破。当大雾散去之后，这些支撑点阵地都被孤立并消灭了。

苏军在卡滕努（Kattenau）附近略有起伏的地形投入了主攻力量，在大约下午的时候投入强大的坦克部队夺取了这一区域。卡尔·扬克少将的第549国民掷弹兵师据守在前沿，击退了试图跟随坦克进击的苏军步兵。然而苏军坦克却从卡滕努地域的突破口继续前进，因为我军的反坦克炮部队已经被苏军坦克集群所击溃。而最大的危机是这个时候苏军空军已经如入无人之地，开始大规模投入战斗。他们空袭村镇、道路、后撤的指挥所和炮兵阵地，同时空袭地面上一切运动的物体。闻警而来的德国空军克服了巨大的困难，攻击低空飞行的强击机编队，并且击落了多架苏机，迫使其他敌机四散奔逃。

这正是我军发动反击的好时机。京特·冯·霍夫曼-舍恩博恩将军的第5装甲师从森林的隐蔽地域中出击，在卡腾努地区在苏军的侧翼和后方发起突击。双方激战数个小时，第5装甲师得到了第190突击炮营和挂载火箭的对地攻击机的支援。第5装甲师和第549国民掷弹兵师夺回了卡腾努，苏军随即迅速发起了反击，但是突击炮和空军合力击退了苏军。

扬克将军的步兵在突击炮的支援下，在苏军突击队形中撕开了巨大的缺口，而此前苏军就已经遭到了火炮和火箭炮的猛烈射击。不久之后，苏军的进攻部队开始动摇，随后溃退。战至夜间，第26军恢复了整个主防御阵地，马茨基将军所部缴获了大批战利品，另外在卡腾努附近苏军还遗弃了122辆坦克的残骸。苏军士兵尸横遍野，在高地附近被击毁和燃烧的苏军坦克残骸附近的苏军遗体特别多。第三装甲集团军通过临时采纳的区域防御战术，使前沿部队避免了被歼灭的命运，同时阻止了白俄罗斯第三方面军进一步突破的全部企图。

苏军在此后的几天中继续展开攻击，源源不断地投入兵力和兵器。然而苏军却无法重新展开1月13日那种规模的致命炮击了，因为他们缺乏致命的弹药。尽管苏军拥有十倍左右的数量优势，而且苏军士兵展现出了勇敢的牺牲精神，但其攻势却顿挫不前，无法逾越区域防御地带。卡腾努附近的高地曾经多次易手，又有200辆苏军坦克在这一地域被击毁。而当苏军突入我军南翼的沼泽地带之后（他们可以通过这里包抄第549国民掷弹兵师侧翼）战局才开始出现变化。两个自行车营冒着严寒和可怕的大雪投入了战斗，试图牵制苏军突破部对，但是却无法恢复原有的阵地。与此同时，红军突入了第三装甲集团军和第四集团军在因斯特堡的结合部。

虽然1月19日整个主防御地带双方仍在激战，但第26军还是不得不撤退。马茨基将军慢慢开始有秩序的将部队撤了下来，虽然苏军不断试图在施洛斯贝格（Schlossberg）附近突破，企图将第26军与集团军主力割裂开。但是我军战斗工兵和突击炮每一次都夺回了关键的村镇，苏军则被迫退回了进攻出发阵地。1月18日我军高射炮兵和紧急驰援的赖因将军的第69步兵师在布赖滕施泰因（Breitenstein）击退了苏军的坦克攻势，但是我军部分阵地也因此向东远远突出于主阵地。就在同一天晚上，苏军投入了一个新锐的坦克军，终于突破到因斯特瓦尔德（Insterwalde）附近的因斯特河畔，并且试图在我军梅梅尔东部地区的部队赶到以前渡河。苏军坦克翻越了直通高地的反坦克壕，击退了守备在坚固阵地中的人民冲锋队，并且一直冲到了布赖滕施泰因—霍恩萨茨伯格（Hohensalzburg）公路。在这次战斗中，率领部队匆匆赶到新阵地的赖因将军阵亡。不过他的下属倒是重整旗鼓，在希林伦（Schillen）附近投入了几个营，在突击炮的支援下以反击遏制了苏军的攻击，阻止了苏军可能造成致命威胁的突破。

然而到1月19日晚上，几天以前人民冲锋队营所构筑的坚固的林间阵地却被第26军南翼部队放弃了，马茨基将军不得不全线撤退。攻击第四集团军的苏军强大的坦克部队还夺取了因斯特堡铁路枢纽，并且在第二天一早（1月20日）就沿着通往克洛伊根（Kreuzingen）的公路展开突击，试图打击第三装甲集团军后方，并且切断其与柯尼斯堡的联系。我意识到苏军进攻的危险，调动第5装甲师，通过夜行军的方式进攻苏军坦克军的侧翼，并且在克洛伊根形成拱卫集团军主力的屏障。此时驻扎在梅梅尔防线上，也就是帕格涅特和库尔舍斯潟湖之间的兵力有遭到苏军从背后发起的攻击并被孤立的危险。我违背了陆军总司令部的命令，反而是命令第三装甲集团军下属各师留下少数后卫部队，立即调转方向，协同第5装甲师攻击克洛伊根附近的苏军。在这次战斗中，包括大批坦克的苏军大部队遭到了向心突击并被迫撤退，我军经过投入了坦克部队实施突击，经过激战之后夺取了克洛伊根。保证了从蒂尔西特地区通往柯尼斯堡的两条公路仍在我军手中，也避免了第9军被切断的危险。此后第三装甲集团军按照预案向柯尼斯堡撤退。

如果不是利用区域防御战术，使我军避免被敌歼灭，并躲开了苏军大锤的重击，那么就算是据守着柯尼斯堡要塞地域，仅有9个兵力贫弱的师、400门火炮和50辆坦克（基本没有得到空军的支援）的第三装甲集团军很难在恶劣的冬季气候之下，顶住苏军44个师、3000门火炮和800辆坦克的攻击达一个月之久。

◎ 德军士兵纷纷下车进入阵地，他们面对的将是苏军凶猛的进攻

◎ 抵达东普鲁士边境的苏军

第十二章：东普鲁士 · 315

◎ 东普鲁士德军

◎ 东普鲁士战况

◎ 东普鲁士战场的德军

◎ 东普鲁士战场的德军

◎ 东普鲁士战场上的苏军

◎ 战斗中的德军

◎ 攻入东普鲁士的苏军

第十二章：东普鲁士·317

◎ 在东普鲁士战斗的苏军

◎ 在东普鲁士战斗中被击毁的德军坦克

◎ 战斗中的苏军炮兵

# 第十三章
# 波美拉尼亚

## 首次和希姆莱会面

在艰难的东普鲁士战役告一段落之后,第三装甲集团军司令部和我暂时卸下了重负,在2月8-10日间,先后乘船和火车抵达波美拉尼亚的鲁梅尔斯堡(Rummelsburg)。我们在那里转隶维斯图拉集团军群,该集团军群司令官为党卫队全国领袖海因里希·希姆莱(Heinrich Himmler),不过还没有正式任命。我立即和位于党卫队全国副总指挥菲利克斯·施泰纳(Felix Steiner)临时拼凑的党卫军第11装甲集团军左翼的冯·泰陶(von Tettau)军级集群,以及沃尔特·魏斯(Walter Weiss)大将第二集团军右翼的党卫军第10军建立了联系。这几个兵团都在我司令部以南,正陷入激烈的战斗。当时这两个军有可能在这个全新的战区隶属第三装甲集团军。

在抵达鲁梅尔斯堡之后不久,我立即奉命面见希姆莱,并且通知我于2月13日向他正式汇报。当天下午,我和几名参谋军官来到位于布雷斯劳(Prenzlau)西南一片森林中的希姆莱司令部。我在那里听取了集团军群首席参谋详细的态势报告和作战计划,并且奉命接受邀请,和希姆莱及其助手在20点共进晚餐。希姆莱很快接待了我,向我介绍他的助手。很显然他精神不错,并且愿意和大家随便寒暄,尽量避免谈论公务。谈话中希姆莱很显然对艺术和科学比较感兴趣。晚餐很简单，但是经过了精心准备，而且服务也很周到。由于要接待客人，所以希姆莱打破了常规，让侍者给餐桌上的每个人都倒了一杯红葡萄酒，而希姆莱本人只喝矿泉水。

大约一个小时以后，希姆莱起身离席，安排我在22∶30去他的办公室会谈。我按时前往他的办公室，在那里见到了维斯图拉集团军群参谋长，党卫军地区总队长海因茨·拉默丁（Heinz Lammerding）。会谈原定只有半个小时，但是由于我的汇报超时了，整个会谈直到3∶00才结束。拉默丁半夜的时候就走了，因为德累斯顿遭到盟军的猛烈轰炸，他获得了希姆莱的批准，回到德累斯顿的家里。此后一直到最终会谈结束，只有我和希姆莱两个人。

直到今天我还记得这次会谈的细节，甚至能一个个词的复述，希姆莱主要的评论和问题，以及我的回答。我对这次会谈的记忆非常深刻，因为在返回鲁梅尔斯堡的时候，我向自己的参谋长穆勒-希勒布兰特少将完整地复述了整个会谈，而且还在其他场合多次讨论过这个问题。

希姆莱一开始就说："你已经听取过我的首席参谋的汇报了，党卫军第11装甲集团军，还有其他党卫军装甲师和党卫军掷弹兵师已经集结待命，计划从后天开始，从施塔加德（Stargard）西南地区采取突破。他们将会从屈斯特林（Kuestrin）苏军的侧翼和后方发起攻击并将之消灭。元首希望能够一击即中，扭转战局。本来我打算让你这个富有经验的装甲兵将领完成这个任务。不幸的是，当时没法把你从东普鲁士调过来。我建议推迟攻击时间，以便集结攻击部队，并且让你和你的司令部成员能够在攻击开始之前理顺上下关系，但元首拒绝了我的建议。我希望您能开诚布公的谈谈对这次作战的看法，以及其成功的机会"。

我回答道："根据双方的兵力对比（我军一个得到加强的装甲集团军，对方是苏军三个坦克集团军和三到四个步兵集团军）就可以得出结论，攻势不可能成功。如果各部紧密协同，并且攻击路线比较短的话，也可能我军能够取得一些战果，但是最终攻势还是会顿挫。无论如何无法取得决定性的战果。"

很显然希姆莱被我的反面意见所触动，他让我直接说说，如果我在他的位置上会如何行事。

我说："不要攻击，而是保持装甲部队处于机动地位，随时通过反击遏制苏军的攻击。在成功地避开苏军的攻击之后，我会通过反击改善防线所处的态势，这样能够保证阵地顶住苏军接下来的攻势。"在我提出了这个观点之后，我们两人就此展开了长时间的讨论。

希姆莱最后说："这是不可能的。元首亲自下达的攻击令，不可能改变他的主意。因此无论如何都要展开进攻。我打算听听你的建议，如果在贡比嫩地区发起更具效率的进攻会怎么样"。希姆莱马上给位于措森（Zossen）地区的集团军参谋长海因茨·古德里安大将打电话，让他立即赶过来。

在我反复解释自己所下的结论的缘由之后，强烈建议不要展开攻击，我说："我确信攻击会在发起的第二天就遭受挫折。这样的话，我建议你不要投入部队做无用的攻击，而是立即改变作战方案，从防线上抽调强大的预备队，顶住苏军必然会发动的反击。然而，在顶住苏军的反击稳固防御态势以前，您决不能把这些预备队调到其他方向，否则会导致整个维斯图拉集团军群的崩溃"。

在谈话的最后，希姆莱完全相信了我对态势的评估，然后他悄然告诉我，大约在同一时间，南方集团军群将在匈牙利对苏军发动反击（使用党卫军第六装甲集团军和其他部队在巴拉顿湖展开攻击），以便遏制苏军对维也纳的攻势。这次攻击的目标是夺回布达佩斯。听了希姆莱的这番话我感到非常兴奋。

根据我的经验判断，我认为希姆莱不应该指望通过这次攻势能取得多么显著的战果，因为我军的部队实力太弱了，党卫军第六装甲集团军很有可能被切断并歼灭在巴拉顿湖附近。我建议采取我在波美拉尼亚曾经提出的方案，也就是说只有将党卫军第6和第11装甲集团军（以及其他所有可以动用的部队）都集中起来，并且在两个战区中的一个投入使用，才有可能取得成功。但是这样的话可能需要很长的时间调动部队，希姆莱指出整体战略和后勤情况不允许这样集中部队，而且坚持他的看法，这两次攻势将会决定战争的结局。

而此后我们俩的谈话进入到战略层面，我不失时机地指出，最高统帅部此前有一系列严重的战略误判，并且引发了严重的后果。由于当时拉默丁离开去了德累斯顿，只有希姆莱和我继续谈话。

我说："党卫队全国领袖先生，请允许我利用这第一次会面的机会和您谈谈，您是我国影响力仅次于元首的人物，以便向您坦率地指出我对于最近几年战争的走势和由此而引发的态势。我知道我的观点可能让我被关进默比特监狱（Moabit prison）甚至是上绞架，但是如果我继续在这个问题上沉默下去的话，那么我会愧对于上帝和德国人民。"

希姆莱严肃地说："请讲。"

"从斯大林格勒战役以来，我军的战略战术就在各级指挥官中间引发了疑虑。在过去的几个月里他们更是对此难以理解。"

"仅从空间的角度来看，很显然德军已经深入到伏尔加河流域和高加索山脉，其结果就是需要守备长达3000公里的战线，已经超出了国防军和我国盟军的能力。我军已经是强弩之末了。敌我双方在斯大林格勒和顿河沿岸陷入了消耗战，及其周边的战斗，造成了巨大的军事失败。东线三分之二的部队遭到了重创，而各国盟军也就此被打得七零八落，整个战线陷入了彻底的崩溃。仅仅是因为我军官兵不可思议的勇敢和顽强，才阻止了灾难的出现，虽然我军无论是人力还是物力都没有优势。"

"我军总司令部并没有认清这些事实，反而是下达了越来越死板的命令，导致许多兵团被摧毁。这种混乱不堪的指挥侵蚀着我军的骨干战斗力量，最后把我军推到了悬崖边上，让我们又坠入深渊的危险——除非发生我国人民所期望的奇迹。最高统帅部已经彻底失去了对时间和空间，以及与军事力量之间关系的判断。而让集团军群和集团军的司令官不得不在束手束脚，且脖子套上绞索的局面下指挥作战。他们由于害怕遭受极刑而不得不执行根本无法完成的任务，如果战斗结果未如人意，那么他们往往会受尽羞辱被解职，甚至被扣上祖国的叛徒的罪名。"

讲到这里我停了下来，想看看希姆莱有什么反对的意见，要么就是立即让人来逮捕我。不过他并没有这么做，一动不动，两眼直视着我说："请继续"。

我接下来又举了几个例子来证明自己的观点：

"最高统帅部并没有选择在适当的地区采用侵略性的攻势防御战略，反而是死板的不愿意放弃哪怕一公里的土地。所有预备队都被投入到局部进攻中，但是由于缺乏必要的资源这种反击往往会陷入失败。结果除了损失土地之外，这些宝贵的不可再生的兵力也遭受了伤亡"。我说到这里特别举了1943年7月在库尔斯克实施攻势的例子，一直讲到反击基辅的失败，并且提到了当下在波美拉尼亚和匈牙利的作战计划。

"很长时间以来上级禁止我军构筑后方阵地,因为据说这会让部队有退路,因此就不会在现有阵地上实施顽强的防御。但是事实其实恰恰相反。比如,在向第聂伯河撤退的过程中,即使是匆忙准备的阵地也相当有价值,虽然在第聂伯河沿线我军并没有做太多的准备。结果苏军迅速抵达了河对岸,完全没有被河流所阻碍。而我军部队非常失望,对最高统帅部的疑虑日益滋长。很显然,在东普鲁士我军进行了周密的防御准备,但是由于我军损失严重,没有足够的兵力守备这些阵地。"

"我军采用了局部支撑点以及被成为抵抗中心的应变措施,以便在绝望的情况下继续实施顽强抵抗。这种战术不但所守备的要点最后会失陷,连守备部队也会全部损失掉,这样会继续腐蚀部队对最高统帅部的信任。而以同样的方式,在战斗激烈的地段不适当的集结或部署部队不惜一切代价死守,会让部队要么遭受重创,要么干脆被消灭掉。在高加索、克里米亚、库尔兰和东普鲁士,整个集团军和集团军群都一直死守在这样的地域,直到被包围,由于和主战场隔绝而丧失了战略作用。如果我军继续采用此前的计划,那么波美拉尼亚和匈牙利有可能陷入同样的灾难。"

"与此同时,从国内调来的部队缺乏训练和足够的装备,很难有效发挥战斗力。如果把他们投入到防线上的空隙或者是大规模防御战斗的话,这些部队不适应这样的战斗压力,会像骄阳下的积雪一样迅速融化。"

"敌人的空袭对本土造成了巨大的损失,重要的作战物资根本无法运抵前线,或出现了严重的短缺"我在这里提及了弹药供应、机枪、步枪、反坦克炮、坦克、突击炮、零备件和车辆燃油等各个方面的困难。

最后我再次指出,以军队、装备和领土遭受如此惨重损失的条件下,德国无疑是很难在战争中立足的。然而即使是资源出现严重短缺和各个战场上的危局,德国政府仍然在幻想着出现所谓的"决定性战果"。

说完了之后,我和希姆莱两个沉默不语地对视了好几分钟。

此后希姆莱走过来,侧过身用低低的声音一字一顿地说:"我完全同意你"。

然后他又陷入了沉默。

第十三章:波美拉尼亚

我对他的回答非常惊讶，深吸了一口气问道："那么为什么你不把这个情况向元首汇报呢？"

又是短暂的沉默，希姆来说："我会考虑这个问题"。顿了一顿他接着说："我曾经跟元首说过所有这些事情。"

"那么元首怎么说？"

希姆莱用手指点了点，然后用大一点的声音说：

"元首的反应非常大：'你也是失败主义者！'愤怒的甩门而去"【当时在场的埃布哈特·金策尔（Eberhard Kinzel）少将，也就是希姆莱的最后一任军事专家也在场，他证明了希姆莱所说的属实】。

希姆莱接下来指出了维斯图拉集团军群前沿的种种困难，以及在马林堡（Marienburg）和施奈德米尔（Schneidemuehl）这两个"要塞"的激战。他特别担心施耐德米尔，我军正在和苏军反复争夺，如果一旦陷落后果会很严重。他认识那里的指挥官海因茨·雷姆林戈尔（Heinz Remlinger）上校，并且知道守城部队只剩下几百人了，而且弹药将近告罄。但是希特勒坚决不允许雷姆林戈尔的请求，不让他率领残部突出包围。

我再次指出维斯图拉集团军群目前所处的危险局面，并且在地图上指出苏军可能在波美拉尼亚战线展开的行动：

"苏军最开始很有可能在战线上的薄弱点，也就是科沙林（Koeslin）附近第二集团军的侧翼。苏军很可能要孤立魏斯将军的集团军。然后通过侧翼猛攻直扑但泽，而在另外一翼经由已经陷落的斯塔加德攻击斯德丁。苏军的攻势目的都是割裂并歼灭我军的重兵集团。"

但是我的报告被一阵电话铃声打断了，来电的是集团军首席参谋，海因茨·雷姆林戈尔上校给希姆莱发来了一封电报，内容是他率领守军残部从北方成功突围。这次突围行动是雷姆林戈尔自己指挥的，他直到最后一刻仍然在等待许可。希姆莱听到汇报之后，挂了电话，站起身来，兴奋地踱来踱去，并且反复跟我说："你听到了吗？雷姆林戈尔做到了！他做到了！他真的做到了！我就说过他肯定行！"

我自然也同意雷姆林戈尔的专断行事，并且希望这些勇敢的士兵（他们借助浓密的森林突围）补充进我军战线。然后我们开始探讨把这支部队调入防线的可能性，电话又响了，我这次听到了希特勒通过陆军总司令部的命令，要求雷姆林戈尔和他的部下立即返回施奈德米尔，然后继续参加防御战。

"不，"希姆莱跟我说，"你绝对是正确的。我不会执行这个命令。"

这件事情证明，他跟我说他同意我的看法时，绝不是在骗我。

## 东波美拉尼亚战局

在我和希姆莱进行讨论之后不久，党卫军第11装甲集团军还是按照希特勒的命令发动了进攻。在取得了些许战果之后，行动在第二天就陷入了僵局，我军损失了不少坦克。希姆莱无视我的警告，投入了全部党卫军装甲师和装甲掷弹兵师发动进攻，这些部队从前线抽调出来投入到西里西亚—萨克森地区展开攻势，完全不顾强大的苏军已经准备好发动反击。而就在前线部队受到了如此无理行动的削弱之后，我还收到了维斯图拉集团军群发来的命令，要我接替施泰纳担任党卫军第11装甲集团军的司令官。

第3装甲集团军此时依靠贫弱的部队防备宽大战线。在2月22日，也就是我就职24个小时以后，白俄罗斯第二方面军就以强大的兵力发动了反击。从施泰纳给我提供的敌情通报，以及最近24小时的侦察情报，我已经预料到苏军可能发动攻击了。因此我没有机会立即改变施泰纳不合时宜的防御计划。甚至更糟糕的是我手头根本没有可以动用的预备队。当时第3装甲集团军的部分部队转隶给了党卫军第11装甲集团军，因此此时我手下的作战序列如下：

党卫军第3装甲军

卡尔·德克尔中将

党卫军第23"尼德兰"装甲掷弹兵师

赫尔穆特·赖特尔（Helmut Raithel）党卫军上级突击队长

党卫军第27"兰格马克"装甲掷弹兵师

师长未知

党卫军第28"瓦隆"装甲掷弹兵师

党卫军旅队长莱昂·德格雷尔（Leon Degrelle）

（这几个师都在不久前的攻势作战中遭受了重创）

党卫军第10军

京特·克拉佩（Guenther Krappe）中将

第163步兵师

卡尔·吕贝尔（Karl Ruebel）少将

第402步兵师

齐格费里德·冯·施莱尼茨（Siegfried Freiherr von Schleinitz）中将

**赫恩莱因军级集群**

沃尔特·赫恩莱茵（Walter Hoernlein）步兵大将

第9伞兵师

布鲁诺·布劳尔（Bruno Brauer）少将

第二军区（斯德丁）补充部队

**冯·泰陶军级集群**

汉斯·冯·泰陶中将

贝瓦尔德（Baerwalde）预备师

师长未知;

这个师是由戈伯恩（Grossborn）和哈默施泰因（Hammerstein）教导中心的官兵组成的。

## 波美拉尼亚预备师

师长未知，这个师是由国民掷弹兵营、临时拼凑的基建营、勘测营和国防军的后勤单位这四个部分组成的部队。这个师既没有通讯营，也没有火炮或反坦克炮。有几个刚刚组建的团连团长和营长都没有。当时有一些从库尔兰集团军群回来的军官，我立即让他们担任这些职务，并且立即用我的汽车把他们送到前线，当时这些部队已经处于战斗状态了。波美拉尼亚预备师占领的是一个连接阵地，沿着左翼延伸，垂直于集团军的防线（这是1939年防备波兰人的波美拉尼亚旧防线）。

集团军直属部队：

第5猎兵师

弗里德里希·西克斯特（Friedrich Sixt）中将

**集团军预备队：**

荷尔斯泰因装甲师

约阿希姆·黑塞上校

所有这10个师，加上70辆坦克，占领了一条240公里长的防御阵地。每个师平均要守备26—30公里的防线。平均每公里战线分配1门火炮、1挺重机枪、2挺轻机枪和50名士兵。平均每2.5公里有1门反坦克炮、每4公里有1辆坦克、每个营的防线大约是6公里。而防线当面的白俄罗斯第二方面军集结了5个集团军，下辖15个坦克军和1个骑兵军，另外还有3个坦克集团军，下辖8个坦克军或机械化军。

在我刚刚就职的几个小时里，我试图沿着一条比较狭窄的前沿重组第5猎兵师（该部是整个集团军里进攻能力最强的部队），部署在斯塔加德以东的纵深地带，我们认为这里可能是战斗的焦点。我打算把这个师部署在纵深地带，并在坦克、反坦克防御以及集团军炮兵主力的支援下，在面对苏军强大的攻势时，至少能暂时守住这个地方。

我还在正式就任以前，就下达了集团军后方地域密集布置反坦克障碍的命令，而这里密布森林和河流，适合执行这样的命令。在几天之内，热情的纳粹党员和当地居民就在各个桥梁、村庄出入口、乡间小路，以及通往森林或沼泽地带的高速公路道路出入口开始布置障碍物。勇敢的人民冲锋队在接受了使用"铁拳"式反坦克火箭筒的训练之后，负责守卫这些障碍物。另外，配备了反坦克武器的士兵则集中起来，准备以自行车和摩托车为工具，迅速机动构建支撑点阵地。整个民用电话网络都被用于传递苏军坦克突入的警报以及保证封锁区与军事当局的联络。我们只用了很短一段时间，就给整个波美拉尼亚地区罩上了密集的反坦克障碍网。这是为了避免苏军进攻突破后进入我军纵深，或者至少延缓苏军的攻势。不过这套防御体系虽然构建得很好，但是在面对白俄罗斯第二方面军的大规模攻势时，只起到了很有限的作用。

## 战斗过程

最开始，在两个地方很明显能够看到苏军正在进行攻击准备：在第二集团军的防区，以及在斯塔加德以东地区。特别是在斯塔加德以东发现了苏军正在集结大规模的坦克和步兵部队。在过去的几天时间里，新斯德丁

（Neustettin）东南地区（紧邻第二集团军防区）的苏军实施了威力侦察，但是其行动后来突然停止了。

到2月22日下午，我突然接到了冯·泰陶军级集群发来的电报，声称苏军已经突破了其友邻第二集团军党卫军第33"查理曼大帝"掷弹兵师的阵地，然后敌军坦克向西北的施泰格斯（Stegers）方向急进。当天下午，大约15辆苏军坦克出现在第二集团军方区内，准确地说是巴尔登贝格（Baldenburg）郊区，第三装甲集团军左翼后方35公里的地方。这些坦克被守备反坦克障碍的波美拉尼亚预备师所部阻击，战斗中3辆坦克被击毁。苏军在当晚得到大大加强之后，在2月23日一早以大约35—40辆坦克和一两个摩托化步兵营的兵力，再次向巴尔登贝格发起攻击。敌军迅速击溃了由60名基建工兵和海军测量人员组成的卫戍部队，突入了我军阵地，并且缓慢向巴布里茨（Bublitz）方向进攻。少数负责保护反坦克障碍的守备部队（波美拉尼亚预备师的后勤单位）在机动反坦克分队的配合下，从附近的森林中出击，成功的袭击了进攻的苏军。结果苏军指挥官只是指挥部队将火车站保持在自己的射程之内，没有再试图攻击巴布里茨。直到第二天（2月24日）这股苏军才进入巴布里茨北部城区，并且在激战后夺取了火车站。在这次战斗中我军的铁拳大约击毁了16辆苏军坦克。

与此同时，在苏军先锋部队后边跟进的强大增援部队迫使第二集团军左翼部队的残部（党卫军第15拉脱维亚掷弹兵师和党卫军第33"查理曼大帝"掷弹兵师）被迫退入第三装甲集团军防区。他们的撤退让我手下的那些暂编部队惶惶不安，特别是波美拉尼亚预备师，这支部队本来士气就很低落了。另外，苏军部队尾追德国难民而来突入了新斯德丁，占领了火车站（大约在我军战线后方20公里）。只有经过激烈的巷战才能把这股苏军赶走。

由于第二集团军连同维斯图拉集团军群所部（第7装甲军，包括第7装甲师，党卫军第4"警察"装甲掷弹兵师以及第32步兵师残部）经由鲁梅尔斯堡撤退，未能阻止苏军在施泰格斯的突破，越来越多的苏军部队涌入突破口，深入第三装甲集团军的侧翼。我的侧翼因此遭到了苏军的包抄，不得不向新斯德丁撤退。苏军在新斯德丁和巴布里茨之间的压力越来越大。苏军坦克线头部队从巴布里茨直扑科沙林以东的高地，彻底切断了我部和第二集团军的联系。而在此时我们接到命令，要求投入约阿希姆·黑塞上校的荷尔施泰因装甲师重新打通和第二集团军的联系。这个师已经从斯塔加德以南战线调了出来，被划归进入预备队，然后才能在巴布里茨以南地区向鲁梅尔斯堡进攻。荷尔施泰因装甲师的攻势虽然最初小有斩获，但是很快就由于优势敌军的反击，加之这条进攻路线上茂密的植被而被迫后退。这次反击完全没有达到预先的目的，而且把荷尔施泰因装甲师牵制在了我的东侧翼，这是集团军仅有的预备队，这意味着当3月1日苏军白俄罗斯第二方面军向斯塔加德发起进攻的时候，这个师无法投入防御作战。

正在此时，经过猛烈的炮击之后，苏军一支相当规模的坦克部队突入了第5猎兵师4公里宽纵深6公里的防线。弗里德里希·西克斯特中将的部下相当英勇，虽然只是暂时延缓了苏军的攻势，但并未和左右两翼友军失去联系。到3月2日，苏军以相当大的兵力在福尔肯堡（Falkenburg）和德拉堡（Drammburg）之间突破了第5猎兵师前沿，迫使其左翼的党卫军第三装甲军和右翼的党卫军第20装甲军后退，整个前沿门户洞开。苏军坦克几乎立即就获得了行动自由，迅速前进，3月3日敌军坦克先头部队已经出现在我指挥所以东8公里的雷根瓦尔德（Regenswalde）附近，不过这里还在我军手中。苏军坦克部队后方的强大步兵部队涌入了突破口，同时敌军也在巴德波尔钦（Bad Polzin）方向取得了进展并夺取了新斯德丁。只有我军西侧翼部队能击退苏军在格瑞芬哈根（Greifenhagen）和皮里泽（Pyritz）之间的攻势，但皮里泽也被多次包围。在北线，苏军无情的向前突击，经过几天的战斗后夺取了科沙林，然后其坦克先头部队正在威胁科尔堡。而从南向北攻击的苏军坦克部队也试图向科尔堡逼近，而这里正好是"要塞化"城市。敌军不断压迫我军暴露的侧翼，而其防区已经被突破了。

3月初希特勒公开宣布科尔堡是要塞化城市。这座小城挤满了伤员，火车站也塞满了医疗车厢。道路上到处都拥塞着难民，而苏军坦克距离这里只有50公里。恰在此时新任城防司令官弗里茨·富尔里德（Fritz Fullriede）上校乘坐一架菲斯勒"斯托赫"飞机抵达。他并不熟悉要塞城市城防的作战，并且必须要从头了解各种细节。这个"要塞"几乎是不设防的，希特勒本人也了解这个事实，但是仍然强调要不惜代价死守科尔堡。在我的反复抗议之下，希特勒答应我让施潘道工厂立即通过铁路向科尔堡运送12门崭新的反坦克炮。当时通向科尔堡的只有单向铁路而且已经被完全封锁,且苏军坦克可能在几个小时内就出现在城市附近。很显然,这些反坦克炮没有到位。富尔里德上校被迫从大街上搜寻自己的士兵和兵器。所有士兵和武器都在路过的时候被拦了下来,不管是属于空军还是海军,也不管是被打坏的坦克、高射炮、反坦克炮或火炮,通通被用于要塞的守备。

很难想象为什么希特勒决定要死守这么一座海岸小城,除非是因为历史原因。但是在现代,拿破仑时代的往事不会再重演了。然而,苏军可能是有感于这座城市的光荣历史,他们的推进变得缓慢而迟疑。苏军的首次攻击推迟到两天以后的3月14日,但是守军的防御战术很快暴露了自己的弱点,仅仅几天之后3月18日,苏军就占领了科尔堡。大多数守军都在海军的接应下撤了出去。

## 再会希姆莱

白俄罗斯第二方面军的攻势决定了波美拉尼亚的命运,在奥德河重新收拢了支离破碎的防线,我军虽然遭受了惨重的损失,但是部队仍表现出了高超的勇气。我再次于3月7日奉命会见希姆莱。这次会面的地点是柏林东北的霍亨里亨疗养院(Hohenlychen Sanatorium),希姆莱当时正在这里养病。我同他的副官在大约15:00左右抵达。我走进房间,希姆莱从床上坐了起来,向我致以友好的问候,让我在他的床边坐下来。他的助手随后离开了房间,这样只有我们两人独处了。接下来我们的谈话持续了一个多小时。

希姆莱在谈话开始时向我表示祝贺:"你曾经经历了一段很艰难的时间,但是你仍然克服种种障碍,稳定住了战线!"

在汇报作战进程的同时,我不断提到,和我的建议相反,所有的预备队都被抽调到了其他战线。因此,波美拉尼亚前线的兵力被削弱到了极点,已经被我预料到的苏军反击所摧毁。"另外"我跟希姆来说:"在敌军进攻期间,您曾经屡次下令,让我执行违反战术态势的行动。比如说,您禁止从突出部阵地撤退到有利的地形和防线更短的预设阵地。而我不得不为了避免不必要的伤亡被迫违反命令,并且还要缩短战线组建一些预备队。这些部队本来是要阻止苏军对普里泽(Puritz)、斯塔加德和新斯德丁的进攻。但是由于我军缺乏足够的预备队,结果苏军在新斯德丁和斯塔加德以东地区取得了纵深突破"。

"而我手头唯一的预备队荷尔施泰因装甲师，在前线投入直接攻击损失很大，而这正是依照您的命令，经由巴布里茨向鲁梅尔斯堡为了重新建立和第二集团军的联系而执行的毫无胜利希望的任务。为此，该师遭受了不必要的损失，而且根本无法在斯塔加德以东取得明显的战果，在这个地区据守的西克斯特将军的第5猎兵师，在经过占据20：1优势的苏军坦克的猛攻之下，被彻底击溃。党卫军第10军和泰陶军级集群大部在这个区域的阵地都被突破，因此处于遭到包围和歼灭的危险之下。"

"由于这两个军岌岌可危，我曾经连续五天告急，而且越来越急，最后差不多是恳求。希望允许我在夜间把可能被包围的部队撤出来，否则他们会无意义的牺牲。即使是这样您都没有允许撤退，反而是强调您不赞成以军事法庭来威胁军官。结果这两个军（除了泰陶军级集群的少数部队，当时他们已经在且战且退了）在第五天就被包围了。导致了奥德河以东的波美拉尼亚地区迅速陷落，而第三装甲集团军的余部本来已经开始组织部队占领阵地进行防守了。如果在海军和空军等军种地面战斗部队的支持下，本来是可以守住奥德河东岸的一些关键桥头堡的。"

"甚至在两个军被包围以后，您的司令部也没有停止下达命令。党卫军第10"弗伦茨贝格"装甲师奉命从西里西亚撤了下来，突然接到了命令经过波美拉尼亚苏军占领的地区打通和第二集团军的联络【该集团军现在被压缩包围在但泽和格丁尼亚（Gotenhafen）地区】。这个不可能完成的任务证明您和最高统帅部对局势的判断究竟偏差到何种程度。而且您的司令部还完全忽视了和第三装甲集团军建立的个人联系，即使是在最为绝望的时候也没有向我们解释过，为什么您会一贯用严格的命令、威胁和要求，让我们在受到束缚的条件下作战，去完成根本不可能的任务。"

希姆莱严肃而专心的听取我的报告，然后回答："我知道你肯定了解波美拉尼亚前线的危机并且预计到了这些问题。"

"这并不是预见的问题。我认为任何一个富有经验的集团军司令官都会对态势做出同样的判断，而且也会提出同样的建议。"

希姆来说："我每次都同意您的意见，并且向陆军总司令部做了转达，但是元首有独断专行的权力。而且他总是断然拒绝这些建议，并且严厉的责骂我。"

第十三章：波美拉尼亚 · 331

"正如在第一次讨论时您承认的，这样的行动完全违背了人民的利益，我们要为之战斗，而元首也要负责任。"

"你是对的"希姆莱说："但是元首认为他的决定是正确的，因此要求不打折扣的执行他的命令。他决不能容忍任何反对的意见，因此拒绝任何不符合他想法的建议。"

我提高了声音回答道；"但是如果您有意见分歧的话，那么不应该就此放弃。否则最后的结局必然是灾难性的。"

希姆莱说："请冷静。很快就会出现转折点的，我们会赢得战争的。"

"这对我来说根本说不通，我不同意"我仍然坚持，但是希姆莱突然停止了谈话，让人送来两杯茶和糕点。然后他问了我一些细节，我们的部队是如何勇敢战斗并且坚决执行命令的。他向我解释，无论是自己还是元首对这些细节都非常感兴趣，因为那些战斗报告通篇都是陈词滥调，根本了解不到事实。我向他讲述了许多事情，大都是我在波美拉尼亚战役期间的亲身经历，证明了第三装甲集团军官兵的勇气和自我牺牲精神。

希姆莱听得很投入，并且情绪很高。当我讲完之后，他从床上坐了起来，抓着我的手兴奋地说："简直太精彩了！你应该向元首本人亲自汇报！你准备好了么？"

"没有问题。事实上，我已经准备向您要求，允许我向元首本人汇报波美拉尼亚的战斗"

希姆莱立即给元首大本营打电话，要求和希特勒通话。只过了两三分钟希特勒就接了电话，他的声音听起来单调而疲倦，不过我听得还是很清楚。

希姆莱说："我的元首，第三装甲集团军司令官此刻就在我身边，想要现在就汇报波美拉尼亚的战局。他的报告非常吸引人！您应该亲自听听。可否让劳斯将军和您通话？"

希特勒回答："好的，他明天可以过来么。我明天下午有个会，参会者都是高级参谋军官。他们也可以同时听取他的汇报。"

"非常好，他什么时候去？"

希特勒说"他在明天下午4点左右到大本营就可以。他可以在会后做报告。"

"好的，劳斯将军会准时抵达。"

希特勒和希姆莱的谈话就此结束，而我和希姆莱的会面也结束了。

## 在希特勒地堡

3月8日，我从在斯德丁炮兵营房的指挥所前去向希特勒汇报波美拉尼亚战况。报告是在戒备森严的总理府地堡里做的。一名党卫军军官反复核实我的身份，然后护送我经过一道长长的楼梯走进了宽敞的门厅（深处地下）进入了地堡。门厅两边有很多会议室和办公室。这些房间是用白色和橄榄绿色的砖墙修葺的，灯光明亮，陈设简单。而此时参加会议的许多将军聚集在元首办公室门口。我过去和他们寒暄了几句，这时候一个党卫队旗队长过来请我跟他走。他带我进了旁边的一间房间，礼貌地告诉我说他要对我进行彻底的搜身检查。

我抗议说我是第三装甲集团军的司令官，奉命来此觐见元首，并且已经多次核实过身份了，但是并没有用。他搜查了我的口袋和衣物。接下来我被允许回到走廊里和其他将军一起等待会议召开。

希特勒的一些参谋军官在会议开始以后走进旁边的房间，我和其他一些列席会议的军官一起。会议的主要议题围绕着过去几天的战况，由参谋长分别在地图上讲述战情：东线的海因茨·古德里安大将和西线的阿尔弗雷德·约德尔大将。元首坐在桌子旁边，俯身凝视着地图，审时度势。其他与会者则坐着听取报告。希特勒只是偶尔发表一些反对意见，但并不针对技术细节。然而据我所知，会议上不会商讨分析，不会提出建议，也不会根据危险的战术情况做出决策。西线的盟军已经渡过了莱茵河，而东线的红军则在向西里西亚和匈牙利进击。

在会议结束之后，希特勒和国防军各个战线的指挥官以及他的一些贴身人员仍然留在会议室，其余人都走了。剩下的时间就是由我向元首做报告。除了希特勒之外，在场的人还有帝国元帅赫尔曼·戈林、陆军元帅威廉·凯特尔、海军上将卡尔·邓尼茨、约德尔大将、古德里安大将、马丁·鲍曼、步兵上将威廉·布格多夫，还有他们各自的参谋长。他们围坐在长条桌旁边，桌子上是地图。我走进元首向他敬礼，然后递给他两张战场地图。第一张是显示2月13日以后党卫军第11装甲集团军的部署，以及我和希姆莱第一次谈话时，对苏军进攻的判断。第二张是苏军白俄罗斯第二方面军对这一地区的进攻，而这一攻势主要由第三装甲集团军承担。

希特勒镜片后边的眼睛透出一丝难以置信，咕哝着"这根本不应该发生"。他用发抖的双手打开地图，不时互相对比。在看完之后希特勒了解了我要做的报告所讲的内容，现在我发现面前的是一个身体很差、恼怒和多疑的人，我几乎都不认识了。我曾经认为阿道夫·希特勒是一个掌握着德国人民命运的人（而现在只是个孱弱的人）但是事实让我大为震惊。他没有回礼，而且情绪很坏，只说了一句："开始！"

在报告中我提到苏军集中了绝对优势的兵力攻击第三装甲集团军，而报告中只有提到这点的时候希特勒打断了我，他用申斥的语气说"敌人根本没有1600辆坦克，只有1400辆坦克"。我指出苏军除了8个新组建的坦克军或机械化军之外，还有配属给近卫骑兵第二军的独立装甲部队。希特勒点了点头，再没有打断我的报告。

当我讲到3月初的战局时，希特勒此时正在看着地图，他突然用迟疑而平静的语调打断我："现在我们已经通过战术报告了解了你和整个集团军群在战役过程中的处境，现在请告诉我指挥官和部队在战斗中的表现。"

希特勒以及其他听众很显然对党卫军第10军和冯·泰陶军级集群所部被围歼产生触动，想要找出原因所在。因为这个惨剧只能追溯到希特勒下达，经希姆莱转达的命令，我曾经提出过多次反对意见。不过由于希特勒打断了我的谈话，所以我就无法继续畅所欲言的讨论此前的问题或者将他的命令作为证据。接下来我的报告主要围绕着对波美拉尼亚战局的战术应对，而这一部分很显然他此前应该在集团军报告中看到过，那么他也应该清楚自己的命令对于战局的显著影响。

在接下来的报告中，我举了很多很小的战例，以证明我军官兵的表现。这可能是回答希特勒关于"我军官兵在战斗中表现如何"的最恰当答案了。

## 勇敢的例证

2月22日，苏军坦克在施泰格斯（Stegers）以南取得了突破，突然出现在巴尔登贝格郊外。该镇各个方向都有反坦克障碍，但分布在各处，所以没有阻断交通。突然在镇南守卫障碍的哨兵发现了一辆苏军坦克正在全速冲过来。这个哨兵迅速试图把沉重的原木推进阵地。但是他没有成功，而敌军坦克碾了过来，炸开了路障冲进城。第二辆和第三辆T-34紧随其后通过障碍。在最后一刻，警戒哨（只有3个人）仍然不顾敌军的火力打算封锁住道路。两辆T-34中的第一辆试图碾过障碍，结果被一发铁拳击毁。一名步兵又发射了第二发铁拳，击中了第三辆坦克并使其丧失机动能力。与此同时，另外一个基建营的士兵也用铁拳击毁了冲进城中的T-34。当这几辆坦克所属的坦克旅发现其被击毁之后，队形立即陷入混乱，并停止了进攻，隐蔽在附近的森林中。这些五十多岁的士兵就此平静了下来，他们顶住了苏军先头15辆坦克的推进，为巴尔登贝格的少数守军赢得了时间。这些士兵还是有生以来第一次目睹苏军坦克，并快速把它们击毁了。而这几个士兵也因此荣获二级铁十字勋章。

  此后苏军坦克旅增援到巴尔登贝格附近，突破了枢纽阵地。波美拉尼亚预备师的少数部队仍然坚守在阵地上，遭到苏军摩托化步兵的猛攻，而只有坦克在我军阵地上打开了狭窄的通道。守军在坦克反复突入后关闭了突破口。结果苏军向巴布里茨攻击的坦克失去了势头。这也是为什么兵临城下的苏军坦克部队缺乏攻击性的主要原因之一，他们在那里顿兵两日。唯一合理的解释是我军在森林中的反坦克分队的不断骚扰给苏军造成了很大的威胁。这些反坦克分队配备着铁拳和磁性反坦克地雷，在2月23日间摧毁或击伤了大约16辆坦克，第二天又毁伤十余辆。苏军向科沙林的坦克攻势就此被遏制，而我军则意外地在一辆坦克上发现了地图，上边是苏军接下来的进攻计划。

  为了拓宽突破口并且掩护巴尔登贝格附近的坦克旅的南翼，苏军一支步兵部队在3辆T-34的掩护下转向西南，夺取了比绍夫蒂姆（Bischofthum），并且逼近卡斯米洛夫（Kasimiroff）。守备这座小镇的是大约20名基建营士兵，为首的是一个士官，他因为受了重伤，所以临时负责指挥进行公路施工的基建工人。除了步枪之外，这支小部队连机枪都没有，士官本人也只有两具铁拳。当他注意到敌军接近之后，他冷静地下达命令"所有人都在村外的散兵坑里寻找掩护，并且把三辆坦克放过去不要开火。我会对付它们。瞄准后边的步兵打，距离大约在500米，并且不要让他们进村。我会在镇里主要街道的房子里等待坦克。"

  过了很久，苏军坦克谨慎地走走停停才驶进了村子。士官用铁拳击毁了最后的一辆坦克，而第二辆坦克转头向民居冲了过来，坦克车长认为攻击者藏身于此。但是这个士官借助灌木丛的掩护摸了上来，在很短的距离上再次开火，使用第二发也是最后一枚铁拳击毁了苏军坦克。而此时先头坦克发现两辆坦克已经被击毁，它马上通知另一辆坦克撤退，离开这个凶险的地方。正在此时，后边的苏军步兵被守军的火力压制，也跟随坦克撤了下去。这位勇敢的士官和部下还发动了反击，夺回了比绍夫蒂姆。在战斗中，士官又受了重伤。

这次战斗经历是一位营长跟我讲的，当时他在急救站听参加战斗的伤员讲述了这次战斗过程。

2月25日，德国空军侦查部队报告有大约22辆苏军坦克在位于科沙林东南25公里的地区。一支包括60名反坦克手的分队立即出发，从森林中接近该村。晚上一支侦察分队借助夜幕的掩护钻进村子，弄清楚了苏军坦克的位置。侦察过程中，他们发现一所房子露出微光，苏军军官正在共进晚餐。我军侦察兵摸上去猛地拉开窗子并投入一枚手榴弹。以此为信号，反坦克手迅猛地冲进了村子，一阵猛攻使苏军坦克部队惊慌失措。短暂的战斗之后，苏军坦克被击毁了多辆，其他坦克迅速撤了出去，此后的两天我军一直控制着这里。不久之后，我在科沙林亲自和这些勇敢的反坦克手通了电话。

三天之后，党卫军第10"弗伦茨贝格"装甲师第10侦察营赶到了这里，在突击炮的配合下，阻击了雷根斯瓦尔德和普拉特（Plathe）苏军坦克的进攻，保护了从科尔堡向西撤退的平民。此后，这个营又在格赖芬贝格（Greiffenberg）遏制了苏军的行动，阻止了苏军向斯德丁湾的推进。这个营接下来顽强的坚守阵地直到被包围。然后拼尽最后的力量突破了苏军坦克的包围并返回我军战线。

3月初，苏军一支坦克部队突然出现在斯德丁通向东方的公路上，其意图明显是想迅速利用道路条件突向斯德丁。我军没有时间设置障碍，只有少数掩护部队。这支小分队的勇士们被包围了，遭到了苏军坦克在各个方向的攻击。他们使用铁拳和一门反坦克炮（后来被击毁了）阻止了苏军的进击。在反复的战斗中，这支部队的兵力越来越少。当我军的虎式坦克出现时，他们已经经历了两个小时力量悬殊的激战，最终苏军放弃了进攻计划。这次战斗击毁了6辆苏军坦克，而公路仍在我军手中。

为了阻止我军在公路以东建立桥头堡阵地，苏军试图从北向南，经由戈尔瑙（Gollnow）向党卫军第三装甲军后方发动攻击，该军在斯塔加德—斯德丁一线的公路和铁路两侧陷入激战。一个赶来增援的掷弹兵团位于戈尔瑙以东，经过激战控制了该城和火车站，避免了灾难的发生。双方经过了一天多的拉锯战，苏军多辆坦克被击毁，我军也损失惨重。敌军坦克一开始突入了火车站，突破了我军炮兵阵地，而炮兵们也战斗到了最后一发炮弹。两个完整的炮兵连在英勇的战斗中全部损失，但是他们的牺牲保证了整个装甲军的安全。

泰陶军级集群的部队仍然在苏军后方的雷根斯瓦尔德包围圈中奋战，对白俄罗斯第二方面军的行动造成了很大的麻烦。3月6日，我们重新和这个军建立了无线电联络，命令他们向北突围，尽可能接近科尔堡以西的海岸，然后尽量在迪维瑙（Divenow）建立桥头堡。该部在3月7日成功地突围到海湾，而此时只能通过1架菲泽勒"斯托赫"联络机传递命令，为了安全联络只能从波罗的海绕道（事实上，3月12日泰陶集群抵达了迪维瑙桥头堡，也就是在我向元首汇报4天以后。泰陶将军手下带领着不同部队的20000名士兵和大约30000名跟随部队行动的难民，以及他们的全部家当）。

3月7日，34辆苏军坦克突入迪维瑙桥头堡，试图夺取由海军人员守备的大桥。这些海军人员接受了使用铁拳的训练，并且由第三装甲集团军的反坦克军官指挥，他们既没有反坦克炮也没有火炮，只有（除了铁拳之外）步枪和少数机枪。他们就是靠着这么点武器，参加了激烈的战斗并击毁了33辆苏军坦克，阻止了其攻势。一辆苏军坦克已经上桥了，结果连同大桥一起被炸毁。

而就在我进入元首地堡之前，我的参谋长穆勒-希勒布兰特向我汇报了这样一个战果：3月8日一早，同样一批海军人员击退了苏军对桥头堡的另外一次攻势。当时有36辆苏军坦克呈梯次阵型逼近，这些年轻的水兵因为前一天的胜利而士气大振，还没等这些苏军坦克接近阵地，他们就跳出了工事，从各个方向朝这些坦克开火。尽管本身也遭受了伤亡，但水兵们仍然猛冲向前直到苏军坦克进入铁拳的射程。短短的时间内，36辆坦克就被击毁了。他们的勇敢以及对铁拳的信赖造就了又一次大捷。

我希望总有一天，这些英勇的事迹能够铭刻在德国的史册中。

## 职业生涯的结论

我是这么结束汇报的:"我的元首,我的报告明白无误地指出,无论是各级指挥官还是全体官兵,下至每个士兵,都已经尽了最大的努力,抵挡着数量占优的苏军的攻击。他们并不缺乏能力、热情和勇气,但是他们并没有超人的力量。他们勇敢而顽强地战斗着,甚至是在绝望的形势之下,也没有一个人愿意丢弃德国的土地。我军官兵面对苏军兵力兵器6—20倍的压倒性优势,仍然在艰难的苦战中竭力避免战线的崩溃。"

"只能这么解释:尽管有种种的缺陷,战线仍然在奥德河以东重新构建了起来,甚至我军昨天还曾经发动了一次成功的反击,击毁了86辆苏军坦克,并且夺取了适合固守的阵线。"

"正如在波美拉尼亚的战斗一样,我也可以指出,就在这一刻580辆苏军坦克中有380辆(三分之二)被勇敢的手持铁拳的士兵摧毁。从没有一个集团军此前能够使用铁拳取得如此的战果。"

"因此我对第三装甲集团军全体官兵在敌我对比悬殊的波美拉尼亚战斗中所展现出的巨大的勇气和自我牺牲精神,致以崇高的敬意。"

元首和在场的其他人很显然被我的汇报触动了,但是没有谁说一句话。希特勒颤抖着解除了我的职务,第二天(3月9日)曼陀菲尔装甲兵上将前往斯德丁,奉希特勒的命令接替了我的指挥权,而我被转入预备役。

这就是我50年军人生涯的结束。

几天以后,希姆莱也被解除了维斯图拉集团军群司令的职务。

◎ 波美拉尼亚的德军士兵正在讨论作战方案

◎ 波美拉尼亚战斗中，正在穿过城市街道的德军牵引车辆，牵引一门88毫米火炮。

◎ 苏军火箭炮

◎ 强大的苏军坦克部队

◎ 战斗中的苏军反坦克炮

◎ 波美拉尼亚战斗中的党卫军

◎ 德军Ⅲ号坦克

第十三章：波美拉尼亚·341

# 第十四章
# 一个老兵最后的想法

## 作战命令

在非常规的情况下执行非常困难的作战任务，只能依靠部队异乎寻常的勇气，而且还要有具备领导能力的指挥官和训练有素的基层军官，以及对所执行的任务保持主动精神。无论是诸兵种合成兵团的指挥官还是其下级军官，经常来不及发布或者收到书面命令，因为战场情况瞬息万变，各级指挥官根本不可能按照常规程序发布命令。根本没有时间草拟书面命令，或者即使有，也不可能在激烈的战斗中安全地传达给下级。因此就需要鼓励"各级指挥官发挥主观能动性展开行动"的原则，并且在必要的时候要下达口头命令，特别是在指挥机械化部队的时候。

在这一点上，我希望在下达口头命令和讲述行动要求的时候，能够遵循部下所能掌握的基本原则：规模越小的部队，越需要更频繁地下达口头命令；一般来说，在给排级部队下达命令的时候，我不会下达书面命令。

在一些例外的情况下，一些小部队要在被孤立的情况下独立完成任务，需要以口头下达命令，但是随着战争的深入，一些中等规模和较大规模的部队也越来越频繁地下达口头的命令。一般来说，这样的命令包括和下级指挥官对前沿的地形进行讨论，或者在特殊情况时和上级在地图的帮助下进行探讨得出的结论。这样的命令必须要下级部队立即落实，并且用各种可能的手段才能执行。为了方便起见，讨论的参与者除了上下级之外，还应包括技术上的助手和兵种专家，还要充分讨论执行命令的细节、特殊要求以及要避免的误区。随后还要发布一道书面命令，简单地囊括其中的要点。书面命令是作为备忘的目的而起草的，同时大多数时候也为部队的作战日志做了补充。这样的程序在时间允许的时候会比较成功，而且负责的指挥官也经常会使用。因此口头下达战术命令成为了管理工作的一部分，并且在前线战况瞬息万变的情况下成为了必要的原则。战场上最大的问题不是指挥机关距离有多远、参谋人员有多少、是否有大批车辆，以及相应的装备，而是有一个下达命令、做出决定并且负责任的指挥官。

一般来说，战术命令不是用电话或无线电传达的，当然例外情况是在战役中向行军中或战斗中的装甲部队、其他机动部队传达命令，因为在战局激烈变化的情况下，苏军不太可能有效地监听我军的无线电通讯。在行军队列的先头、中间和后尾部署电台车，可以对部队行动进行不间断的指挥且可以在行军中随时改变行动方向。比如说在第6装甲师穿越沼泽森林地带向卢加河推进的时候就可以用这样的手段，能够迅速确定准确的地点以及道路堵塞的状况，并且立即采取应对措施。如果没有这些手段的话，行军队列就会陷入混乱，无法及时到达目的地，并且无法保证全部兵力抵达战场。

在这里我还想讲一讲指挥官下达口头命令的专门技巧。下达的命令，包括口头命令都应该简短而清晰。需要给每个人传递最必要的信息和可以理解的细节。必须避免长篇大论，要越简短越好。此外，还得区别接受命令的是一个聪明善言的军人，还是一个没有经验的新兵。作为原则，口头命令或者至少是命令要点，都需要在下达的时候由接受命令的人重复。而重要的口头命令还要以书面形式再次下达，并且接下来要由接受命令者口头重复。下达命令的人必须明白他所要表达的要点，并且要考虑他的命令能否被执行。

对于书面和口头命令来说，地图都是非常有价值的辅助工具。能够帮助接受命令者迅速理解战场态势，帮助他具象化自己的任务，并且不需要用太多的言语进行解释。这种方法对于刚刚抵达战场的部队来说是特别有效的（而且经常是这样的，尤其是对装甲兵和其他机动部队）。

## 冬季战争的战术经验

即使是在非常严酷的冬季，只要部队配备了冬装，也能够执行决定性的任务。这些部队在其他季节战斗时，成功的条件取决于和重武器（坦克、突击火炮、火炮、反坦克炮和高射炮等装备）的配合以及作战飞机的支援。但是在冬季战役中气候条件非常艰苦，需要周密的准备和坚决执行命令的精神。在这一点上，和重武器的协同以及战术指挥官的判断最为重要，还要保障战术指挥官、各兵种指挥官以及空中支援兵力的有效通讯，而且后方支援火力部队与先头攻击部队之间的通讯也非常重要。

重武器固然是不可缺少的，但考虑冬季的道路状况也非常必要，攻击方向的选择和主攻力量的投入点都由道路决定。在积雪覆盖的无人地带清开一条道路能保证攻击步兵迅速通过。要防止进攻的步兵长时间得不到火力的支援以致陷于困境。

缺乏武器弹药的敌军在面对数量虽少但配备了重武器且弹药充足的我军时必败无疑。

在任何困难的条件下，投入某个他们不熟悉的战区作战的指挥官和军队（特别是在冬季）都要重新接受针对该战区条件的训练，以免遭受战术失败和惨重的损失。

## 维持战斗力

由于在苏德战争初期，我军后方的补充迟迟无法到达前线，一些步兵连队的兵力下降到了非常低的水平。而临时措施是拼凑各种勤务和后勤单位中能够到前线的士兵。这些部队在战线上无法稳定地据守，指挥官几乎也没有接受过训练。这些人如果身体条件达到某种标准后，会转入步兵部队。但是前线基本没有合适的训练设施，由于补充了这样的军人，一线战斗部队的战斗力必然会下降。另外一个办法是从炮兵、反坦克炮或装甲兵部队抽调那些损失了装备的人员进入步兵连。

许多炮兵和通讯单位不得不把一些军官和士官补充进入步兵，而这些兵种也很快会因此而缺乏技术人员和军官，也不能再调出骨干了。在这种情况下，人数最少的步兵部队可能会被合并掉。只有在师属补充营的帮助下，野战部队的人员和训练情况才会有所改观，补充营能够保障人员的流动。在阵地战期间补充营可以通过组织学习各种科目来提高训练水准，由于战斗部队的缺乏，这些补充营经常临时被当作战斗部队使用。在战争的最后时期，各个集团军的教导师、补充师以及军兵种学校的学生，经常被紧急拉上前线。结果由于训练机构在战斗中反复承受损失和被摧毁而使形势变得举步维艰。

让步兵师在连续且无法脱身的战斗中保证战斗力是非常特殊的问题。激烈的战斗有时候会持续几周时间，由于战况经常危急，很难把前沿部队撤下来充当预备队。为了保证起码有一支规模不大，但是准备情况很好的突击分队，需要轮流从激战的前线撤下来一部分士兵，让他们在后方休息两三天。而基于同样的目的，指挥机关、高层的后勤部门以及集团军指挥部也会抽调一定比例的兵员。

由于和本土的交通经常中断，离队和回国休假也很长时间被禁止。因此如果战术条件允许的话，集团军、军和师级部队会建立休整营，以维持士气。这些休整营对维持部队的战斗力和士气来说相当重要。另外一种手段是被上级指挥部门称为"教父"的办法。某些指挥机关的军官会和特定的战斗部队保持私人联系，并且为他们提供帮助。另外，司令部机关大约10%的人员会被分配到前沿轮班，以保障前线部队的人员可以休假或休整。这些手段对于维持部队战斗力、改善指挥机关与作战部队的关系很有裨益。

惩戒部队也是一种非常成功的临时手段。有些士兵被判决要服刑很长时间，但是他们可以接受改造，不必离开前线，而是获得假释，送进临时编成的惩戒排、惩戒连或惩戒营。这种部队会被投入最危急的战线，惩戒部队配备的一般是能力很强而且通常服役状况良好的军官和士官。这种权宜之计很快成为了前线的常规，而且不光是服刑士兵，同时配属的军官也非常受欢迎。1944年第500惩戒营就在东西里西亚的捷尔诺波尔参加战斗，当城市失陷的时候，这个营的一批士官和士兵历尽艰难险阻突出了重围。

为了补充德国军队的力量，我军还组建了由各国人组成的部队。这种部队一般在德占区以及德国的盟国组建，特别是武装党卫军。这些仆从军减轻了德国军队的压力，并且经常投入战斗。他们在前线的表现比我军正规军差得多。因此前线部队一般都反对在自己的战线上部署仆从军。另一方面，许多志愿为德军服役的战俘被安排为辅助人员，这样一来就解放了后勤单位的人手，一般来说这些辅助人员都是可靠的，而且作用很大。

到了战争后期，补充兵员数量变得很少或基本没有，前线各师不得不动用一些后勤单位组建快速反应部队。这些部队一般用来守备后方地域的支撑点或者作为后方阵地的警戒部队。但是快速反应部队也经常被用来封堵突破口，甚至是执行局部反击的任务。

另一种紧急措施，就是为了填补战线的缺口而缩短伤病军人的休假时间。战斗部队虽然只能使用完全康复的士兵，但而大多数地方军事当局却违背了这个原则。他们还经常要很不情愿地执行另外一个命令，就是在征兵年龄提高之后，把征集来的平均年龄很高的士兵编在一个部队里。一般来说大家都认为这些上了年纪的人即使入了伍也是平民，他们能够在各自的岗位上更好地为国家服务，而不是作为军人。

## 为什么德国输掉了苏德战争？

尽管有苏联和苏联军人的存在，尽管有严寒和泥泞，缺乏装备以及数量上的绝对劣势等种种不利条件，对德国军人来说胜利确实曾经唾手可得。

那么德国为什么输掉了这场战争呢？

在战争最初两年，德国军队的快速进攻在莫斯科和斯大林格勒遭到了挫败。在接下来几个月的激烈战斗中，顽强的敌人不失时机地利用了其祖国广阔的幅员和恶劣的气候条件，损兵折将的德军则顶不住苏军接下来的反击。希特勒最大的错误并不是没有意识到即将来临的灾难（如果他确实意识到了的话），是一直不肯改变僵化的指挥方式。希特勒一直顽固的否认事实，迫使德国军队在战争的最后几年里，沿着过于宽广的战线实施一系列阻止苏军突破的防御战。每一次我军部队在遭受了惨重损失之后封闭了一个突破口，却在另外一个地点又被打开了突破口。我军部队迅速瓦解，不得不各自为战，而据守在关键城市和地域的兵团则往往会被和主力割裂开。

我军部队完善的防御战术和超强的战斗力也不足以扭转战局，因为我军在兵力上根本无法和苏军达成必要的平衡。在当时的条件下，敌我双方兵力、兵器的对比大大失衡，但是我军在各项军事素质方面最初和苏军都是相同的，而后来则远胜对手,这样战局才能维持平衡。德军本来可以利用时间和空间的基本关系抵消苏军在兵力和兵器方面的优势,并且通过战略上的优势取得胜利。但是希特勒在莫斯科和斯大林格勒前线鲁莽的举措,使德军的兵力消耗殆尽了。与希特勒的想法相反的是,攻势暂停或者暂时撤退其实不会破坏部队的信心,反而能增加取胜的概率,这种指挥原则本来可以让德国在对苏战争中取得有利的结果。

在斯大林格勒战役结束之后,我们在长1600公里的战线上进行了4个月的迟滞战斗。即使是这样,在曼施坦因元帅的指挥之下,我们还是成功地封闭了宽大的突破口,并且在1943年3月取得了防御战的胜利,稳定住了战线。敌人已经突破了我军战线,但是德军在哈尔科夫—波尔塔瓦方向击中了11个装甲师,以果断的反击粉碎了苏军的意图。即使如此,我军也没有时间夺回主动权了。苏军虽然遭受了惨重的损失——如果必要的话我们应该放弃更多的土地,缩短我军战线,达到力量上的平衡并防止苏军再次突破。而在盟军登陆法国之前,只有采取决定性的反击才能保证对苏战争的胜利。如果苏联被迫退出战争,西方盟军也会被击败。

在1943年,德军依靠多个出色的防御战胜利,几乎成功地阻止了苏军的突破。胜利的机会再次稍纵即逝,但这次差点胜利的是苏军。由于希特勒在1943年7月,将所有的德军装甲部队投入了堡垒行动,却在苏军雄厚的兵力和防御纵深组成的堡垒体系面前流尽了鲜血,我军的11个装甲师(在持续3个月的战斗间歇期重新组建)无法和苏军预备队相匹敌进而歼灭他们。希特勒的决定正中斯大林下怀,而胜利从此就掌握在敌人的手中。接下来苏军投入了完整而强大的预备队,突破了我军防线。敌军不仅在南方集团军群战线取得突破,在其他地段也是如此,而那些地方也没有可以投入的预备队。

优秀而高超的防御战术以及军人伟大的献身精神可以临时缓解危局,但是我军损失的惨重已经无法维持整个战线的稳定,而这大大缩短了战争的进程。最后,希特勒提出了一个建议,把西线的所有德军都调到东线,以阻止苏军对德国的入侵,并且避免共产主义的扩张。因为他相信自己的西方死敌,同时也是俄国人不共戴天的死敌。

◎ 虽然一度来势汹汹,但德国仍逃不脱战败的命运。

◎ 在德国投降书上签字的朱可夫元帅

◎ 战斗中的德军士兵

第十四章:一个老兵最后的想法 · 349

◎ 德军官兵正在和苏军军官洽投降事宜

◎ 在东线陷入苦战的德军士兵

◎ 东线战场的自然环境对交战双方始终是很大的阻碍，图为1943年哈尔科夫附近陷入泥泞的德军坦克。

◎ 冬季战斗中的德军

# 附录：艾哈德·劳斯大事年表

1889年1月8日：出生在摩拉维亚的沃尔夫米茨（Wolframitz），父亲是胡博特·劳斯（Hubert Raus），母亲是约瑟法·劳斯（Josefa Raus），1月12日接受天主教洗礼。

1905年10月1日：进入位于柯尼斯菲尔德（Koenigsfeld）的奥匈帝国步兵军官学校。

1909年8月18日：作为军官进入特罗保（Troppau）的第1步兵团，1909年至1914年在多个单位担任排长。

1912年5月1日：晋升为少尉。

1914年8月6日：作为第1自行车轻步兵营的一名排长参加第一次世界大战，当年参加了卢布林（Lublin）和贝斯基德（Beskiden）的战斗。

1915年1月1日：晋升为中尉，当年参加了利马诺瓦（Limanova）、戈尔利采（Gorlice）、伊索尼奥河（The Isonio River）和皮亚诺峰（Mt.Piano）的战斗。

1915年2月6日：获得铜质佩剑军事功勋奖章（Bronze Military Defense Medal of the Military Defense Cross with War Decoration and Swords）。

1915年10月5日：获得奥地利佩剑三级军事功勋十字奖章（Awarded Military Defense Cross, 3rd Class, with War Decoration and Swords）。

1916年2月1日：出任第1自行车轻步兵营副官，当年参加了瓦尔苏加纳（Val Sugano），拉纳山口（Col de Lana），阿达梅洛峰（Mt. Adamello）和进攻泰罗利亚（Tyrolia）南部的战斗。

1917年3月15日：获得卡尔军团十字奖章（Charles Troop Cross）。

1917年7月2日：获得银质佩剑军事功勋奖章（Silver Defense Medal of the Military Defense Cross with War Decoration and Swords）。

1917年9月15日：被任命为第20轻步兵营自行车连的代理指挥官。

1917年11月20日：被正式任命为第20轻步兵营自行车连连长。

1918年2月1日：晋升为上尉，当年参加了皮亚韦河（Piave River）的战斗

1918年3月16日：获得三级佩剑伊万王冠功勋奖章（Ivan Crown 3rd Class with War Decoration and Swords）。

1918年6月17日：出任第1自行车轻步兵营代理指挥官。

1918年8月17日：与25岁的安娜·摩尔萨尼（Anna Morsani）结婚，她是的里雅斯特（Trieste）地区一所天主教学校校长的女儿。

1919年1月18日：被选入奥地利保留的军队，代理自行车预备部队的指挥官。

1920年5月6日：出任第2自行车轻步兵营副官，1921年5月1日转正。

1921年7月8日：晋升为名誉少校。

1922年10月1日：作为步兵训练教官调入奥地利国防部第4（摩托化和机枪部队）分遣队。

1923年3月1日：晋升为参谋上尉（奥地利军衔，高于上尉，低于少校）。

1924年5月1日—1932年9月15日：出任布鲁克诺伊多夫（Bruckneudorf）的步兵课程教官，举办了数届培训班并接受了总参谋部的培训。

1924年11月19日：安娜·劳斯生下了艾沙·劳斯（Isa Raus）。

1927年1月1日：晋升为少校。

1931年3月9日：获得匈牙利战争服役奖章。

1932年9月15日：调入总参谋部，被分配至步兵学校。

1932年12月2日：在奥地利国防部第2（训练）分遣队待了3个月。

1933年5月15日：获得奥地利佩剑战争纪念奖章（Austrian War Service Medal with Swords）。

1933年6月10日：晋升为中校（注意晋升这个军衔的日期在1938年的德奥合并中将被修正，见下文）。

1933年9月1日：在维也纳步兵学校出任战术教官。

1934年4月21日：获得银质荣誉徽章。

1934年9月1日：出任布鲁克（Bruck）步兵学校校长。

1934年10月8日：获得二等兵役徽章。

1936年12月19日：晋升为上校（注意晋升这个军衔的日期在1938年的德奥合并中将被修正，见下文）。

1937年11月1日：进入奥地利国防部。

1938年1月25日：出任驻意大利、阿尔巴尼亚武官和驻罗马办公室武官。

1938年3月13日：德奥合并。

1938年3月21日：宣誓加入德国国防军。

1938年3月25日：出任德国第8集团军奥地利联络官。

1938年4月1日：被配属至第5（维也纳）集团军群司令部。

1938年5月25日—6月28日：出任步兵训练团代理团长（该团后来成为第50步兵团）。

1938年7月27日：分配德国国防军中校军衔，资历从1936年8月1日起计算。

1938年8月1日：出任第5（维也纳）集团军群司令部参谋。

1938年8月15日：分配上校军衔，资历从1936年12月19日起算（但是在1939年再次调整，见下文）。

1938年11月10日：作为特派军官被分配至步兵将军威廉·冯·利斯特的第5（维也纳）集团军群。

1939年4月20日：在德国陆军中的上校资历调整为1936年12月19日至1937年8月1日。

1939年4月20日：被任命为国防军第十七军区和第十七军参谋长。

1939年12月1日：获得四级至一级优异奖章,自1939年1月1日计算。

1940年6月26日：出任第60步兵师第243步兵团团长。

1940年7月25日：出任第6装甲师第4摩托化步兵团团长。

1940年11月30日：获得二级战争服役十字勋章（War Service Cross, 2nd Class）。

1941年3月11日：陆军人事部门宣布劳斯"适合在热带地区服役"。

1941年5月1日：出任第6装甲师第6摩托化旅旅长。

1941年6月29日：因在拉塞尼艾的行动和第6装甲师向波罗的海岸的早期推进行动而获得二级铁十字勋章。

1941年7月6日：因突破"斯大林防线"有功获得一级铁十字勋章。

1941年8月14日：晋升为少将，资历从1941年9月1日起算。

1941年9月1日：获得装甲战徽章。

353

1941年9月7日：代理第6装甲师师长，需要注意的是直到1942年4月15日弗朗茨·兰德格拉夫仍然是该师师长，在接下来七个半月的大部分时间里劳斯履行着师长的职责，在此期间兰德格拉夫似乎是作为代理指挥官或特派军官被分配到第41装甲军。

1941年10月11日：因防御卢加河桥头堡有功获得骑士十字勋章。

1942年4月29日：出任第6装甲师师长。

1942年8月1日：获得东线战役勋章。

1943年1月21日：晋升为中将，资历从1943年1月1日起算。

1943年2月14日：获得德意志金质十字勋章。

1943年2月7日：代理临时组建的克拉默军军长（1943年3月30日该军被重新命名为劳斯军）。

1943年4月20日：晋升为装甲兵将军，资历从1943年5月1日起算。

1943年5月10日：代理第11军军长，该军以劳斯的名字命名。

1943年7月20日：出任第11军军军长。

1943年8月22日：凭借8月份从别尔哥罗德到哈尔科夫的防御行动而获得橡叶骑士十字勋章。

1943年11月5日—30日：出任第47装甲军军长。

1943年11月26日：被特派至第四装甲集团军。

1943年11月30日：代理第四装甲集团军司令一职。

1943年12月10日：出任第四装甲集团军代理指挥官。

1944年3月14日：出任第四装甲集团军司令。

1944年4月21日：代替汉斯·胡贝上将（Hans Hube）临时指挥第1装甲集团军，装甲兵将军瓦尔特·内林（Walter Nehring）代理指挥第四装甲集团军。

1944年5月18日：出任第1装甲集团军司令。

1944年7月—8月：担任劳斯集团军群司令（下辖第1装甲集团军、匈牙利第一集团军和斯洛伐克集团军）。

1944年8月16日：出任第三装甲集团军司令。

1944年9月20日：晋升为上将（资历从1944年8月15日起算）。

1945年3月10日：被解除第三装甲集团军司令的职务转入预备役。

1945年5月14日—1947年6月30日：成为轴心国战犯。

1956年4月3日：死于维也纳军医院。

# 指文® 装甲作战

## 德军装甲指挥官眼中的"东进"
## "巴巴罗萨"行动的透彻分析

**装甲作战**

赫尔曼·霍特与"巴巴罗萨"行动中的第3装甲集群

原著：[德]赫尔曼·霍特（Hermann Hoth）
翻译：赵国星

**PANZER OPERATIONS**
GERMANY'S PANZER GROUP 3 DURING THE INVASION OF RUSSIA

台海出版社